CHRISTOPH HAINZ

mit Jochen Hemmleb

NUR DER BERG IST MEIN BOSS

Das Leben des Südtiroler Extremkletterers und Bergführers

Mit einem Vorwort von Frank-Walter Steinmeier, Beiträgen von Thomas Engel und Gerda Schwienbacher sowie einem Nachwort von Hans Kammerlander

TAPPEINER.

Tyrolia-Verlag · Innsbruck-Wien

INHALT

VORWORT

„Berge sind stille Meister und machen schweigsame Schüler."
J. W. von Goethe

Er kam spät. Die Sonne stand schon tief über dem Pustertal, als er eintraf. Die Haare im Wind, buntes T-Shirt, Flip-Flops an den Füßen, schlenderte er auf unseren Tisch zu – so gar nicht der Muskelmann, den wir schon oft auf Fotos im gewaltigen Überhang hatten hängen sehen.

Gerade war ich mit meinen zwei Bergfreunden Stephan und Lukas in Toblach angekommen. Vor sechs Tagen am Königssee gestartet, über die schöne und damals wenig begangene Ostroute bis zur Drei-Zinnen-Hütte.

An der steilen Zinnen-Nordwand hatten wir sie aus der Ferne gesehen – stecknadelgroß: Kletterer, scheinbar an den Fels geklebt. Christophs Revier! Diese Wände hat er zigmal allein und mit Gästen durchklettert, neue Routen entdeckt. Die Drei Zinnen, seine Hausberge, zu denen es ihn immer wieder zieht: jeden Quadratzentimeter Fels, jeden Griff scheint er hier zu kennen. Aber nicht nur hier. Keine Wand zu steil, kein Wetter zu schlecht, kein Eiscouloir zu schwierig! Und vieles davon hat er festgehalten in atemberaubenden Bildern.

Mit Bewunderung und Demut bestaunten wir harmlosen Bergwanderer ein Foto nach dem anderen, das er auf sein Handydisplay holte: Aufnahmen im hochalpinen Gelände, im Gletschereis, am gefrorenen Wasserfall. Und mit etwas Neid schauten wir auf die unzähligen Fotos an Gipfelkreuzen, von denen aus die Welt, die wir zu kennen glauben, eine andere scheint.

Einmal da oben, wenigstens einmal im Leben oben auf der Großen Zinne stehen, das war wohl der Traum, den keiner von uns Flachländern auszusprechen wagte in Anwesenheit einer veritablen Größe unter den Südtiroler Bergsteigern und Bergführern. Und genügend Zweifel hinsichtlich unserer Fähigkeiten und Kondition hatten wir ohnehin. Bin ich eigentlich schwindelfrei? Christophs Antwort auf unsere Selbstzweifel

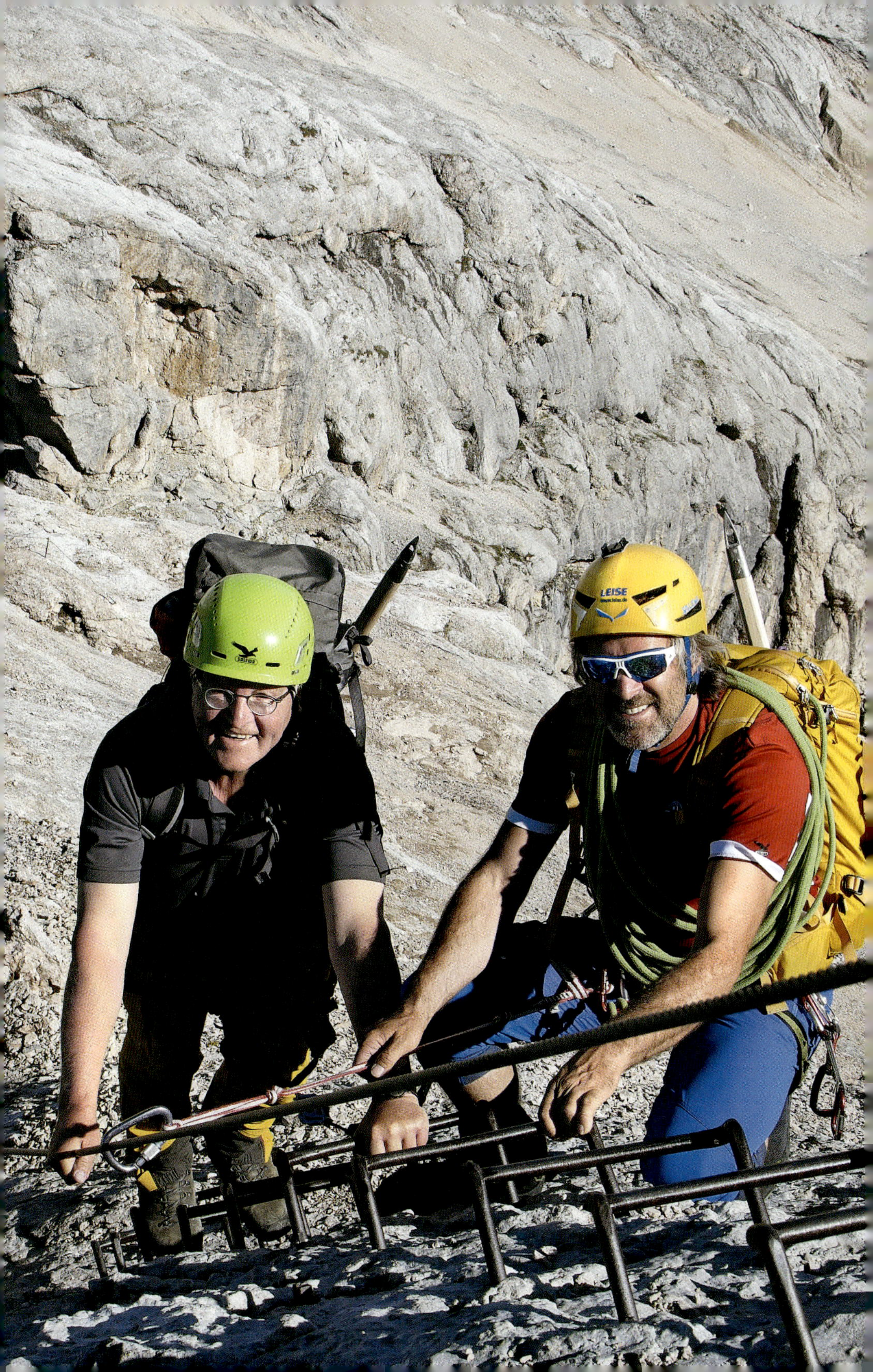
LEISE

war eher lakonisch. Langatmige Bergsteigerphilosophie zur wortreichen Beglückung und zum Beeindrucken von Managerseminaren ist seine Sache nicht.

„Für deine Träume musst du was riskieren" und „deine Grenzen kennst du erst, wenn du sie ausgetestet hast!" Mit diesen zwei Sätzen und zwei weiteren Bier überließ er uns unseren Träumen wie unseren Zweifeln. Aber offensichtlich steckte genug Anstiftung und Ermutigung darin. Kaum ein Jahr später standen wir nämlich mit ihm auf dem Gipfel der Großen Zinne. Spätestens seit wir uns oben am Gipfelkreuz in die Arme fielen, verstehe ich die tiefe Weisheit des Bergsteigersatzes, der denen im Tal wie eine Binse klingen muss: „Am schönsten ist das Ankommen". Klar, auch vieles andere stimmt: dass das Abenteuer erst bestanden ist, wenn man wieder unten ist, dass der Abstieg nicht weniger Konzentration verlangt als der Aufstieg usw. Aber ich bleibe dabei: Ankommen ist das Schönste!

Und angekommen sind wir seit der Großen Zinne an dem einen oder anderen Gipfelkreuz in Südtirol: Weißkugel, Rosengartenspitze, Weißzint, Hochfeiler, Marmolata und natürlich durfte der Ortler nicht fehlen. Atem(be)raubend der Aufstieg zum Piz Palü im Schweizer Graubünden. Inzwischen sind wir eine bewährte und eingespielte Seilschaft, mit der wir schon in der Weihnachtszeit die ein, zwei Gipfel fürs nächste Jahr aussuchen.

Keines dieser Gipfelkreuze hätte ich gesehen, keinen dieser großartigen Rundumblicke in die hochalpine Alpenwelt genießen können, niemals dieses Glücksgefühl beim Ankommen erleben können, wenn nicht ein Bergführer wie Christoph Hainz Sicherheit im Fels gegeben oder bei Umwegen um die dritte und vierte Gletscherspalte ermutigt und angetrieben hätte. Und auch das: Geduld zu haben; zu akzeptieren, dass trotz guter Vorbereitung und beschränkter Urlaubstage das Wetter keine Besteigung zulässt.

Lernt man am Berg fürs Leben? Regale voller Bergsteigerliteratur – allerdings zumeist geschrieben von Extrembergsteigern, die der Welt aufs Dach steigen – legen das nahe. Von dieser Liga bin ich, sind wir nicht mehr ganz jugendliche Bergbegeisterte weit entfernt. Aber wo der Profi seine Grenzerfahrungen zwischen 6000 und 8000 Metern Höhe findet, macht der Amateur aus dem Flachland sie vielleicht schon zwischen 3000 und 4000 Metern. An unsere Grenzen hat uns Christoph Hainz immer wieder geführt, aber nie darüber hinaus.

Deshalb sind Anstrengungen und Flüche beim Aufstieg schnell vergessen, die Lust nicht verlorengegangen, den Rucksack für einen neuen Gipfel zu packen. Gewachsen ist in den Jahren die Erfahrung, disziplinierter sind die Vorbereitungen, um sich in Form zu bringen, besser auch die Kondition und die Konzentration auf den nächsten Schritt. Gewachsen ist in all den Jahren auch das Bewusstsein, wie sehr du am Berg aufeinander angewiesen bist, und dafür, dass nur alle gemeinsam hochkommen können und dass Leichtsinn eines Einzelnen Risiko für alle bedeutet.

Geblieben ist der Respekt vor dem Berg und das Wissen, dass jeder Aufstieg anders ist, neue Anstrengungen verlangt und neue Schwierigkeiten bereithält.

Geblieben ist die unbändige Freude, das noch vor Stunden schier Unerreichbare erreicht zu haben.

Geblieben ist die Freude auf die Tasse heißen Tee in klirrender Kälte auf dem vergletscherten Gipfel oder auf das erste gemeinsame Radler auf der Hütte nach dem Abstieg.

Nicht zuletzt geblieben ist die Vorfreude auf den Gipfel im nächsten Jahr.

Ich bin sicher, Christoph bastelt schon an der nächsten Tour …

Frank-Walter Steinmeier
Bundespräsident der Bundesrepublik Deutschland (seit 2017)

1. Kapitel

»Mit mir und meinem Kopf eins ...«

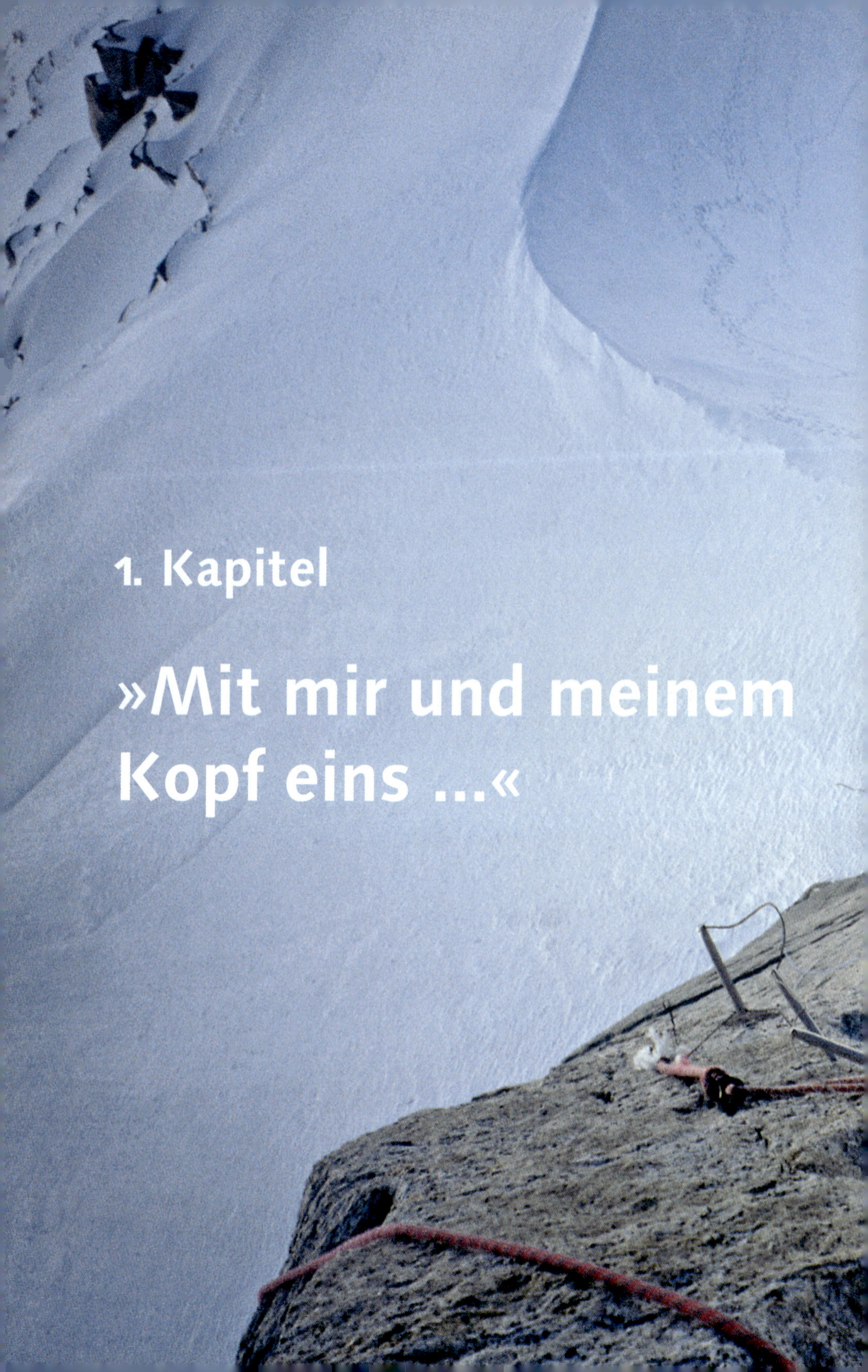

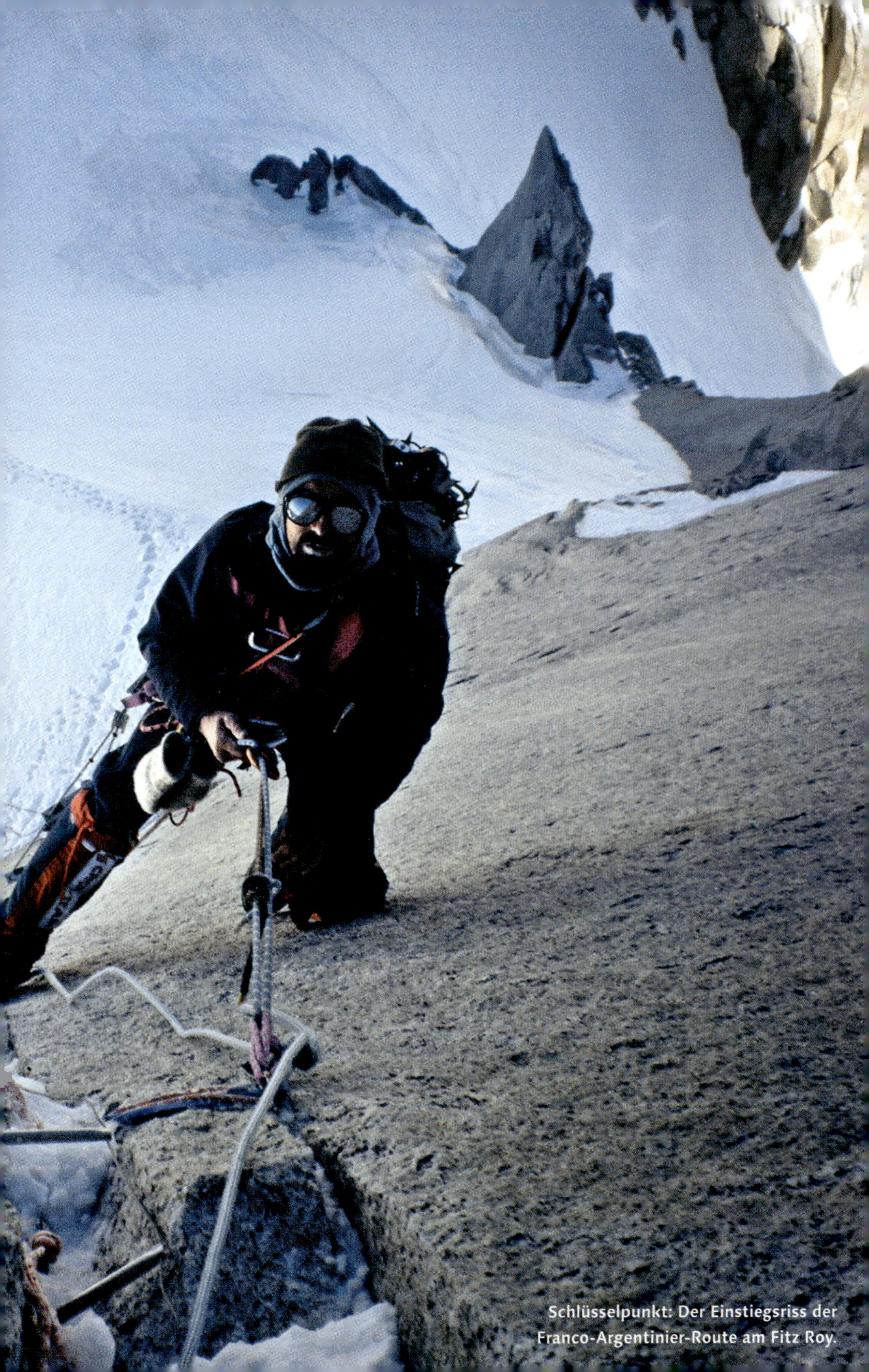

Schlüsselpunkt: Der Einstiegsriss der Franco-Argentinier-Route am Fitz Roy.

Große Entscheidungen fällt man am besten spontan.

Eigentlich hatte ich gar nicht vorgehabt, den Fitz Roy im Alleingang zu besteigen. Ich war mit meiner damaligen Frau Claudia nur zum Trekking in Patagonien, von ein paar kurzen Klettereien bei Bariloche auf dem Hinweg einmal abgesehen. Die rostbraunen Granitdome und -nadeln waren jedenfalls in weiter Ferne. Erst als ich sie aus der Nähe sah, hat es in mir gekribbelt. Für mich sind der Fitz Roy oder sein Nachbar, der unvergleichliche Cerro Torre, Berge mit einer geradezu glasharten, geradlinigen Eleganz – Berge, die mich unwiderstehlich anziehen. Berge, auf die ich einfach hoch muss! Und nun stand ich unter der glatten Einstiegswand …

Dass ich die Entscheidung, solo auf einen so schwierigen Berg wie den Fitz Roy zu steigen, innerhalb eines Moments traf, heißt nicht, dass ich sie blind traf. Spontaneität beim Fällen großer Entschlüsse hat – wie ein Berg – einen tragenden Unterbau, ein Fundament. Mein über die Jahre erworbenes Kletterkönnen war nur ein Teil davon.

In meinem vor 14 Jahren erschienenen ersten Buch *Ausstieg in die Senkrechte* konzentrierte ich mich bewusst auf diesen Teil. Das Buch war hauptsächlich eine Bilanz meiner schwierigsten Erstbegehungen im Fels und Mixed-Gelände meiner Heimatberge, den Dolomiten und der Region Pustertal – Tauferer Ahrntal in Südtirol. Es reflektierte meine damalige Stellung als Bergsteiger und machte mich einem breiteren Publikum bekannt. Was in dem Buch fehlte oder nur kurz angerissen wurde, war neben vielen weiteren Touren der Rahmen, in dem diese Leistungen standen: meine Ursprünge, meine Entwicklung, meine Lebensgrundlagen, ohne die diese Leistungen nicht möglich wären – immer wieder, und das bis heute. Davon erzählt nun dieses, mein zweites Buch.

Jochen Hemmleb, mein Co-Autor und Freund, schrieb in einem seiner eigenen Bücher sinngemäß, dass bisweilen eine einzelne Besteigung für alles stehen kann, was ein Bergsteiger als Mensch verkörpert. Sie wird zu seinem Gesamtausdruck.

Am Fitz Roy bewegten sich für mich Linien aufeinander zu, äußerlich wie innerlich. Ich hatte mich dem Berg angenähert, auf Erkundungstouren und bei einem Versuch mit anderen Kletterern. Dabei machte ich

Erfahrungen, die einen Alleingang als besten Weg zum Erfolg erscheinen ließen. Gleichzeitig war mein Kletterkönnen auf einem Niveau angelangt, welches einen solchen Alleingang auch möglich scheinen ließ. Beides zusammen begründete meinen spontanen Entschluss, es zu versuchen. Und jetzt, am Beginn des gut 40 Meter hohen Fingerrisses, der den Einstieg der Franco-Argentinier-Route markiert, waren die Linien zu einem einzigen Punkt zusammengelaufen, dem Schlüsselmoment der Besteigung: Entweder würde ich diesen kerzengeraden Riss klettern, den einzigen in der ansonsten mauerglatten Granitplatte – oder ich würde absteigen und heimfahren.

Ich schaute mir meine spärliche Ausrüstung an: vier Friends – mechanische Klemmgeräte, zwei Eisschrauben, drei oder vier Felshaken, zehn Karabiner, meine beiden Eisgeräte und ein Halbseil. Den Rucksack ließ ich hier zurück, in die Hosentaschen stopfte ich mir etwas Studentenfutter. Ich nahm noch einen kräftigen Schluck aus der Trinkflasche, auch sie blieb mit dem Rucksack zurück. Kein Gramm überflüssiges Gewicht würde ich mitnehmen. Alle Entscheidungen waren ruhig und klar. Ich war mit mir und meinem Kopf eins. In solchen Momenten können große Dinge passieren.

Dann kletterte ich los.

Zwei meiner Friends passten für den Riss. Ich schob den ersten in den Spalt. Die Zähne der Klemmbacken knirschten am vereisten Fels, doch der Friend hielt. Ich zog mich ein Stück hinauf, legte den zweiten Friend, der etwas schlechter passte, und hielt mich an ihm. Dann löste ich das untere Klemmgerät und setzte es oberhalb erneut in den Riss.

So gewann ich langsam an Höhe …

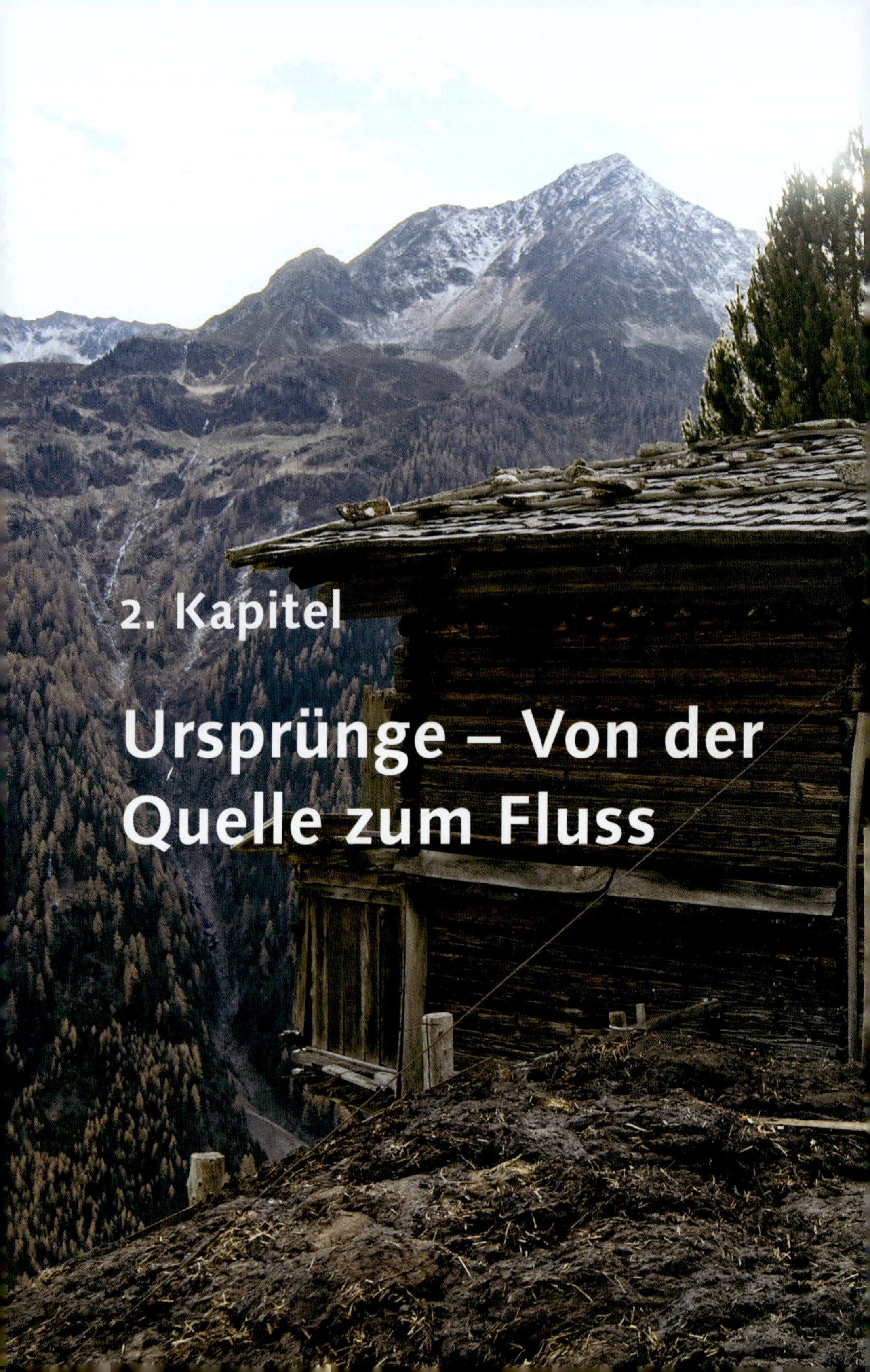

2. Kapitel

Ursprünge – Von der Quelle zum Fluss

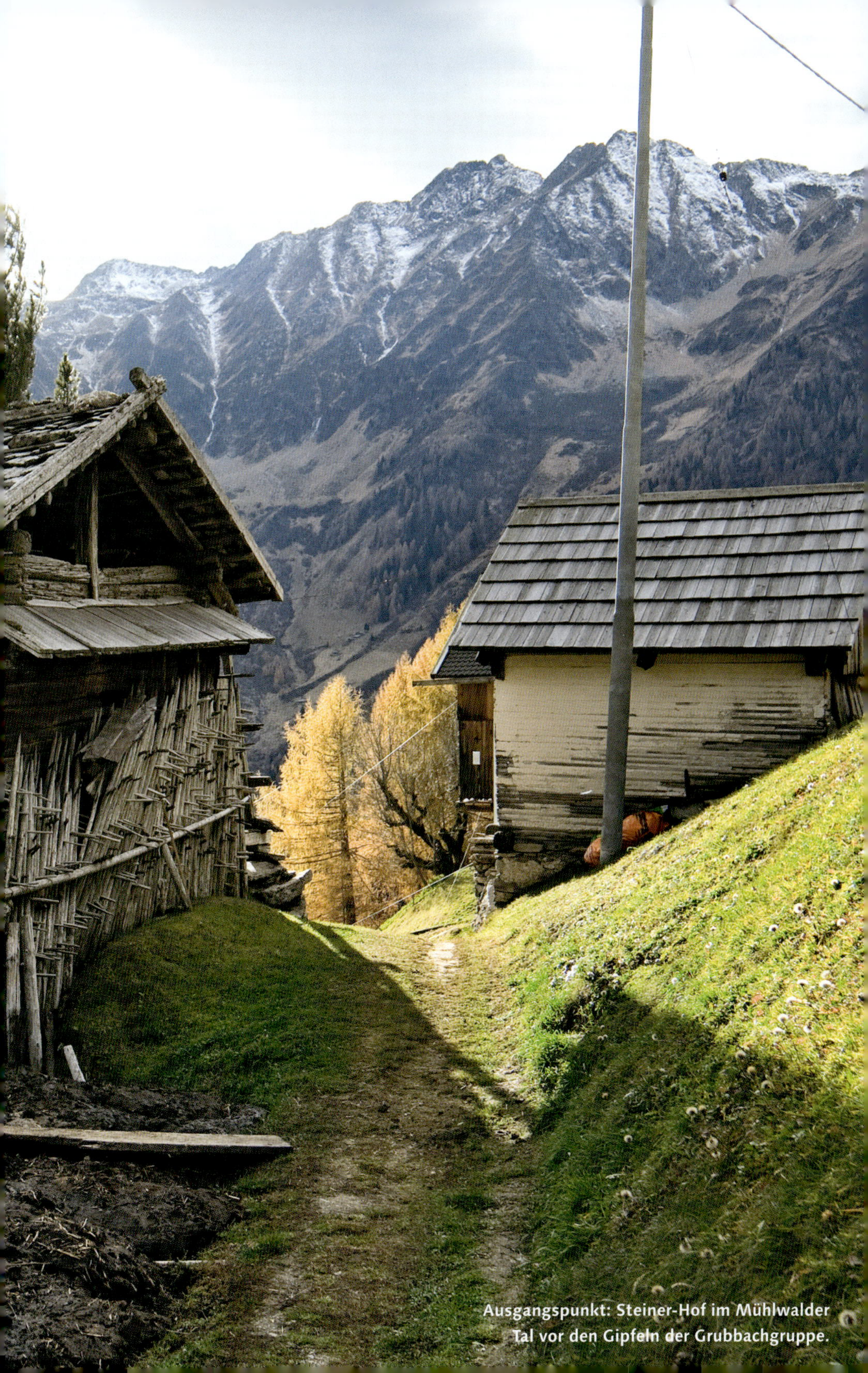

Ausgangspunkt: Steiner-Hof im Mühlwalder Tal vor den Gipfeln der Grubbachgruppe.

Mit Christophs VW-Bus sind wir unterwegs im obersten Mühlwalder Tal. Hier, nahe der nördlichsten Spitze Südtirols, spürt man bereits die Kühle der grauen, gletscherbehangenen Gneisberge der Zillertaler Alpen. Sie hat die Landschaft karger gemacht. Dunkle, von spärlichen Wiesenflecken durchsetzte Nadelwälder überziehen die Talflanken, darüber liegen ein paar Hochalmen, die schon bald den blockigen Schutthalden der Felsgipfel weichen. Keine Spur von Heidi- oder sonstiger Bergbauern-Romantik.

Die schmale, teils einspurige Asphaltstraße, auf der wir fahren, zieht hinauf zum Neves-Stausee. Sie wurde in den Jahren um Christophs Geburt 1962 gebaut und ist ein Teil seiner Heimat. Christoph schaut jetzt öfters nach links hinab in den fast schluchtartig engen Talgrund. Schließlich deutet er aus dem Autofenster: „Dort unten, die einzelne Almhütte. Auch die haben wir damals bewirtschaftet. ... Und dort vorne, da hat es mich damals überschlagen, als ich mit dem Einachser und den Heuschlitten den Hang hinuntergefahren bin!"

Dort draußen ist nur steiler, felsdurchsetzter Waldboden.

„Gute Güte, da dürften viele ja schon zu Fuß Probleme haben!"

(*Arbeitsnotizen Jochen Hemmleb, Frühjahr 2018*)

DRAUSSEN ZU HAUSE – DIE WELT MEINER KINDHEIT

Eigentlich bin ich ein Zeuge aus der Vergangenheit. Mein Leben als Kind und Jugendlicher auf Hof und Alm war etwas, das heute im Aussterben begriffen ist, obwohl es gerade einmal vierzig, fünfzig Jahre her ist. Es waren harte Zeiten, in denen auf manchen Bergbauernhöfen Hunger herrschte und viele gearbeitet haben, nur um zu überleben.

Heute ist das fast nicht mehr vorstellbar.

Der Steiner-Hof, auf dem ich aufwuchs, liegt inmitten steiler Bergwiesen auf 1620 Meter am Südhang der Henne (Gornerberg) über dem Mühlwalder Tal, einem Seitental des Tauferer Ahrntals. Auch wenn heute eine Straße dorthin führt, geht es rundherum sofort abwärts. Unterhalb des Stalls können kaum die Kühe stehen. Es gab einen weiteren Hof in der Nähe, der hatte eine etwas bessere Lage. Da hatte es sogar eine kleine Fläche, auf der wir Kinder Ball spielen konnten. Wenn aber einer von uns den

Ball über das Spielfeld hinausschoss, mussten wir eine Viertelstunde bis in den Wald hinuntergehen, um ihn zu suchen. Alle weiteren Höfe waren mindestens eine halbe Stunde Fußmarsch entfernt.

Im Sommer war mein Zuhause eine einzelne Almhütte auf der fast 400 Meter höher gelegenen Gorneralm. Das Obergeschoss der Hütte bestand aus einem großen und einem kleineren Raum mit nur ein paar kleinen Fenstern. An einer Wand war eine Feuerstelle mit einem Kamin, daneben ein großer Holzherd zum Kochen. Ansonsten gab es nur noch einen Esstisch und einen Kasten für Dinge wie Geschirr. Heizen konnte man die Stube allerdings aufgrund der fast nicht vorhandenen Isolierung kaum. Aber dafür hatten wir eine „Fußbodenheizung", denn im Erdgeschoss war der Stall und die Wärme der Tiere stieg durch die Ritzen im Gebälk nach oben. Dass dadurch alles irgendwann nach Kuh roch, daran gewöhnte man sich.

In der oberen Stube wurde alles gemacht. In einer Ecke stand eine Art Kran, mit der wir den Milchkessel über die Feuerstelle schwenken konnten. Wir stellten Käse und Topfen her, aber immer nur für den Eigenbedarf. Blieb Milch übrig, machten wir Butter, die wir in regelmäßigen Abständen hinab auf den Hof trugen. Damals war es oft so, dass die Bauern einfach vier, fünf Milchkühe hatten, um sich selbst zu versorgen. Es war noch nicht üblich, die Milch in der Sennerei abzuliefern und weiterzuverkaufen. Für uns war es auch nicht möglich, denn zu unserem Hof führte damals noch keine Straße. So richtig los ging es bei uns mit der Milchwirtschaft erst mit den 1980er-Jahren.

Anfangs, mit sechs oder sieben Jahren, half ich bei der Heuernte oder trug das Mittagessen für die Mäher hinauf auf die Weiden. Das gemähte Gras musste zusammengerecht und mit Kraxen zum Hof hinabgetragen werden, wo es zum Trocknen in die Heudillen gefüllt wurde. War so eine Dille halbvoll, war es ein Heidenspaß, in das Heu hineinzuspringen – bis zu dem Augenblick, als ich vergaß, dass inzwischen Lattenroste zur besseren Belüftung und Trocknung eingezogen worden waren, und ich mit Karacho ins Gebälk krachte …

Später dann, als ich als Kühbub auf dieser und zwei weiteren Almen in der Gegend um den Neves-Stausee arbeitete, sah der Tagesablauf in etwa folgendermaßen aus: Morgens um 5 Uhr aufstehen. Zum Frühstück gab es Brot, Butter und Wasser, ganz selten einmal einen Saft. Dann wurden die Kühe gemolken und auf die Weiden getrieben. Anschließend musste der Stall ausgemistet werden. Ansonsten bist du den ganzen Tag bei den Tieren geblieben. Einerseits musstest du zusehen, dass sie nicht in zu steiles Gelände gerieten, andererseits wurden gerade zu Anfang der Weidezeit die Kühe jeden Tag auf einen neuen Flecken Land getrieben, damit die Wiesen gleichmäßig abgegrast wurden. Gegen Mittag mussten sie immer an einer Wasserstelle sein. Gegen 17 Uhr trieben wir die Kühe dann wieder zurück in den Stall und es wurde nochmals gemolken.

Maschinelle Hilfe gab es auf der Alm keine, mit Ausnahme eines handbetriebenen Geräts zur Butterherstellung. Und natürlich die kleineren Werkzeuge wie Schleif- und Dengelsteine zum Schärfen der Sensen. Das Heu trugen wir mit Kraxen. Die einzige Maschine, die ständig lief, waren die eigenen zwei Beine …

Zum Abend gab es meistens hart gewordene Brotreste, die wir auf einer Grommel – einem Hackbrett mit einem beweglich montierten Messer – zerkleinerten und in Milch aufweichten. Oft gab es auch Melchermuas, in geschmolzene Butter und Milch eingerührtes und gebratenes Mehl, als besondere Spezialität auch mal in der Variante mit Rahm. Es ist so gehaltvoll, dass wir es heute kaum mehr essen können. Unsere Mägen vertragen es nicht mehr. Wir haben es früher zwei-, dreimal die Woche gegessen – was einfach zeigt, wie viel Kalorien wir damals durch die harte Arbeit, das viele Gehen und die häufige Kälte verbrannt haben. Nudeln und Polenta ergänzten den Speiseplan, Fleisch gab es dagegen äußerst selten.

Was es dagegen immer auf der Alm gab, war Schnaps. Wenn der Senner aus dem Tal hinaufkam und verschwitzt war, genehmigte er sich immer ein Stamperl. Das beugte Erkältung vor – und wir waren auch kaum erkältet.

Zum Schlafen ging es in den Nebenraum der Stube. Dort hatten wir Holzbetten, die waren so breit wie französische Betten. In denen schlief man dann zu zweit. Die Matratzen waren mit Stroh gefüllt, und wir bauten uns darin nachts fast so etwas wie ein eigenes Nest, indem wir das Stroh nach der für uns angenehmsten Schlafposition ausformten. Manchmal gönnten wir uns auch den Luxus und stopften die Matratzen mit frischem Bergheu. Die Toilette war ein Plumpsklo an der Außenwand der Hütte, zu dem man nur über den Balkon gelangte. Man musste vor die Tür, egal ob es windig, kalt oder nass war. Die Waschgelegenheit war ein Trog ober-

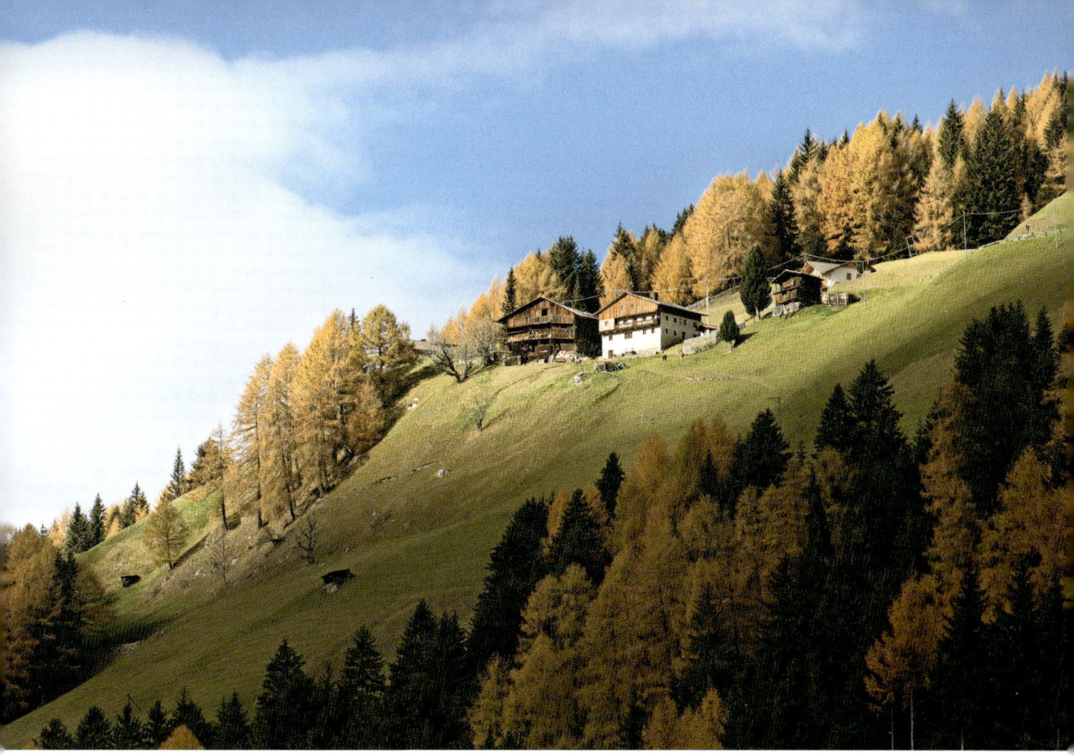

„Rundherum geht es sofort abwärts …“: Der Steiner-Hof und seine Wiesen.

halb der Hütte – wobei der Trog schon ein Luxus war. Auf einer anderen Alm bei Oberlappach, auf der ich später arbeitete, gab es nur ein Rinnsal, in das wir zu Beginn der Saison ein Felsplatte oder ein ausgehöhltes Stück Baumstamm legten, damit sich das Wasser zum Waschen sammelte und besser herauslief. Abgewaschen wurde dort alles, von den Töpfen bis zum eigenen Körper. Feiner Sand reinigt alles … Mehr hatten wir nicht, mehr brauchten wir auch nicht.

*

Ich frage mich öfters, warum es gerade heute immer wieder Menschen gibt, die aussteigen wollen, sich in die Wildnis zurückziehen und das Leben suchen, was wir vor vierzig Jahren hatten. Menschen, die anscheinend in der modernen Welt nicht mehr zurechtkommen und todunglücklich sind, obwohl sie alles haben.

Auf der kleinen Alm hatten wir die Verantwortung nur für uns und unsere Kühe. Wenn es uns und den Tieren gut ging, dann waren wir glücklich. Damals hat man eigentlich nur gearbeitet, um Essen zu haben. Heute sind die Arbeitsverhältnisse komplizierter, aber auch die Haltung vieler Menschen hat sich verändert. Es ist nie genug, alles muss schneller werden, alles muss günstiger werden. Die Menschen wollen immer mehr und sind nie zufrieden. So sind sie in einem Hamsterrad gefangen, aus dem viele erst wieder herauskommen, wenn es sie mit Burn-out flachlegt. So etwas hat es damals überhaupt nicht gegeben. Den Ausdruck „Burn-out" gab es nicht – und eigentlich kenne ich ihn bis heute nicht, denn ich kann mir nicht vorstellen, jemals einen Burn-out zu haben.

Mich haben die Kindheitserlebnisse auf der Alm gelehrt, einfach nur einmal zufrieden zu sein mit dem, was ich habe. Und dies hat auch viel mit Maßhalten zu tun – zu wissen, was man braucht und was nicht.

EINZELKÄMPFERIN – MEINE MUTTER

Die Sommer auf der Alm waren auch die Zeit, die ich mit meiner Mutter verbringen konnte. Ich war ein uneheliches Kind gewesen. Damit meine Mutter ihren Lebensunterhalt finanzieren konnte, musste sie fast das ganze Jahr über in Gais im unteren Tauferer Tal ihrer Arbeit als Dienstmagd nachgehen, während ich bei meinen Tanten auf dem Hof über Mühlwald aufwuchs. So habe ich meine Mutter relativ wenig gesehen, manchmal fast ein halbes Jahr nicht. Bisweilen habe ich sie vermisst, aber im Wesentlichen war es kein Problem, denn ich war es von klein auf nicht anders gewohnt. Ich hatte meine Tanten und meine Großmutter, bei denen habe ich mich wohlgefühlt. Aber wenn meine Mutter auf dem Hof war und ich mit ihr auf der Alm sein konnte, dann war es eine schöne Zeit.

Meine Mutter war ein sehr empfindsamer Mensch und immer dicht bei ihren Gefühlen. Sie lachte, wenn ihr danach war, und weinte, wenn ihr danach war. Das fand ich sehr schön und hat mich beeindruckt. Dabei musste sie auch sehr stark sein. Zur damaligen Zeit ein uneheliches Kind zu haben, das war für alle schwierig. Nicht nur für meine Mutter, sondern auch für meine Tanten. Denn ein uneheliches Kind galt fast als ein Verbrechen. Wir wurden von allen schief angeschaut. Ich selbst habe das nicht mitbekommen, für meine Mutter war es sicher hart. Aber sie hat die Situation einfach angenommen. Meine Mutter wurde dadurch eine Einzel-

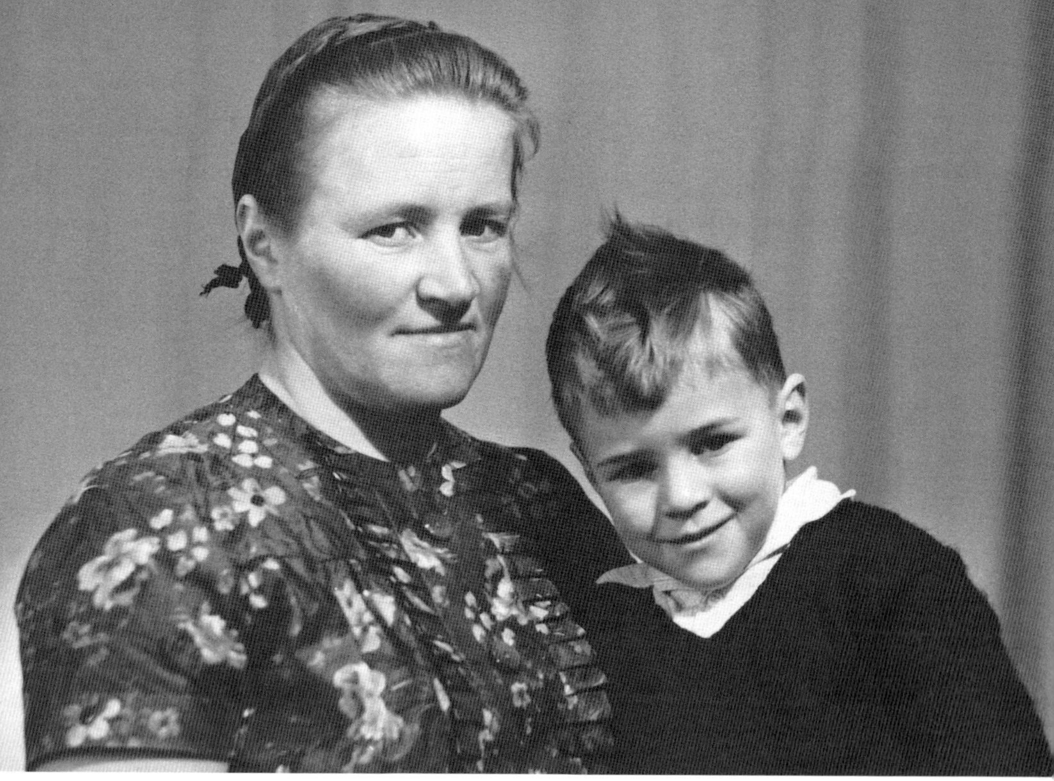

Meine Mutter mit mir im Alter von sechs Jahren.

kämpferin – und ich glaube, das hat sich auf mich übertragen. Auch ich hatte immer wieder das Gefühl, Einzelkämpfer zu sein und mich gegen Gott und die Welt durchsetzen zu müssen. Oder zumindest gegen die anderen Burschen in der Schule oder in den Cliquen der anderen Dörfer, bis späterhin zur Bergsteigerszene.

Meinen Vater habe ich kaum gekannt – und deswegen hat er mir auch nicht gefehlt. Ich weiß zwar, wer er ist, aber ich habe nie den Kontakt zu ihm gesucht, ganz bewusst nicht. Ich habe mir immer gedacht, wenn er den Kontakt möchte, dann kann er ihn ja suchen. Aber ich wollte umgekehrt ihn nicht in seinem Familienleben und Umfeld irgendwie stören. Er sollte sein Leben leben, so wie er es die ganze Zeit getan hatte. Für mich war das nie ein Problem.

Wir waren eine Großfamilie, was damals ganz normal war. Auf dem Hof lebten vier oder fünf meiner Tanten, einem Onkel gehörte das Anwesen, und anfangs waren eben auch die Eltern meiner Mutter dort oben. Eine meiner Tanten war behindert – auch das war damals nicht selten,

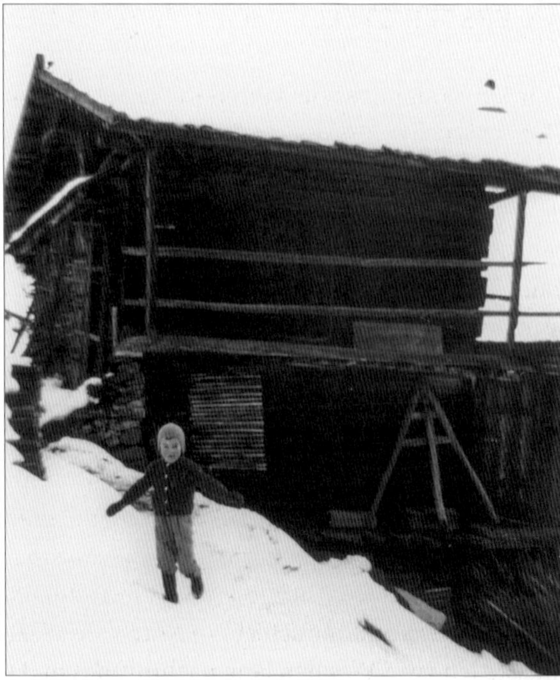

Mein liebster Platz am Hof: der Kornkasten.

wenn es bei der Geburt Probleme gab und die Hebamme nicht rechtzeitig auf die abgelegenen Höfe kam. Die Frauen waren sehr auf sich selbst gestellt und trotzdem ist es meistens gut gegangen.

Gerade in den ersten Jahren war es ein recht enger Kreis, in dem ich aufgewachsen bin. Auch wenn später andere Schulkinder und Lehrer hinzukamen, war ich die überwiegende Zeit doch mit denselben Leuten zusammen. Mit denen musstest du auskommen, ob du es wolltest oder nicht. Dadurch habe ich vermutlich eine gewisse Geduld und Ausdauer im Umgang mit Menschen gelernt. Und es hat mich zu einem ehrlichen Menschen gemacht. In einem so engen Umfeld konnte man sich nicht verstecken. Ich habe vielleicht ein-, zweimal gelogen – doch man ist mir immer auf die Schliche gekommen. Es gab keinen anderen Weg, als einen ehrlichen Umgang miteinander zu haben.

Dies habe ich mir bis heute bewahrt und es macht mich gerade als Bergsteiger ziemlich unangreifbar. Denn ich kann stets Brief und Siegel darauf geben, dass meine Touren und Erlebnisse genau so waren, wie ich sie beschrieben habe.

AN ERSTER STELLE – KIRCHE UND RELIGION

Wie ich dann mit sechs Jahren in die Schule kam, bedeutete die Lage des Hofs morgens eine Stunde Fußweg hinab nach Mühlwald und nachmittags anderthalb Stunden zurück hinauf. 400 Höhenmeter, fast jeden Tag und bei fast jedem Wetter – das war gut für die Kondition und baute überschüssige Energie ab, war aber schlecht fürs Lernen. Aus diesem Grund kann ich auch über meine Schulzeit nicht allzu viel berichten. Eigentlich war ich in jedem Fach schlecht, denn Lernen war somit das Letzte, womit ich meine Zeit verbringen wollte. Als wir einmal für eine fehlende Lehrerin ein Gedicht über uns selbst verfassen sollten, habe ich meine schulische Situation damals schon recht treffend beschrieben: „Frau Lehrerin, geh, sag mir doch, kennst du wohl den Christoph noch? Lang bist du jetzt fort gewesen, lehr mich wieder Schreiben, Lesen!"

Auch Religion interessierte mich damals überhaupt nicht. Das konnte ich eine Weile vertuschen, bis ich Weihnachten mit einer schlechten Note nach Hause kam. Eine schlechte Note vom Pfarrer, das ging gar nicht! So musste ich zwei Wochen lang nachmittags in der Stube beim Ofen sitzen und aus dem Katechismus alles nachlernen. Manche der Sätze kann ich heute noch auswendig ... Von diesem Moment an wusste ich: Religion steht an erster Stelle. Egal wie schlecht du in Deutsch oder im Rechnen bist – Religion musst du können!

Kirche und Religion hatten damals einen äußerst hohen Stellenwert. Vor der Schule ging es täglich zur Messe, am Sonntag sogar zweimal. Auf dem Hof war Beten obligatorisch: vor dem Essen, nach dem Essen; abends den Rosenkranz, im Winter den langen, im Sommer den kürzeren, den sogenannten „Kraxentrager". Den langen Rosenkranz zu beten war regelrecht anstrengend. Die Bäuerin, die vorbetete, durfte sitzen, aber wir mussten dazu knien. Und wenn man nicht ruhig war oder den Einsatz verschlief, dann hieß es auf einem Holzscheit knien. Denn das tat richtig weh!

Der Pfarrer genoss höchstes Ansehen im Dorf und in der Gemeinde – fast wie heute der Papst. Er wusste alles und hatte überall Mitspracherecht. Er war oberste Autorität, wurde nie hinterfragt: Wenn eine Wand schwarz war und der Pfarrer sagte, sie wäre weiß, dann war sie weiß! Sonntags war es üblich, dass die Bauern ihm Eier oder auch mal ein Stück

Speck brachten, auch wenn sie selbst nicht allzu viel zum Essen hatten. War der Pfarrer auf dem Hof zu Gast, bekam er das Beste. Und dies blieb eine ziemlich lange Zeit so. Der Pfarrer und die Kirche hatten eine große Macht und Präsenz.

Standen Kirche und Religion für „das Gute", sprach man im Gegenzug oft vom Teufel, der für alles Böse und Schlechte stand. Das bekamen wir als Kinder regelrecht eingetrichtert. Es gab eine Zeit, in der ich im Traum immer wieder gegen den Teufel kämpfte.

Auf den Höfen erzählte man sich auch Geistergeschichten, die sich angeblich tatsächlich ereignet hatten. So sei im Reicheneggerhof von Lappach, auf dem ich später wohnte, die Uhr stehengeblieben, als der Nachbar gestorben war. Ein anderes Mal saßen im Hof alle gemeinsam in der Stube, als im Zimmer oberhalb plötzlich Holzschuhe gegen die Wände schlugen. Als man nachschaute, war das Zimmer leer und die Schuhe standen unberührt an ihrem Platz.

Mit solchen Vorkommnissen hat man sich früher häufiger beschäftigt und ich bin bis heute davon überzeugt, dass es sie wirklich gab und sie einen realen Hintergrund hatten. So gab es Wahrnehmungen, die auf ein bevorstehendes Unglück hindeuteten, oder jemand sprach Prophezeiungen aus, die sich bewahrheiten sollten.

*

Ich gehe heute zwar kaum mehr in die Kirche, vielleicht ein-, zweimal im Jahr. Aber trotzdem ist tief in mir etwas von der Wichtigkeit der Religion erhalten geblieben. Ich bin kein ungläubiger Mensch. Einem Kletterpartner sagte ich einmal: „Wenn es ganz kritisch wird, dann fällt mir der da oben halt doch nochmal ein." Es gibt für mich dann schon eine höhere Gewalt, die entscheiden kann. Warum habe ich bestimmte Situationen überlebt? Warum bin ich bei einer Erstbegehung, als ich mit zitternden Beinen 20 Meter über der letzten Zwischensicherung stand, nicht abgestürzt? Da denke ich heute, dass es drei Faktoren gab und gibt: mein Können, meine körperliche Verfassung – aber eben auch noch „etwas", das mich beschützt. Aber dieses „etwas" wird irgendwann auch sagen: „So, jetzt ist deine Zeit gekommen. Jetzt brauche ich sogar einen wie dich hier oben …"

NATURGEWALTEN

Durch das Leben auf dem Hof wuchs ich quasi in der Natur auf, erlebte ungefiltert das Wetter; Hitze, Kälte, Wind, Regen, den Wechsel der Jahreszeiten. Während der Winterzeit und im beginnenden Frühjahr spürten wir durch Schnee und Lawinen die Gewalt der Natur besonders.

Hat mir die Natur Angst gemacht? Natürlich. Und sie tut es bis heute. Wenn du als Kind so eng mit der Natur aufwächst, dann gehören Situationen, in denen du Angst hast, einfach dazu. Sie sind ja auch wichtig, um zu lernen, die Gefahren einzuschätzen und die entsprechenden Entscheidungen zu treffen. Damals hatten die Leute auf den Höfen von sich aus gewusst, wann zu große Lawinengefahr herrschte, um sicher zur Schule zu gehen. Also blieben die Kinder zu Hause. Da brauchte es keine Lawinenkommission!

Im April oder Mai saß ich selbst häufig vor dem Kornkasten unseres Hofs und schaute auf den gegenüberliegenden Reisnock. Irgendwann wusste auch ich genau, wann die Temperatur und der Schnee „richtig" waren, dass zwischen 14 und 15 Uhr nachmittags die Nassschneelawinen abgingen.

Manchmal machte ich mir meine Naturgewalten auch selber. Ich rollte also einen schönen Schneeball und ließ ihn auf den Wiesen los. Der wurde immer größer, immer breiter, bald kam der Hang ins Rutschen. Meistens blieben die Schneemassen nach ein paar hundert Metern liegen, aber ein-, zweimal gingen sie bis hinab zu den Höfen unter uns. Dann hieß es schnell ins nahe Futterhaus rennen und sich verstecken ... Von meiner Warte aus konnte ich die Auswirkungen meines Experiments sehen und die Bauern, die nach oben schauten – aber sie sahen mich nicht! Einmal nahm es den Zaun bei einem Hof mit – und den Zaun beim Hof darunter gleich noch dazu. Glücklicherweise stoppte die Lawine kurz vor dem Haus. Dafür lag die Zufahrt unter ein bis zwei Metern Schnee. Rekord!

Die beeindruckendste Lawine ging allerdings nicht auf mein Konto. Sie erlebte ich später während meiner Zeit in Lappach. Unser dortiger Hof lag direkt neben dem großen Graben, der vom Lappacher Jöchl hinabzieht. Wir wussten an diesem Nachmittag schon, dass die Lawinengefahr groß war, denn uns Kindern hatte man geraten, nicht zur Schule zu gehen.

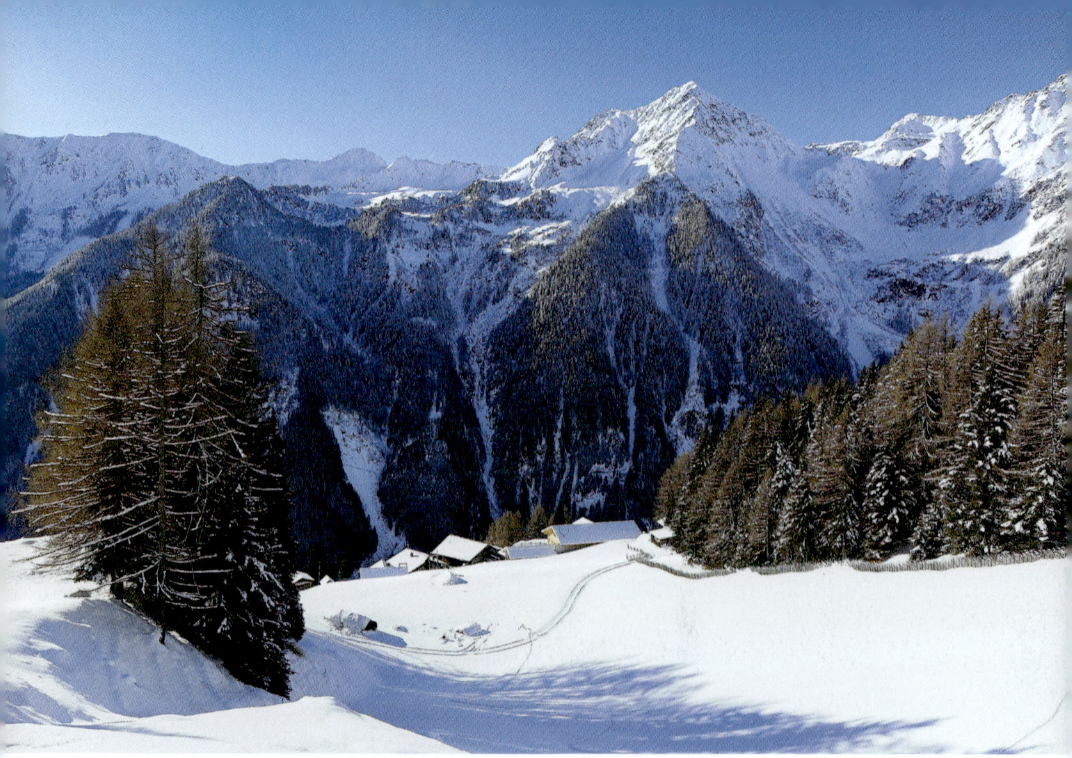

Auf dem Weg vom Hof zur Gorneralm. Im Hintergrund der Reisnock.

Irgendwann schaute ich aus dem Fenster und sah, wie sich eine gewaltige Schneewand den Graben hinabwälzte, direkt am Hof vorbei. Die Schneezunge kroch ganz langsam – ich dachte fast, ich könnte mich vorne auf die Spitze setzen, mitfahren und lenken. Aber ich merkte auch die Wucht dahinter: ein Baum wurde umgelegt, dann der nächste – alles wie in Zeitlupe. Die Schneemassen flossen den gesamten Graben hinab bis über die Straße, die zwei Tage lang verschüttet blieb.

Wenn man solche Lawinen sieht und erlebt, dann spürt man genau, welche Kräfte in der Natur wirken. Die Freizeitindustrie preist uns heute Lawinen-Airbags und alles Mögliche an Ausrüstung an, die Sicherheit verspricht – aber wenn du in eine größere Lawine gerätst, dann ist das alles für die Katz. Dann wirst du einfach zerdrückt. Wenn Menschen heute Lawinen überleben, dann sind das kleinere Schneebretter oder die Leute wurden nur am Rand verschüttet. Größere Schneebretter knicken selbst dickere Bäume ab wie Zündhölzer.

Manchmal denke ich, wir sollten uns diese Macht der Natur wieder stärker vergegenwärtigen und statt immer neuerer Sicherheitsausrüstung

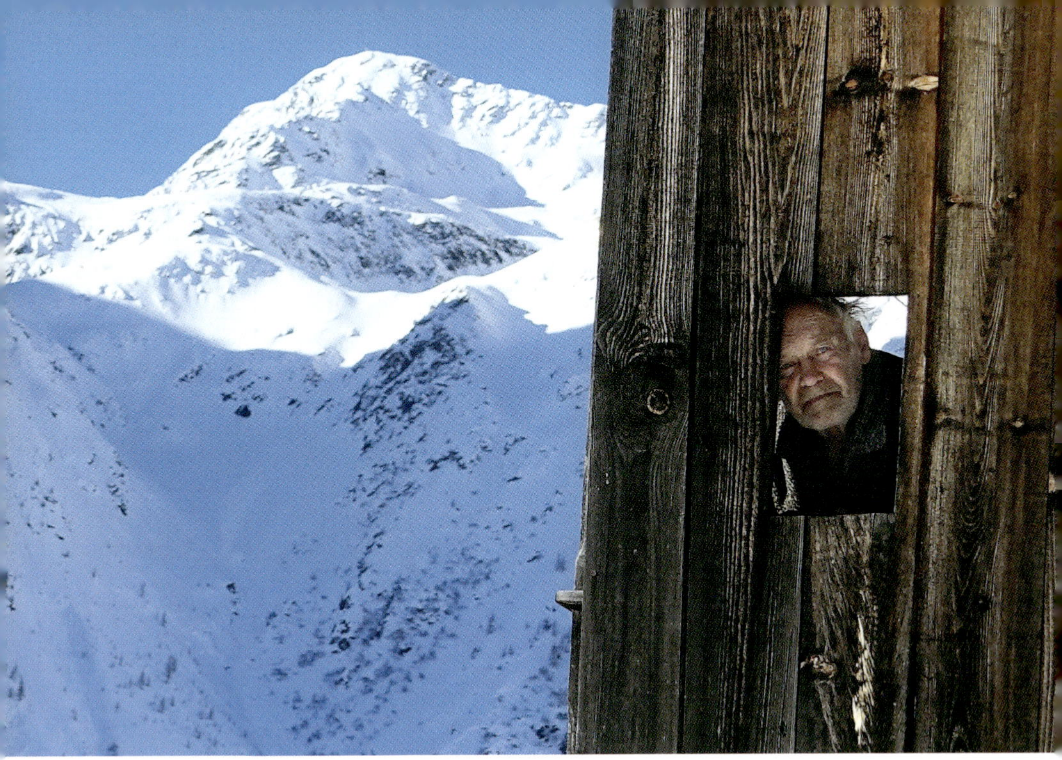

Mein Onkel August Hainz hat sein ganzes Leben auf dem Hof verbracht.

wieder ein besseres Gespür für sie entwickeln. Mit diesem Gespür verzichten wir dann auf die eine oder andere wilde Skitour, lassen an anderen Tagen vielleicht aber auch einen Teil der ganzen Ausrüstung zu Hause und sind wieder ganz ursprünglich und dennoch sicher unterwegs – im Rucksack ein belegtes Brot und eine gute Flasche Wein …

Schnee bedeutete aber nicht nur Gefahr. Im Winter und Frühjahr konnte ich mit der Rodel vom Hof hinunter in die Schule fahren. Einmal war der steile Hang unter dem Hof hart verfirnt. Da dachte ich mir: „Fahre ich heute mal dort runter." Rauf auf die Rodel – und schon ging es los. Die ersten 100 Meter waren wirklich sehr steil. Dann kam eine leichte Senke. Und da tauchten die Schlittenkufen ein. In hohem Bogen flog ich vom Schlitten, landete auf dem Gesicht und rutschte so noch weitere 30, 40 Meter den Hang hinunter, wobei ich versuchte, mich mit den bloßen Händen abzubremsen. Ich hatte mir nichts gebrochen. Aber wie sah ich aus! Gesicht und Hände waren verschrammt und offen, überall war Blut. Ich wischte mich so gut es ging mit Schnee ab – und ging zum Unterricht. Auf dem Heimweg haben wir Kinder uns bisweilen heimlich mit unseren

Rodeln zwischen den großen Holzfuhrschlitten eingereiht, die mit dem Heuaufzug zum Hof hinaufgezogen wurden. Es sorgte immer für große Augen, wenn wir plötzlich munter aus dem Schlittenzug gesprungen kamen …

*

Mich haben gerade die Erlebnisse mit Schnee und Lawinen gelehrt, die Natur zu nehmen, wie sie ist – und nicht wie viele Menschen zu glauben, selbst in der Natur alles regeln und beherrschen zu können. Die Natur ist uns immer überlegen. Ob durch Lawinenabgänge, Muren oder Waldbrände – die Realität der überlegenen Natur holt uns immer wieder ein. Denn die Natur hat Zeit. Ein Menschenleben dauert heute maximal etwa hundert Jahre. Ein großes Unheil in diesen hundert Jahren ist für den Menschen eine Katastrophe. Für die Natur ist dies nichts.

MEIN GANZ EIGENER WEG – SKIFAHREN UND BERGSTEIGEN

Bergsteigen gab es früher für mich gar nicht. Wir waren so mit der Arbeit auf dem Hof beschäftigt – hätte ich da gesagt, ich gehe jetzt bergsteigen, hätte man mich für verrückt erklärt. Das hätte die Familie nie unterstützt. Und so war es auch kein Thema für mich. Ich wusste, es geht einfach nicht, und so blieb mir nichts anderes übrig, als sehnsüchtig auf die Berge zu schauen. Am Talhang gegenüber lag der Grubbachkamm mit dem Reisnock, dem Großen und dem Kleinen Tor. Da war für mich immer die spannende Frage: Was ist dahinter? Das hat mich immer brennend interessiert. Aber damals ist man aus dem Tal nur ganz selten herausgekommen.

Dies änderte sich, als ich zehn Jahre alt war. Da zog ich vom Hof über Mühlwald zu einer meiner Tanten auf den bereits erwähnten Reicheggerhof in Lappach. Im Winter lernte ich dort Ski fahren, mit alten Holzski ohne jegliche Sicherheitsbindung. Es gab zwar im Ort einen kleinen Lift, aber die Fahrten konnte ich mir nicht leisten. So habe ich mir immer meine eigene Piste getreten, ein Paar Holzstecken als Tore aufgestellt – und los ging es! Einmal steckte ich nach einem Sturz mit völlig verdrehtem Fuß so tief im Schnee fest, dass ich eine Viertelstunde brauchte, bis ich wieder draußen war … Blessuren gab es immer wieder. Aber sobald ich auch nur wieder halbwegs kriechen oder krabbeln konnte, habe ich mir die Ski angeschnallt und eine neue Piste getreten.

Im Sommer bewirtschafteten wir in dieser Zeit unter anderem eine Alm zwischen dem Neves-Stausee und dem Zösenberg westlich des Dorfs. Oberhalb der Alm, am Seebergl, gab es einige grasige Felsgrate, nichts Besonderes. Ein Gratfuß bildete eine Wand, die war so etwa 150 Meter hoch und bestand aus lauter steil aufgerichteten Rippen, wie ein Bretterzaun. Da kamen ein anderer Kühbub und ich auf die Idee, wir könnten einmal einen der Kamine zwischen den Rippen hinaufklettern. In unseren Gummistiefeln. Weil diese auf dem Gras im Kamingrund abrutschten, mussten wir ganz weit spreizen, um uns im Fels der Kaminwände links und rechts höher zu stemmen. Nach 80 bis 100 Metern kam ich an einen Felsblock, an dem ich mich hinaufziehen wollte. Der Block kam mir entgegen! Mein Freund war hinter mir. Ich konnte den losen Block so lange halten, bis er zu mir aufgeschlossen war. Dann ließen wir den Felsen zwischen unseren gespreizten Beinen in die Tiefe donnern. Als wir sahen, mit welcher Macht er Fahrt aufnahm, schoss es siedend heiß durch unsere Köpfe: Hoffentlich geht der nicht geradewegs durchs Hüttendach! Gott sei Dank stoppte der Block wenige Meter davor. Es war ein großes Kaliber gewesen … Als wir schließlich aus dem Kamin ausstiegen, brach ein Gewitter los und es regnete in Strömen. Wir mussten uns sputen, um die flüchtenden Kühe wieder einzufangen. Bei den untersten Almhütten holten wir sie ein und trieben sie hinauf – wo uns die Senner, die natürlich unsere ganze Aktion mitbekommen hatten, ein paar schallende Ohrfeigen verpassten. Denn: Mit Gummistiefeln klettert man einfach nicht!

Es gab noch eine zweite Alm, auf der wir tätig waren: die heute verfallene Oberlappacher Hütte, eine von mehreren Bauern bewirtschaftete Genossenschaftsalm unter dem Nevesjoch. Dort arbeitete ich ein oder zwei Sommer. Die Hütte war ein einfacher Steinbau. Bei Schlechtwettereinbrüchen, wie sie auch in der warmen Jahreszeit dort oben immer wieder vorkamen, pfiff der Schnee durch die Ritzen. An einem Morgen wachte ich auf und hatte fünf Zentimeter Schnee auf meinem Bettzeug. Mir war es zu kalt, und so bin ich zum Umziehen in den Stall zu den Kühen gegangen. Dort war es angenehm warm.

Das Gelände an der Südwestseite des Schaflahnernocks war so steil, dass an ein Hinabziehen des Heus mit Schlitten nicht zu denken war. Wir trugen das Heu mit Kraxen hinab zur Staumauer oder zu tiefer gelegenen Schupfen, wo es eingelagert wurde. Als wir auf dem Hof in Lappach später die ersten Motorfahrzeuge – Einachser – hatten, nutzten wir oft die Zufahrtsstraße zum Stausee, um die Heuschlitten näher an die Schupfen heranzubringen.

Einmal war ich mit drei Schlitten unterwegs. Von der Straße hätte ich jeden Schlitten einzeln zur Almhütte unter der Staumauer tragen müssen. Also, dachte ich mir, ich staple die drei Schlitten einfach übereinander und ziehe sie gemeinsam die Böschung zur Hütte hinab. Fest musste ich die Fersen in die Erde hacken, um das Gewicht zu halten – bis mir nach etwa zehn Metern der Tritt ausbrach. Los ging die Fahrt! Nach mehr als 100 Metern tat es einen mächtigen Schlag. Alle Schlitten flogen über meinen Kopf hinweg und ich landete zuoberst auf dem Stapel – ohne einen Kratzer!

Bei allen Schwierigkeiten der Bewirtschaftung hatte die Oberlappacher Hütte einen Vorteil: Sie befand sich in wunderbarer Lage auf der Südseite der Zillertaler Alpen, direkt unter den ganzen Dreitausendern wie Hoher Weißzint, Großer Möseler oder Turnerkamp. Als ich elf oder zwölf Jahre alt war, bin ich mit Turnschuhen auf den Möseler gestiegen. Damals waren die Gletscher um vieles ausgedehnter als heute, sie hatten bedeutend mehr Eis. Ich hatte keine Steigeisen, keinen Eispickel. Um nicht aufs Eis zu kommen, sprang ich von Stein zu Stein, und kam so bis in eine Scharte knapp vor dem Gipfel. Dass ich dabei nicht abgestürzt oder in eine Spalte geflogen bin, grenzt an ein Wunder!

Mit dreizehn Jahren hatte ich dann Gelegenheit, meine erste „richtige" Bergtour zu machen und zum ersten Mal einen Eispickel in den Händen zu halten. Mit einem Onkel bin ich einen alten Schmugglerweg über den Nevessattel bis hinunter ins Zillertal nach Mayrhofen gegangen. Für mich war es äußerst beeindruckend, in dieser Gletscherlandschaft zwischen den Urgesteinsbergen unterwegs zu sein.

In der Folgezeit habe ich meine ganz eigene Vision vom Bergsteigen entwickelt – mit derselben Spontaneität wie später bei Expeditionen oder Free-Solo-Begehungen. Einfach etwas unternehmen, aus dem Moment heraus. Immer wieder bin ich ausgebrochen und habe den einen oder anderen Gipfel dort oben gemacht. So wurde mir nie langweilig. Auf der anderen Seite habe ich darüber bisweilen die Kühe vergessen. Aber nach solchen Aktionen war ich wieder mit mir selbst zufrieden und es machte mir nichts aus, eine weitere Woche lang Vieh zu hüten.

Wenn ich meine eigene Kindheit mit der von vielen heutigen Kindern vergleiche, dann habe ich eine wunderschöne Kindheit gehabt. Ich hatte keinerlei Termine, meine Tage waren nicht verplant. Das Einzige, was ich musste, war zur Schule zu gehen. Aber danach war ich frei.

Heute sind Kinder ja sehr häufig unter Stress: erst Schule, dann schnell nach Hause, nachmittags vielleicht Musikunterricht oder Fußballtraining und was sonst noch. Das andere Extrem ist, dass sie hinter Smartphone oder Computer sitzen, um abgelenkt und still zu sein. Das hatte ich alles nicht – und war zufrieden. Nach dem langen Weg von der Schule zurück auf den Hof konnte ich machen, was ich wollte. Ich hatte die schöne Natur um mich herum, ich konnte den Sonnenuntergang genießen, ich konnte draußen spielen, bis es zu kalt wurde. Niemand pfiff mich zurück, ich war völlig selbständig. Es hieß nicht andauernd „Pass auf!" oder „Tu das nicht!" Man hat mich einfach machen lassen. Eine solche Kindheit, mit einer solchen Unbekümmertheit, gibt es heute kaum noch – und das ist eigentlich tragisch.

Dieses naturverbundene Aufwachsen prägt mich bis heute. Es hat meinen Charakter geformt. Heutzutage hat man ja ständig alle möglichen Probleme. Aber ich lasse mich nicht so schnell aus der Fassung bringen – und ich denke, dass ich genau dies in meiner Kindheit gelernt habe. Ich hatte auch mit Problemen und Hindernissen zu kämpfen. Aber ich konnte und durfte Dinge ausprobieren, selber Lösungen suchen. Was auch bedeutete, dass ich Fehler machen konnte, aus denen ich lernte. Und das hat mich schlussendlich immer weitergebracht.

Bis dahin, wo ich heute bin.

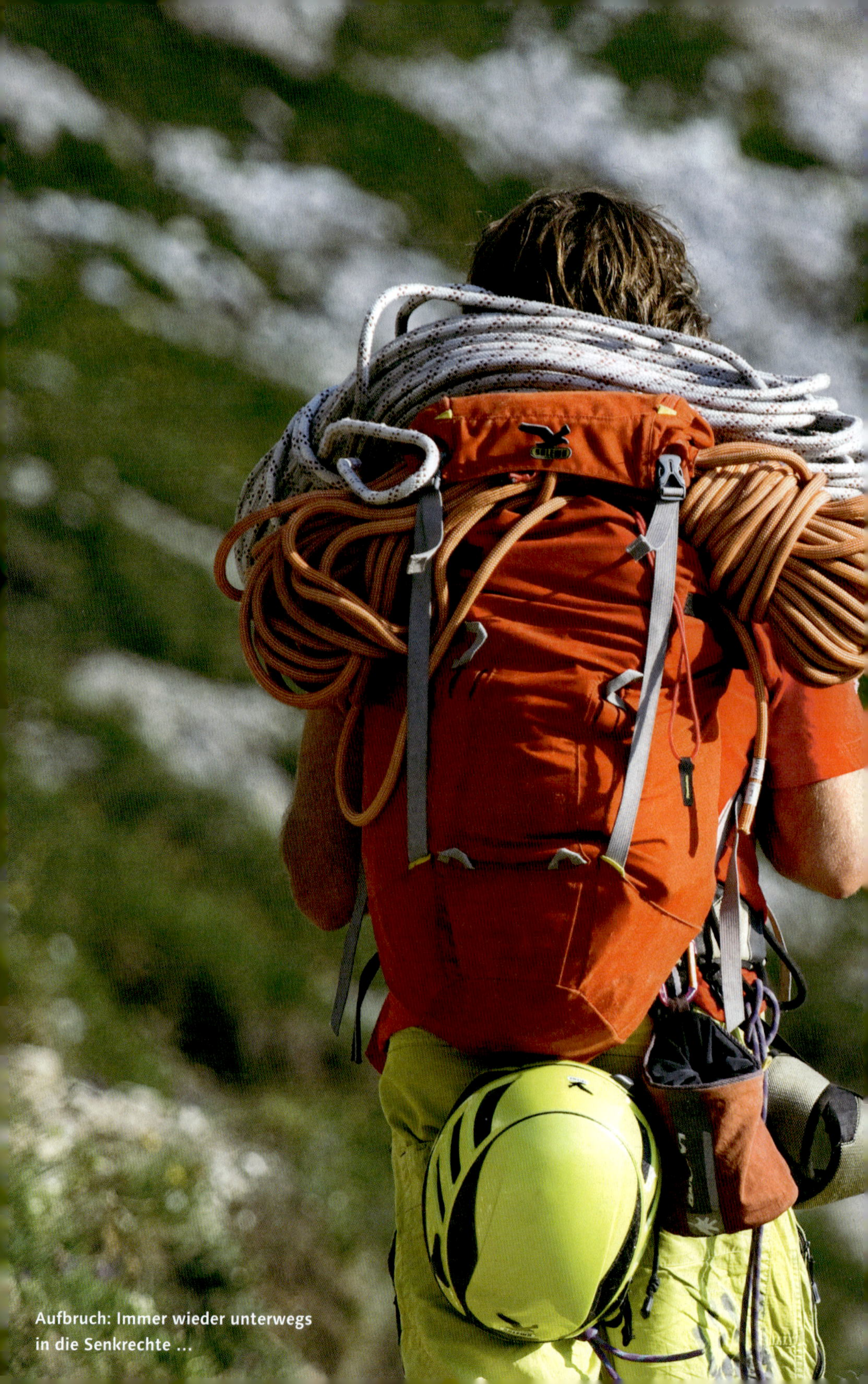

Aufbruch: Immer wieder unterwegs in die Senkrechte …

3. Kapitel

Das Feuer in mir: Bergsteigen aus Leidenschaft

Wenn ich zuvor schrieb, dass ich mich öfters frage, warum heute Menschen aussteigen und das einfache Leben auf dem Bauernhof suchen, so muss ich mich eigentlich selbst fragen, warum ich dieses Leben hinter mir gelassen habe.

In meiner Schulzeit blieb mir fast nichts anderes übrig, als irgendwann vom Hof wegzugehen. Als ich auf die Mittelschule nach Bruneck wechselte, war ich nur noch im Sommer auf dem Hof in Lappach. Die übrige Zeit lebte ich in Gais bei meiner Mutter. Der Arbeit auf dem Hof habe ich nachgetrauert – sie war für mich das wahre Leben, während Schule nur ein Muss war. Etwas von dieser Grundhaltung hat sich in mir bis heute erhalten. Noch immer arbeite ich am liebsten draußen. Vor einigen Jahren nahm ich meine beiden Kinder mit zu meiner Tante auf den Hof und wir halfen alle bei der Heuernte. Das hat uns allen Spaß gemacht. Es ist und bleibt eine befriedigende Arbeit, denn du siehst und spürst am Ende des Tages, was du geschafft hast. Dieses Gefühl könnte mir eine Arbeit am Computer und im Büro nie geben.

ZÜNDFUNKE

Mit dem Abschied vom Hof öffneten sich mir andere Welten und Möglichkeiten. Es folgte die Berufsschule, ich musste arbeiten. Mir hat mein Beruf als Mechaniker viel Spaß gemacht, aber ich habe trotzdem öfters den Job gewechselt und viel im Handwerk gelernt: Tischler, Maurer, Autoelektriker, Baggerfahrer. Wie später beim Bergsteigen war ich auch hier sehr spontan. Wenn mir eine Arbeit nicht mehr passte, suchte ich mir etwas anderes. Mein Hang zum Handwerk ist in mancher Hinsicht auch ein Rückgriff auf meine Zeit am Hof über Mühlwald. Dort hatten wir eine kleine Tischlerei. Wir lebten ja ziemlich autark dort, also stellten wir viele Dinge – Täfelungen für Wände und Decken, Bettgestelle, Rechen für das Heu – selbst her. Meine Jugendzeit in Gais brachte die üblichen Zeitvertreibe mit sich: Musikkapelle, Kirchenchor, lange Feiern beim Fußballverein und natürlich Discobesuche mit den Mädels. Unterbrochen wurde das Ganze durch den Militärdienst mit neunzehn, dann ging es auf den verschiedenen Bühnen weiter. Wie mich der FC Gais dann aber nur als Reservetormann nominierte, dachte ich mir: „Das ist mir zu langweilig.

Jetzt muss ich etwas anderes tun." Anton Peer, ein Freund aus Gais, und Peter Mair, ein Arbeitskollege aus Bruneck, hatten die Lösung: Sie nahmen mich mit in den Klettergarten.

Peter richtete mir gleich zum Einstieg eine Route im VI. Grad ein, eine steile und glatte Granitplatte. Ich probierte sie, gesichert im Toprope, das heißt mit Seil von oben – aber mit klobigen Lederbergschuhen an den Füßen. Andere Schuhe hatte ich nicht. Und es ging. Sturzfrei. Das hat die anderen beeindruckt – was wiederum mich beeindruckte und nicht wenig anspornte. Meine nächste Tour war der Gang ins Sportgeschäft, Gurt (finanziert von meiner Mutter) und Kletterschuhe kaufen. Seit diesem Tag klettere ich.

Mit dieser Anfangszeit verbinde ich viele schöne Erinnerungen. Immer mehr Freunde kamen mit zum Klettern, so dass wir schließlich eine feste Clique von etwa zehn Leuten waren. Nach der Arbeit haben wir uns fast jeden Abend getroffen, gingen in den Klettergarten, bis es dunkel war. Freitagabends trafen wir uns alle im „Wiesenhof" in Sand in Taufers und feierten, manchmal bis um Mitternacht, manchmal auch bis 4 Uhr früh ... Und am Wochenende zog es uns dann in die Dolomiten. Auch wenn wir am Vorabend mal etwas zu lange gefeiert hatten, waren wir Samstagmorgen alle da – außer jemand konnte nur noch kriechen. Handys gab es keine, dafür Zuverlässigkeit und Verbindlichkeit.

Die Kletterszene war damals eine Randerscheinung. Im Pustertal gab es nur eine einzige Klettergruppe von etwa zehn Leuten, entsprechend herrschte zwischen uns eine sehr enge Verbundenheit. In den anderen Südtiroler Tälern war es ähnlich, jedes Tal hatte seine lokale Gruppe Kletterer. Da gab es die Sterzinger mit Leuten wie Hanspeter Eisendle oder Oswald Santin; die Brixner mit Helmut Gargitter; oder die Pusterer mit mir, Peter Mair und anderen. Diese drei Gruppen hatten quasi die Monopolstellung in Südtirol. Daneben gab es noch Einzelkämpfer wie Roland Mittersteiner oder Martin Elsler.

Gemeinsam war uns allen, dass wir uns lange nicht aus dem eigenen Nest herausgetraut haben. Sterzinger kletterten im Raum Sterzing, Pusterer im Pustertal. Irgendwann kamen dann mal die Sterzinger zu uns – und wir schauten genau hin, was die so draufhatten. Jeder Kletterzug wurde aufs Schärfste beobachtet! Teilweise nahm das groteske Züge an. Fand ein „Fremder" in einer Route einen anderen Griff, als die Einheimischen benutzt hatten, so wurde in einer Nacht-und-Nebel-Aktion auch mal der Griff entfernt. So erging es Hanspeter Eisendle im Nikolaustal bei Pozza di Fassa, als er kurz vor der Wiederholung von „Kendo“ stand, einer der ersten 8b-Routen in Italien. An einem Schlüsselzug fand er einen anderen Griff als die Erstbegeher. Als er zwei Tage später wieder in die Tour einstieg, den Zug machen wollte und nach dem Griff schnappte, war dieser nicht mehr da ...

Als wir merkten, dass es die Sterzinger bisweilen auch aus unseren Pustertaler Kletterrouten runterschmiss, trauten wir uns einen Gegenbesuch im Sterzinger Revier zu. Dort gab es eine berühmte Tour mit dem weniger rühmlichen Namen „Buschwixer“, bewertet mit 7c+ und damals eine der schwierigsten Sportkletterrouten in Südtirol. Die habe ich gleich probiert, wobei ich im langen Stück vom letzten Haken zum Top zehn Meter geflogen bin, da es keine Zwischensicherung mehr gab. Im zweiten oder dritten Versuch kam ich dann durch. Helmut Gargitter wiederum wiederholte meine „Je t'aime“ an der Pursteinwand bei Sand in Taufers – die erste 8a im Pustertal – und auf solche Weise blieb die Szene lebendig, man lernte sich kennen und spornte sich gegenseitig an.

Diese freundschaftliche Konkurrenz bildete oft den Motivationshintergrund bei den wilden Neutouren dieser Zeit, ebenso wie die Leistungen der Bergsteiger vor uns. Wir wollten so sein wie die Altvorderen und wollten so klettern wie sie: Kühne Routen mit wenig Haken, mit schlechter Absicherung. Ja, wir mussten fast so klettern, damit uns die damalige Szene akzeptierte. Am Vorgipfel des Piz Miara in der Mesulesgruppe der Sella gelang mir zum Beispiel 1990 mit Valentin Pardeller die Erstbegehung von „Haar im Arsch“, eine im unteren Teil stark überhängende, anstrengende Wand- und Risskletterei mit Schwierigkeiten bis VIII+, die wir nur mit Friends, Klemmkeilen und Normalhaken absicherten. Die Klettergilde aus Gröden benötigte fünf Jahre, bis eine Wiederholung gelang. Danach war auch ich als Kletterer aus dem „fernen“ Pustertal bei ihnen anerkannt.

Der Name der Route ist übrigens die volkstümliche Bezeichnung für die Kuh- oder Küchenschelle. Wer die runden, haarigen Blüten sieht, versteht ihn ...

Heute ist Klettern ein Breitensport, wodurch zwischen den jüngeren Kletterern diese enge Bindung oft nicht mehr gegeben ist. Ich sehe stattdessen leider viel Konkurrenzkampf, der nicht mehr so freundschaftlich ist, und auch Neid. Zwar hat man durch Handy, WhatsApp und Social Media die Möglichkeit, sich schnell und flexibel zu organisieren und Kletterpartner zu finden. Aber so schnell sich die Leute finden, so schnell gehen sie oft auch wieder auseinander. Natürlich waren bei uns die Abhängigkeiten auch größer. Nicht jeder hatte ein Auto, man war mehr aufeinander angewiesen, wenn man irgendwo hinwollte. Das schweißte unsere Clique zusammen – und sie hat mich sehr an das erinnert, was man von der verschworenen Kletterszene im Yosemite hörte.

Wir waren damals Autodidakten, lernten das Klettern ohne Kurse und Anleitungsbücher. Geld für Sicherungsmaterial hatten wir nicht viel. Friends gab es in meinen Anfangszeiten zumindest bei uns noch nicht, die Standardausrüstung waren ein paar Keile, Felshaken, Hammer und Trittleiter. Bohrhaken waren noch verpönt. Jedes Wochenende war ein aufregendes Wochenende, bei dem wir Erfahrungen sammelten und uns langsam an immer schwierigere Ziele herantasteten. Und so manches Mal hatten wir einfach nur riesengroßes Glück.

ANFÄNGERSÜNDEN – ANFÄNGERGLÜCK

Meine jetzige Heimat, das Pustertal, trennt zwei völlig verschiedene Bergregionen: Im Norden stehen die grauen, wuchtigen Urgesteinsgipfel des Tauferer Ahrntals, im Süden die beigen, filigranen Felsspitzen der Dolomiten.

Zur Region Tauferer Ahrntal zählen die Südseite der Zillertaler Alpen, die südwestlichen Ausläufer der Venedigergruppe und die Rieserfernergruppe. Hier stehen zahlreiche prominente Dreitausender: Hochfeiler, Großer Möseler, Schwarzenstein, Großer Löffler, Rötspitze und Dreiherrenspitze, Hochgall. Die meisten bieten leichte, schöne Hochtouren, die zudem durch hoch gelegene Hütten gut erreichbar sind. Andere, wie zum Beispiel der Turnerkamp mit seinem gezackten Südgrat, sind echte Kletterberge. An Hochfeiler, Möseler und Hochgall gibt es klassische Nordwände, am Wasserkopf und am Wildgall wurden in den letzten Jahren anspruchsvolle Mixed-Routen erschlossen. Und dann gibt es Exoten wie die Wasserfallspitze über Sand in Taufers, an der mir eine sehr interessante Route gelingen sollte …

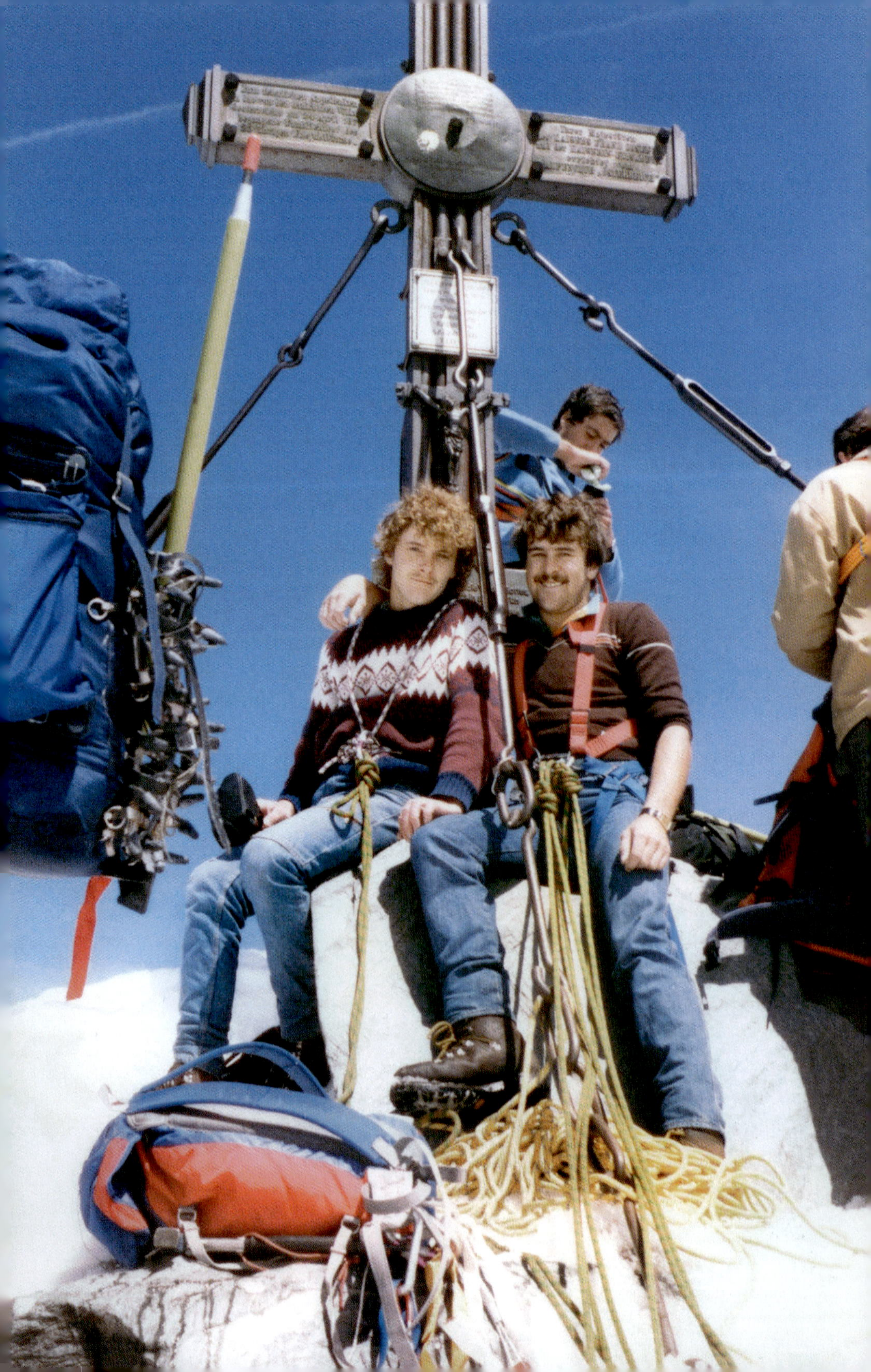

Trotz moderater Höhe und guter Zugänglichkeit sind alle diese Gipfel nicht zu unterschätzen. Sie sind ernste alpine Berge, die Respekt fordern. Bei Schlechtwetter bekommt man an ihnen schnell Orientierungsprobleme und ein Sturz in dem meist geneigten Felsgelände birgt ein hohes Verletzungsrisiko.

Eines meiner ersten Ziele als „richtiger" Bergsteiger war der Südostgrat am Wildgall, eine der längsten Gratklettereien im Urgestein der Ostalpen. „Das wäre doch mal was für einen Samstag oder Sonntag", dachten Anton und ich. Vom Sichern wussten wir noch wenig, geeignetes Material hatten wir noch weniger. Und fürs Wetter interessierten wir uns am allerwenigsten. Wir stiegen ein und hatten mittags erst gut ein Drittel der Tour hinter uns. Dann fing es zu regnen an. Vermutlich war ich es, der die Idee hatte, jetzt am besten einfach vom Grat auszuqueren. Einfach horizontal durch die steinschlaggefährdete, brüchige Flanke nach rechts, bis wir ins Schuttkar kämen. Die ganze Querung war eine Angelegenheit zwischen Abstürzen und Nicht-Abstürzen … Aber wir kamen heil aus der Wand, waren abends wieder im Tal.

An einem der folgenden Wochenenden fuhren wir zu dritt raus zum Großglockner: mein Cousin Albin Feichter; Ehrenfried Oberhuber, ein Freund aus Uttenheim, und ich. Wir starteten nicht in Kals, wo der Normalweg ansetzt, sondern gingen gleich zur damals noch existierenden Hofmannhütte an der Pasterze, gegenüber der Nordwand. Das Wetter, welches uns offensichtlich weiterhin nur am Rande interessierte, war inzwischen schlecht geworden. Den Glockner schrieben wir fast ab, entsprechend lang wurde der Abend. Morgens früh gegen 4 Uhr weckte mich Gepolter und Geschepper in der Hütte. Ich drehte mich um und schlief weiter.

Um 7 Uhr das gleiche Spiel nochmals.

Ich ging zum Fenster und schaute hinaus – das Wetter war wunderschön! Sofort weckte ich die Kameraden. Mein Cousin fühlte sich nicht gut und verzichtete auf die Besteigung. So kam ich zumindest zu Bergschuhen. Denn meine eigenen hatte ich vergessen und war mit Turnschuhen zur Hütte aufgestiegen.

Wir zogen also zu zweit los. Steigeisen hatten wir auch – zumindest ein Paar. Mein Vorschlag war, den Gletscher zu queren und dann gleich ohne unnötige Umwege den nächstbesten Felsgrat hinaufzuklettern, der rechts von der Adlersruhe auf den Normalweg traf. Gesagt, getan. Nachdem der Grat hinter uns lag und wir ins Eis kamen, flog ich erst einmal in eine Spalte. Ehrenfried hielt mich nach zwei, drei Metern. Als ich wieder herausgekrochen war, schienen Steigeisen plötzlich eine gute Idee. Mit unserem einen Paar Eisen ging ich weiter, während der Freund mit den Bergschuhen im inzwischen aufgeweichten Firn gut nachsteigen konnte.

Gegen 13 Uhr standen wir auf dem Gipfel – aber nicht allzu lange. Weil ich einem Bergführer mit meinen Steigeisen fast aufs Seil getreten war, bekam ich einen solchen Anpfiff, dass ich fürchtete, gleich seinen Eispickel ins Kreuz zu bekommen. Nichts wie runter! Der Abstieg verlief ohne Probleme, am nächsten Morgen waren wir wieder auf der Arbeit zur Stelle.

So schön die Berge nördlich des Pustertals auch waren, auf die Dauer waren sie mir zu einseitig. Hier fand ich nicht die Herausforderungen, die ich suchte. Mich reizten die senkrechten Wände der Dolomiten, wie die Nordwände der Drei Zinnen, der Civetta oder die Marmolata-Südwand. Dort konnte ich mich als Bergsteiger wirklich weiterentwickeln. Einen Trumpf hatten die Berge in Südtirols hohem Norden aber noch parat.

WILDE WAND IM HOHEN NORDEN: DREIHERRENSPITZE-NORDOSTWAND

Meinen Einstieg in die großen Eiswände und kombinierten Touren verdanke ich Alfons Knapp aus Uttenheim bei Sand in Taufers. Gemeinsame Unternehmungen mit ihm waren immer für eine Überraschung gut.

Meine allererste Eistour war 1988 die Ortler-Nordwand. Wir standen am Einstieg und sortierten unsere Sachen: Gurt, Karabiner, Steigeisen, zwei Eisgeräte und so weiter. Das Seil blieb zunächst einmal im Rucksack. Alfons ging voraus, ich hinterher. Nach etwa 300, 400 Metern dachte ich so langsam mal an das Seil. Was aber im Rucksack blieb. Alfons fragte mich, ob es ginge. „Ja, geht schon", antwortete ich – wobei ich verschwieg, dass ich bereits zweimal kurz abgerutscht und nur noch am Eispickel gehangen war.

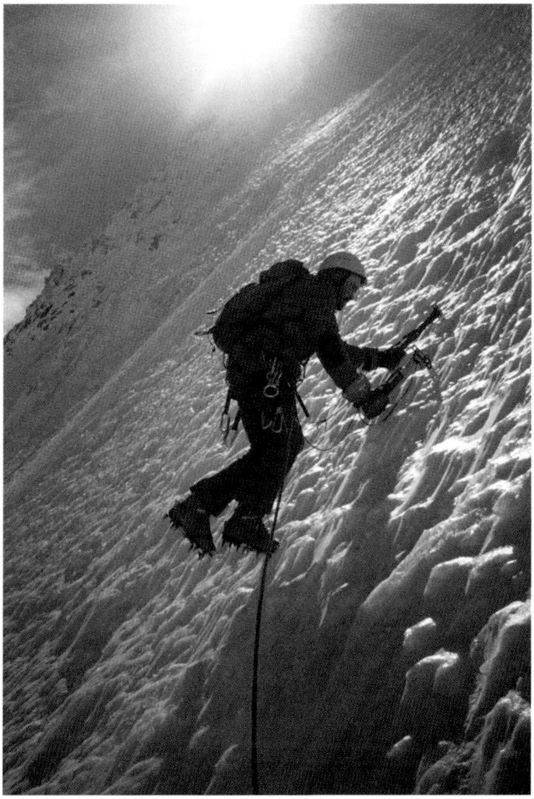

Meine zweite Eistour:
Königspitze-Nordwand.

So ging es scheinbar problemlos durch die unteren zwei Drittel der 1200 Meter hohen Wand. Mit dem Seil im Rucksack. Daher meinte Alfons schließlich gut gelaunt in der 55 Grad steilen Ertl-Rinne, die rechts am abschließenden Eisschild vorbeiführt: „Eigentlich brauchen wir das Seil eh nicht …“ Woraufhin ich weniger gut gelaunt entgegnete, ich wäre „schon froh“, wenn er mich als Neuling im Eis jetzt anseilen würde.

Wenig später gab es einen gewaltigen Krach und ein Sérac donnerte neben uns in die Tiefe. Am liebsten wäre ich zur Seite gesprungen. Aber ich war inzwischen tatsächlich angeseilt und hing am Stand … Dann kam der Staub der Lawine zu uns hinauf geweht und wir sahen fünf Minuten lang erst einmal nichts mehr. So ganz wohl fühlte ich mich also nicht auf meiner ersten Eistour. Trotzdem freute ich mich riesig, als wir auf dem Gipfel standen. Das Seil war zwischenzeitlich übrigens wieder im Rucksack verschwunden.

Bei einer weiteren gemeinsamen Tour durch die Eiskögele-Nordwand in der Glocknergruppe flogen mir 100 Meter unter dem Gipfel plötzlich links und rechts die Steine um die Ohren. Irritiert rief ich nach oben zu Alfons: „Was ist los bei dir?"

„Ich hab hier so eine Ader gefunden. Ich suche nach Kristallen!" Zumindest war er erfolgreich und brachte ein paar schöne Spitzen mit heim.

Alfons hatte also zu Eis und brüchigem Fels ein recht inniges Verhältnis – und war damit der ideale Partner für die Nordostwand der Dreiherrenspitze. Die 450 Meter hohe düstere Wand ähnelt auf den allerersten Blick von ihrem schaufelförmigen Aufbau her der Piz-Badile-Nordostwand, womit dann aber schon jegliche Ähnlichkeiten enden. Im Gegensatz zum Badile ist der Fels an der Dreiherrenspitze grottenschlecht, ein graubraun-weißer Flickenteppich aus von Schnee und Eis zusammengebackenem Bruch. Und dort, wo die Wand nicht brüchig ist, besteht sie aus Platten, in denen kaum vernünftig zu sichern ist. Seit ihrer Erstbegehung 1947 hatte sie in gut vier Jahrzehnten erst drei oder vier Wiederholungen.

Alfons und ich starteten von der Birnlückenhütte im hintersten Ahrntal, von wo aus wir auf der österreichischen Seite zum Krimmler Kees unter der Wand abstiegen. Dort wartete die erste unliebsame Überraschung: Ein bogenförmiger Bergschrund durchzog das gesamte Gletscherbecken und schnitt uns von der Wand ab. Die Oberlippe der gewaltigen Spalte war rund sieben Meter hoch, hing leicht über, und es schien nirgendwo eine Stelle zu geben, an der wir sie überwinden konnten.

Ich stieg ein kurzes Stück hinab in den Schlund bis auf eine Spaltenbrücke, verkeilte mich sitzend hinter einem Eiswulst und sicherte so Alfons, der sich gleich an die Arbeit machte. Die obere Hälfte der Spaltenwand bestand nicht aus Eis, sondern nur aus einer weichen Schneemasse. Da hielten keine Eisschrauben. Stattdessen rammte Alfons seine Pickel horizontal in den Schnee, erst den einen, dann den anderen.

„Christoph, ich brauche noch mehr Eispickel!"

Ich warf ihm meine hinauf, die er auch meisterlich fing und ebenfalls in der Wand versenkte. Dann befestigte er am untersten Pickel eine Trittschlinge, stieg mit dem Steigeisen hinein, richtete sich auf und hielt sich mit den Händen an den oberen Pickeln. So hing er nun da.

Gebannt schaute ich zu – bis ich plötzlich das untrügliche Gefühl bekam, dass sich die Pickel langsam abwärts neigten … Es tat einen Schrei und einen Augenblick später rauschte Alfons mitsamt einem Paar Steigeisen und vier Eispickeln im Schlepptau an mir vorbei und verschwand in der Spalte. Zwar konnte ich ihn halten, aber das Seil drückte meine Hände gegen den Eiswulst und riss mir einen großen Fetzen Haut von den Fingern. Es blutete wie Sau.

Unbeirrt rief ich nach unten: „Alfons, hast du dir wehgetan?"

Keine Antwort.

Ich rief nochmals.

Nichts.

Das hörte sich nicht gut an.

„Alfons, was ist los?" Aus der Tiefe kam ein äußerst ärgerliches „Nachlassen!"

Aha, er lebte also noch … Ich ließ ihn so weit ab, dass er mit den Füßen die Wand erreichte und schließlich aus der Spalte klettern konnte. Zu den vier Pickeln – zwei baumelten am Gurt, zwei hielt er in seinen Händen – sowie den Steigeisen an seinen Füßen trug er jetzt noch ein blaues Auge.

Wir tauschten die Rollen und ich versuchte mein Glück. Zwei Dinge kamen mir dabei zugute: Ich war erstens leichter und zweitens wusste ich jetzt, dass man die Pickel steiler in den Schnee stecken musste. So kam ich über das Hindernis.

Die ganze Aktion hatte lange gedauert, jetzt war es bereits 10 Uhr vormittags. Keine gute Zeit für eine steinschlaggefährdete Nordwand. In Wechselführung stiegen wir höher. Die Standplätze waren von mobiler Sorte – fast jeder Stein, den wir anfassten, blieb uns in der Hand. Nur etwas größere Felsen boten Möglichkeiten, Standhaken zu setzen. Diese waren aber oft moralischer Art: Zwei, drei Hammerschläge genügten, um sie wieder zu entfernen. Einen Sturz hätten sie nie gehalten. Haken von Vorgängern fanden wir in der ganzen Wand keine. Zu allem Überfluss brach mir mitten in der Wand eine Materialschlaufe an meinem Gurt und drei nagelneue, gerade erst mit sauer verdientem Geld erworbene Friends klimperten in die Tiefe. Ich hatte noch einen Rohreishaken zum Einschlagen und Herausdrehen, Alfons zwei klassische Eishaken zum Einschlagen und Auspickeln. Dass ich diese Zeilen schreiben kann, ist der Beleg, dass wir trotzdem durch die Wand gekommen sind. Wir nahmen den Ausstieg von Kammerlander und Beikircher, der rechts vom Gipfel emporzieht, wobei das „Empor“ mit Kletterei nicht mehr viel zu tun hatte. Schnee, Erde, Dreck, Schlamm, alles war geboten. Mir stand am Ende das Wasser in den Schuhen. Um 18 Uhr hatten wir den „Freischwimmer“ hinter uns und standen auf dem Gipfel. Dass ich beim Abstieg mit den Steigeisen in einer Schlinge an meinem Gurt hängenblieb und beinahe den Schnellabstieg über die Westflanke angetreten hätte, sei da nur noch am Rande erwähnt. Eine ganze Seilschaft Schutzengel war mit uns unterwegs gewesen.

FEHLZÜNDER

Nach den sommerlichen Eskapaden an Wildgall und Großglockner kam mir und Anton Peer der blendende Einfall, zum Sportklettern in die Dolomiten zu fahren. Im Winter. An den Cinque Torri hatte bereits der Skilift geöffnet, was den Zustieg bequemer machte – wenn wir die Fahrt hätten bezahlen können oder wollen. Wir nahmen stattdessen unsere Tourenski und stiegen über die Piste auf. An den Türmen angekommen, kletterten wir auf der Südseite, wo es trotz Sonne saukalt war. Das nahegelegene Rifugio Averau schien bald die bessere Alternative. Dort gab es ordentlich Glühwein. Irgendwann wechselten wir zu Schnaps. Um 14:30 Uhr machten wir uns an die Abfahrt. Mein Zustand war so, dass ich auf der Piste nach jedem Sturz zwei Stöcke brauchte, um wieder auf die Beine zu kommen, und anschließend schnurgerade weiterfuhr. So etwa 15 bis 20 Meter. Dann lag ich wieder. Ich bekam Ängste, hier übernachten zu müssen. Irgendwie kamen wir aber doch runter vom Berg. Anton war zumindest noch so weit beieinander, dass er wusste, wo die nächste Hütte war. An der Scoiattolihütte lagen wir bäuchlings auf der Terrasse und taten keinen Zappler mehr. Einer der Gäste, vermutlich ein Arzt, drehte uns um, um zu sehen, ob wir noch lebten. Was wir auch taten und uns schließlich zum Sessellift schleppten, den wir nach überstandener Talfahrt sogar verließen, ohne aus den Sesseln zu fallen. Im schmalen langen Ausgang der Talstation schwankte ich so hin und her, dass ich mir beide Schultern an den Seitenwänden aufschürfte. Anton hatten die Liftwärter inzwischen festgenagelt und für uns beide zur Kasse gebeten – ich selbst war in jeglicher Hinsicht zahlungsunfähig. Meine damalige Freundin, zu der ich an

Bergvagabundenleben unter der Langkofelgruppe.

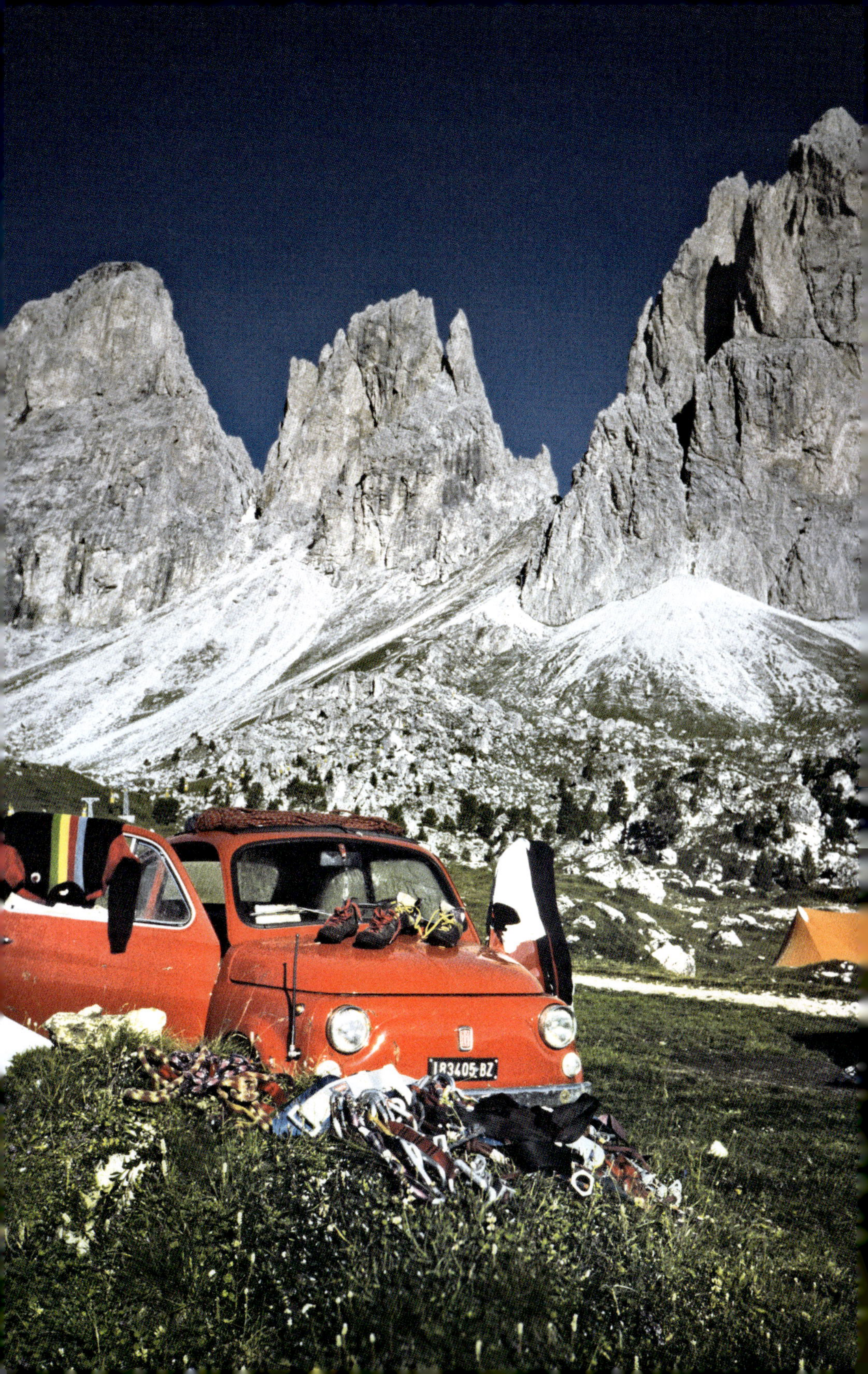

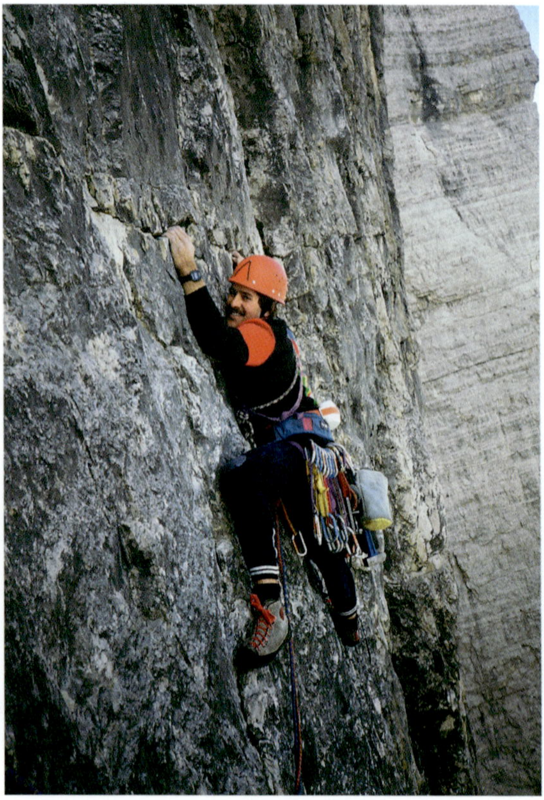

Zum ersten Mal: „Comici", Große-Zinne-Nordwand, 1986.

diesem Abend tatsächlich noch zurückgefunden hatte, meinte: „Mit dir ist nach dem Bergsteigen nichts anzufangen – danach bist du immer so fertig ..."

Apropos damalige Freundin: Mit ihr wollte ich in dieser Zeit einmal auf die Große Zinne gehen. Inzwischen hatte ich ein 20-Meter-Seil und ein paar Karabiner. Wir fuhren also zur Auronzohütte. „Die Große Zinne wird wohl direkt über der Hütte sein", dachte ich mir. Dort steht aber die Cima Auronzo ... Wir kletterten los, ich voraus, sie im Nachstieg hinterher. Irgendwann waren wir oben. „Huch, vor uns steht ja ein noch viel höherer Gipfel ... und da drüben noch einer!" Wir waren auf der falschen Zinne.

Zwei oder drei Wochen später der nächste Versuch, diesmal mit Anton. Wir stiegen durch die Schlucht zwischen Großer und Kleiner Zinne, wo beide Normalwege beginnen – die Richtung stimmte zumindest. Aber jetzt herrschte Nebel. Ging es nun links hoch oder rechts? Dann hörten wir Stimmen rechts über uns. Also hielten wir uns rechts. Wo natürlich die Kleine Zinne steht …

Mal stieg der eine vor, mal der andere. Mal verstiegen wir uns, mal mussten wir ein Stück absteigen. Wir kamen bis zum großen Linksquergang in der Wandmitte, der auch zur Abseilpiste führt. Inzwischen war es schon 13 oder 14 Uhr nachmittags. Wir sahen bereits ein Gewitter aufziehen. Da kam es recht, dass eine deutsche Seilschaft gerade am Abseilen war. Anton und ich waren seit kurzem auch Besitzer zweier Abseilachter, die wir aber noch nie benutzt hatten. Einer der Deutschen fragte uns, ob wir mit ihnen abseilen wollten. Dies schien uns ein guter Vorschlag zu sein. Also genau hingeschaut, wie er den Achter einfädelte. Und dann einfach nachgemacht. Anton trat als Erster von uns beiden die Fahrt in die Tiefe an. Und wie ich verschwieg auch er, dass wir gerade zum ersten Mal mit Achter abseilten … Nach drei oder vier Abseillängen erreichten wir tatsächlich alle sicher den Wandfuß. Danach trennten sich unsere Wege wieder und ich habe leider nie erfahren, wer die beiden Deutschen waren, die uns an diesem Tag vielleicht sogar das Leben gerettet hatten.

Diese ersten Klettereien waren ein krasser Szenewechsel in meinen Jugendjahren und die ersten fünf Jahre meiner Bergsteigerkarriere sicherlich die gefährlichsten. Aber alles ging gut, ich habe mich in dieser ganzen Zeit nicht einmal ernsthaft verletzt. Und was meine damalige Freundin anbelangt: Mit ihr ging es irgendwann auseinander – aber meine Liebe zu den Drei Zinnen hält bis heute an.

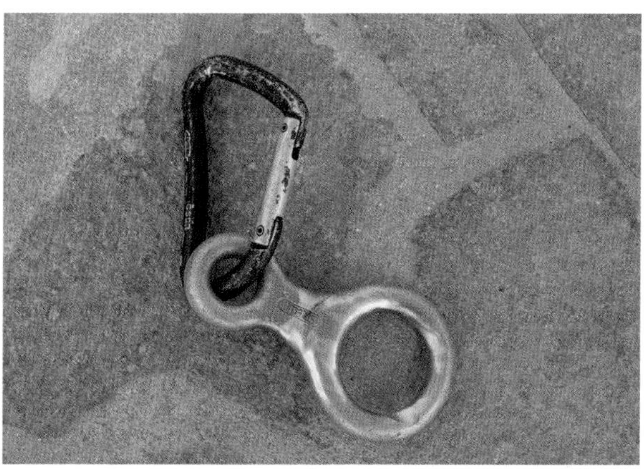

Mein erster Abseilachter.

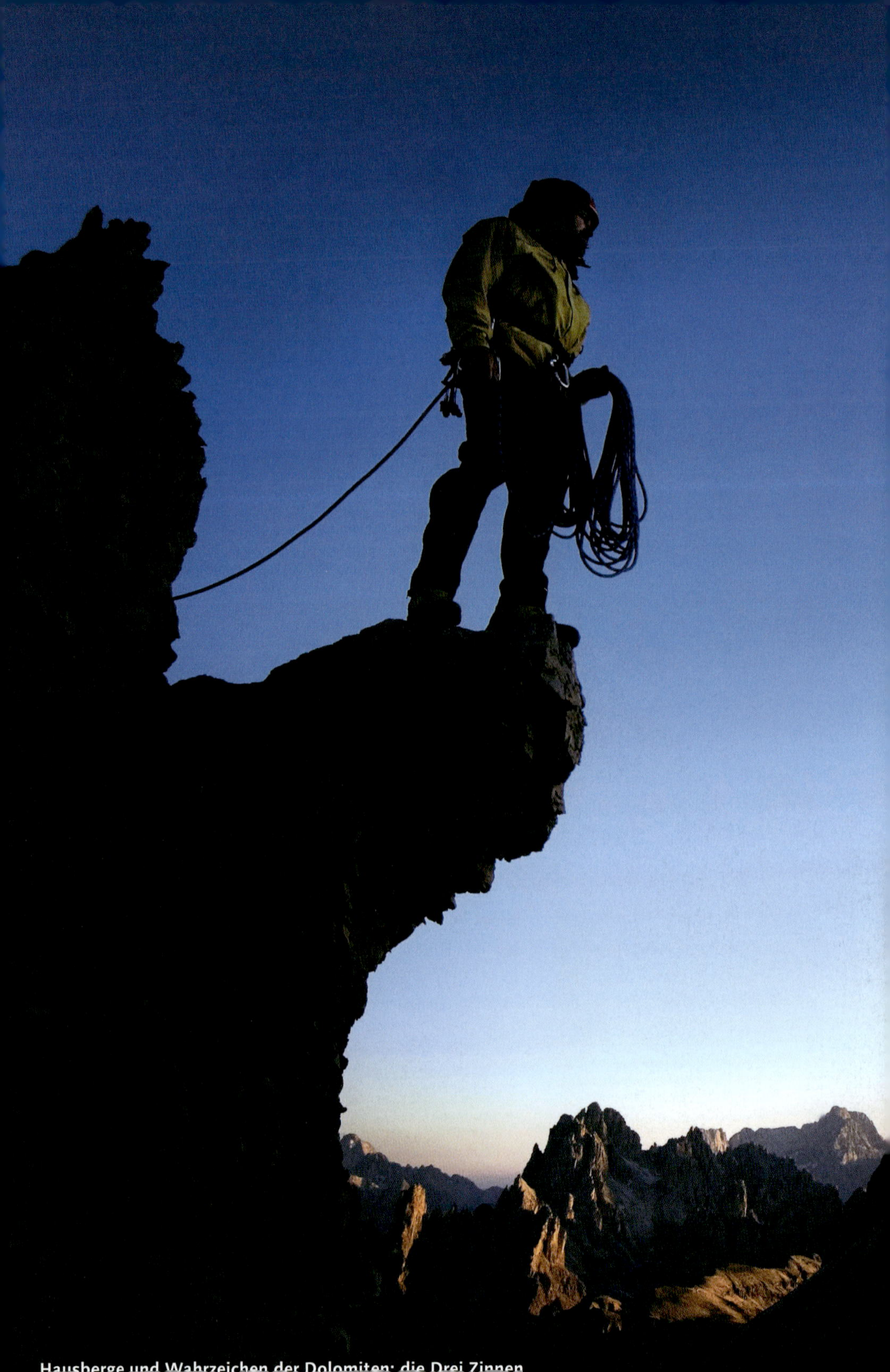

Hausberge und Wahrzeichen der Dolomiten: die Drei Zinnen

4. Kapitel

Dauerbrenner – Der „Zinnenmann“

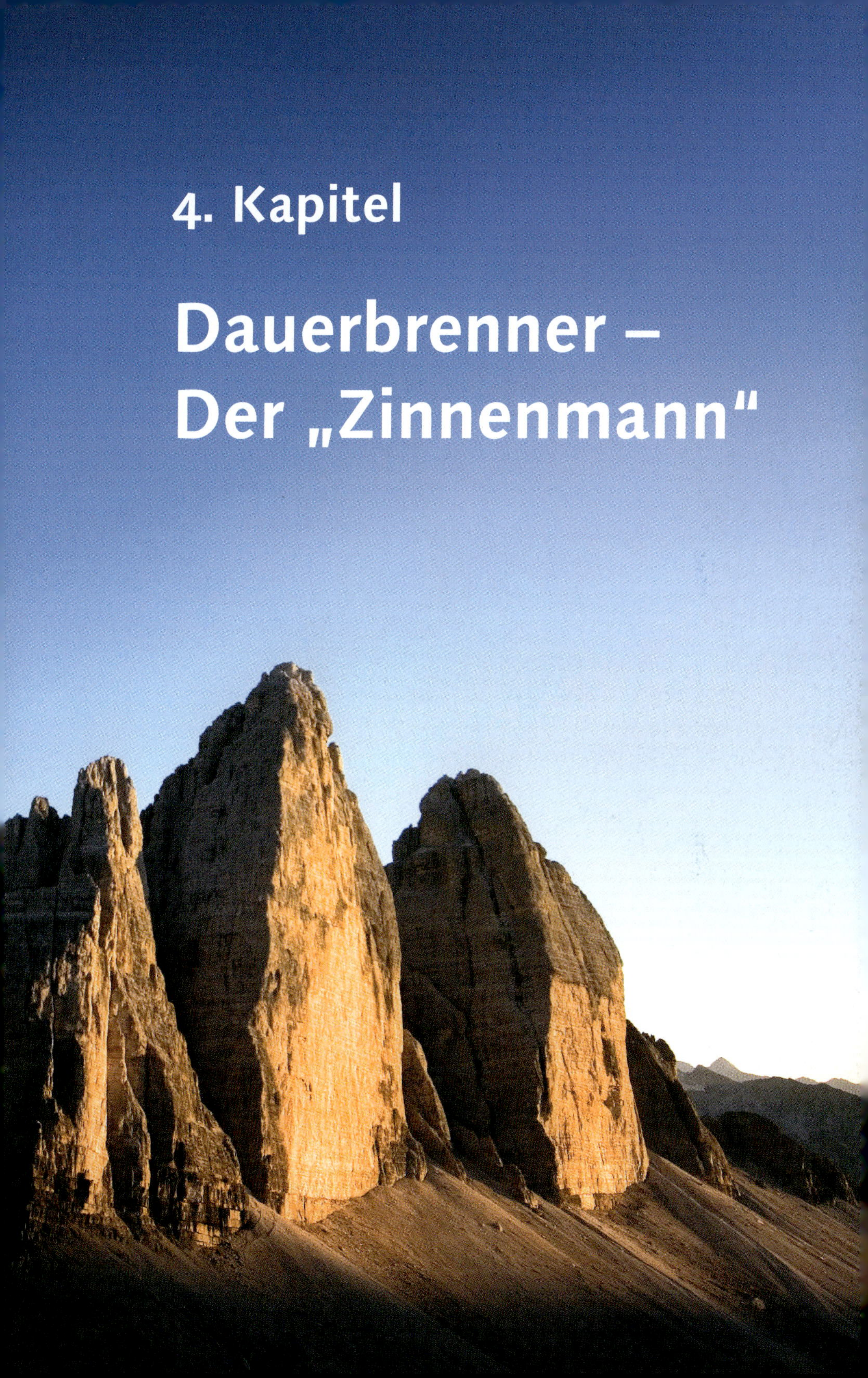

Am Anfang ging es für mich nur darum, durch die Wand zum Gipfel zu kommen – egal wie. So war meine erste der klassischen Zinnen-Routen 1986 die „Comici“ durch die Nordwand der Großen Zinne, technisch geklettert mit zwei Trittleitern. Anton Peer war auch hier mein Partner. Nach dieser „Normalroute“ durch eine der berühmten Nordwände lockten uns bald die direkteren, schwierigeren Wege.

Im rechten Teil der Westlichen-Zinne-Nordwand gibt es eine Struktur, die in den Dolomiten wohl ihresgleichen sucht: Wie eine halbe umgedrehte Riesenschüssel ist der Fels hier ausgebrochen und wölbt sich in übereinandergestapelten waagrechten Dachüberhängen nach außen – insgesamt gut 40 Meter. Die Erstdurchsteiger der Nordwand, Riccardo Cassin und Vittorio Ratti, umgingen dieses Riesendach, indem sie ganz am rechten Rand der Wand einstiegen und oberhalb der Überhänge – äußerst kühn und luftig – in die Wandmitte querten. Die Schweizer Albin Schelbert und Hugo Weber durchkletterten 1959 als Erste die Dachzone an ihrem linken Rand, wobei sie sich ein erbittertes Wettrennen mit der italienischen Klettergilde „Scoiattoli“, den sogenannten „Eichhörnchen“, aus Cortina d'Ampezzo lieferten.

Ein Jahr nach der „Comici“ standen Anton und ich am Einstieg dieses „Schweizer Wegs“. Oder besser gesagt: Wir suchten ihn erst einmal. Um 4 Uhr morgens waren wir gestartet, es war noch dunkel. Stirnlampe hatten wir keine dabei. Aber Anton war ein leidenschaftlicher Raucher. Als wir vor der Wand standen, nahm ich sein Feuerzeug und leuchtete den Fels ab. Schließlich entdeckte ich im flackernden Licht ein paar Haken. Aha, hier schien es hinaufzugehen. Ein Blick nach links und rechts. Wir standen etwa in der Mitte der Nordwand, das dürfte also passen.

Seillänge um Seillänge arbeiteten wir uns daraufhin im gelbgrauen Dolomit aufwärts, der mit zunehmender Höhe und fortschreitender Tageszeit immer weiter nach außen drängte. Und genau dort, wo es nach links aus dem Dach hinausging und am luftigsten war, kam ich nicht weiter. Ich versuchte, einen Haken zu schlagen. Bloß nicht zu fest. Nicht wegen der Brüchigkeit des Gesteins, nein, Felshaken waren für unsere damals schmalen Geldbörsen einfach sauteuer – und es wäre unverzeihlich, wenn dieser Haken jetzt zu fest saß und wir ihn zurücklassen müssten. Ich schlug ihn also nur bis zur Hälfte in den Fels, hing meine Trittleiter ein und belastete ihn vorsichtig. Er bog sich zwar nach unten, hielt aber so gerade eben. Am Stand angekommen, sicherte ich Anton nach. Er erreichte den Haken, hing sich daran – und der Nagel pfiff aus dem Riss.

Mit Gerassel und Geklimper flog Anton zwei Meter ins Seil und hing draußen in der Luft. Er versuchte, wieder an die Wand zu kommen, aber es gelang ihm nicht. In der nun folgenden gefühlten Ewigkeit wurde sein Zappeln immer heftiger und sein Fluchen immer lauter. „Ich pack's nicht. Gleich beiß ich das Seil durch! Es geht nicht. Gleich schneid ich das Seil ab!" Das Riesendach hatte eine Akustik wie ein Kirchenschiff ... Nach einigem guten Zureden und kräftigstem Seilzug schaffte er es dann doch irgendwie zu mir hinauf. Gott sei Dank hatte er den Haken mitgenommen!

Verloren hatten wir dagegen etwas anderes: Zeit. Als wir endlich auf dem markanten schmalen Band standen, das oberhalb der Dächer horizontal durch die Wand zieht, war es bereits fünf Uhr nachmittags. Anton wollte gleich auf dem Gesims biwakieren, worauf ich überhaupt keine Lust hatte. Stattdessen nahm ich den Rucksack und kletterte weiter in den beginnenden Abend und das mir unbekannte Gelände hinein. Trotz einiger kleinerer Verhauer stiegen wir um 20:45 Uhr auf das Ringband aus, umrundeten den Gipfel und beeilten uns, den Abstieg über den uns ebenfalls unbekannten Normalweg zu erreichen. Nach der Hälfte der Strecke sahen wir fast nichts mehr. Wir fühlten uns nur mehr die Steigspuren entlang, stolperten fast über die ab und zu platzierten Steinmänner. Vielleicht half ein gewisser Riecher für derartiges Gelände, den ich in meiner Jugend draußen in den Bergen entwickelt hatte. Die letzte Abseilstelle an einem Block war Glückssache – das Seil reichte gerade eben in die Schlucht, die zum Wandfuß leitete. In der Schlucht sahen wir gar nichts mehr. Dafür bot die Geröllhalde im Schluchtgrund keine Hindernisse mehr. Um 23 Uhr stolperten wir etwas geplättet in die Auronzohütte.

„BEFREIUNG" IST MÖGLICH

Der Stilwandel im Klettern, der etwa seit Mitte der 1970er-Jahre in Europa im Gange war, hielt noch im gleichen Jahr in den Zinnen Einzug. Es ging nun um freies Klettern, bei dem das Seil und die Haken nur zur Sicherung verwendet wurden – nicht als Griff oder Tritt. Nachdem die

Klassiker „Comici" und „Cassin" Ende der 1970er-Jahre von Franzosen erstmals „befreit" wurden, glückte im Spätsommer 1987 Kurt Albert mit Immo Engelhardt die erste Rotpunktbegehung des „Schweizer Wegs" an der Westlichen Zinne – sie bewerteten ihn mit 7b+ oder IX– – und wenig später mit Gernold Sprachmann die der „Hasse-Brandler" an der Großen Zinne, an der ich mich ebenfalls in dieser Zeit versuchte, die mir aber nur teilweise gelang. Frei geklettert wird die Route seither mit 7a+ beziehungsweise VIII+ gehandelt.

Gestärkt von mehreren Jahren extremer Felskletterei wagte ich mich dann 1989 an mein erstes großes Zinnen-Projekt: die erste freie Begehung der Scoiattoli-Kante an der Westlichen Zinne. Wenn man vom bekannten Aussichtspunkt beim Hotel „Drei-Zinnen-Blick" im Höhlensteintal abends zu den Zinnen hinaufschaut, sticht diese Nordwestkante sofort ins Auge: eine pfeilgerade Trennlinie zwischen Schatten und Licht, die untere Hälfte goldgelb leuchtend, unterbrochen von mehreren Dächern wie bei einer auf den Kopf gestellten Treppe. Bis heute ist die Scoiattoli-Kante eine der ganz großen Linien an den Drei Zinnen, die jedem auffällt.

Mein erster Versuch an der Kante scheiterte, weil Alfons Knapp und ich uns tags zuvor die Kante gegeben hatten – auf einem Fest in Uttenheim bis 4 Uhr morgens. Was zur Folge hatte, dass ich ein paar Stunden später zwar in voller Klettermontur auf dem Parkplatz bei der Auronzohütte stand – mein Freund aber tief und fest auf dem Beifahrersitz schlief. „Ich glaube, mit der Scoiattoli wird das heute nichts …", dachte ich mir. Ein Kaffee auf der Hütte möbelte ihn dann zumindest so weit auf, dass wir beschlossen, uns eine andere Kante zu geben – und zwar die Gelbe an der Kleinen Zinne. Dort kletterten aber bereits zwei oder drei Seilschaften. So endeten wir schließlich in der „Egger-Sauscheck", dem Extremklassiker in der Südwestwand, der aufgrund seiner Felsqualität oft auch „Egger-Saudreck" genannt wird. Eine Seilschaft kam in der Schlüsselseillänge nicht voran, was uns erlaubte, auf einem abschüssigen Band unseren Kater an die frische Luft zu entlassen, sprich: nochmals ein wenig zu schlafen. Eine Gewitterdusche im Abstieg vertrieb schließlich auch das letzte Miauen …

Es waren heftige Zeiten, aber gleichzeitig gaben sie mir das Gefühl, alles ist möglich und geht irgendwie.

Im „Schweizer Weg" der Westlichen-Zinne-Nordwand.

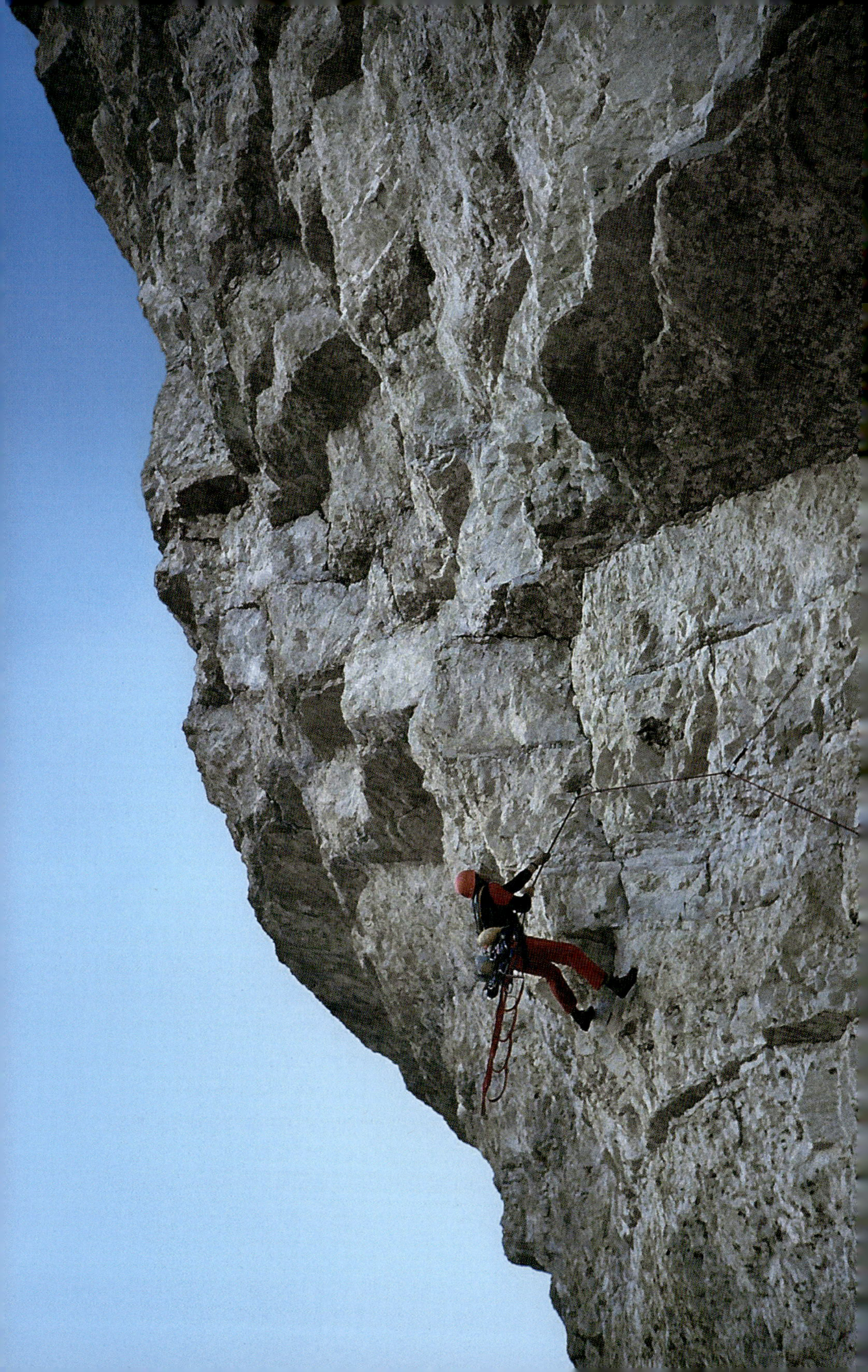

Die erste freie Begehung der Scoiattoli-Kante war am Ende, wie so oft, eine spontane Angelegenheit, ohne vorheriges Ausprobieren oder Einüben. Als Engelbert Pallhuber und ich in die Kante einstiegen, mit dem Ziel, sie frei zu durchsteigen, wussten wir nicht, ob wir es schaffen würden oder nicht. Aber wir wussten, was wir konnten, und hatten großes Vertrauen in uns selbst. Für mich war es eine Zeit, in der ich sehr oft an meine Grenzen ging – und auch darüber hinaus. Wenn ich eine Stelle nicht schaffte, kehrte ich nicht um, sondern kletterte immer weiter, bis ich ins Seil flog.

Zunächst folgten wir der klassischen Cassin-Führe. Es war die für die Zinnen typische steile Wandkletterei an kleinen Leisten, ab und zu mit ein paar kurzen Rissen – und damals mit recht wenigen Zwischensicherungen. Wo die Cassin nach links in die Nordwand hinausquert, zieht die Scoiattoli-Kante senkrecht nach oben. Die erste Seillänge war schon gleich die schwierigste, direkt über das große Dach. Und die brüchigste war sie auch noch. Ich hatte Hammer und ein paar Normalhaken dabei, von denen ich ein, zwei zur zusätzlichen Sicherung dazuschlug, denn das vorhandene Hakenmaterial war schon ziemlich alt. Athletisch waren die Züge über das gestufte Dach, das gut und gern vier bis fünf Meter auslädt – mehr eine Sache der Kraft und Ausdauer als der Technik. Und bei falschem Einhängen des Seils in die Haken ein Kampf mit dem Seilzug. Wenn dir da der Saft ausgeht, heißt es Abflug … Doch wie an vielen Stellen in den Nordwänden der Zinnen war ein Sturz kein größeres Problem: Das Dach ist so weit „draußen" und ausgesetzt, dass ein Flug frei hinaus in die Luft geht. Hinzu kommt, dass in den alten Techno-Routen viele Haken stecken und ein langer Sturz dadurch entweder so gut wie ausgeschlossen ist oder durch den „Reißverschluss" der herausfliegenden Haken stufenweise abgebremst wird. Aber es ist dennoch eine psychische Herausforderung und kostet einiges an Überwindung, da einfach loszulassen.

Hier kam uns sicher unser jugendlicher Leichtsinn zugute, der uns mit einer gewissen Unbekümmertheit in solche Passagen hineinklettern ließ. Ging ein Sturz glimpflich aus, lachten wir eher darüber und versuchten es erneut. An diesem Tag lief alles perfekt und ich konnte die Schlüsselstelle auf Anhieb in einem Zug klettern. Wir bewerteten sie damals mit VIII+, während sie heute bisweilen als IX– beziehungsweise

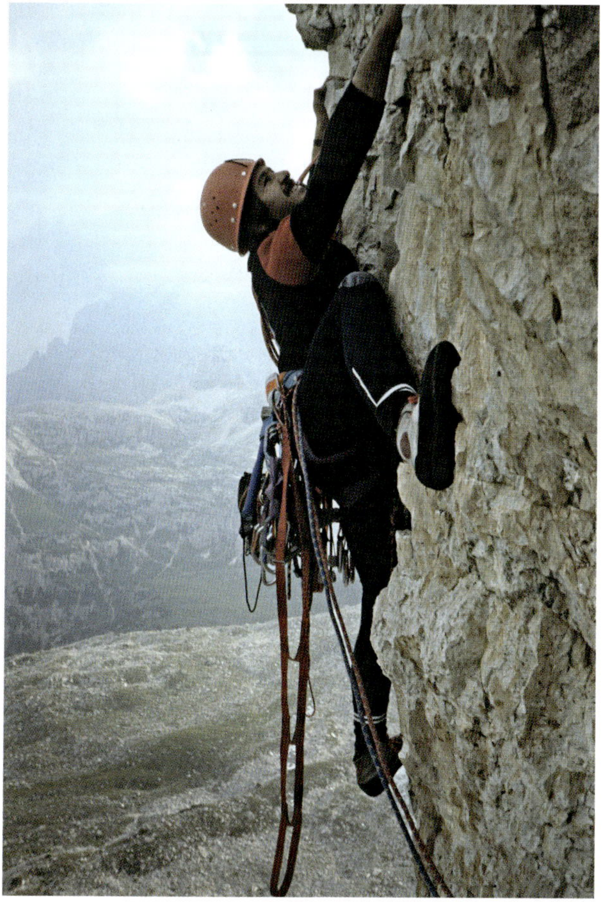

Zum ersten Mal „frei" – auch wenn die Ausrüstung dies nicht unbedingt erwarten lässt: Scoiattoli-Kante, Westliche Zinne, 1989.

7b+ geführt wird. Die weitere Route war dann überwiegend ausgesetzte Risskletterei, mal links und mal rechts der Kante, mit einigen kleineren Überhängen.

Als Zugabe wählten wir für den Abstieg nicht den Normalweg, sondern seilten über die Kante ab. In den Überhängen musste ich immer wieder die Seile in die Haken einhängen, um am Fels zu bleiben. Unter dem großen Dach hängte ich den Haken ganz im hintersten Winkel ein und seilte dann in einem Zug bis zum Stand hinab. Als Engelbert bei seiner Abseilfahrt dann das Seil aushängte, pendelte er 15 Meter weit nach außen, hinaus in die Luft. „Das war jetzt etwas psychologisch", lautete sein knapper Kommentar.

EINE FRAGE DES STILS

Die Rotpunktbegehung der Scoiattoli-Kante wie auch meine späteren Erstbegehungen von „Phantom der Zinne" in der Nordwand der Großen Zinne 1996 und „Alpenliebe" in der Nordwand der Westlichen Zinne 1998 haben dazu beigetragen, dass das Freiklettern wieder in die Zinnen zurückkehrte. Zuvor waren die Freikletterer vor allem an die Marmolata-Südwand „ausgewandert". Sie ist weniger steil als die Nordwände der Drei Zinnen und im Verhältnis auch weniger schwierig, mit vielen Routen im VI. und VII. Grad. Dennoch ist das Ambiente alpin, die Wand ist doppelt so hoch und die Routen, die vor allem Heinz Mariacher & Co. eröffnet hatten, sind wild. Da gab es bisweilen Hakenabstände von 20 Metern, das heißt, bei einem Sturz drohte ein Flug von 40 Metern!

Dass Kurt Albert bei seinen Rotpunktbegehungen des „Schweizer Wegs" und der „Hasse-Brandler" die Stände vorher mit Bohrhaken versah und 1996 mit Stefan Glowacz an der Kleinen Zinne eine sportklettermäßig abgesicherte Route, die „Gelbe Mauer", auch „Perlen vor die Säue" genannt, einrichtete, sorgte anfangs für Kontroversen. Gerade in Südtirol wurde der Bohrhaken lange Zeit abgelehnt, selbst als Standplatzsicherung. Um dies heute zu verstehen, muss man zurückgehen bis in die 1960er-Jahre, als der Bohrhaken auch zur Fortbewegung – das heißt als Griff- und Trittersatz oder zum Einhängen von Trittleitern – verwendet wurde. Reinhold Messner schrieb damals vom „Mord am Unmöglichen", da auf diese Weise selbst völlig glatte, strukturlose Wandstücke überwunden werden konnten. Diese prinzipiell berechtigte Kritik dehnte sich irgendwann auch auf jene aus, welche den Bohrhaken zur besseren Absicherung von Standplätzen befürworteten – wie der Zinnen-Pionier Dietrich Hasse oder der „alpine Sicherheitspapst" Pit Schubert. Hanspeter Eisendle und Hans Kammerlander gaben dieser Haltung einmal auf vielleicht typisch südtirolerische Weise Ausdruck, als sie parallel zu einer Schubert-Route am Piz Ciavazes eine nur mit Normalhaken und Klemmkeilen abgesicherte Neuroute legten und diese „Shit Hubert" nannten …

Auch ich wandte mich zunächst gegen eine übermäßige Ausstattung von Routen mit Bohrhaken, wie es nach meiner Meinung in der „Gelben Mauer" der Fall gewesen war. Gleichzeitig überlegte ich jedoch, welches

Noch immer „frei": Rotpunktbegehung von „Pressknödel", Westliche-Zinne-Nordwand, 2010.

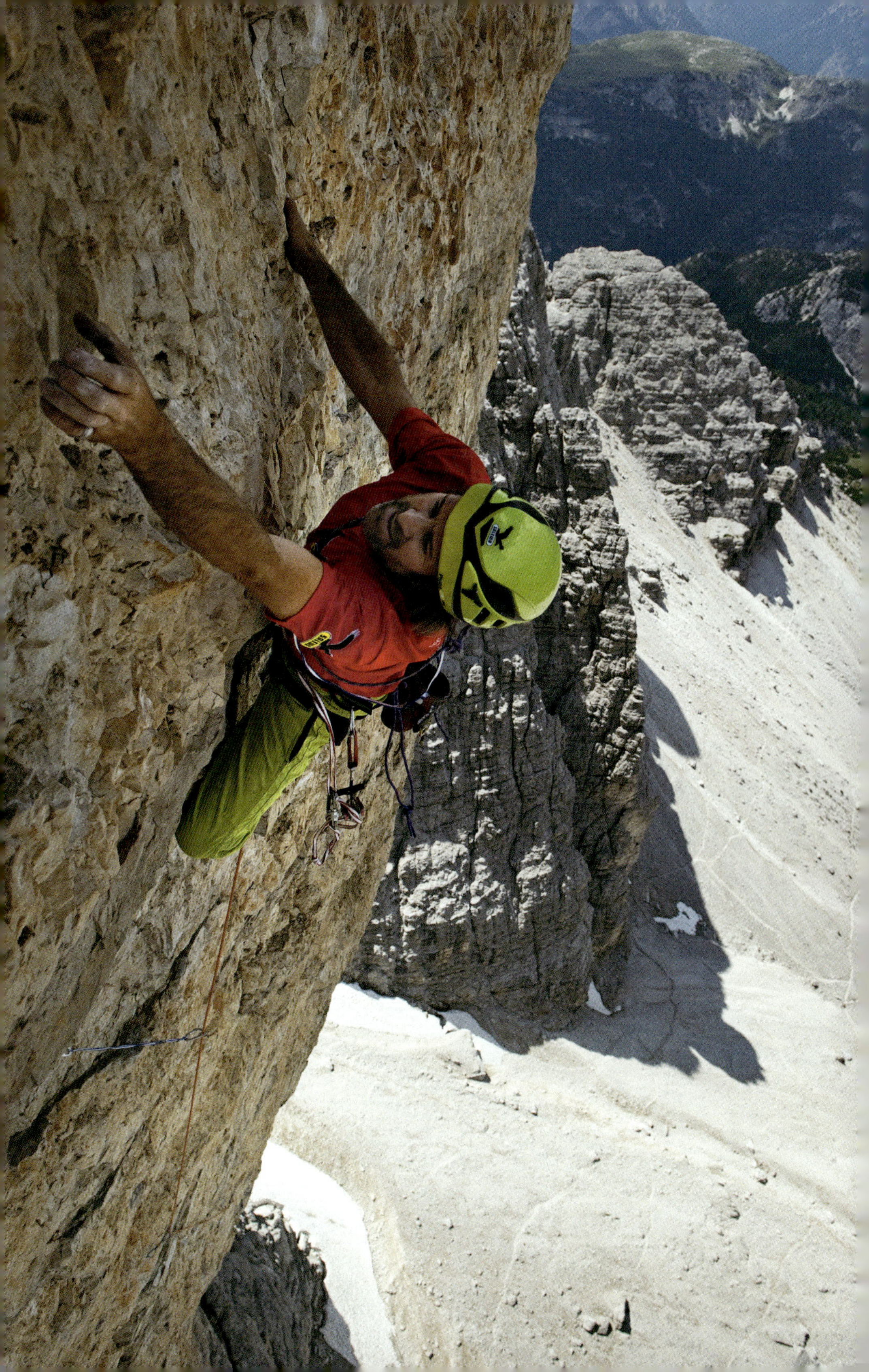

der beste Stil für neue Routen an den Drei Zinnen wäre. Im Laufe der Zeit sah ich ein, dass es nur mit einer vernünftigen Absicherung möglich war, die hohen Schwierigkeiten moderner Freikletterrouten zu bewältigen. Hinzu kam, dass der kompakte Zinnen-Fels vielfach hakenfeindlich ist. Obwohl man damals mit Gegenwind zu rechnen hatte, übernahm ich den von Albert und Glowacz begonnenen Stil und verfeinerte ihn insofern, als dass ich bei den Zwischensicherungen weite Bohrhakenabstände wählte. Sowohl „Phantom der Zinne" wie auch „Alpenliebe" bewegen sich anhaltend im VIII. Grad (7a), mit Stellen bis IX+ (7c+), wobei das „Phantom" inzwischen durch die vielen Wiederholungen etwas einfacher geworden ist. Heutzutage werden die meisten Neurouten mit Bohrhaken eröffnet, der Stil ist akzeptiert. Kletterer suchen zwar die Herausforderung hoher Schwierigkeiten, wollen aber nicht Kopf und Kragen riskieren. Die Zinnen sind als Freikletterziel populär geworden. Sie haben an Ernsthaftigkeit eingebüßt; die Routen dort sind heute besser abgesichert und die Rückzugsmöglichkeiten sind einfacher als zum Beispiel in der Marmolata-Südwand, Civetta-Nordwestwand oder vielen anderen großen Dolomitenwänden.

Nach weiteren freien Begehungen großer Zinnenrouten wie dem „Sachsenweg" (XI+) in der Großen- und dem „Franzosenweg" (X–/X) in der Westlichen-Zinne-Nordwand durch Mauro „Bubu" Bole erfuhr das Freiklettern an den Drei Zinnen seinen letzten großen Aufschwung mit den Routen von Alexander Huber am großen Dach der Westlichen Zinne. „Bellavista" aus dem Jahr 2001 und „Pan Aroma" von 2007, beide mit 8c bewertet, lockten in der Folge die absoluten Top-Kletterer an. Ich selbst eröffnete im Jahr 2000 links der „Gelben Mauer" an der Kleinen Zinne „Ötzi trifft Yeti" (VIII+). Zwölf Jahre später folgte „Prima Ballerina" (7b), welche genau genommen die „echte" Gelbe Kante darstellt, denn die klassische Route von Emilio Comici verläuft überwiegend rechts der eigentlichen Kante. „Pressknödel" (7c) am Rand der Westlichen-Zinne-Nordwand, links der Scoiattoli-Kante, war 2010 bereits die dritte neue Nordwand-Route an den Zinnen von Kurt Astner und mir.

Jetzt bin ich gespannt, was sich an den Drei Zinnen weiter tut. Neuland lässt sich, zumindest in Teilbereichen, noch immer finden, wie die 2016 nur mit Normalhaken eröffnete Route „Das Erbe der Väter" vom Ahrntaler Simon Gietl und Vittorio Messini aus Osttirol über den Pfeiler rechts der „Comici“ belegt. Auch Kontroversen gibt es weiterhin: Vor einigen Jahren legten Franzosen eine Route durch den Zentralteil der Nordwand der Großen Zinne. Sie begann links der „Hasse-Brandler“, querte „Phantom“ und „Sachsenweg“ und stieg schließlich nach der Schlüsselseillänge von „Phantom“ über den „Sachsenweg“ aus, wobei über die alte Route neue Bohrhaken gesetzt wurden. Das war schlechter Stil, weshalb der untere Teil der Route wieder entfernt wurde und es keinen Einstieg zu ihr mehr gibt. Auch wenn ich als „Zinnenmann“ in den Verdacht geriet, für das Entfernen verantwortlich gewesen zu sein – ich war es nicht!

DER SACHSENWEG: ALTE HAKEN ROSTEN – ALTE LIEBE NICHT

September 2017. Mit Jochen Hemmleb war ich unterwegs nach Toblach zu einem Freund, der eigentlich eine Legende ist – obwohl er dies wahrscheinlich mit ein paar wohlgezielten Worten in seinem unverkennbaren sächsischen Dialekt abstreiten würde: Reiner Kauschke. Vor fast 55 Jahren, im Januar 1963, hatte er sich mit seinen Partnern Peter Siegert und Gerd Uhner bei Schnee und Eiseskälte auf kerzengerader Linie die Nordwand der Großen Zinne hinaufgearbeitet – die „Superdirettissima“ war geboren. Seine Zähigkeit und Ausdauer sieht man Reiner bis heute an. Er ist hager, drahtig, austrainiert. Die Große Zinne ist sein Hausberg. Oft fuhr er vor Tagesanbruch von Toblach hinauf zur Auronzohütte, kletterte allein auf den Gipfel, stieg wieder ab – und fuhr zurück zur Arbeit. Und noch vor wenigen Jahren radelte er mit dem Rennrad von zu Hause die fast 700 Kilometer nach Rom. In zwei Tagen …

Als wir ihn an diesem Abend besuchten, zeigte er uns fast verstohlen das Griffbrett, das er über einer Tür in seinem Hausflur montiert hatte. „Ich muss trainieren. Ich hab da noch was vor …“

Die Superdirettissima oder der „Sachsenweg“ war eine kontrovers diskutierte Route. Für die Durchsteigung der 550 Meter hohen Wand hatten die Kletterer 450 Normal- und 25 Bohrhaken verwendet. Für viele Betrachter führte ein derartig hoher Materialeinsatz in eine Sackgasse. Jede Wand wäre auf diese Weise möglich, eine Weiterentwicklung des Kletterns fände nicht mehr statt. Als wir Reiner bei einer anderen Gelegenheit fragten, was er Kritikern entgegnet hätte, wenn sie ihm diese Einschätzung vor der Durchsteigung gesagt hätten, meinte er: „Das wäre uns gleich gewesen. Wir wollten die Wand machen – und es war uns lieber, wenn wir sie machten und nicht andere!"

Es war eine andere Zeit, mit einer anderen Haltung zum Klettern. Und wenn man betrachtet, was Reiner und seine Partner in ihrem Leben bis dahin durchgemacht hatten, wirft dies ein etwas anderes Licht auf ihre damalige Leistung.

Reiner wurde am 15. August 1938 in Schlesien geboren. Als nach Ende des Zweiten Weltkriegs die Region unter polnische Verwaltung fiel, sah er sich eines Tages bei der Kartoffelernte von Soldaten umringt. Aus Angst, bei einer Entdeckung erschossen zu werden, blieb er bis zum Einbruch der Nacht am Boden kauern und kroch dann zurück nach Hause. „Jede Angst, die ich später beim Bergsteigen hatte, war nichts dagegen. Und noch Jahrzehnte später in Italien habe ich beim Anblick einer Uniform das Zittern bekommen – es hat lange gedauert, bis ich das losgeworden bin."

Als Reiner neun Jahre alt war, wurde sein Heimatdorf „evakuiert", wie es euphemistisch hieß. In einem überfüllten Viehwaggon ging es nach Westen. Zunächst in ein Auffanglager in Görlitz, später dann nach Pulsen bei Großenhain, wo er mit seiner Mutter und seinen Geschwistern bei einer Familie aufgenommen wurden. Reiners Vater war seit 1946 nach Partisanenkämpfen in der Tschechei vermisst. Es gab für sie ein einziges Zimmer mit einem Ofen, der einmal am Tag angefeuert wurde – was nicht reichte, um die Eiskristalle an den Wänden zu schmelzen … Unter diesen Entbehrungen starb schließlich die Mutter. Wie Reiner von der Flucht erzählte, stockte seine Stimme und er meinte: „Ich habe das Ganze noch nicht verarbeitet. Es geht mir furchtbar nahe. Und ich sehe die Parallele zu den Menschen, die heute nach Europa kommen …"

Die drei Waisenkinder kamen zu einer alten Tante nach Meißen und, als diese ebenfalls starb, zu einer Oma. Als die Zeit für eine Berufsausbildung kam, wollte Reiner Schmied oder Schlosser lernen, was man ihm aber verbot, weil man ihn für „zu klein, zu schwach" hielt. So wurde er Porzellanmaler. Mit 15 radelte er erstmals ins nahe Elbsandsteingebirge zum Klettern. „Die zerschundenen Hände, mit denen ich montags in die Firma kam, waren nicht gut fürs Porzellan …"

Nach einem schweren Sturz vom Gipfel der Gans in der Sächsischen Schweiz fuhr er mit Zug und Rad – „ordentlich über Kopfsteinpflaster" – nach Hause und dann ins Krankenhaus, wo man einen Schädelbasisbruch feststellte. Nach einem Monat Krankenbett und Essen aus der Schnabeltasse fand Reiner die Wohnung leer vor. Seine Oma war kurzerhand in den Westen geflohen. Als er nach einiger Zeit in seinem neuen Domizil feststellte, dass dieses ein Sitz der Stasi war, entschloss auch er sich 1957 gemeinsam mit seinem Kletterpartner Werner „Mack" Bittner, die DDR zu verlassen. Trotz offizieller Urlaubseinladung eines Freundes aus Stuttgart war es eine Reise mit massiven Durchsuchungen an der Grenze sowie ständiger Angst vor Verfolgung und Verhaftung …

In Stuttgart und später in München fand Reiner Arbeit auf dem Bau – und die Freiheit zum Bergsteigen. Im Sommer ging es bis zu drei Monate in die Dolomiten, stets im Kreis seiner ebenfalls geflüchteten Freunde wie Werner Bittner, Wulf Scheffler, Peter Siegert oder Gerd Uhner. Mit dem Rad fuhr er bis nach Sizilien. Am Vulkan Ätna angekommen stellten er und seine Freunde fest: „Hier stinkt's!" und fuhren wieder zurück. Ein Jahr später radelten sie bis nach Nordafrika.

Dass Reiner Kauschke Anfang der 1960er-Jahre zu den stärksten Bergsteigern Europas zählte, tut er mit charakteristischer Bescheidenheit ab. So schrieb er in seiner Personenmappe im Archiv des Deutschen Alpenvereins unter dem Punkt „Ihre zehn größten Bergfahrten" einfach nur: „Siehe Archiv Peter Siegert". Dort finden sich dann unter vielen anderen Einträge wie erste Winterbegehung der „Hasse-Brandler" an der Großen-Zinne-Nordwand (1961), erste Winterbegehung der Maestri-Führe an der Rotwand im Rosengarten (1961) und die erste Winterbegehung der Matterhorn-Nordwand (1962), die ihn drei Zehen kostete. Und schließlich 1963 der Sachsenweg.

Nachdem Wulf Scheffler im Juli zuvor mit viel Glück, aber auch einem zertrümmerten Knie einen Beinahe-Seilschaftsabsturz an der Cima del Bancon in der Civetta überlebt und Werner Bittner aufgrund seiner am Matterhorn erfrorenen Zehen auf weitere Winterabenteuer verzichtet hatte, war das Team für die Große Zinne auf Reiner, Peter Siegert und Gerd Uhner zusammengeschrumpft. Und Winter musste es sein, denn die „Superdirettissima“ durch die Nordwand hatte bereits zahlreiche Anwärter, was auch das hinterlegte Material belegte, das Siegert und Uhner bei einer Erkundung im November entdeckt hatten. Da galt es keine Zeit zu verlieren.

Anoraks wurden aus Armeebeständen eingekauft, dazu kamen Daunenjacken, Pullover, Socken, warme Unterwäsche. Für Proviant und die 400 Meter lange Versorgungs-Reepschnur, mit der sie Ausrüstung und Lebensmittel zu sich in der Wand hinaufziehen würden, fehlte das Geld. Reiner bat seinen Chef um einen Vorschuss. Etwaige Bedenken, sein geschätzter Arbeiter könnte bei dem Unternehmen abstürzen, zerstreute er: „Glauben Sie, wir gehen an die Zinne, um runterzufliegen? Dann könnten wir ja gleich dableiben!“ und verließ wenig später das Büro mit dem Scheck in der Hand. Um an die notwendige Zahl Felshaken zu kommen, bewies Peter Siegert Kreativität: „Wir fahren rüber an die Rotwand im Rosengarten. Dort haben sie einen neuen Weg eröffnet – den nageln wir aus!“

Der Plan scheiterte, die Haken saßen zu fest und auf die brachiale Methode von Cesare Maestri, welcher die Eisenstifte mit dem Wagenheber seines Fiat 500 herauswuchtete, kamen sie nicht. Am Ende stellten sie die Standhaken selbst aus Vierkanteisen her, klaubten Haken und Holzkeile aus allen Ecken zusammen – so wie ich es selber in meiner Anfangszeit gemacht hatte – und auch Piero Mazzorana, der damalige Pächter der Auronzohütte, sorgte immer wieder für Nachschub.

Während der 17 Tage dauernden Durchsteigung übernahm Peter Siegerts Bruder Horst die Rolle des Versorgungsmanns am Boden: Jeden Morgen und Abend fuhr er mit Ski zum Wandfuß und brachte Verpflegung, heiße Getränke und Ausrüstung. „Uns hielt bei der Kälte am Leben, zweimal täglich die Rucksäcke hinaufzuziehen – danach war uns warm!“ Aufgrund dieser Arbeit und der kurzen Wintertage blieben pro Tag nur vier bis fünf Stunden zum Klettern. Entsprechend war das Vorwärtskommen; manchmal eine Seillänge, manchmal weniger. Unter dem großen Dach, der Schlüsselstelle, stürzte Gerd Uhner, nachdem er der Wand 20 Meter abgerungen hatte, bis zurück zum Standplatz. Sein wörtlich überlieferter Kommentar: „So eine Scheiße! Jetzt kann ich alles nochmal machen!“ Mensch und Material litten. Als Reiner nicht mehr daran vorbeikam, in der Wand seine zerschlissene Hose zu flicken, bewies das „Bodenpersonal" subtilen Humor und schickte ihm das „einzig verfügbare Stück Stoff" hinauf: eine italienische Flagge … „Wir hatten auf der Tour alle Stimmungen. Vor allem aber ging es lustig zu. Wir hatten eigentlich nie einen Zweifel, dass wir nicht hochkommen würden. Und so abgerissen wir auch oben ankamen – du siehst am Gipfel jeden von uns lachen, weil wir solch eine Freude hatten."

Auf den Stellenwert des Sachsenweges für sein Leben angesprochen, meinte Reiner abschließend: „Er war sicher das größte und längste Erlebnis im Fels. Ansonsten ist mir seine alpinistische Bedeutung gleich. Der Sachsenweg hat für mich den ersten Stellenwert im Leben, weil ich durch ihn in Toblach geblieben bin."

Irgendwann im Medienrummel um die Durchsteigung bat eine junge Italienerin Reiner um ein Autogramm für ihre Schwester. Reiner reichte ein Blick, um zu wissen: „Diese oder keine." Heute sind Milva und Reiner seit über fünfzig Jahren verheiratet, haben zwei Töchter und vier Enkelkinder. Lange betrieben sie in Toblach eine Tankstelle. Dem Extrembergsteigen kehrte Reiner den Rücken. „Es gab andere Dinge im Leben …"

Für mich selbst hatte der Sachsenweg nie etwas Kontroverses. Er war einfach ein Kind seiner Zeit. Zusätzlich bekannt wurde er 1983, als die Seilschaft der Erstbegeher zum 20. Jubiläum ihre Route nochmals durchstieg und der bekannte Bergfilmer Lothar Brandler darüber einen Film drehte. So wurde der Sachsenweg für mich und meine Kletterpartner zu einem lockenden Ziel. Als wir wenig später begannen, die Techno-Routen an den Zinnen im klassischen Stil zu klettern, war er aufgrund der kurzen Hakenabstände eine ideale Route, wenngleich mit Ausnahme des überhängenden Linksquergangs über das große Dach eine etwas eintönige. Für das freie Klettern waren wir noch zu schwach, haben uns mit den Trittleitern aber bärenstark gefühlt. Etwas wie der Sachsenweg machte Spaß und war ein gutes Training.

Im Rahmen der Erstbegehung von „Phantom der Zinne" 1995 bin ich dann die Schlüsselseillänge des Sachsenwegs, welche beide Routen miteinander teilen, erstmals rotpunkt geklettert – die Schwierigkeit lag bei IX+ – und habe sie mit neuen Bohrhaken versehen. Die alten Haken von 1963 waren teilweise abenteuerlich. Manche konnte ich nach zweimal Hin- und Herbiegen mit den Fingern herausziehen. Zeit- und auch Mo-

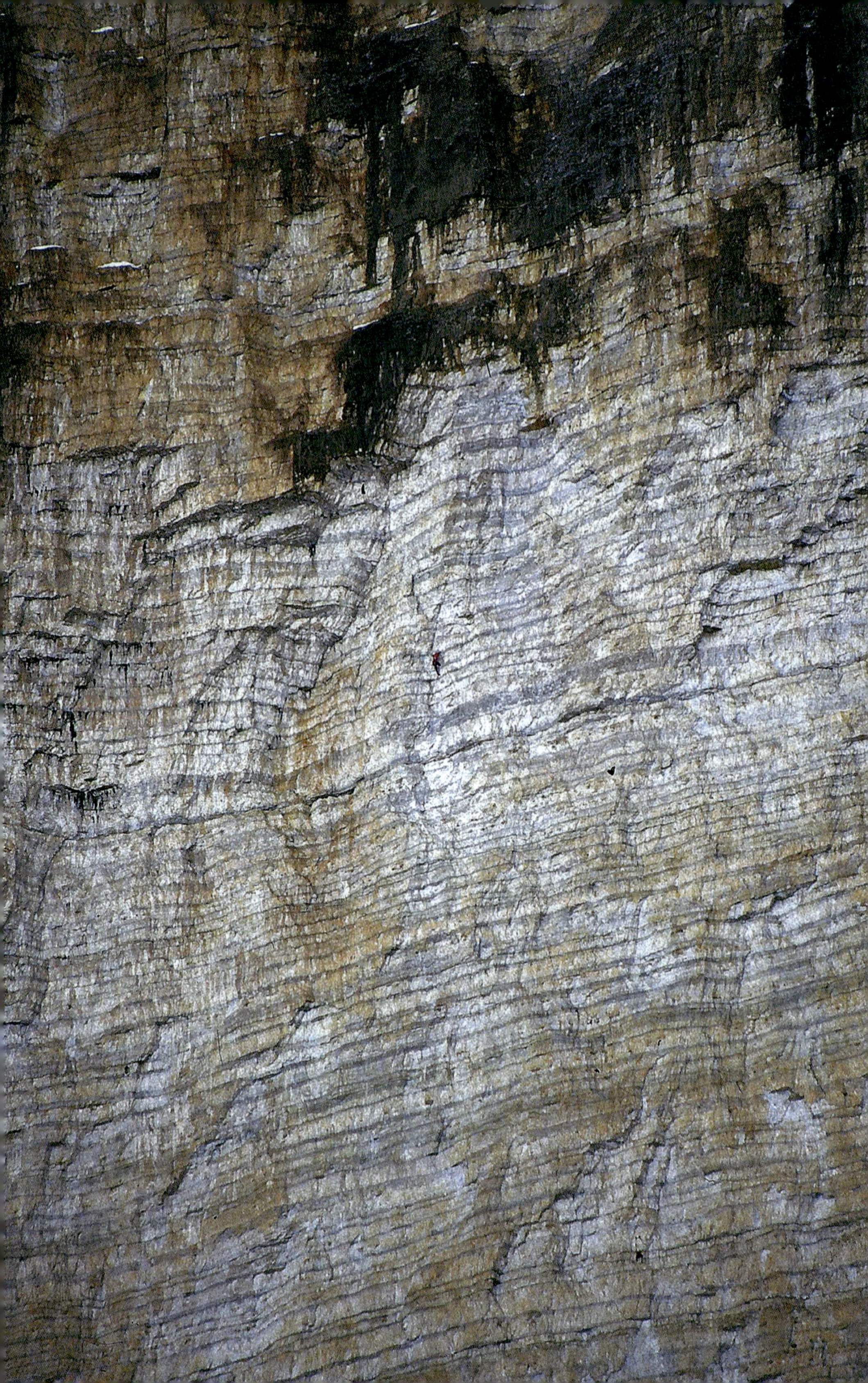

tivationsmangel ließen mich nie den kompletten Sachsenweg rotpunkt klettern. Den tschechischen Brüdern Milan und Pavel Packo war dies 1991 bereits bis auf die Schlüsselseillänge gelungen; die gesamte Route rotpunkt schaffte dann 1998 Mauro „Bubu" Bole. Die Freikletterschwierigkeiten checken nach wie vor bei IX+/7c+ ein.

Am 11. Februar 1997 kletterte ich schließlich den Sachsenweg im Alleingang – eine Idee, die mir wenige Tage zuvor spontan auf einer Skitour über meinem Heimattal gekommen war. Dabei sicherte ich mich mit einem Kletterseil und Prusikschlingen selbst. Jetzt, im Winter, war der obere Teil der Route für einen Alleingänger anspruchsvoller als die hakentechnischen Seillängen, da dort weniger Haken steckten und mehr Schnee lag. Die Atmosphäre, so mutterseelenallein in dieser kompakten Mauer zu hängen, empfand ich nicht als bedrückend – zu sehr war ich auf die Kletterei fokussiert. Hinzu kam, dass es inzwischen durch die vielen Routen in der Wand bessere Rückzugsmöglichkeiten gab. Die Erstbegeher hatten nur ihre eigene Route als Rückzugsweg, die Nordwand war damals deutlich abschreckender. Als ich nach gut acht Stunden das „Comici-Band" über den Hauptschwierigkeiten erreichte, seilte ich über die Wand wieder ab – mit Ausnahme des Dachquergangs. Den kletterte ich aufgrund des weit überhängenden Geländes zurück. Zum Abseilen nutzte ich die eingerichteten Standplätze von „Phantom der Zinne", was allerdings nicht verhinderte, dass mir sechs Seillängen über dem Boden beim Abziehen das Seil entwischte und ich es nur mit Mühe mittels eines Lassos aus Schlingen und meinem Hammer wieder „einfangen" konnte.

Ein paar Tage darauf war die Meldung bis zum Bürgermeister von Toblach durchgedrungen. Er besuchte daraufhin Reiner und fragte, ob er gehört hätte, dass jemand „seinen" Sachsenweg allein im Winter durchstiegen hätte. Reiners Kommentar: „... dann muss das ein Guter gewesen sein!"

Der Bürgermeister war es auch, der mich wenig später Reiner vorstellte. Wir verstanden uns auf Anhieb, weshalb es auch nicht lange dauerte, bis ich ihm die Idee unterbreitete, zu seinem 60. Geburtstag gemeinsam den Sachsenweg zu gehen. Es war ein wundervolles Erlebnis und wir standen wie geplant um 16 Uhr auf der Großen Zinne – im Gegensatz zum begleitenden Filmteam, das sich derweil auf dem Normalweg verstiegen

Kleiner Mensch in großer Wand: Solo im „Sachsenweg".

hatte. Seitdem halten wir regelmäßig Kontakt und es ist inzwischen Tradition, dass mir Reiner jedes Jahr einen seiner köstlichen selbst gebackenen Dresdner Christstollen vorbeibringt. Bei einem unserer geselligen Treffen meinte ich dann: „Zu deinem Achtzigsten machen wir den Sachsenweg noch einmal …" Lapidar wie immer, antwortete er: „Mal sehen. Abseilen können wir dann ja immer noch!"

Womit wir wieder beim Griffbrett in Reiners Hausflur wären …

Im Frühjahr 2018 besuchte ich einen Freund im Brunecker Krankenhaus und traf dort zu meiner Überraschung auf Reiner. Er hatte sich das rechte Sprunggelenk gebrochen. „Unser Projekt ist damit wohl gestorben", meinte er. Meine Überraschung war umso größer, als ich ihn dann im Juni wieder gut zu Fuß am Dürrensee antraf. „Reiner, dir fehlt nichts mehr! Wir machen den Sachsenweg!", meinte ich. Woraufhin sich Reiner zuhause gleich wieder an besagtes Griffbrett hängte … Anfang August, zwei Wochen vor seinem 80. Geburtstag, rief ich ihn an.

„Was machst du morgen?"

„Wieso?"

„Gehen wir den Sachsenweg?"

„Wie viel Uhr?"

„3 Uhr früh."

„Passt."

Es gab von Reiners Seite keinerlei Fragen. Als ich am nächsten Morgen im Dunkeln vor seinem Haus vorfuhr, stand er fix und fertig eingekleidet und mit aller notwendigen Ausrüstung vor der Tür. Allerdings meinte er, er habe nur noch eine seiner Trittleitern von 1963 gefunden. „Hm, aber zwei brauchst du unbedingt." So wühlten wir im Kofferraum und bastelten: zwei lange Steinbohrer als Sprossen, als weitere Sprosse noch ein Schnappring von einem Felshakensortiment – der sich als weniger gut herausstellen sollte, weil er immer in Reiners Schnürsenkel einfädelte –, ein paar Meter Reepschnur und Klebeband: Fertig war die improvisierte Leiter Nr. 2.

So gerüstet stiegen wir in die Nordwand ein. Natürlich tat sich Reiner etwas schwerer als zwanzig Jahre zuvor. Aber mit achtzig überhaupt in solch einer Wand zu klettern! Ich hatte den Eindruck, er hatte in seinem Leben so viel durchgestanden, dass die Wand da keine große Belastung

80 Jahre und kein bisschen leise: Reiner Kauschke noch einmal in „seiner" Route, 2018.

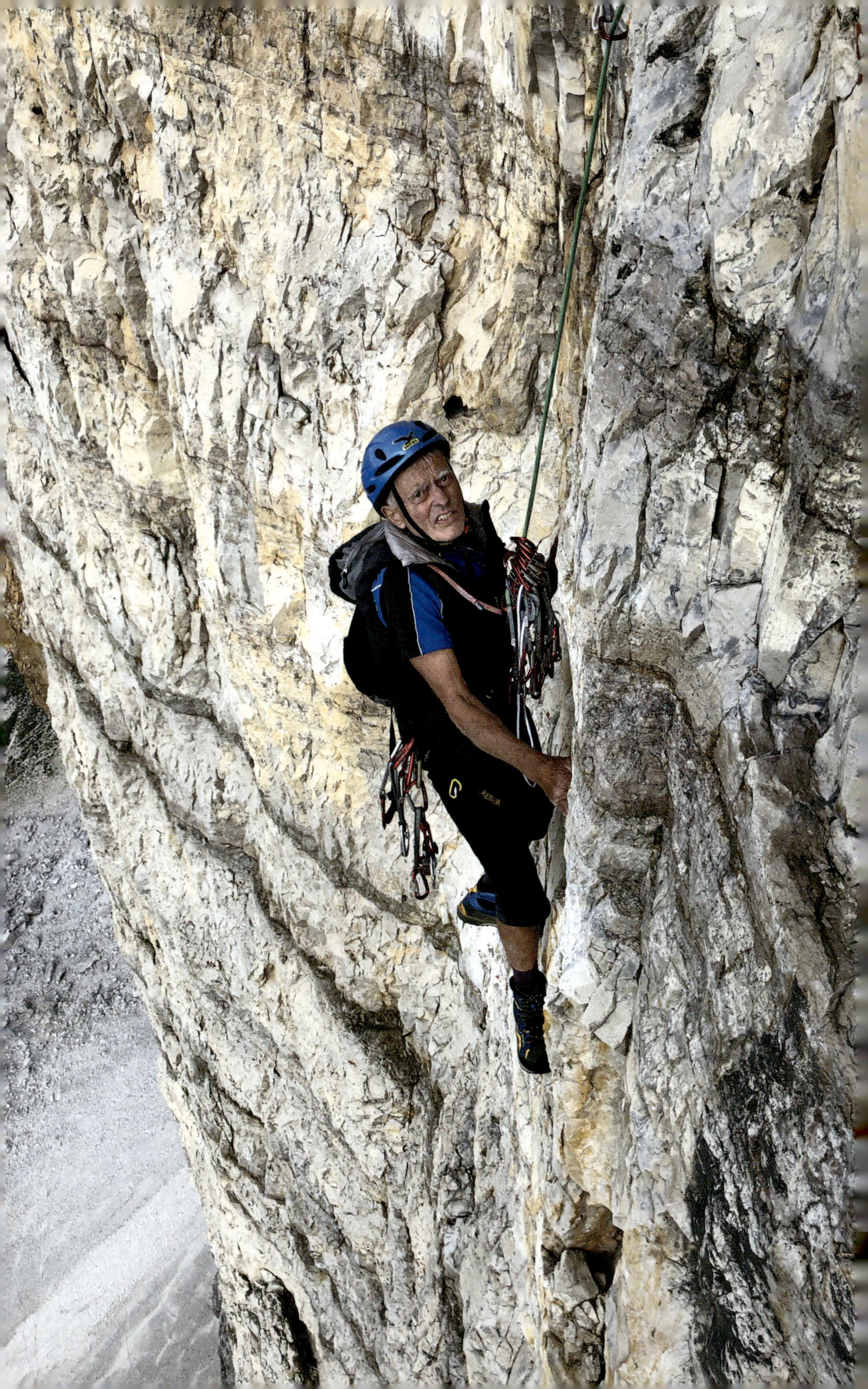

darstellte. Seine Fitness beeindruckte mich ungemein. Nie hatte ich Sorge, wir könnten es nicht schaffen. Was für einen Respekt empfand ich ihm gegenüber! Es gab auch knifflige Stellen, da einige der alten Haken inzwischen ausgebrochen waren. In der siebten oder achten Seillänge musste ich einmal voll an einer schmalen Leiste durchziehen, um den nächsten Haken einzuhängen – und der war nicht besonders gut. Beim Aufstieg an der Hakenleiter wies mich Reiner darauf hin, wie sehr der Zinnenfels seit ihrer Erstbegehung an der Oberfläche abgewittert war. Die soliden Standhaken, die sie damals gesetzt hatten, standen nun gut einen halben Zentimeter weiter heraus. Die Kletterei empfand er in der Rückschau einfach nur schön: „Ein Erlebnis ersten Grades! Anfangs dachte ich noch, wie sich Christoph so fühlen würde, mit mir altem Sack, aber wie ich mich über das Dach murkste und hinüberschaute zu ihm am Stand, lachte er mich nur fröhlich an. Das ist typisch für ihn. Schimpfen hörst du ihn nie. Es war einfach gewaltig, mit ihm in dieser Wand zu hängen."

Nach 15 Stunden standen wir auf dem Gipfel. Reiner strahlte, laut eigenen Worten „so weit ich nur konnte!" Als Jochen ihn später einmal fragte, ob es während der Durchsteigung für ihn einen besonderen Moment gegeben hätte, verneinte er: „Es war von unten bis oben ein besonderer Moment!"

Beim Abstieg bekam Reiner zwar Krämpfe in den Beinen. Da er aber den Normalweg in- und auswendig kannte, konnte uns dies nicht wirklich aufhalten. Auch verzichteten wir auf umständliche Abseilmanöver, sondern kletterten alles am kurzen Seil gehend ab – größtenteils im Dunkeln mit Stirnlampe. Der Wirt der Auronzohütte öffnete extra für uns nochmals sein Haus und schenkte zur Feier des Tages Prosecco aus. Und da Gerda, meine Lebensgefährtin, uns mit dem Auto abholte, konnten wir diesen wirklich genießen.

Bei Reiners Geburtstagsfete zwei Wochen darauf waren auch einige seiner alten Kletterpartner wie Werner Bittner und Gerd Uhner dabei und wir sprachen über die Zukunft des Sachsenwegs. Alle waren sich einig, dass es gut wäre, die Route auf vernünftige Weise zu sanieren. Um ihren wesentlichen Charakter zu erhalten, würde es genügen, die Stände einzubohren und ein paar der alten Bohrhaken zu ersetzen, die durchgerostet sind. Sonst wäre diese historische Route irgendwann nicht mehr machbar.

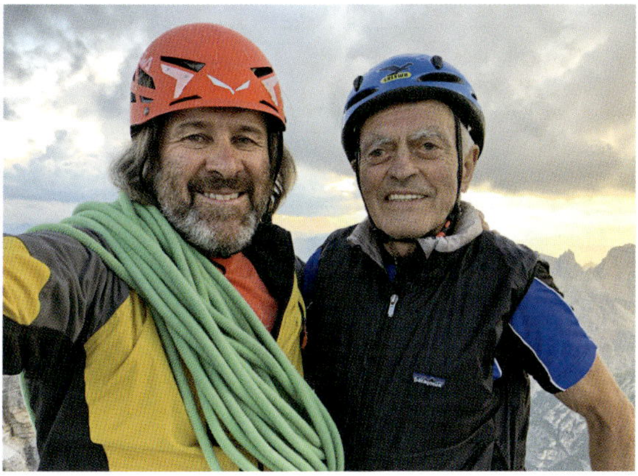

Nach 15 Stunden glücklich am Gipfel der Großen Zinne.

Damit war aber unser Sachsenweg-Abenteuer noch nicht beendet. Für einen Filmbeitrag der RAI gingen Reiner und ich ein paar Wochen später tatsächlich noch einmal in die Wand. Beim Zustieg traute sich Reiner in Gegenwart des Kamerateams gar nicht, eine Rast einzulegen. „Wie kann ich hier eine Pause machen, wenn ich gleich in die Wand will?“ In der Senkrechten war er dann springlebendig wie immer, erzählte sogar Anekdoten von der Erstbegehung. Zunächst kletterten wir die ersten sieben Seillängen und seilten dann wieder ab, wobei ich Reiner noch das Abseilen mit einer modernen Seilbremse, dem „Tuber“, beibrachte. „Man lernt nie aus“, meinte er. „Besser als unser ‚Sachsensitz‘ von 1963 ist sie allemal.“

Anschließend gingen wir über den Normalweg zum Gipfel und seilten von oben in den Schlussteil der Nordwand ab. Reiner erinnerte sich an einen brüchigen Überhang, an dem Gerd Uhner bei der Erstbegehung gestürzt war und sich verletzt hatte. „Weil der Kollege von der RAI einen Tiefblick brauchte“, ließen wir uns bis dorthin ab und Reiner wiederholte die Stelle „wie auf Katzenpfoten“ nochmals. Anschließend sagte er mit einem leichten Anflug von Nachdenklichkeit und Sarkasmus: „Vielleicht hat mir der Tiefblick nichts mehr ausgemacht, weil ich kürzlich in Toblach auf dem Friedhof war. Die jüngst Verstorbenen waren nicht viel älter als ich. Viel habe ich also nicht mehr zu verlieren …“

Trotzdem versicherte ich Reiner eines: „Zu deinem 90. Geburtstag gehen wir nochmals auf die Große Zinne. Dann aber den Normalweg!“

5. Kapitel

Feuer und Eis: Eiger-Nordwand

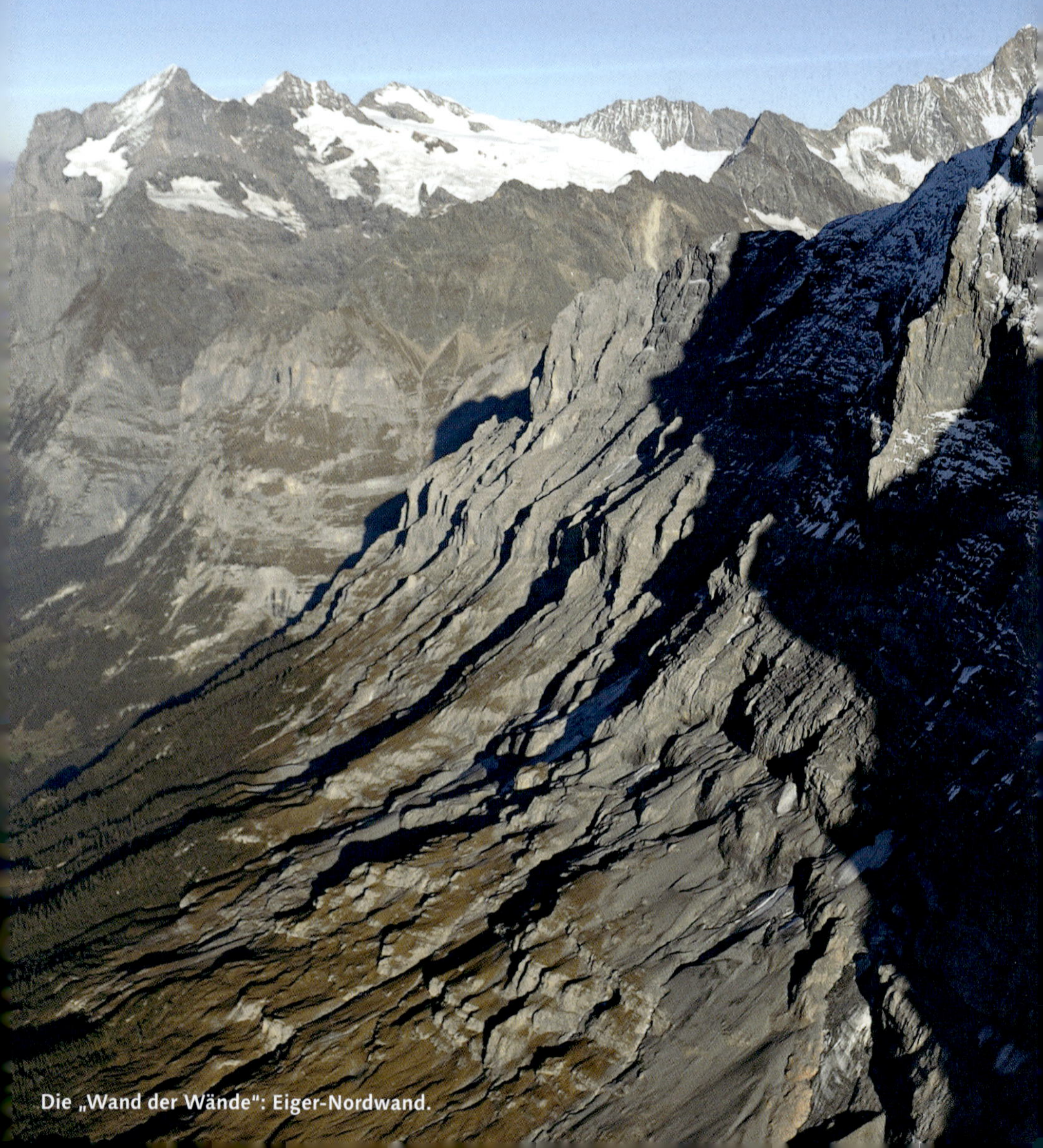

Die „Wand der Wände": Eiger-Nordwand.

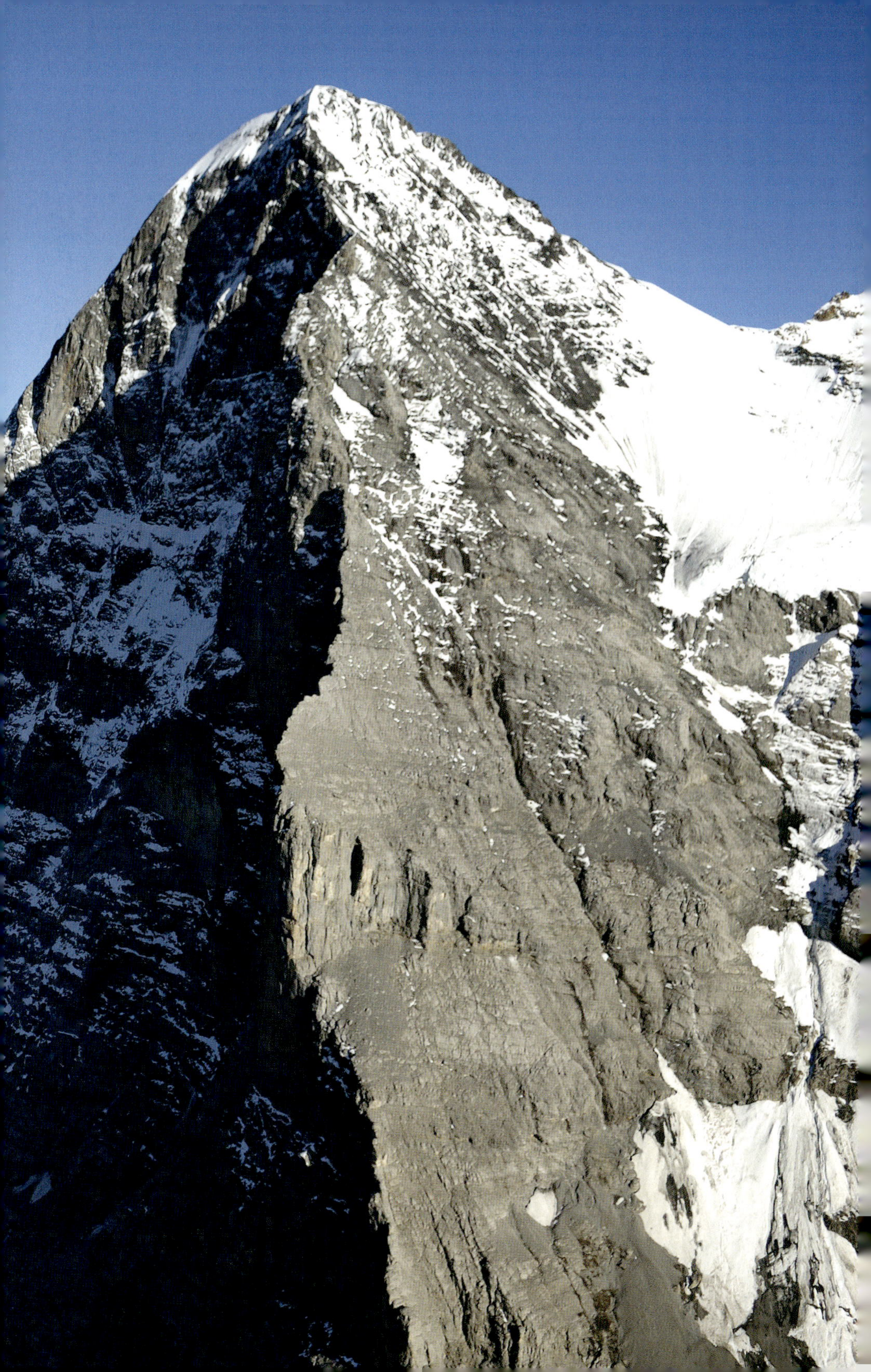

So wie die Nordwände der Drei Zinnen zu Zielen zählen, die man als Bergsteiger gemacht haben muss, gibt es solche auch unter den kombinierten Wänden und Eisanstiegen der Westalpen. An vorderster Stelle steht dabei wohl die Eiger-Nordwand.

Zum ersten Mal durchstieg ich sie Ende März 1989. Mit dabei war wieder Engelbert Pallhuber, mein Partner von der Scoiattoli-Kante. Wie zwei Grünhörner sind wir nach Grindelwald gefahren und wollten die Wand machen, ohne jegliche Information. Aber wir waren mental sehr stark. Nicht hochzukommen wäre uns nicht in den Sinn gekommen.

Von der Kleinen Scheidegg, dem Hotelkomplex nahe der Wand, schauten wir uns die Sache mit dem Fernglas näher an. In einem Buch, das wir uns im Hotel „ausliehen", fanden wir ein paar Anhaltspunkte mehr über den Verlauf der klassischen Heckmair-Führe und stiegen noch am gleichen Abend mit unseren Tourenski bis zum Einstieg. Von unten sah alles felsig aus – das sollte für uns also kein Problem sein. Dachten wir.

Wir übernachteten in Alpiglen, einer weiter unten gelegenen Alm an der Zahnradbahnstrecke zur Scheidegg, und brachen am nächsten Morgen sehr früh auf. Wir waren fest davon überzeugt, in einem Tag durch die Wand zu kommen. Dachten wir.

Schon im Wandvorbau, nahe dem Zerschrundenen Pfeiler, gerieten wir zu weit nach links. Wir kletterten in Wechselführung, „Engel" war gerade an der Reihe und musste wieder 50 Meter abseilen. Es war ein heikles Manöver. Anschließend arbeitete er sich 30 Meter höher, bis er unter einer senkrechten Wand stand. Irgendwie raufte er sich über das Hindernis – wie genau, das weiß ich bis heute nicht. Zwischensicherungen hatte es keine.

Den Schwierigen Riss, die erste berühmte Passage der Route, ließen wir gleich ganz aus und stiegen links davon hinauf zum Hinterstoisser-Quergang. Bei dieser Kletterei mussten wir bereits alles geben. Der Fels war steiler Kalk mit eigentlich schönen Wasserrillen, in denen sich unsere Plastikschuhe wunderbar verkanten ließen. Aber irgendwann hörten die Rillen auf. Wir tasteten uns über kleine Leisten weiter hinauf. Im Quergang hing nicht das übliche Fixseil, sondern nur ein kurzes Seilstück, das zudem an einigen recht windigen Haken befestigt war. Nicht schön. Auf dem Ersten Eisfeld beschleunigte Engel plötzlich das Tempo und rannte geradezu die 50 Grad steile, grauweiße Fläche hinauf, bis er die Randspalte am oberen Ende erreichte. Dort ließ er die Hosen runter – Toilettenpause. Aha, das war also der Grund für die Eile …

Die nächsten Wandpassagen – Zweites Eisfeld, Bügeleisen, Todesbiwak – spulten wir routinemäßig ab. Auf dem Dritten Eisfeld wurde mein Rucksack plötzlich leichter und ich sah gerade noch unser zweites Seil in der Tiefe verschwinden. Wir gingen trotzdem weiter.

Der Wasserfallkamin im oberen Teil der Rampe war eine delikate Angelegenheit, nass und vereist. Wir schafften auch ihn, aber es dämmerte uns jetzt, dass wir eigentlich zu langsam waren. Zu allem Überfluss stiegen wir im Rampeneisfeld fälschlicherweise nach links und mussten eine halbe Seillänge wieder zurück, bevor wir den richtigen Weg zum Götterquergang fanden. Erst um 16 Uhr kamen wir in die Spinne, dem markanten Eisfeld im oberen Wandteil.

Es war die ungünstigste Zeit für diesen Steinschlagtrichter: Auf dem von Neuschnee bedeckten Gipfeleisfeld stand die Sonne. Als ich durch die Spinne vorausstieg, lief mir das Schmelzwasser zu den Jackenärmeln hinein und an den Hosenbeinen wieder hinaus. Am Beginn der Ausstiegsrisse sahen wir links über die Wand ein Seil hinabhängen, auf das wir zuhielten. Das Gelände hing dort fast über, daher wollte ich versuchen, an dem Seil hinaufzusteigen. „Mal sehen, ob es hält!"

Mit einer Knotenschlinge hing ich mich in das Seil, belastete es … peng! Das gesamte Seil riss aus und landete in einer langen Schlange bei mir. Aha, hier geht es also nicht hinauf. Ich probierte es weiter rechts, stieg weiter, zehn Meter, 20 Meter ohne Zwischensicherung mit Steigeisen im V. Grad. Langsam wurde es dunkel. Als ich zwischen meinen Beinen hinabschaute, sah ich auf einmal eine Schlinge mit einem Sportkletterkarabiner. Seltsam an dieser Stelle, in dieser Wand. Aber sehr gelegen! Also rasch das Seil eingehängt. Erleichterung. Engel kam nach, stieg die nächste Länge mit Stirnlampe voraus, dann war ich wieder an der Reihe. Nach zehn bis 15 Metern entdeckte ich eine kleine abschüssige Nische mit einem alten Haken. Damit war klar: Hier biwakieren wir.

Wir hatten keinen Schlafsack, keinen Kocher, nichts zu trinken. Wir hängten uns an den Haken, traten den Schnee zu unseren Füßen zurecht, um etwas Halt zu haben, setzten uns auf das Seil und zogen den Biwaksack über. Es wurde eine lange Nacht. Ich zählte die Autos unten in Grindelwald. An der Diskothek, drüben im Hotel … Es waren viele. Wir hielten

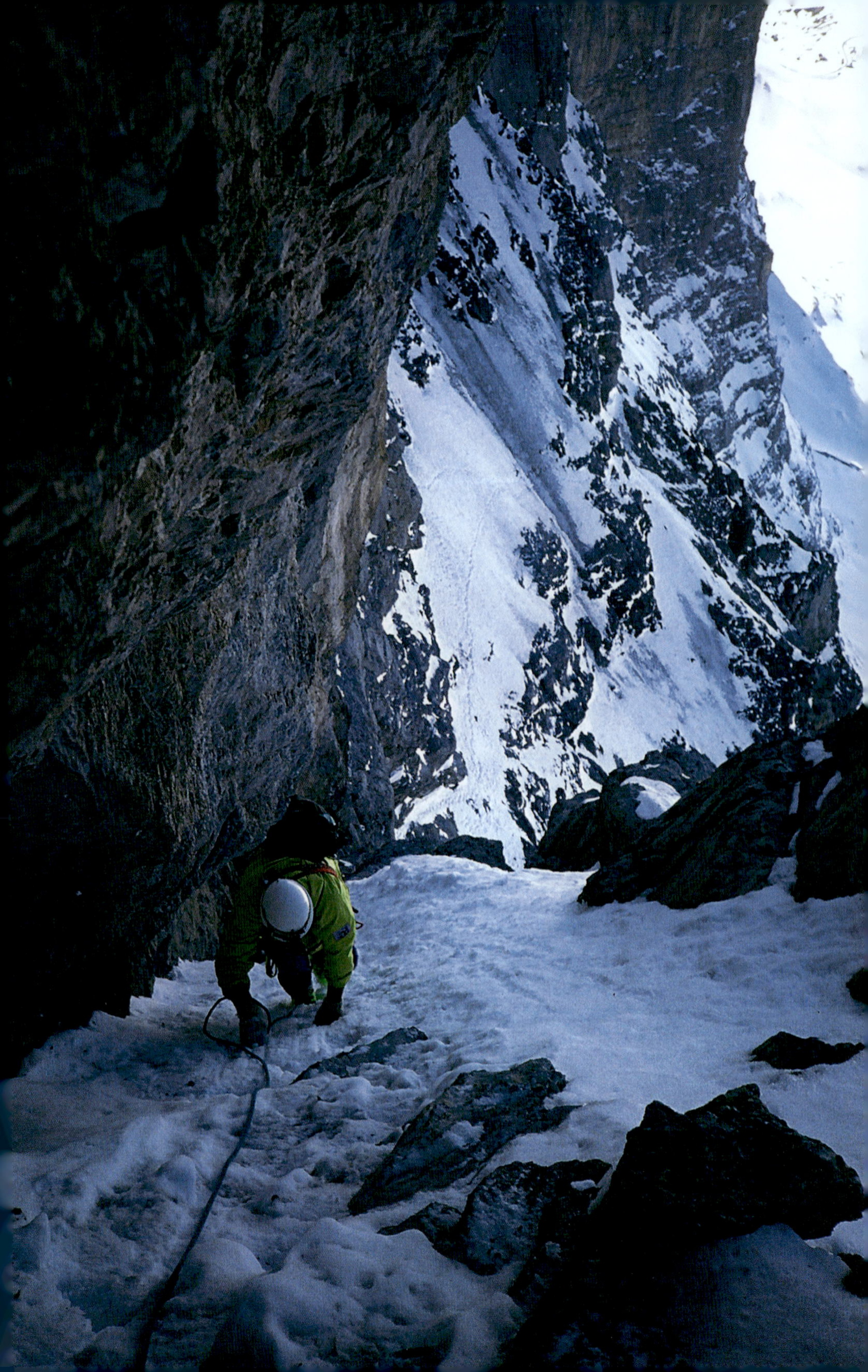

uns gegenseitig wach, um bei der eisigen Kälte nicht einzuschlafen. Irgendwann wurde es wieder Tag.

Meine nasse Hose war über Nacht zu einer starren Ritterrüstung geworden. Unser Seil war so steifgefroren, dass der Halbmastwurf, mit dem wir uns sicherten, anfangs eine Schlaufe mit einem halben Meter Durchmesser bildete. Als Engel das komplett blanke Gipfeleisfeld erreichte, brauchte er schiere Ewigkeiten, um eine Eisschraube anzubringen. Wir hatten in Arco tschechischen Kletterern ein paar Titan-Eisschrauben abgekauft, deren Zacken sich im harten Eis hoffnungslos verbogen. Kurz vor dem Ausstieg war es ihm schließlich unmöglich, irgendeinen Stand zu bauen oder eine Zwischensicherung zu setzen. Frei stand er mit den Steigeisen im blankgefegten Hang, das Eis war glasig wie bei einem gefrorenen Wasserfall. Er versuchte noch, einen Felshaken ins Eis zu schlagen, ebenfalls vergeblich. Ich musste meinen Stand abbauen, damit wir gleichzeitig weitergehen konnten. Vollkommen ungesichert. Es war der einzige Ausweg. Wäre einer von uns ausgeglitten, wären wir beide die gesamte Wand hinabgeflogen ... Nach 20 oder 30 Metern standen wir am Grat, um 10 Uhr vormittags waren wir auf dem Gipfel.

Der Abstieg war dann nochmals ein Kapitel für sich. Die Westflanke ist endlos – und haltlos. Dort darfst du dir einfach keinen Fehler erlauben. Die ganze Zeit über sieht man schon am Wandfuß die Häuser der Station Eigergletscher, doch sie kamen nicht näher. Wir waren hundemüde, als wir gegen Mittag endlich dort eintrafen. Für eines reichte unsere Kraft aber noch: Mit einer prachtvollen Skiabfahrt nach Grindelwald feierten wir den glücklichen Ausgang unseres ersten Eiger-Abenteuers.

SPONTAN. SOLO. SPEED.

Vierzehn Jahre später, im März 2003, war ich mit meinem Freund Konrad Renzler aus dem Antholzer Tal zum Skitourengehen am Tödi. Weil Konrad in seinem langen und vielseitigen Bergsteigerleben noch nie (!) im Berner Oberland gewesen war, beschlossen wir spontan, hinüberzufahren und anderentags auf die Jungfrau zu gehen.

Ich selbst war in den Jahren seit 1989 ebenfalls kaum in den Westalpen gewesen. Eine nennenswerte Ausnahme war die Winterbegehung der

Im Ausstieg aus dem „Wasserfallkamin" der Rampe, Eiger-Nordwand, 1989.

Matterhorn-Nordwand mit Konrad Auer im Januar 1993. Die Wand hatte viel Blankeis, aber insgesamt war es eine problemlose Tour – mit Ausnahme des nächtlichen Abstiegs über den Hörnligrat. Dort entgingen wir einem Freibiwak nur deshalb, weil ich bei einem allerletzten Abseilmanöver in der Dunkelheit direkt auf dem Dach der Solvayhütte landete, einer Notunterkunft in 4000 Metern Höhe.

Als Konrad Renzler und ich nun die Autobahn entlangfuhren, telefonierte ich mit einem Schweizer Freund und erkundigte mich beiläufig nach den Verhältnissen in der Eiger-Nordwand. Diese seien super, meinte er. So bot ich Konrad an, die klassische Route zu führen – für ihn war die Wand ein langjähriger Traum. Aber er war inzwischen 65 und traute sich das Unternehmen nicht mehr zu. So fragte ich ihn: „Wäre es dir dann recht, wenn ich es allein versuche?“ „Kein Problem“, meinte er. „Dann gehe ich derweil allein auf die Jungfrau.“

Mit der Zahnradbahn fuhren wir von Grindelwald los. Ich stieg an der Station Eigergletscher aus, für Konrad ging es weiter zum Jungfraujoch. Ich versicherte ihm noch, dass ich bei schlechten Verhältnissen am Hinterstoisser-Quergang umkehren würde. Dann querte ich hinüber zum Einstieg. Meine Ausrüstung war minimal: ein 5 Millimeter starkes, 40 Meter langes Kevlar-Seil; Helm, zwei Eisgeräte, zwei Felshaken, Hammer, drei, vier Karabiner, dazu einen Dreiviertelliter Getränk und eine Tafel Schokolade.

Die Route über den Wandvorbau fand ich diesmal ohne Probleme, aber wie 1989 kletterte ich auch diesmal links vom Schwierigen Riss hinauf zum Hinterstoisser-Quergang. Es waren zwei schwierige Seillängen. In der ersten zog ich das linke Steigeisen aus und behielt das rechte an, um im Eis im Grund einer Verschneidung aufzusteigen, die von einem Überhang abgeschlossen wurde. Hier sicherte ich mich selbst. Ich fädelte das Seil wie beim Abseilen durch den Stand, knotete eine kurze Prusikschlinge in beide Seilstränge und hing diese an meinen Gurt. Dann schob ich jeweils so viel Seil durch den Prusikknoten, wie ich für die nächsten Klettermeter benötigte. Unter dem Überhang steckte ein halbmeterlanger loser Zacken. Den hob ich an, legte eine Schlinge dahinter und schob den Zacken wieder zurück – fertig war die Zwischensicherung. Auf Zug ließ ich mich hinaus, erwischte oberhalb des Überhangs einen Griff oder einen Haken und schon war die Stelle überwunden. Am Stand angekommen, wollte ich das Seil abziehen. Doch irgendwie hatte es sich verknotet und hing fest. So musste ich wieder abseilen, das Seil lösen und die Seillänge nochmals aufsteigen, wobei ich abermals den Prusikknoten zur Selbstsicherung mitschob. Der Zeitverlust ärgerte mich. Nach dieser Stelle habe ich in der ganzen restlichen Wand das Seil nicht mehr gebraucht.

Den Hinterstoisser-Quergang entschärfte diesmal ein durchgängiges Fixseil. Der Eisschlauch zwischen Erstem und Zweitem Eisfeld war ein gefrorener Wasserfall, in dem die Eisgeräte und Steigeisen der vielen vorherigen Begeher eine Lochreihe hinterlassen hatten, über die ich nun bequem höhersteigen konnte. Im Übergang vom Zweiten Eisfeld zum Bügeleisen befand sich gerade eine Seilschaft. Da diese Stelle, eine Spalte zwischen Eis und Fels, etwas heikel war, empfand ich es als psychologischen Vorteil, dass im Notfall ein Seil in der Nähe wäre. Der Wasserfallkamin am Ende der Rampe war nochmals eine sehr steile Stelle, ebenso der abschließende Eiswulst. Hier ist die Rampe nur noch ein ganz enger Spalt, in dem du kaum Platz hast, um die Eisgeräte einzuschlagen. Zudem hatte es bei meiner Begehung nur wenig Eis. Ganz vorsichtig hakte ich die Spitzen meiner Geräte in die kleinen Löcher, die von anderen Begehungen zurückgeblieben waren, und kletterte so aus dem Spalt. Es waren nur zwei, drei Meter – aber diese waren sehr delikat! Götterquergang und Spinne waren dagegen kein Problem.

Da ich 1989 ja nicht die wirkliche Originalroute gegangen war, stellte sich mir in den Ausstiegsrissen die Frage nach dem richtigen Weg. Abermals halfen mir die Spuren vorheriger Seilschaften und ich wählte die korrekte Rinne, die ganz rechts aus der Spinne hinausführt. Nach der absteigenden Querung beim Corti-Biwak in den Ausstiegsrissen gab es noch eine letzte heikle Passage, in der ich mit den Steigeisen im bloßen Fels eines Kamins klettern musste. Im Gipfeleisfeld herrschten dagegen perfekte Verhältnisse: griffiger Firn.

Am Ende hatte ich die Eiger-Nordwand in 4,5 Stunden durchstiegen, was damals, 2003, die bis dato schnellste Zeit gewesen ist. Ohne die Variante links vom Schwierigen Riss wäre ich wahrscheinlich noch deutlich schneller gewesen. Mir war es allerdings nicht um die Zeit gegangen – sondern nur darum, allein und so sicher wie möglich durch die Eigerwand zu klettern. Die Zeit hat sich dann einfach ergeben.

Wie ich am Gipfel in der Sonne saß, dachte ich mir: „Der Tag ist heute noch nicht ausgelastet!" Über die Westflanke wäre ich in zwei Stunden unten, viel zu früh. „Warum also nicht die Überschreitung zum Jungfraujoch machen und den Mönch noch mit dranhängen?"

Am Grat war ich noch ziemlich flott unterwegs, bekam dann aber fürchterliche Krämpfe in den Beinen. So verzichtete ich auf den Mönch, auf dem ich zuvor noch nicht war und dessen Normalweg ich nicht kannte. Die eigentlich einfache Querung über den Gletscher hinüber zum Mönchsjoch sollte sich als der gefährlichste Teil des ganzen Tages entpuppen. Über eine Spalte musste ich auf allen vieren kriechen, um die Belastung gering zu halten und nicht einzubrechen. In meiner Euphorie bin ich dann noch aus Versehen das Ewigschneefeld ein Stück Richtung Konkordiaplatz abgestiegen, bevor ich beim Zurückschauen die Mönchsjochhütte sah und meinen Irrtum bemerkte. Also wieder hinauf. Auf dem Joch klingelte mein Handy. Konrad war am Apparat und sagte mir, die letzte Bahn vom Jungfraujoch führe in zehn Minuten ins Tal. „Vielleicht kann ich ihnen sagen, sie sollen noch auf dich warten."

„Bemühe dich nicht, Konrad. Die Schweizer fahren stets pünktlich!" Im Laufschritt eilte ich den Gletscher hinüber, lief durch den Stollen und sprang in voller Montur in den Zug, gerade als sich die Türen zu schließen begannen. Bei der Ticketkontrolle wollte ich wie üblich meinen Bergführertarif zahlen, als Konrad zum Schaffner meinte: „Der hat heute die Eiger-Nordwand gemacht!" Woraufhin mir der Schaffner das Fahrgeld postwendend zurückgab. Das rechne ich der Jungfraubahn bis heute hoch an!

EINE EXKLUSIVE FÜHRUNGSTOUR

Nach der Solobegehung bin ich die klassische Heckmair-Route noch zweimal als Führungstour gegangen. Das war eine ganz andere Dimension als eine Begehung mit einem Bergpartner, da du als Bergführer deinen Gast quasi rundum betreuen musst. Mein erster Gast meinte, die Nacht im Todesbiwak nicht zu überstehen. Er war vor lauter Anspannung nur bis zum Bauch in den Schlafsack gekrochen. Ich richtete ihm den Sack so her, dass er die Kapuze über den Kopf ziehen konnte und ihm warm wurde. Dann musste er auf Toilette … In den Ausstiegsrissen verlor er ein Eis-

„Spieglein, Spieglein in der Wand": Im völlig blanken Gipfeleisfeld der Eiger-Nordwand, 1989.

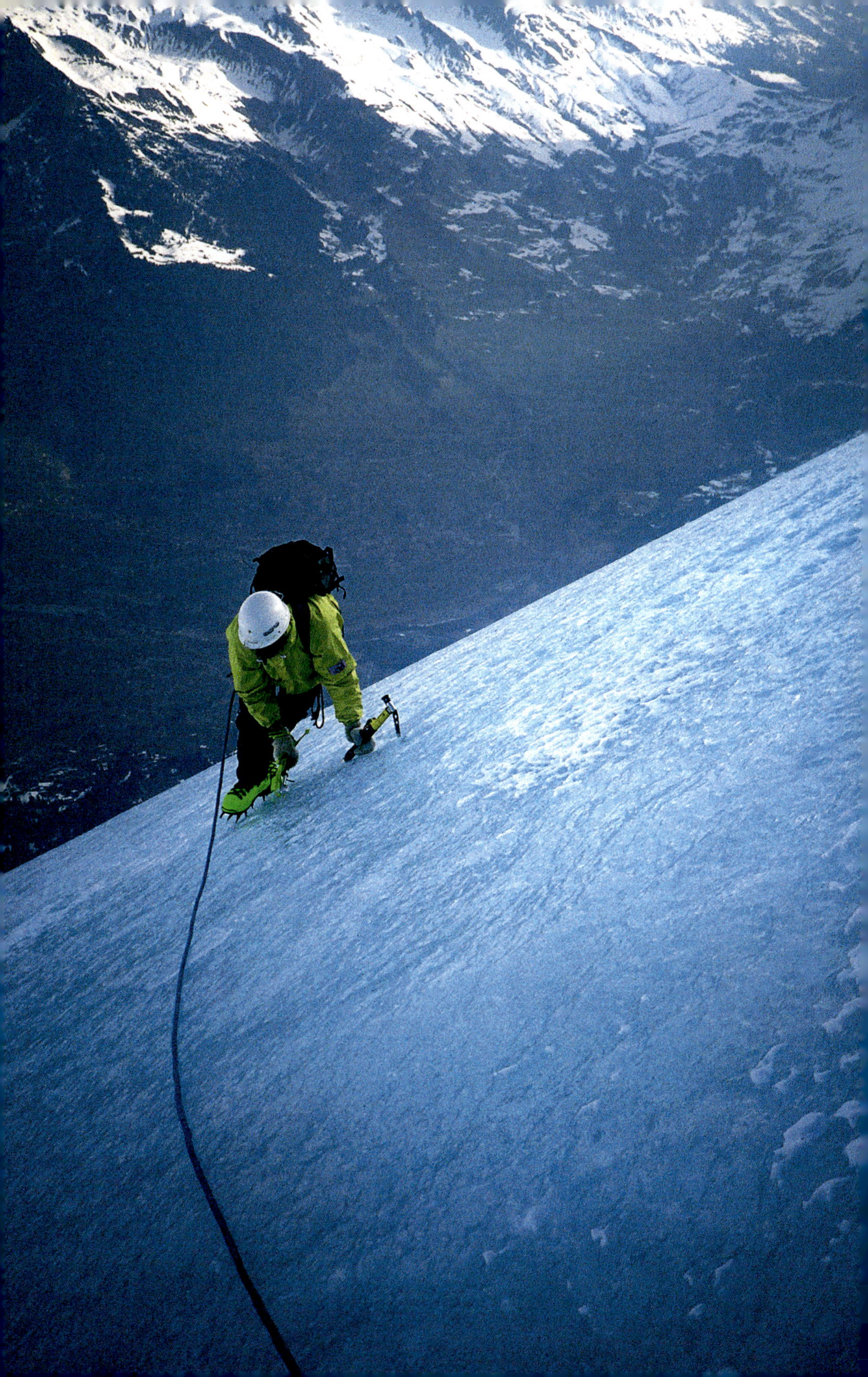

gerät. Er rief zu mir herauf: „Was soll ich jetzt machen?" Ganz uneigennützig antwortete ich: „Wenn es heute Abend eine Flasche Sekt gibt, gebe ich dir eins von mir!" Ich kletterte damals ohne Handschlaufen und hatte deshalb stets noch ein drittes Gerät als Reserve mit. Er hätte mir in dieser Situation wohl auch zwei oder drei Flaschen spendiert. Mit meinem Ersatzgerät konnte er die Tour jedenfalls zu Ende gehen.

Bei der zweiten Führungstour hatte ich zwei Gäste, die sich zuvor noch nicht gekannt hatten. Sie waren ein interessantes Gespann: der eine war ein Super-Kletterer, der andere – ein Pater – ein harter Alpinist. Wir kamen gut voran, obwohl ab dem Hinterstoisser-Quergang mein Reservepickel wieder gefragt war. Im Zweiten Eisfeld passierte dann mir ein Lapsus. Ich hatte eine große Kamera mitgenommen, um gute Aufnahmen zu machen. Bei einem Schritt stieß ich mit der voluminösen Tasche ans Eis, verlor die Balance und stürzte zehn Meter in die nächste Zwischensicherung. Da staunte der Bergführer und die Gäste wunderten sich ... Wir hatten eigentlich geplant, im Todesbiwak zu übernachten. Doch dort war kein „Zimmer" frei, alle guten Plätze waren bereits besetzt. Da holte ich mein Handy heraus und rief Roger Schäli an, den Eiger-Kenner schlechthin. „Hallo Roger, gibt es hier in der Nähe noch andere Biwakplätze?"

„Nimm das Spanier-Biwak in der Rampe. Wo es genau ist, weiß ich allerdings nicht."

Nach drei Seillängen in der Rampe hing ich an einem Stand und lehnte mich nach außen. Da sah ich ein Seil aus der Rampe hinabhängen, das auf einem Absatz endete. Das musste es wohl sein. Wir querten hinüber. Mein Schlafplatz war ein vielleicht 40 Zentimeter breiter Spalt hinter einer anderthalb Meter hohen Schuppe. Meine beiden Gäste hockten sich auf einen schmalen Sims unter einem Überhang. Mich quälten in der Nacht immer stärkere Schmerzen, da ich mir beim Sturz im Zweiten Eisfeld die Rippen angeschlagen hatte. An Schlaf war nicht zu denken. Ich dachte schon daran, uns am Morgen allesamt ausfliegen zu lassen. Doch am nächsten Tag kletterten wir weiter bis zum Gipfel. Beim Abseilen in der Westflanke bekam unser Pater schließlich noch einen ordentlichen Stein auf den Helm. Die nächste sonntägliche Messe las er, wie er mir später am Telefon erzählte, mit „etwas steifem Hals".

Nach diesen beiden Führungstouren war mir allerdings klar, dass Verdienst und Risiko hier nicht in einem vernünftigen Verhältnis standen, und ich beschloss, die Eiger-Nordwand nicht mehr zu führen. Es waren zwei tolle Erlebnisse, aber auch sehr speziell. Die Atmosphäre dieser Wand macht eigentlich jedem zu schaffen, ob Bergführer oder Gast. Ihr Mythos ist noch immer präsent und jeder hat vor ihr Respekt. Denn die Eiger-Nordwand kann dir noch immer zum Verhängnis werden – ausnahmslos, bei jeder Durchsteigung.

WAHRLICH BERAUSCHEND: MAGIC MUSHROOM

Die Eiger-Nordwand wurde als große, objektiv gefährliche kombinierte Wand berühmt und berüchtigt. Sie galt als Eiswand mit hohen Felsschwierigkeiten oder umgekehrt. Doch dies trifft nur auf den linken und zentralen Wandteil zu. Schon Hermann Buhl hatte die kompakte rotbraune Wand, die sogenannte Rote Fluh, rechts oberhalb von Hinterstoisser-Quergang und Schwierigem Riss, an eine „Westliche-Zinne-Nordwand in der Eiger-Nordwand“ erinnert. Darüber zieht ein obeliskartiger riesiger Pfeiler mehrere hundert Meter empor, an den sich rechts ein fast durchgängiger Wandgürtel von der Steilheit großer Dolomitenwände anschließt, der in einem weiteren ausgeprägten Pfeiler endet. Nachdem beide Pfeiler in den späten 1970er-Jahren begangen wurden, begannen sich Kletterer für den senkrechten bis überhängenden Bereich dazwischen zu interessieren. Bis 2007 entstanden dort neun Felsanstiege hoher Schwierigkeit (6a bis 8a), einige davon mit Bohrhaken abgesichert wie eine Sportkletterroute.

Roger Schäli lag mir schon länger mit der Idee einer Neuroute in der Eiger-Nordwand in den Ohren. Etwa in der Mitte des Wandgürtels steht oben am Westgrat ein kurioser abgespaltener Turm, der „Pilz“. Der Eiger ist Rogers Hausberg, und so wusste er nicht nur, dass der Wandstreifen unter dem Pilz noch unbegangen war, sondern auch, dass sich dort bereits Seilschaften zu schaffen gemacht hatten. Ende September telefonierten wir miteinander. Mich hatte gerade ein Gast für den Wildgall in der Rieserfernergruppe gebucht, der nicht unbedingt für seine Felsqualität bekannt ist. Vielleicht träumte ich deshalb gerade besonders intensiv von steilen, soliden Kalkwänden. „Wenn ich vom Wildgall wieder unten bin, fahre ich gleich rüber zu dir in die Schweiz.“

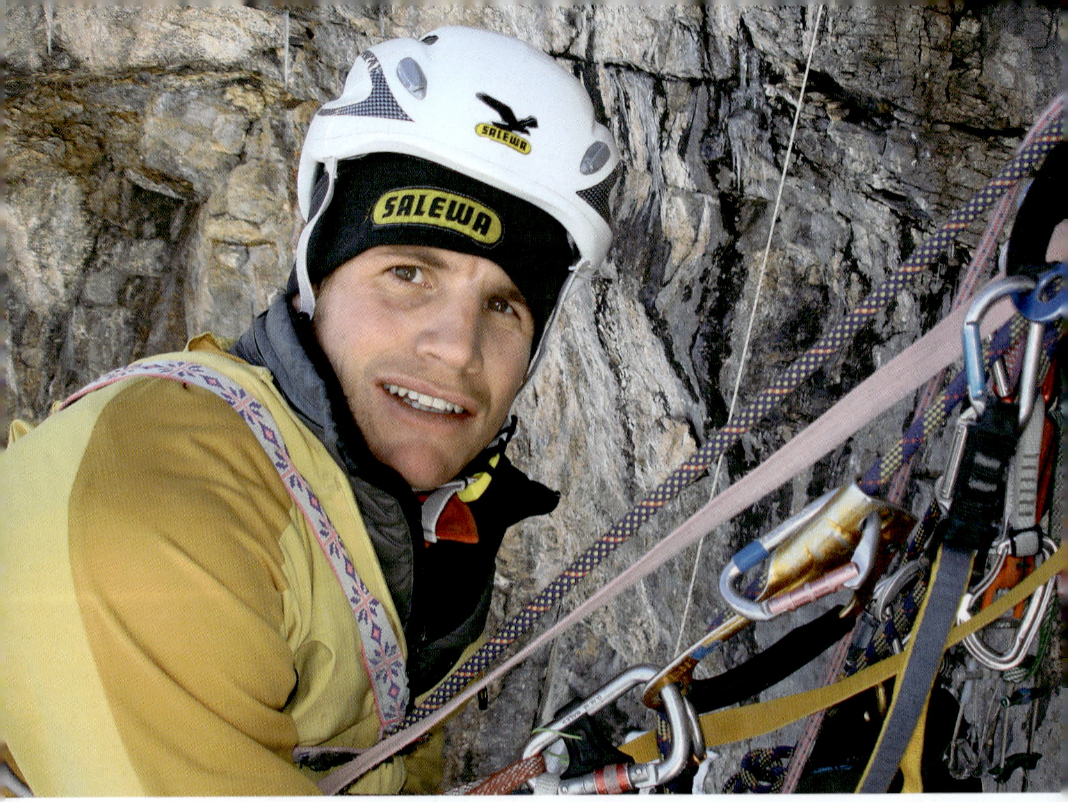

„Hausmeister“ der Nordwand und verlässlicher Seilpartner: Roger Schäli.

„Ich habe allerdings noch einen viertägigen Kurs zum Sportkletter-Trainer“, gab Roger zu bedenken.

„Kein Problem. Dann mache ich den gleich mit!“

Um 11 Uhr vormittags traten wir zur Qualifikation an. Bedingung war, in der Halle eine Route im Schwierigkeitsgrad 7b+ (IX–) „on sight“ zu klettern, das heißt „auf Sicht“, also ohne vorher in der Route gewesen zu sein. Die 13 Meter lange Abfolge von Kunstharzgriffen und -tritten hing ordentlich über. Sie zog mir die Finger lang und ich hangelte mich mit letzter Kraft zum Ausstieg. Von dieser Kraft hatte Roger zu dieser Zeit bereits bedeutend mehr als ich. Als er an der Reihe war, nahm er jeden Griff wie ein Schraubstock in die Zange und packte zu, als wollte er sie aus der Wand reißen. Zum Spaß kletterte ich anschließend noch die 7a+, welche jenen Kursaspiranten eine zweite Chance gab, die in der Qualifikation zunächst gescheitert waren.

Mich faszinierte diese Abwechslung: Einen Tag zuvor war ich noch im brüchigen alpinen Gelände mit einem fürchterlichen Schotter-Abstieg

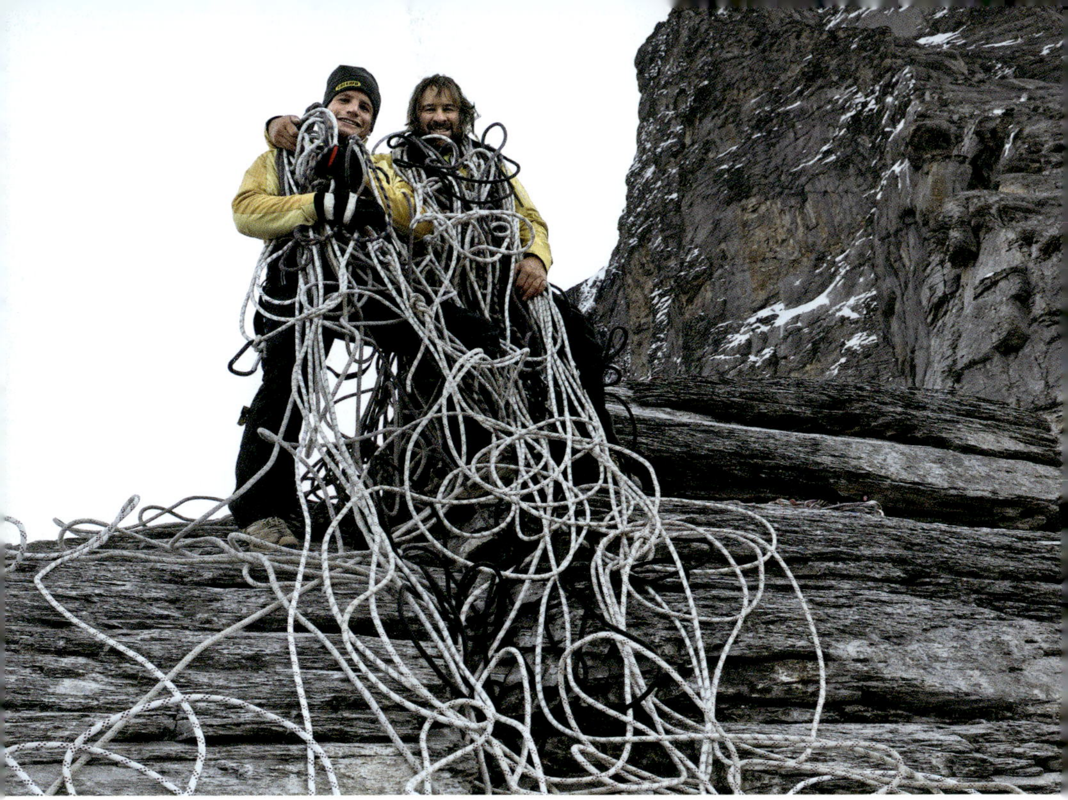

Gut Ding will Seile haben: Nach dem Abbau der Fixseile aus „Magic Mushroom".

unterwegs gewesen, nun hing ich an einer Kunstwand. Es waren zwei völlig verschiedene Disziplinen, die mir aber beide auf ihre Art Spaß machten. Vier Tage später durften sich Roger und ich offiziell Schweizer Sportklettertrainer nennen, inklusive entsprechendem Ausweis, den ich bis heute besitze. Unser Kursleiter schaute recht verdutzt drein, als wir ihm bei der Verabschiedung sagten: „So, wir gehen dann mal zum Eiger ..."

Zum Einstieg unseres Projektes fuhren wir mit der Bahn. Die Strecke zum Jungfraujoch zieht eine weite Schleife durch den Eiger. Zwischen der Station Eigergletscher, wo die Bahn im Berg verschwindet, und der Station Eigerwand gibt es vier Schlupflöcher hinaus in die Nordwand: drei geplante, darunter das berühmte Stollenloch bei Kilometer 3,8 ab Kleiner Scheidegg, und ein ungeplantes, das durch eine Explosion eines Sprengstofflagers entstandene „Dynamitloch". Dort beginnen einige der Felsrouten im rechten Wandteil, dort stiegen auch wir hinaus in die schattige Wand.

Der Auftakt war „erfrischend“ – auf den untersten Platten und abschüssigen Bändern lag ein halber Meter Neuschnee. Nach der ersten Seillänge wurde das Gelände steiler, noch dazu waren wir durch eine Verschneidung etwas geschützt. So ging es Stück für Stück besser. Vor dem Einstieg hatte ich Roger erklärt, ich würde die Route nur unter einer Bedingung mit ihm machen: kein Biwak in der Wand. Es war Oktober und die Nächte bereits merklich kühl, insbesondere in einer Nordwand. So arbeiteten wir uns jeden Tag etwas höher, wobei wir Fixseile entlang der gekletterten Seillängen legten, an denen wir jeden Abend zurück zum Dynamitloch abseilten und mit der Bahn zurück in die Komfortzone fuhren. Auf der Kleinen Scheidegg genossen wir ein warmes Bett und eine Dusche, bevor wir morgens wieder mit Steigklemmen zum höchsten Punkt aufstiegen. Bei mehreren hundert Metern Wandhöhe wurde es mit der Zeit eine anhaltende Frühsportaufgabe, die für dicke Arme sorgte – und anschließend mussten wir ja noch klettern.

Nicht nur deswegen bedeutet die Eröffnung einer neuen Route mit einer guten Absicherung regelrechte Schwerstarbeit. Um das Loch für einen Haken zu bohren, muss man entweder aus der Kletterstellung heraus die Akku-Bohrmaschine ansetzen oder sich in einen „Cliffhanger“ hängen, einen gebogenen Metallhaken, der mit dem Klettergurt verbunden ist und den man selbst auf minimalste Felsleisten auflegen kann. Einmal musste sich Roger zum Bohren auf meine Schulter stellen. Den anderen Fuß hatte er auf eine kleine Leiste gesetzt, mit einer Hand hielt er sich an einem schmalen Griff. Millimeter um Millimeter fraß sich der Bohrer in den Kalk. Da rutschte Rogers Fuß von der Leiste. Halten konnte ich ihn nicht. Mit einem Arm hing er an der Bohrmaschine. Der Bohrer blieb im Loch stecken, aber es bog ihn fast rechtwinklig nach unten. Er ist ein nettes Souvenir von unserer Erstbegehung …

Am vierten Tag wurde das Wetter schlecht. Es regnete das ganze Wochenende bis hinauf auf 4000 Meter. Danach war die Wand schneefrei und es herrschte stabiles Schönwetter. Dies war der Vorteil beim Klettern im Herbst; im Sommer ist das Wetter dagegen häufig unsicher und schlägt schnell um. Der einzige Nachteil war die größere Kälte. Wer von uns sicherte, musste bisweilen zwei oder drei Daunenjacken übereinander anziehen. Vielfach war die Wand so glatt, dass wir den Stand auf einem „Portaledge“ bezogen, einer zusammenlegbaren Plattform aus

Punkte fürs Vielflieger-Konto: Roger stürzt in „Magic Mushroom“.

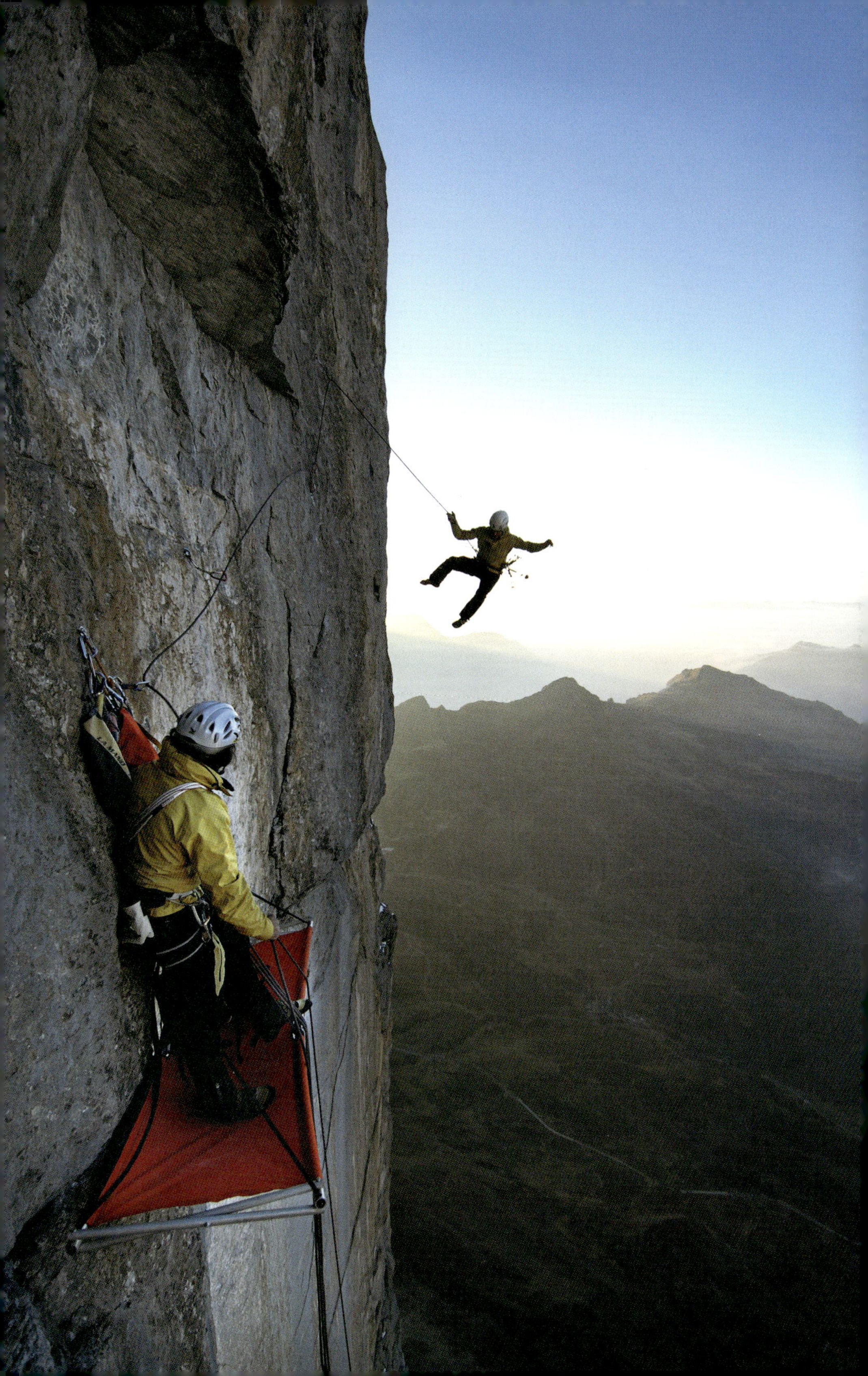

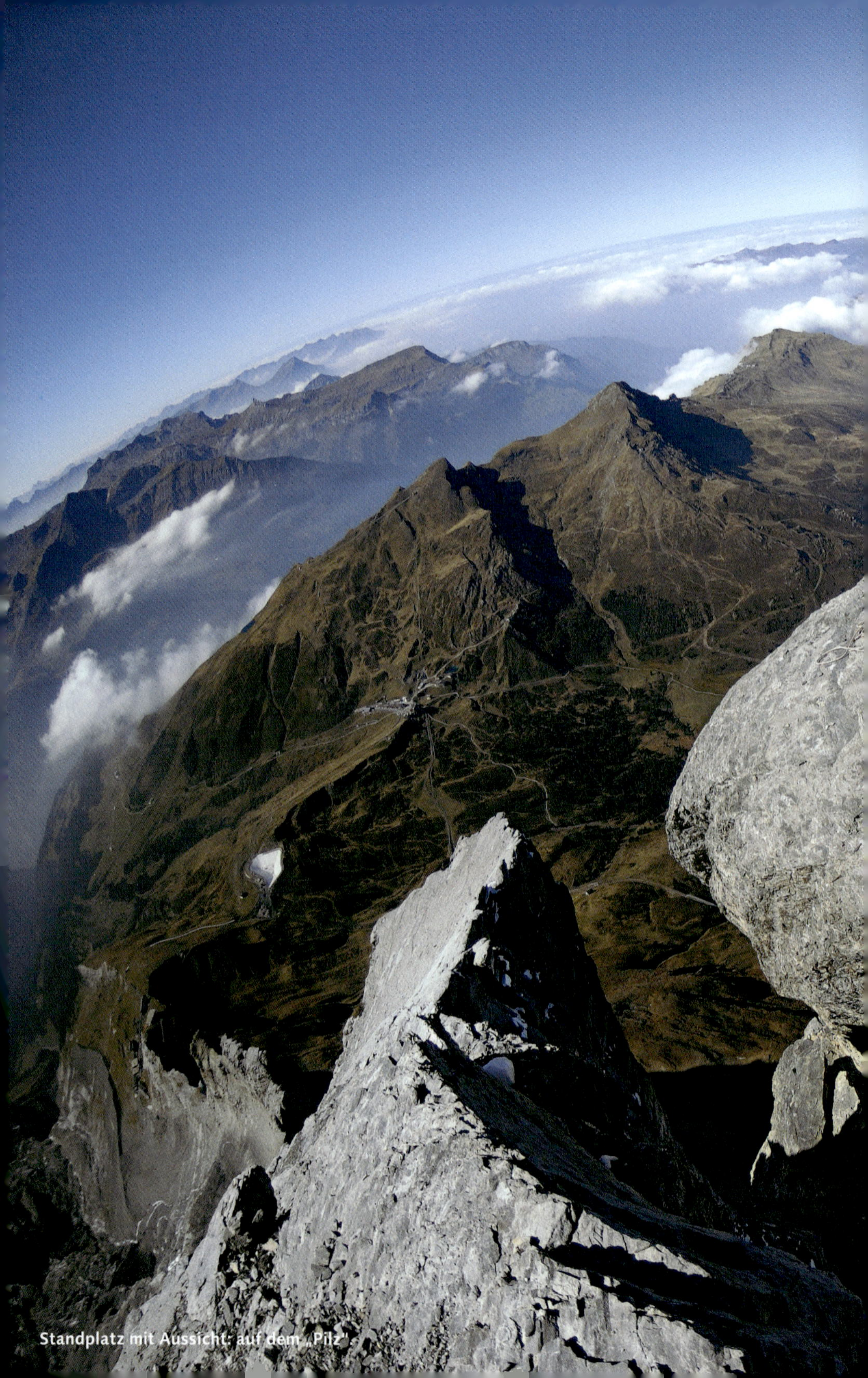

Standplatz mit Aussicht: auf dem „Pilz“.

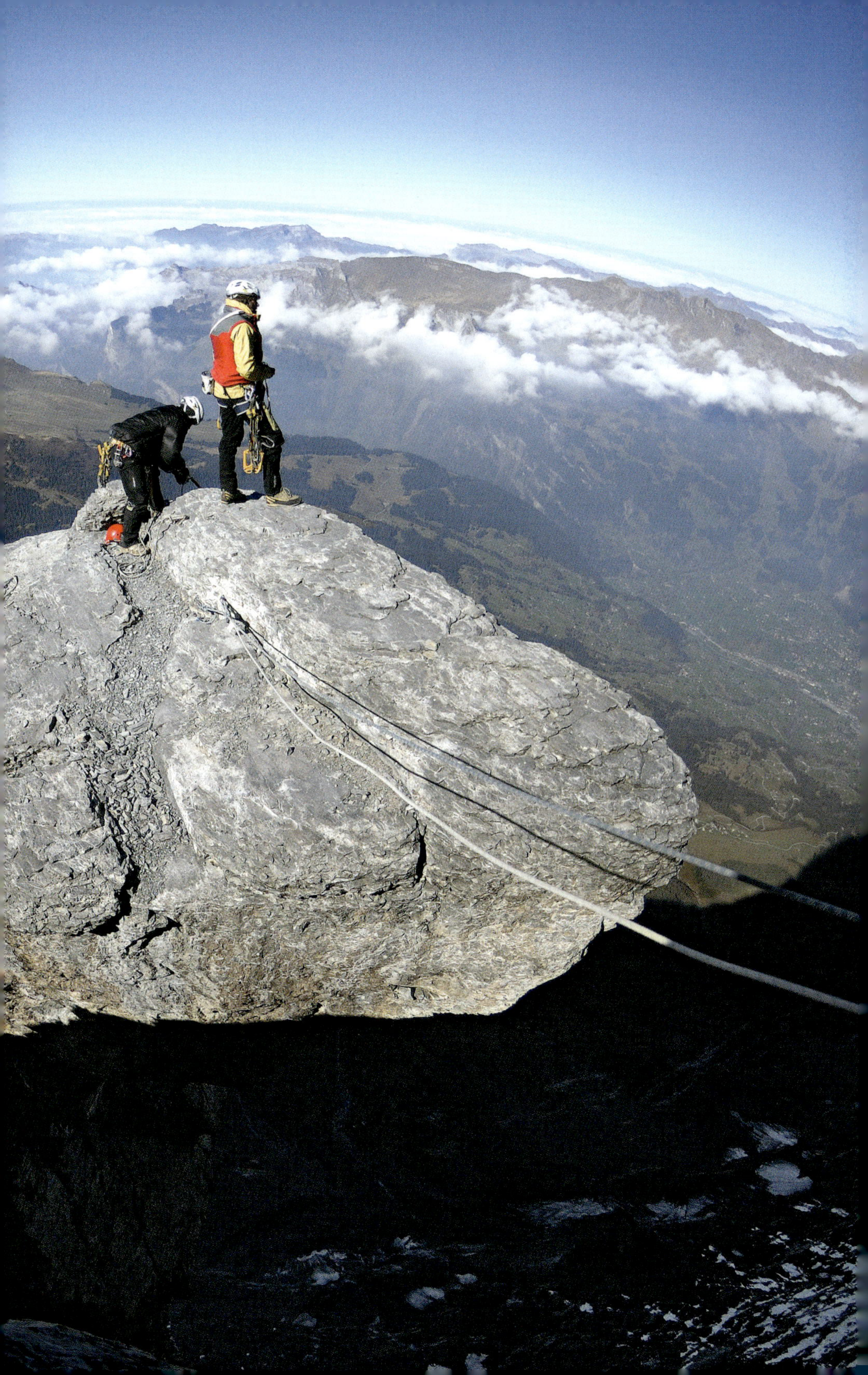

einer Plane, die in einem Rahmen aus Alurohren aufgespannt wird. Mit Gurtbändern an einem Fixpunkt aufgehängt dient sie als Sicherungs- und Übernachtungsplatz.

Das Ambiente der Route war wie an der Großen Zinne. Es gab wenige große Strukturen wie Risse, Kamine oder Verschneidungen. Die einzelnen Seillängen unterschieden sich vor allem im Detail, in der individuellen Abfolge der Kletterzüge. Aus der Ferne betrachtet klebten wir wie Fliegen an dem kompakten, 600 Meter hohen Kalkschild. Es war genau die Kletterei, die mir liegt: senkrechte Wandkletterei an schmalen Leisten, so wie daheim in den Dolomiten. Interessanterweise wurden mit zunehmender Steilheit der Wand die Griffe immer „positiver", also stärker nach innen geneigt und damit besser zu greifen. Eine Laune der Geologie?

Das grandiose Finale war dann der Pilz. Wenn du das erste Mal unter diesem Gebilde stehst, wird dir fast schlecht. An der Basis hat er einen Durchmesser von vielleicht vier Metern, darüber wölbt sich der Hut mit einer Weite von sieben, acht Metern hinaus. Du fürchtest fast, er könnte jeden Moment umfallen! Wir hätten den Pilz auch umgehen und über die bergseitige Wand aussteigen können. Aber Roger wollte ihm unbedingt auf den Kopf steigen. Es war eine letzte, rund zwölf Meter lange Seillänge im Schwierigkeitsgrad 7b – eine gehörige Kraftanstrengung, wenn du bereits die ganze Route in den Knochen hast. An der äußersten Kante der „Hutkrempe", mit nichts als 1000 Metern Luft im Rücken, behalf sich Roger mit einer Trittschlinge und schwang sich auf die völlig ebene Gipfelplattform. Das freistehende Podest ist wohl einer der sensationellsten Plätze am Eiger, ein unvergleichlicher Aussichtspunkt – besonders wenn Nebel das Tal von Grindelwald füllt. Zur Seite hin öffnet sich das ganze Amphitheater der Nordwand mit allen berühmten Passagen, vom Hinterstoisser-Quergang bis hinauf zur Spinne. So ist nicht ohne Grund der Pilz einer der beliebtesten und bekanntesten Absprungpunkte für Basejumper, zu dem man sich inzwischen vom Westgrat über ein fest installiertes Drahtseil hinüberhangeln kann. Wiederholer unserer Route können sich deshalb darauf einstellen, dass während der Begehung ein gutes Dutzend Fallschirmspringer über sie hinwegrauscht!

„Magic Mushroom", wie wir unsere Kreation später nannten, ist eine wahrlich berauschend schöne Linie. Die Kletterei gemeinsam mit Roger hat mir riesigen Spaß bereitet. Er ist ein Vollblut-Kletterer, motiviert,

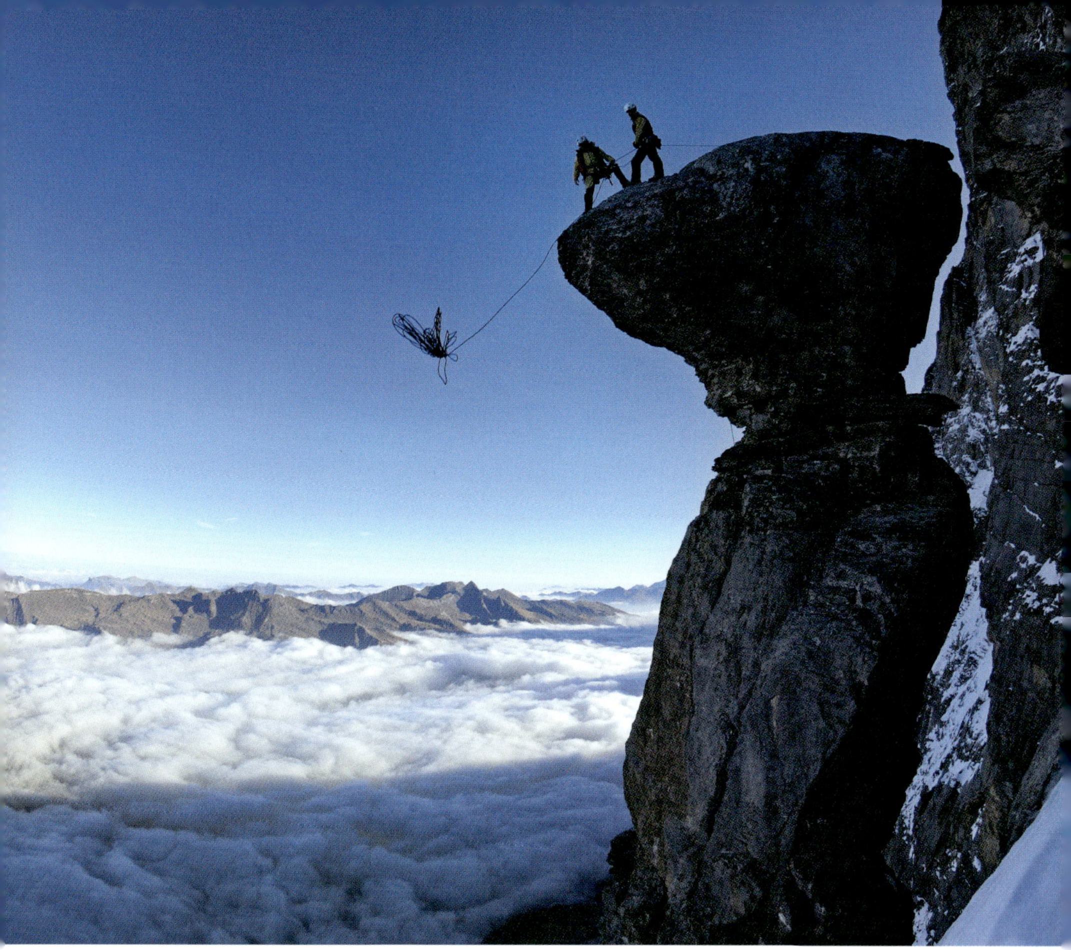

Wir springen nicht: Beim Einrichten der Abseilstelle nach der Erstbegehung von „Magic Mushroom".

stark und gleichzeitig sehr sensibel – einer meiner angenehmsten Seilpartner. Und ich bin auch durchaus stolz darauf, mich mit dieser Neuroute zu jenen Alpinisten gesellt zu haben, die sich in dieser legendären Wand „verewigt" haben. Ähnlich wie die Drei Zinnen ist der Eiger ein Kult-Berg, der seine Faszination für mich nie verlieren wird.

Von den drei klassischen Nordwänden der Alpen fehlt mir jetzt noch die der Grandes Jorasses. Ich träume vom Walkerpfeiler oder der „Colton-MacIntyre".

Brennholz für das Feuer in mir gibt es genug.

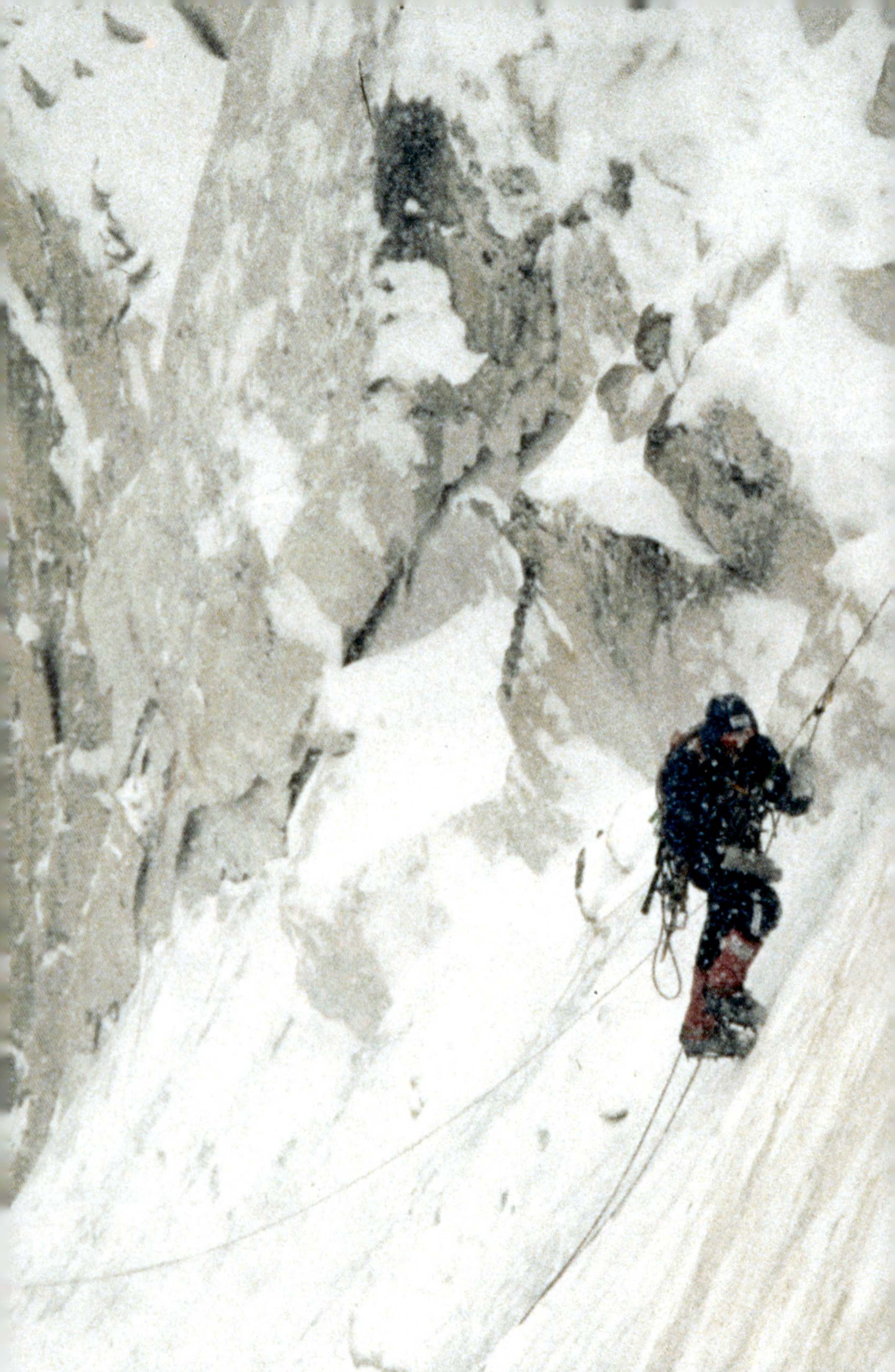

Flucht nach oben im Sturm: Hans Kammerlander in der Gipfelwand des Shivling.

6. Kapitel

Shivling-Nordpfeiler: Ausgesetztheit im Grenzbereich

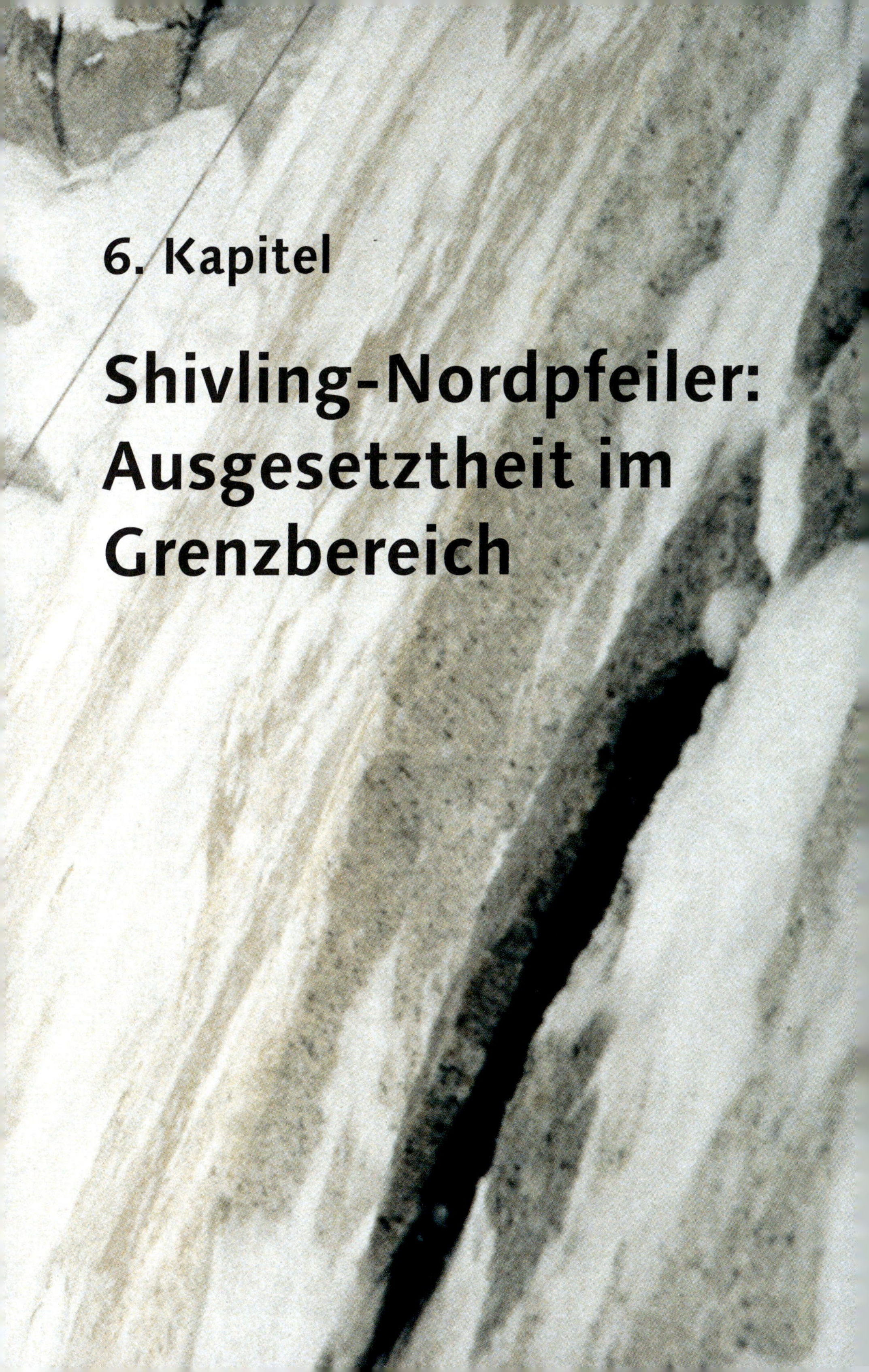

Geträumt habe ich vom Himalaya nie.

Anfang der 1990er-Jahre arbeitete ich für die Alpinschule von Hans Kammerlander und hatte die Gelegenheit, ein paar Mal mit ihm klettern zu gehen. Hans war als Höhenbergsteiger damals bereits weltbekannt, nachdem er Reinhold Messners Partner auf der Hälfte aller 14 Achttausender gewesen war. Eine unserer ersten gemeinsamen Touren war eine Variante der „Palfrader" an der Geierwand in den Pragser Dolomiten, die mir im Vorstieg gelang – was Hans zu der schmeichelhaften Bemerkung verleitete, man müsse mir wohl mit dem Hammer auf die Finger schlagen, damit ich eine Leiste loslasse. Man sieht, wir verstanden uns gut! Irgendwann meinte er, wir sollten einmal etwas zusammen im Himalaya machen. Und er zeigte mir ein Bild des Shivling im indischen Garhwal Himal.

Der Shivling, 6543 Meter hoch, zählt sicherlich zu den schönsten und beeindruckendsten Berggestalten der Welt. Besonders von Norden zeigt er sich als steile dreikantige Pyramide – ein Anblick, der ihm nicht zu Unrecht den Titel „Matterhorn Indiens" einbrachte. Der mittlere der Grate, der S-förmig geschwungene Nordpfeiler, war laut Hans noch „frei". Zwar hatten Japaner 1987 eine Nordgrat-Route eröffnet, doch diese benutzte in der unteren Hälfte einen leichteren Nebenast rechts des eigentlichen Pfeilers und berührte diesen nur im Mittelteil. Dem senkrechten Schlussabschnitt, der wie eine aufgepfropfte Miniaturausgabe der „Nose" des El Capitan wirkt, wichen sie mit einer langen diagonalen Querung nach rechts zum Westgrat aus. In ihrem Buch *Himalaya Alpine-Style* nannten die Engländer Andy Fanshawe und Stephen Venables später den direkten Nordpfeiler die „vielleicht beste Linie am Berg". Ein Traum für Extrembergsteiger! So etwas reizte mich im Himalaya bei weitem mehr als ein Achttausender.

Für mich war das Unternehmen ein idealer Einstieg in das Klettern an höheren Bergen. Dank Hans, der mit seinem Manager die Expedition organisierte und finanzierte, wurde sie mir geradezu auf dem Silbertablett serviert. Umgekehrt ergänzte ich als starker Felskletterer ihn mit seiner Höhenerfahrung perfekt – eine schlagkräftige Kombination, die Hans schon ein paar Jahre früher angewendet hatte, als er sich mit dem deutschen Spitzenkletterer Wolfgang Müller zusammentat und den Cerro Torre in Patagonien in der damals schnellsten Zeit von 17 Stunden bestieg. Ich musste eigentlich nur „ja" sagen – was ich auch bald tat.

HIMALAYA-ROMANTIK MIT FRAGEZEICHEN

Neben der fantastischen Linie am Shivling reizte mich auch die Möglichkeit, eine neue, exotische Welt zu sehen. Doch vieles, was ich bei der Ankunft in Neu-Delhi sah, war eher schockierend: bettelarme Menschen, die im Straßengraben hockten, teils schrecklich verstümmelt durch Lepra und andere Krankheiten. Anblicke, die man aus Europa einfach nicht kennt, während sie dort zum täglichen Leben gehören. Auch die ständige Bettelei war anfangs ungewohnt. Gab man einem ein kleines Almosen, hatte man Sekunden später eine ganze Menschentraube um sich. Angesichts dieser Armut war es umso überraschender und erfreulicher, dass mir meine Hüfttasche mit all meinen Papieren und Geld prompt zurückgebracht wurde, nachdem ich sie am Flughafen auf einer Bank liegengelassen hatte. Die Expedition hätte für mich hier schon beendet sein können.

Wir reisten mit dem Bus bis nach Gangotri, dem Ausgangsort für den Anmarsch zum Basislager. Für mich war es die Hölle: Die Straßen waren heiß und staubig, in den Unterkünften zerstachen mich Mücken und andere Plagegeister, das Essen war schlecht. Entlang der Strecke gab es zudem andauernd Straßenkontrollen, an denen unser Fahrer Schmiergeld bezahlen musste. Immer wieder hieß es Anhalten und Warten auf die Weiterfahrt. Felsstürze und Erdrutsche sorgten für weitere Unterbrechungen. Einmal konnten wir beobachten, wie sich 20 bis 30 Leute wie Ameisen über einen Felsblock hermachten, der auf die Straße gestürzt war, und ihn Stück für Stück mit Spitzhacken und Meißeln abtrugen. Sie brauchten dazu mehrere Stunden, aber dies nahmen alle gelassen hin. Zeit spielt hier eine andere Rolle als bei uns. Kurz vor der Ankunft führte die Schotterpiste dann noch durch eine haarsträubende Schlucht. Rechts ging es 200 Meter hinab in den tosenden Fluss, an manchen Stellen hing unser Gefährt mit einem Rad schon über dem Abgrund. Ich stellte mich sicherheitshalber in die Tür, um notfalls noch rechtzeitig abspringen zu können.

Gangotri ist nicht nur Talort für die Besteigung des Shivling oder für die bekannten Bigwall-Klettereien an Thalay Sagar, Meru oder den Bhagirathi-Gipfeln. Es ist auch eine wichtige Durchgangsstation auf der Pilgerfahrt zur Quelle des Ganges, der dem gleichnamigen Gletscher

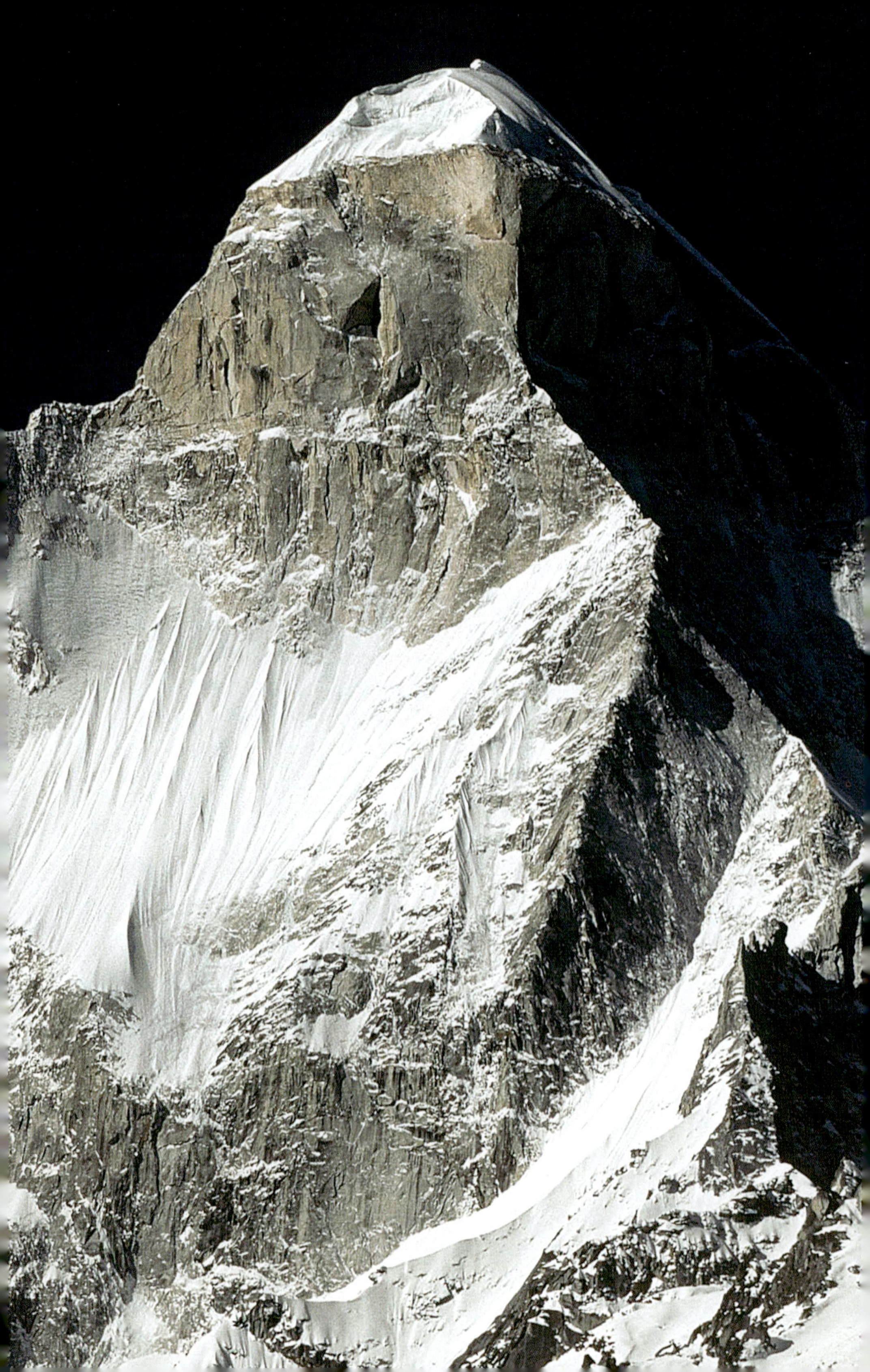

am Fuß des Shivling entspringt. So reihten wir uns ein in die lange Reihe gläubiger Hindus, für die dieser Marsch der Höhepunkt ihres Lebens ist.

Für mich dagegen war es eher ein Tiefpunkt und ein Leidensweg. Das schlechte Essen auf der Anreise hatte endgültig „durchschlagenden Erfolg" und ich litt unter dem schlimmsten Durchfall meines bisherigen Lebens. Bei den Besuchen auf der Toilette, die mit der Regelmäßigkeit und Monotonie einer Gebetsmühle erfolgten, konnte ich regelrecht sehen, wie mein Bauch von Tag zu Tag dünner wurde. Auf dem zweitägigen Weg ins Basislager war ich, gestützt auf zwei Skistöcke, gerade noch fähig zu gehen. Es wurden sehr lange sechs bis sieben Stunden am Tag.

Trotz alledem blieb mir die Exotik der Menschen und der Landschaft nicht verborgen. Mich beeindruckte, mit wie wenig die Pilger auskamen und anscheinend zufrieden waren. Viele hatten nicht mehr als eine Decke und eine Wasserkanne mit. Ihr Glauben schien unerschütterlich, was ich an ihrer Akzeptanz von Entbehrungen und Tod bemerken konnte. Die Quelle des Ganges ist das Gletschertor, und etliche Pilger lassen es sich nicht nehmen, in die einsturzgefährdete Eiskaverne hineinzugehen, um dem Heiligtum möglichst nahe zu kommen. Während wir vor Ort waren, erfuhren wir, dass ein Teil der Höhle eingebrochen war und drei oder vier Pilger von den Eisbrocken erschlagen worden waren. Diese Nachricht wurde von den anderen Pilgern offenbar klaglos hingenommen. Das Leben ging weiter, so wie das Wasser des heiligen Flusses weiterfloss.

Faszinierend war in Gangotri die Schönheit der Menschen: Frauen mit langen schwarzen Haaren und prächtig geschmückten Stoffgewändern, Männer mit kunstvoll geflochtenen Zöpfen. Sie waren ausgesprochen gepflegt und wuschen sich fast täglich im Fluss mit feinem Sand, so wie wir es daheim auf der Alm auch getan hatten. Überhaupt erinnerte mich vieles, was ich in diesen Tagen sah, an die Welt der Bergbauern, aus der ich stamme. Vielleicht ist genau dies der Grund, warum ich mich nicht in diese Exotik verliebt und das Bedürfnis entwickelt habe, immer wieder in diese Regionen zu reisen. Weil ich als Kind selbst genug von diesem einfachen, bisweilen kargen Leben hatte.

Traumlinie: Shivling-Nordpfeiler. Die Route folgt der S-förmigen Kante rechts der Bildmitte und führt im oberen Drittel diagonal nach rechts hinauf zum Westgrat.

VON VERGRABENEN FREUNDEN UND ROTEN OHREN: ERSTE VORSTÖSSE AM NORDPFEILER

Nach einem Akklimatisationstag hatte ich mich so weit wieder erholt, dass wir am vorgelagerten Baby Shivling eine Erkundungstour unternehmen konnten, bei der wir einen Blick auf die Normalroute über den Westgrat warfen. Mit einem Rucksack voll Material stiegen wir los. Der Weg zum Beginn des eigentlichen Pfeilers führt über eine 1200 Meter hohe Schneeflanke. Wir waren seilfrei unterwegs, als links von uns die erste Lawine abging. In Nullkommanix hatten wir die lange Kevlar-Reepschnur, ein dünnes, aber sehr reißfestes Kunstfaserseil, hervorgeholt und uns eingebunden. Um zum Pfeilereinstieg zu gelangen, mussten wir die lawinengefährdete Flanke nach links queren. Hans ging voraus. Plötzlich hielt er an und grub mit der Hand ein Loch in den Schnee, stopfte den größten Friend hinein, schaufelte das Loch wieder zu, klopfte den Schnee fest und hing das Seil ein. „Na, diese improvisierte Zwischensicherung wird wohl eher psychologischer Natur sein", dachte ich mir. Doch als ich beim Nachsteigen dort ankam, gelang es mir nicht, den Friend aus dem Schnee zu reißen. Er hielt überraschend gut und ich musste ihn schließlich mühevoll ausgraben.

Dann kletterte Hans über die ersten bereits sehr steilen Felsen des Pfeilers empor, richtete einen Standplatz ein und holte mich nach. Ich war noch etwa fünf, sechs Meter von ihm entfernt, als er sich hinauslehnte, um ein Foto von mir zu machen. Es tat einen kurzen Ruck, dann flog auch schon Hans mit Rucksack und allem Kletterzeug an mir vorbei. Ich bekam einen mächtigen Schlag auf die Schulter, während Hans zwei Meter unter mir zum Halten kam. Verdutzt schaute ich ihn an. Was war passiert?

Hans hatte an einem einzelnen Klemmkeil Stand gemacht und sich zusätzlich noch mit einem Karabiner in ein altes Fixseil eingehängt. Als er sich nun nach außen lehnte, zog er den Klemmkeil aus dem Riss. Allein der laufende Karabiner am Fixseil verhinderte Schlimmeres.

Meine Reaktion war immerhin noch so druckreif, dass sie Hans später in seinem Buch *Bergsüchtig* wörtlich zitierte: „Hans, also ich habe beim Klettern ja schon einiges erlebt, aber nicht, dass der Sichernde von oben mitsamt dem Standplatz an mir vorbeifliegt!" Wir lachten über die Episode und stiegen weiter – Hans allerdings mit roten Ohren, da ihm als Erfahrenen der Fehler doch etwas peinlich war.

Die Kletterei am Pfeiler war zunächst kombiniertes Gelände, in dem wir noch auf eingefrorene Fixseilreste früherer Versuche stießen. Wir selbst verzichteten auf dieses Hilfsmittel und wollten stattdessen im Alpinstil die Route in zwei Vorstößen erkunden und schließlich in einem Zug durchsteigen.

Bei unserem zweiten Vorstoß ließen wir den höchsten Punkt aller bisherigen Expeditionen unter uns und stießen ins Neuland vor. Die Pfeilerkante bot jetzt reine Felskletterei in fast senkrechtem Granit. Bei einem meiner Vorstiege geriet ich in eine völlig kompakte, glatte Platte. „Schlag einen Bohrhaken!", rief Hans mehrmals zu mir herauf. Wir hatten zwar ein paar Hänger, Dübel und einen Handbohrmeißel dabei, aber ich wollte partout nicht darauf zurückgreifen. Es war noch die Zeit, als ich den Bohrhaken konsequent ablehnte. So schwindelte ich mich 30 Meter ohne Zwischensicherung an minimalen Griffen und Tritten höher, mindestens im VII. Grad. Ein Sturz hätte böse geendet, denn unterhalb lauerten einige herausstehende Felsschuppen. Hilfe wäre bei einer schweren Verletzung in dieser Wand in jedem Fall zu spät gekommen, wenn nicht gar völlig unmöglich gewesen. Hier war vollste Konzentration gefragt. Es gab kein Nachdenken mehr, jetzt hieß es einfach nur klettern, mit äußerster Präzision, Zug um Zug. Mit allen vieren wehrte ich mich gegen einen Sturz. Es war eine Flucht nach oben, nicht unbedingt zur Nachahmung oder Wiederholung empfohlen ... Die Platte forderte mein gesamtes Kletterkönnen. Es war die einzige Stelle, an der wir ein Stück Seil für den Wiederaufstieg zurückließen.

Am Abend fanden wir einen atemberaubenden Biwakplatz: eine Felsplatte, nur ein paar Zentimeter stark und vielleicht zwei Quadratmeter groß, die wie ein waagrechtes Podest aus der Wand herausstand. Knapp konnten wir nebeneinander auf ihr liegen. An meinem Fußende ging es 1000 Meter in die Tiefe – und das, nachdem ich als Kind auf dem Bauernhof des Öfteren schlafgewandelt war. Wir banden uns gut an mehreren Haken fest und hofften, dass sie hielten. Zu allem Überfluss war an meinem Kopfende zwischen Platte und Wand ein Loch, durch das der Wind zog. Komfort: null. Mein einziger Gedanke war: Jetzt bitte keinen Regen oder Schnee. Denn wir wären auf unserem Balkon dem

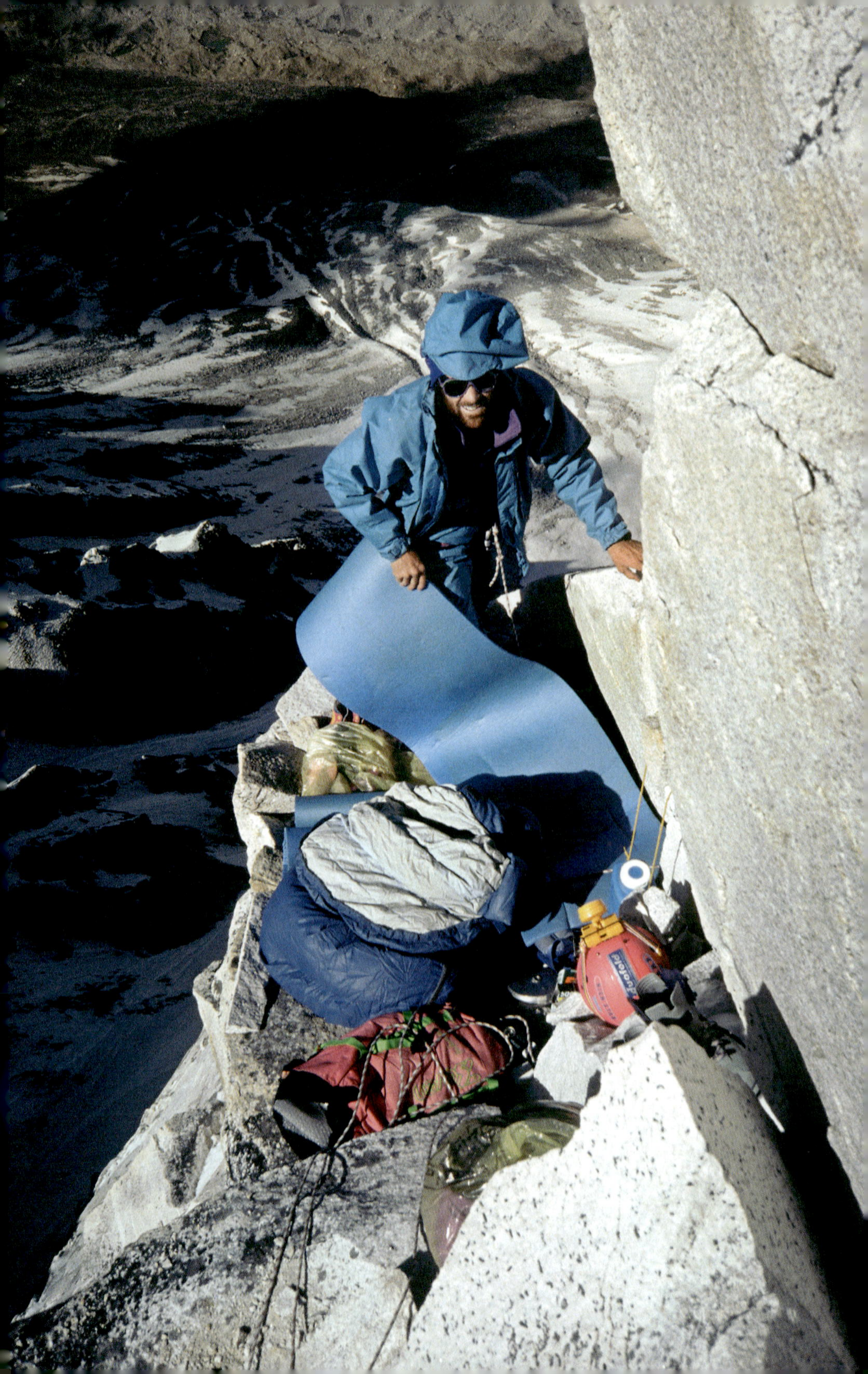

Wetter voll ausgesetzt gewesen. Die Kopfschmerzen, die mich plagten, hatten aber mehr mit der Höhe und zu wenig Trinken zu tun. Hans' Angebot von zwei Aspirin lehnte ich ab. Ich bin kein Freund von Tabletten am Berg, da sie die Wahrnehmung meiner körpereigenen Signale verstellen können, und nehme sie daher nur in wirklichen Notfällen. Trotz allem gelang es mir, einige Male kurz einzuschlafen. Müde genug war ich, also brauchte ich nicht wie damals am Eiger Autos zählen – die es im Übrigen am Shivling auch nicht gab. Am Morgen seilten wir bis zum Wandfuß ab und stiegen zurück ins Basislager, wo wir uns drei Tage lang erholten.

Der nächste Aufstieg sollte unser letzter sein. Noch in der Nacht brachen wir vom Basislager auf und waren gegen Mittag bereits wieder an unserem Biwakplatz. Nun überlegten wir: Gehen wir gleich weiter bis zum Gipfel? Dies würde wahrscheinlich sehr schwierig werden. Also beschlossen wir, ausgiebig zu rasten und eine weitere Nacht auf der schwindelerregenden Plattform zu verbringen. Immerhin war sie tagsüber eine schöne Sonnenterrasse ...

DIE DURCHSTEIGUNG

Bereits um 9 Uhr am nächsten Vormittag befanden wir uns im etwas geneigteren Teil des Pfeilers, bevor sich dieser zum senkrechten Gipfelaufbau aufschwang. Das Wetter hatte sich über Nacht verschlechtert und wir schauten mit kritischem Blick auf die senkrechte, teils überhängende runde Kante, die über uns immer wieder aus dem Nebel auftauchte. Zwar hatte ich im Tal schon mit einem Direktausstieg geliebäugelt, aber mit dem wenigen Material, das wir dabei hatten, war es aussichtslos. Dazu bräuchte es eine ganz andere Herangehensweise mit weiteren Biwaks und deutlich mehr Ausrüstung. Die Rampe, welche die Gipfelwand rechts umging, hatten wir von Beginn an als die logische Linie angesehen. Sie war unser Ziel, zu ihr mussten wir hinüberkommen.

Das Gelände, das zwischen uns und der Rampe lag, war sehr heikel: ganz dünnes Eis auf glatten, gut 70 Grad steilen Granitplatten. Über die erste Seillänge schwindelten wir uns noch herüber, dann schien es nicht mehr weiterzugehen.

Kein Platz für Schlafwandler: Unser Biwakplatz am Nordpfeiler.

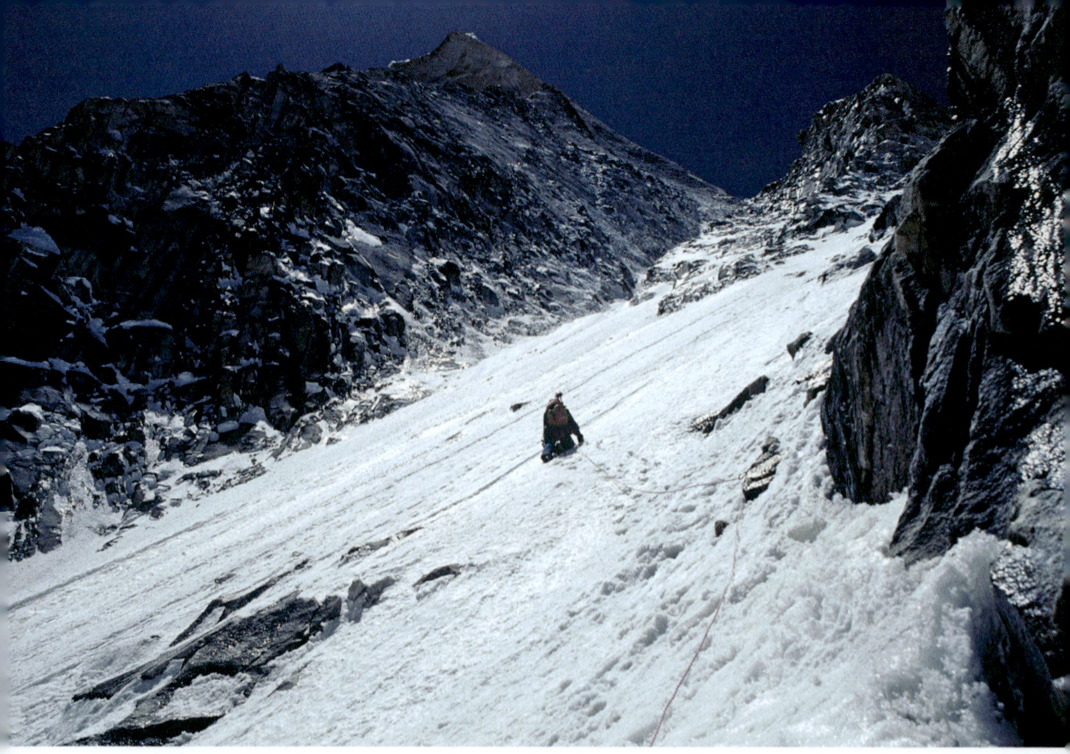

In der Schneeflanke vor dem Einstieg in den Pfeiler.

Mir war in diesem Moment nicht bewusst, dass über uns 1987 die Japaner entlanggekommen waren. Hans hatte deren Route einmal eher beiläufig erwähnt. Doch jetzt sah ich rechts von uns, fast schon zum Greifen nahe, ein altes Fixseil. Wenn es gelänge, dies zu erreichen …

Hans ließ mich am Seil gut 25 Meter in die Tiefe. Mit den Fußsohlen gegen den inzwischen verschneiten Fels gestemmt, begann ich, im Seil hängend, an der Wand hin und her zu laufen, von links nach rechts und umgekehrt. Immer weiter holte ich aus. Solche Pendelquergänge kannte ich aus dem Yosemite – nur dass ich hier im Schneetreiben auf 6000 Meter Höhe in einer anderen Welt unterwegs war als im sonnigen Granit eines El Capitan. Noch einmal lief ich die Wand entlang nach rechts, bis der Seilzug mich wieder zurückzuwerfen drohte. Ganz lang streckte ich mich – und erhaschte endlich das Seil. Es war ein alter, schlechter, ausgefranster Strick, aber die einzige Möglichkeit. Mit angehaltenem Atem zog ich mich Hand über Hand an ihm hoch, bis ich an ein paar Haken Stand machen konnte. Hans kam nach und wir kletterten weiter, den Spuren der Japaner folgend, in das Schneegestöber.

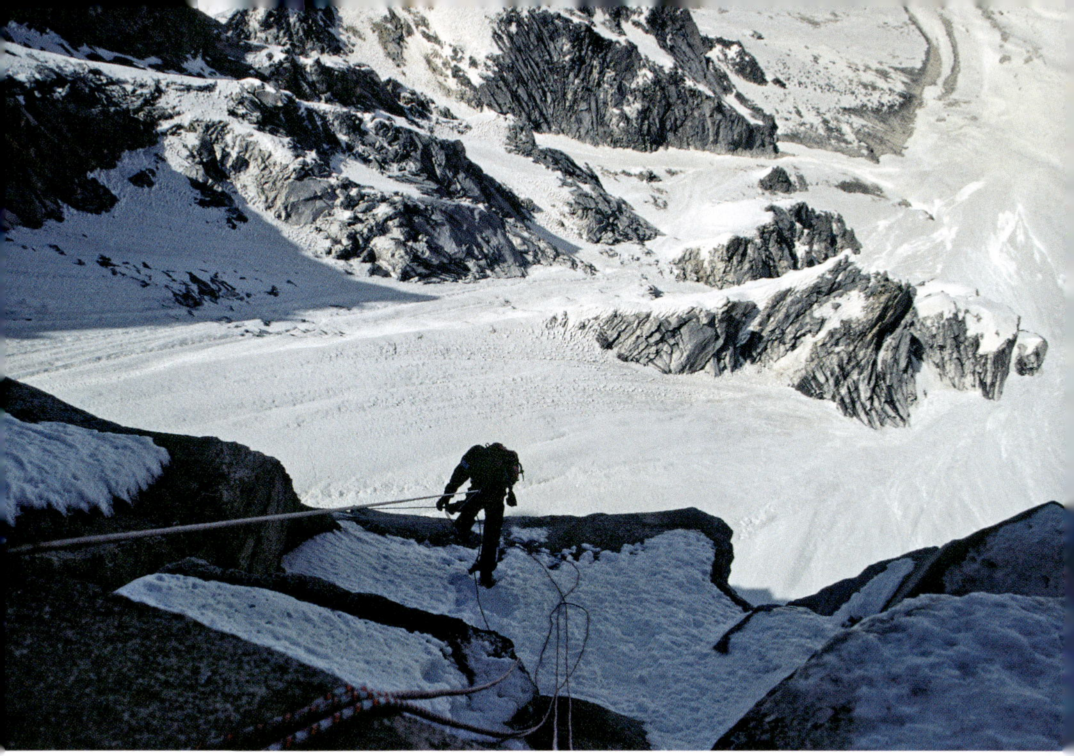

Im unteren Teil des Pfeilers.

Inzwischen lag der Neuschnee ein paar Zentimeter hoch und wir mussten mit den Steigeisen quasi blind nach Ritzen und Absätzen treten, um Tritt zu fassen. Es stank nach Schwefel, wenn die Metallzacken am Stein entlangschabten, bis sie schließlich irgendwo hängenblieben. So langsam machte ich mir meine Gedanken, ob wir es noch aus dieser Wand schaffen würden. Aber ich dachte mir, Hans würde sich schon melden, wenn er der Meinung wäre, es sei an der Zeit umzukehren. Später sagte er mir, er habe in diesen Stunden genau dasselbe von mir gedacht. So stiegen wir ohne zu reden immer weiter, sprachen den Gedanken an eine Umkehr nie aus. Ein kurzer Kamin mit einem kleinen Überhang noch, dann lagen die Platten unter uns und wir standen im Eis der Gipfelkalotte.

Nun hielt uns nichts mehr auf. Wir sahen zwar nichts, aber dafür ging es auch einfach nur gerade den 60 Grad steilen Hang hinauf. Einmal riss der Himmel zwischen den Schneefahnen auf und wir sahen den Gipfel. Er war noch etwa 50 Meter über uns. Für uns war er jedoch nicht mehr wichtig. Wir hatten die Route durchstiegen. Würden wir das letzte Stück auch noch klettern, bedeutete dies, dass wir höchstwahrscheinlich über den

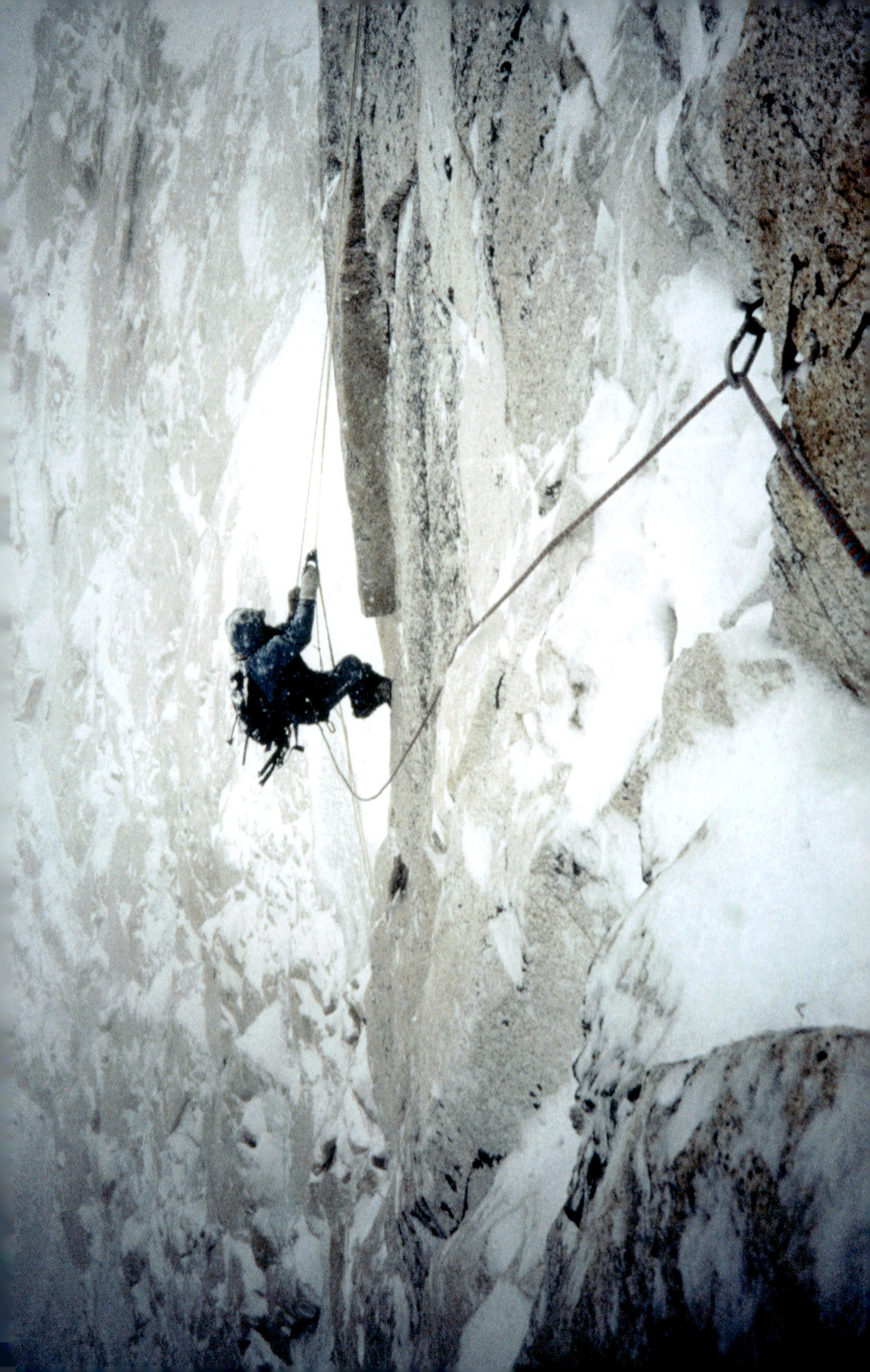

Normalweg abstiegen – den wir nicht kannten und bei dem Nebel wohl auch nicht finden würden. Stattdessen begannen wir gegen 16 Uhr, über den Aufstiegsweg abzuseilen.

Länge folgte auf Länge. Meistens seilten wir nur mit einem Seil ab und hielten den zweiten Strang als Reserve zurück, falls sich das Seil beim Abziehen verhängen sollte. Hans schnitt auch einige Stücke aus den Fixseilen heraus, um Abseilschlingen knoten zu können. Ich überließ ihm mit seiner Erfahrung das Einrichten der Abseilstellen. Er ging sehr wirtschaftlich mit unserem wenigen Material um. Häufig traten wir an einem einzigen Friend oder Keil die Fahrt in die Tiefe an. Am Biwakplatz überlegten wir kurz, ob wir dort pausieren sollten. Doch es war in der Zwischenzeit sehr kalt geworden. So ging es ohne Unterbrechung weiter hinab. Das Licht unserer einen Stirnlampe enthüllte eine eisstarre vertikale Landschaft, überall hingen inzwischen lange Eiszapfen an den Felsschuppen und -zacken. Mitten in der Nacht kamen wir am Wandfuß an, wo als Zugabe noch die endlos lange Einstiegsflanke auf uns wartete. Nach vier-, fünfhundert Höhenmetern Schneestapferei setzten wir uns hin und rutschten das letzte Stück auf dem Hosenboden hinunter.

Auf dem Rückmarsch ins Basislager gab es noch einen Gegenanstieg, wo wir etwa 100 Höhenmeter auf eine Moräne hinaufsteigen mussten. Das war in unserem Zustand der blanke Horror. Ich dachte fast, ich schaffe es nicht mehr, so fix und fertig war ich. Wir waren seit fast 24 Stunden auf den Beinen. Der ganze Körper schmerzte. Sobald wir endlich im Basislager angekommen waren, legten wir uns in unsere Zelte und schliefen sofort ein. Als ich aufwachte, konnte ich nichts mehr sehen. Die Augen brannten so, als hätte jemand feinsten Sand in sie gestreut. Ich war schneeblind. Einen ganzen Tag lang kam ich nicht aus dem Zelt und legte mir zur Linderung rohe Kartoffelscheiben auf die Augen. Dann konnte ich mit Sonnenbrille zum ersten Mal wieder den Berg erblicken – unseren Berg, den Shivling, mit unserer Route.

*

Zum Nordpfeiler noch zwei Nachsätze: Im Jahr 2000 vollendeten Thomas Huber, der ältere des weltbekannten Extrembergsteiger-Brüderpaars „Huberbuam“, und der Schweizer Iwan Wolf den direkten Anstieg, in-

Nach dem Pendelquergang hing ich an einem wenig Vertrauen erweckenden Fixseil der Japaner.

dem sie die rund 200 Meter hohe senkrechte bis überhängende Schlusswand durchkletterten. „Shiva's Line" wurde mit VII/A4 bewertet und beinhaltet teils sehr heikle und risikoreiche technische Kletterei an hohlen Granitschuppen. Die Schlüsselseillänge war in den Worten von Thomas Huber „ein Psychothriller, wie ich ihn noch nie zuvor erlebt hatte". Für ihre Leistung wurden beide mit dem Piolet d'Or ausgezeichnet, dem jährlich vom der französischen Zeitschrift *Montagne* und dem Verband *Groupe de Haute Montagne* (GHM) vergebenen „Bergsteiger-Oscar". Die nahezu komplette Durchsteigung des 1500 Meter hohen Pfeilers von Hans Kammerlander und mir, bei der wir die Schlusswand rechts umgingen, war sieben Jahre zuvor meines Wissens nach nicht nominiert worden. Trotz unseres Stils, der kurzen Zeit und des vergleichsweise geringen Materialeinsatzes. Dies lässt mich doch die Kriterien für eine Nominierung etwas hinterfragen.

Die eingespielte Seilschaft Simon Gietl und Vittorio Messini wollte 2017 den Nordpfeiler inklusive „Shiva's Line" wiederholen. Starke Schneefälle verhinderten das Vorhaben, aber es bildete sich links des Pfeilers eine neue Linie aus Eisfällen und Couloirs, die die beiden für eine Erstbegehung zu nutzen wussten: „Shiva's Ice" (WI5/M6) führt bis etwa zu jenem Punkt am oberen Nordpfeiler, an dem Hans und ich diesen nach rechts verlassen hatten, und Gietl und Messini folgten von dort aus auf ähnlichem Weg der Japanerroute zum Gipfel. In zahlreichen Publikationen wurde dieser letzte Teil zur Neuroute dazugerechnet, obwohl Hans und ich ihn bereits 24 Jahre zuvor begangen hatten.

Meine Kritik gilt hier keineswegs den Leistungen. Sowohl „Shiva's Line" wie auch „Shiva's Ice" sind großartige Routen. Aber ich kritisiere eine Berichterstattung, bei der aus dem Zwang heraus, ständig Schlagzeilen liefern und Sponsoren befriedigen zu müssen, Leistungen von Vorgängern abgewertet, verfälscht oder ignoriert werden. Letzteres mag bewusst geschehen oder es wird einfach nicht recherchiert. Auch stehe ich einer Bewertung alpinistischer Leistungen in Form von Auszeichnungen generell kritisch gegenüber. Den Piolet d'Or halte ich in seiner jetzigen Form für inkonsequent, da er wichtige Sparten wie Sport- oder Wettkampfklettern nicht einbezieht. Warum sollte zum Beispiel Adam Ondra, der momentan wohl stärkste Sportkletterer weltweit, angesichts seiner vielen Routen im derzeit höchsten Schwierigkeitsbereich nicht auch eine solche Auszeichnung erhalten? Muss man, überspitzt formuliert, erst um sein Leben klettern, um für diesen Preis nominiert zu werden?

DER SHIVLING ALS HÖHE- UND WENDEPUNKT

Shivling war ein großes Abenteuer; die Erstbegehung unserer Linie am Nordpfeiler eine Leistung, auf die ich bis heute stolz bin. Auch die Partnerschaft mit Hans war durch und durch angenehm. Am Berg harmonierten wir sehr gut, auch nach Beendigung der Expedition gab es zwischen uns keine Unstimmigkeiten. Bis heute sind wir freundschaftlich verbunden.

Trotz all dieser positiven Aspekte kehrte ich mit dem Gefühl nach Hause zurück, dass die Verhältnismäßigkeit beim Himalaya-Bergsteigen für mich nicht stimmt: Fünf Wochen unterwegs und nur eine Woche am Berg. Wie viel kann ich dagegen in fünf Wochen in den Alpen klettern! Und ich habe dort keine Mühen mit Akklimatisation, keine Probleme mit schlechtem Essen.

Nach dem Shivling hätte ich die Möglichkeit gehabt, von Hans' Netzwerk zu profitieren, mich vermarkten zu lassen und mit ihm auf den nächsten Achttausender zu gehen. Aber ich folgte einmal mehr meiner inneren Stimme. Und diese sagte mir: Himalaya-Bergsteigen ist nicht meine Welt. Später führte ich einmal eine Südtiroler Gruppe auf den Rolwaling-Trek über den Tashi-Lapcha-Pass ins Solu Khumbu (Everest-Region) und bestieg den Pisang Peak, einen beliebten Trekking-Sechstausender. Doch dabei blieb es. Mich zog es weiterhin in die Vertikale großer Felswände – und ich weine dem Himalaya bis heute keine Träne nach.

Die Shivling-Expedition besitzt daher insofern einen wichtigen Stellenwert in meinem Leben, weil sie ein einmaliges Erlebnis war, noch dazu an einem einmaligen Berg. Mir ist aber auch klar geworden, dass es ein sehr ernsthaftes Erlebnis war, bei dem viel hätte schiefgehen können. Hans und ich hätten bei diesen Verhältnissen auch umkommen können. Bereits ein kleiner Unfall, eine leichte Verletzung, hätte uns in Lebensgefahr gebracht. Aber wir waren damals sehr kühn unterwegs und hatten

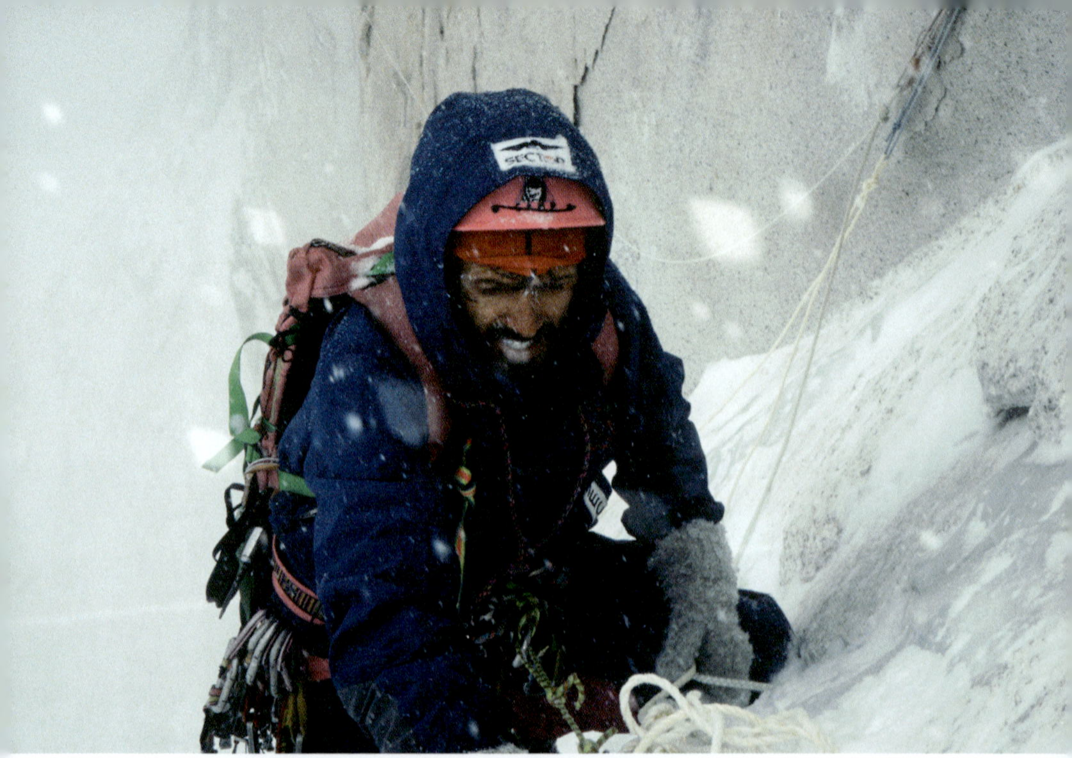

Partner bei meinem einzigen Himalaya-Abenteuer: Hans Kammerlander am Shivling.

diese Möglichkeit erst gar nicht in Betracht gezogen. Unser Können und unsere schier grenzenlose Zuversicht ließ uns die Besteigung ohne wesentliche Zwischenfälle erfolgreich vollenden.

Was mich zu solchen Leistungen motiviert? Schwierige Routen fordern mein gesamtes Können und bringen mich immer wieder in Situationen, in denen ich Lösungswege finden muss. Wo ist ein gangbarer Weg? Ist er sicher? Die Berge zwingen mich auch, mich bewusst mit der Umgebung, in der ich mich bewege, auseinanderzusetzen und die Konsequenzen meiner Handlungen und Entscheidungen genau zu überdenken. Ein Fehler in einer Himalayawand hat viel eher verheerende Folgen als in den Alpen, wo Rettung meist nicht fern ist.

Die Wurzeln der Motivation liegen sicher in meiner Kindheit. Schon als Junge auf der Alm empfand ich unglaublichen Spaß, mich den Herausforderungen der Natur und den Naturgewalten zu stellen. Meist war ich dabei auf mich allein gestellt. Ich hatte reichlich Gelegenheit, mich darin zu üben, in brenzligen Situationen kühlen Kopf zu bewahren, um meinen

Hintern zu retten! Seit dieser Zeit üben die Berge, die Wildnis und das Unerforschte einen großen Reiz auf mich aus.

Als junger, kreativer Bergsteiger, wie ich es am Shivling war, bin ich immer wieder an meine Grenzen gegangen. Was passieren kann, habe ich meistens erst realisiert, wenn es tatsächlich passiert *war*. Und in gewisser Weise hat mich diese Grenzsuche auch eine Zeitlang zu einem Getriebenen gemacht.

Diesen Antrieb sehe ich als rein persönliche Sache: Ich wollte mir selbst beweisen, was ich kann. Manchmal auch anderen. Hier muss jeder Bergsteiger für sich selbst sehen, was für ihn machbar und an Risiko akzeptierbar ist. Keineswegs messe ich bergsteigerischen Leistungen im Grenzbereich eine übergeordnete Bedeutung bei – für die Gesellschaft, für Menschen an sich. Sie nutzen mir selbst, meiner persönlichen Befriedigung und auch meiner Vermarktung. Und sie nutzen jenen Teilen der Wirtschaft, die im Zuge dieser Vermarktung Ausrüstung, Reisen und Ähnliches verkaufen. Natürlich freut es mich, wenn meine Abenteuer für Zuhörer meiner Vorträge oder Leser meiner Bücher inspirierend sind. Aber ich verbinde mit ihnen keinen höheren philosophischen Ansatz. Außer vielleicht den folgenden:

Ob ich Wanderer, Bergführer oder Extrembergsteiger bin – Bergsteigen sollte in erster Linie und letzter Konsequenz Spaß machen. Auch im Extrembereich besteht für mich die hohe Kunst des Bergsteigens darin, etwas zu unternehmen und anschließend in mir zu ruhen, eine innere Freude, Ausgeglichenheit und Grundzufriedenheit zu erreichen. Gelingt dies nicht, treibt dich innerer oder äußerer Druck immer weiter, dann frisst dich der Berg irgendwann auf.

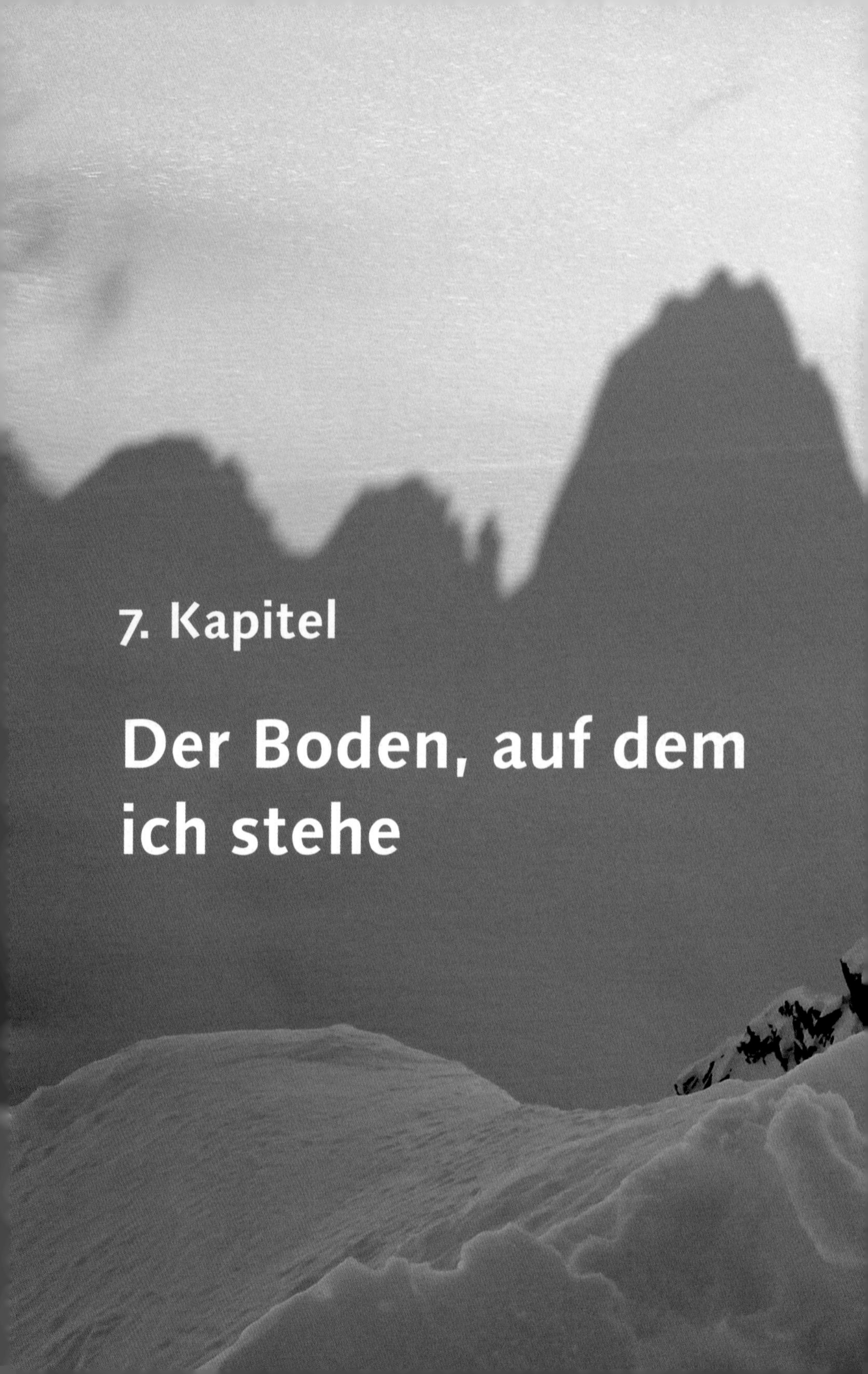

7. Kapitel

Der Boden, auf dem ich stehe

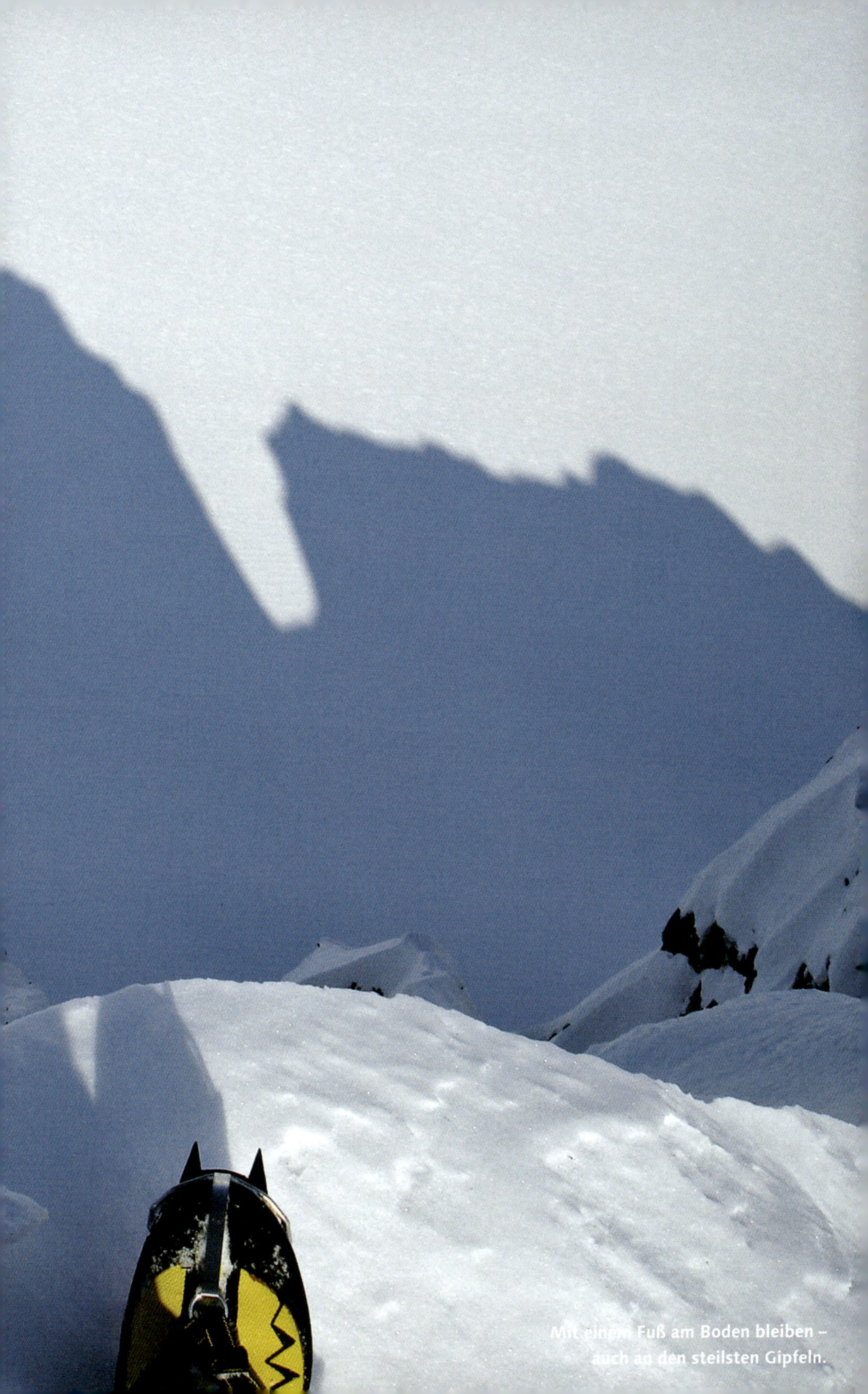

Mit einem Fuß am Boden bleiben –
auch an den steilsten Gipfeln.

Mein Leben steht im Wesentlichen auf drei Säulen: Ich habe mein Zuhause mit meiner Lebensgefährtin Gerda – meinem Ruhepol –, meinen Bergführerberuf mit den Gästen und meine ganz persönlichen Abenteuer als Bergsteiger. Diese drei Säulen stehen in enger Wechselwirkung und geben mir Ausgewogenheit. So brauche und genieße ich die persönlichen Abenteuer und finde dadurch wieder neue Energie für meinen Beruf. Das heißt, ich muss immer wieder ausbrechen und für mich etwas machen, auch wenn es eine Schinderei, etwas Extremes ist. Danach habe ich wieder die nötige Ruhe und Geduld, Menschen in die Berge zu führen und ihnen die wunderbare Schönheit da draußen nahezubringen. Wenngleich meine extremen Unternehmungen von Beginn meiner Bergsteigerlaufbahn bis heute für mein Leben einen sehr hohen Stellenwert haben, gab und gibt es für mich gute Gründe, nicht als reiner Profibergsteiger zu leben.

LEBEN FÜR DIE EINE LEIDENSCHAFT: ERFÜLLUNG ODER EINBAHNSTRASSE?

Nach meinen Erfolgen am Shivling und Fitz Roy Mitte der 1990er-Jahre hätte ich sowohl das Können wie auch die Möglichkeiten gehabt, den Weg des Profibergsteigers einzuschlagen. Aber ich wollte es nicht. Meine Überlegung war, dass ich den Beruf des Bergführers eigentlich ein Leben lang ausüben kann, wenn ich gesund bleibe. Mit dem extremen Bergsteigen wird es hingegen irgendwann vorbei sein. Zudem ist die Konkurrenz groß und du lebst als Profi unter dem Zwang, ständig neue spektakuläre Aktionen liefern zu müssen. Und dann musst du diese Aktionen nicht nur vorbereiten und umsetzen, sondern sie auch vermarkten: ein gewaltiger Aufwand, der ohne Manager für die wenigsten zu bewältigen ist. Das war mir einfach zu viel Stress. Da gehe ich lieber bergsteigen und habe meine Ruhe!

Nicht zuletzt durch die Medien ist professionelles Bergsteigen in den letzten zwei Jahrzehnten zu einem Breitensport geworden. Alle möglichen Leute tummeln sich dort, ein jeder sucht seinen Platz und sein Auskommen. Und wie in anderen Sportarten gibt es auch hier Leute, die einfach in der Öffentlichkeit stehen wollen. Ihnen gegenüber stehen solche, die es nicht interessiert, ob ihre Leistungen veröffentlicht werden. Sie gehen in die Berge, weil sie einfach dafür brennen. Gerade hier in Südtirol gibt es viele hochklassige Bergsteiger, von denen man in der Öffentlichkeit nichts hört. Ich selbst bin da wohl ein Mischtyp. Ich lebe für das Bergsteigen – und wenn sich eine coole Geschichte ergibt, dann veröffentliche ich sie auch gern. Aber ich sauge mir nicht etwas aus den Fingern, nur um mich zu vermarkten.

Die Vermarktung des Profibergsteigens ist in meinen Augen ein zweischneidiges Schwert: Unter dem Druck, in der Öffentlichkeit ständig präsent sein zu müssen, können Athleten dazu verleitet werden, Aktionen durchzuziehen, auch wenn die äußeren oder inneren Bedingungen dafür nicht optimal sind. Nicht ohne Grund werden nach tödlichen Unfällen von Profibergsteigern, wie dem Absturz von Ueli Steck 2017 am Nuptse im Everest-Gebiet, Fragen nach einer möglichen Verantwortung der Medien und Sponsoren laut. Oft werden auch Leistungen aufgebauscht und Geschichten als Sensation verkauft, die bei genauer Betrachtung nicht außergewöhnlich sind. In den vergangenen Jahren ist das Niveau beim Bergsteigen durch vielfältige Trainingsmöglichkeiten und effizientes Training sprunghaft nach oben geschnellt. Es gibt vielleicht nicht mehr eine große Anzahl von extrem guten Allroundern; isoliert in den einzelnen Disziplinen findet man aber dafür sehr viele sehr gute Athleten. Da fällt es regelrecht schwer zu beurteilen, welche Leistung es nun wert ist, vermarktet zu werden, und welche nicht. Einzeln herausragende Spitzenbergsteiger und Allrounder, so wie es Reinhold Messner vor fast 40 Jahren war, existieren schon lange nicht mehr. Es gibt Dutzende Top-Bergsteiger, von denen jeder Einzelne mit seinen Leistungen vermarktet werden könnte. So hart es klingen mag, aber heute sind oftmals jene Bergsteiger am bekanntesten, die am besten vermarktet werden – und nicht zwingend jene, welche objektiv gesehen die besten Leistungen bringen.

Ein solcher Trend fördert natürlich nicht gerade Authentizität und Ehrlichkeit im Alpinismus. Ich schrieb bereits im Kapitel über den Shivling von der Veröffentlichung angeblicher „Erstbegehungen“, die in Wahrheit nur zu einem Teil wirkliche Neurouten waren. Da die Medien aber immer schneller die nächste „Sensation“ verkünden wollen, bleibt die genaue Recherche und die Überprüfung der Informationen auf ihre Richtigkeit immer häufiger auf der Strecke. Und selbst vor dem Verfälschen von bestehenden und belegten Informationen wie Routenverläufen wird nicht zurückgeschreckt … Für mich ist dies schlicht und ergreifend unseriös und unehrlich. Vor allem aber schaden die Medien damit dem beteiligten Athleten beziehungsweise der beteiligte Athlet sich selbst.

Die Insider der Bergsteigerszene haben Adleraugen. Sie beobachten jeden Schritt der Medienstars genau und ihnen entgeht kein Fehltritt. Wer sich da mit Halbwahrheiten in die Öffentlichkeit drängt, um sich besser zu vermarkten, erzielt damit vielleicht kurzfristig eine gute Breitenwirkung. In der Bergsteigerszene verliert er aber seine Glaubwürdigkeit.

Ich selbst empfinde das schnelle und häufige Posten von Artikeln und Fotos im Netz als Anstrengung und Arbeit, die mich bisweilen nervt und die ich aus diesem Grund manchmal auch *nicht* mache. Für jüngere Kletterer mag es hingegen eine Selbstverständlichkeit sein, wie das tägliche Zähneputzen. So geschieht das Veröffentlichen oft sehr unreflektiert. Dabei gibt es Bergerfahrungen, die man als Bergsteiger nicht in 24 Stunden verarbeiten und ablegen kann. Für manche braucht man Tage, Wochen, wenn nicht gar Monate oder Jahre, bis sie verarbeitet sind. Und zu manchen Erlebnissen muss man mehrfach zurückkehren, um alle Erfahrungen aus ihnen zu ziehen. Deshalb habe ich es mir nie vorstellen können, beispielsweise bei einer großen Erstbegehung an den Drei Zinnen täglich Berichte online zu stellen – am besten noch live aus der Wand …

Bei Expeditionen in die hohen Berge ist die Liveberichterstattung heute nahezu Standard. Das führt unter Umständen dazu, dass bei der Rückkehr der Bergsteiger nach Hause die Nachrichten von ihren Erfolgen schon Vergangenheit sind und niemanden mehr interessieren. Die sofortige Verwertung geht da eindeutig auf Kosten der Nachhaltigkeit des Erlebten. Das Erlebte mit seinen Emotionen und Erfahrungen wird schnell konsumiert und wie ein Wegwerfartikel behandelt. Großartige Leistungen werden so zur schnellen Sensation, die schon bald in der Flut neuer Sensationen untergeht, mit der wir täglich überschwemmt werden. Eigentlich schade. Und es wirft die Frage auf, wem das Erlebte dann wirklich etwas nützt? Dem Bergsteiger, der sich dieser Schnelllebigkeit unterwirft, vermutlich am wenigsten. Ja ich wage sogar zu behaupten, dass der Profibergsteiger bisweilen Gefahr läuft, selbst konsumiert zu werden!

Für die Zukunft ist es wichtig, dass Firmen die Athleten, mit denen sie ihre Produkte entwickeln und bewerben, weiterhin als Mensch sehen und nicht als lebendige Schaufensterpuppe. Das ist scharf formuliert, aber es beginnt schon mit der namentlichen Nennung bei der Produktwerbung, die heute längst nicht mehr selbstverständlich ist. Klarerweise ist Werbung dazu da, den Markt anzukurbeln. Dem Bergsteiger sollte es aber im Gegenzug zu mehr Bekanntheit verhelfen und ihm weitgehend ein finanzielles Auskommen sichern. Das zu verbinden ist heute schwieriger geworden, als es zu meinen Anfängen war. Es besteht auch eine andere Basis der Zusammenarbeit, wenn sich eine Firma mit der Persönlichkeit, dem Tun und der Philosophie eines Bergsteigers identifiziert und ihm damit auf Augenhöhe begegnet.

Dagegen erschwert es die Zusammenarbeit, wenn Firmenstrukturen zu groß werden. Dann verliert sich der Input eines Athleten in diversen Abteilungen, bevor er den unmittelbar Verantwortlichen für ein Produkt überhaupt erreicht. Eine Folge ist die in den letzten Jahren immer wieder bemerkbare Abnahme der Produktqualität, selbst bei namhaften Firmen. Daraus resultieren nicht nur kostspielige Rückrufaktionen. Mir ist es tatsächlich einmal passiert, dass sich an einer heiklen Stelle in einer Wand der Cliffhanger eines bekannten Herstellers aufbog, als ich ihn belastete. Ich stürzte sieben Meter ins Seil, kam aber glimpflich davon. Der Cliff war anscheinend ein ungehärtetes Exemplar gewesen, das der Qualitätskontrolle entgangen und in den Handel gelangt war. Als ich den Hersteller damit konfrontierte, bekam ich die lakonische Antwort: „Na, der Haken wird wohl jemandem beim Härten runtergefallen sein und der hat ihn dann einfach in die Kiste zu den gehärteten gelegt." Das mich ein solcher Vorfall im schlechtesten Fall hätte das Leben kosten können, schien herzlich wenig zu interessieren. Spätestens an diesem Punkt fragte ich mich, ob bei einer solchen Haltung nicht nur Menschliches, sondern allmählich der Mensch selbst Gefahr läuft, auf der Strecke zu bleiben.

*

Neben diesen unerfreulichen Entwicklungen besteht das Grundproblem des Profibergsportes aber darin, dass es heute sehr schwer ist, im Bergsteigen noch sichtbar neue Akzente zu setzen. Die Schwierigkeiten heutiger Extremtouren und die feinen Abstufungen in den obersten Schwierigkeitsgraden sind einem breiten Publikum kaum mehr zu vermitteln; die

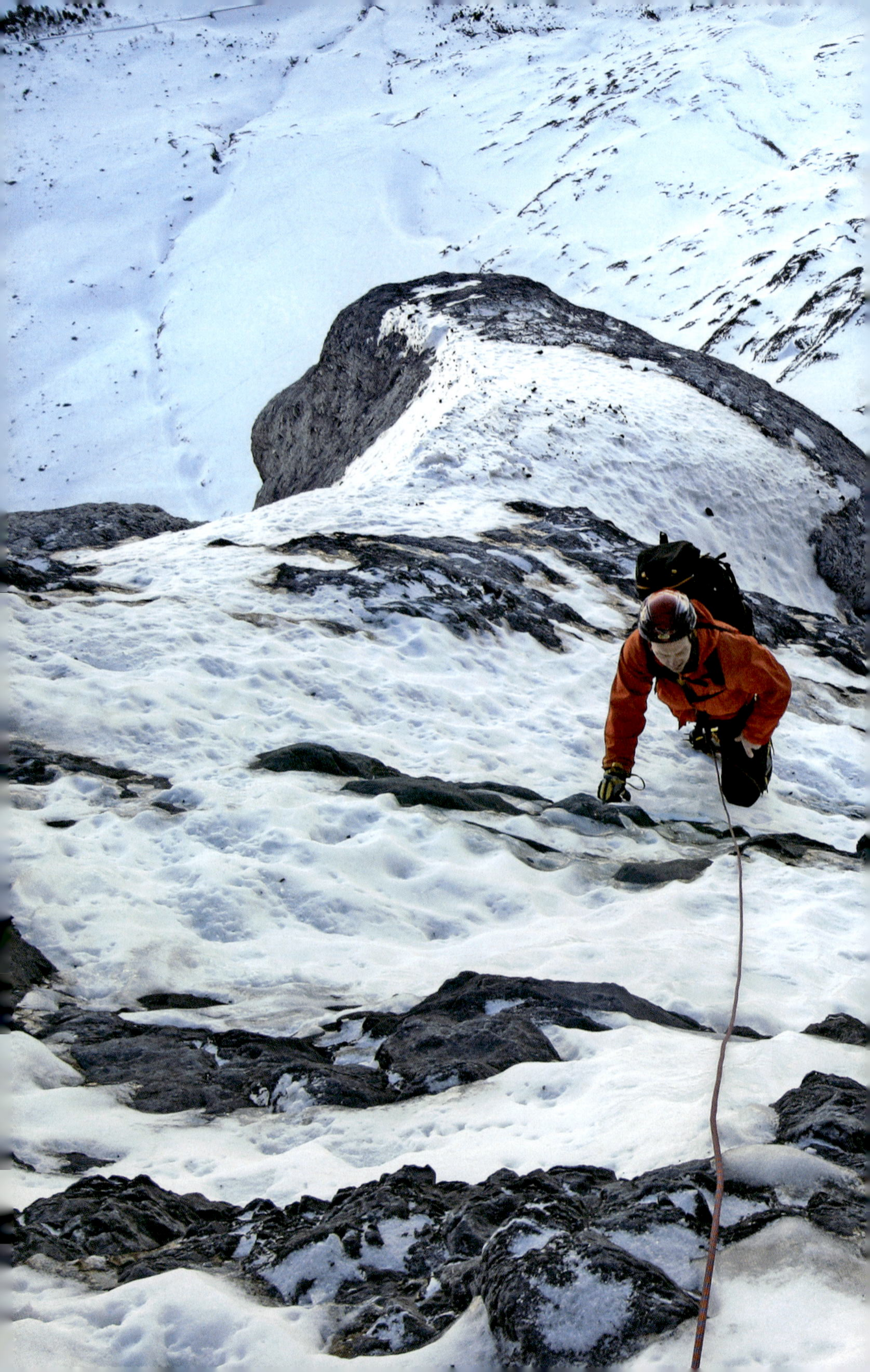

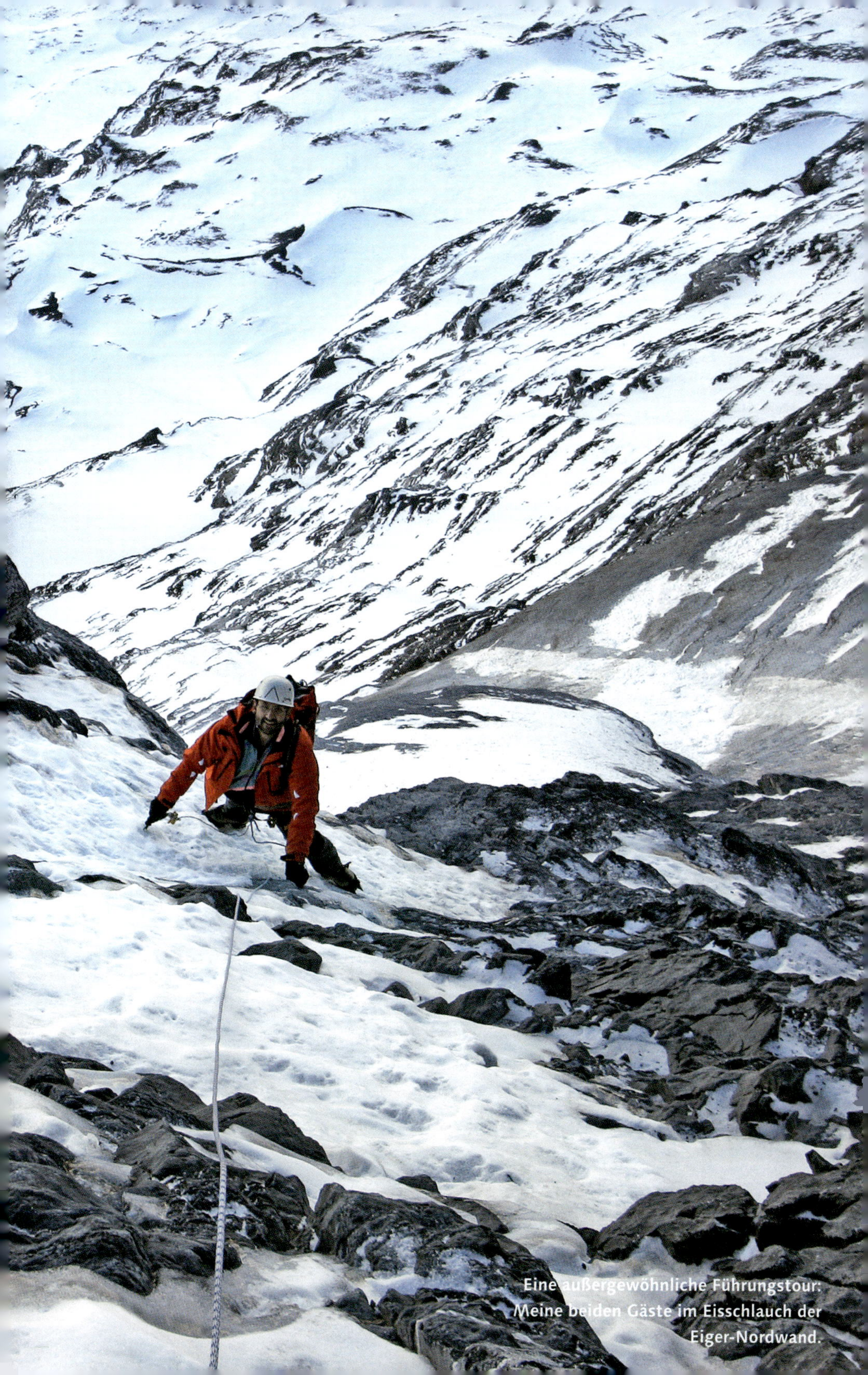

Eine außergewöhnliche Führungstour: Meine beiden Gäste im Eisschlauch der Eiger-Nordwand.

Gipfel, die heute Schauplatz für extreme Aktionen sind, sind oft wenig bekannt.

Für das Extrembergsteigen als meine eine „Lebenssäule" bedeutet dies alles, dass ich irgendwann beschlossen habe, extreme, besondere Touren intensiv und ausgiebig zuerst für mich selbst zu leben, zu genießen und auf mich wirken zu lassen – sozusagen unter Ausschluss der Öffentlichkeit. Erst wenn eine gewisse Zeit verstrichen ist, bin ich bereit, diese Erlebnisse mit anderen zu teilen. Während der Touren selbst bin ich so ganz bei mir und ganz beim Berg, in meinem Kopf existiert nichts anderes. Dies mag eine Form von Egoismus sein, der mir aber erlaubt, diese besonderen Erlebnisse ohne Ablenkung oder Zerstreuung ganz und gar in mich aufzusaugen. Sie werden dann zu einem nachhaltig wirkenden Lebenselixier, einem Nährboden für weitere Bergerfahrungen.

Was die Interaktion mit der Öffentlichkeit angeht, so halte ich es inzwischen für nur noch wenig sinnvoll oder nachhaltig zu versuchen, immer spektakulärere Aktionen durchzuführen und eine „Sensation" nach der nächsten zu produzieren. Lieber eröffne und veröffentliche ich leichte Routen, die auch für Durchschnittsbergsteiger greifbar und somit vielen Kletterern zugänglich sind. Wobei ich sehr wohl weiß, dass dies in meiner Sturm-und-Drang-Zeit genau umgekehrt war …

In der Zeit, in der dieses Buch entstand, eröffnete ich eine Alternative zum Normalweg auf die Große Zinne. Die Route bewegt sich zwischen dem III. und unteren V. Schwierigkeitsgrad und ist mit Sicherheit keine völlige Erstbegehung, da ich im Routenverlauf immer wieder auf Begehungsspuren und Abseilstellen stieß. Trotz dieses Wissens hatte ich einfach große Lust, diese logische Linie vom Fuß des Südsporns der Großen Zinne über mehrere Türme bis zum Gipfel als zusammenhängende, gut abgesicherte Genusstour zu erschließen. Sie hat das Potenzial, zu einem echten Klassiker zu werden, und ist in jedem Fall eine lohnenswerte Alternative zum altbekannten Normalanstieg auf einen der bekanntesten Dolomitengipfel. Ich freue mich schon darauf, Gäste über diesen Weg zu führen!

Früh war für mich klar, dass ich Extrembergsteigen nebenher betreiben würde – unabhängig und frei –, während ich mein Geld als Bergführer verdiente. Und wenn ich es im Nachhinein betrachte, ist dies bis heute für mich der richtige Weg geblieben.

„ANDEREN DIE BERGE SCHENKEN“: MEIN WEG ALS BERGFÜHRER

Den Beginn meiner Bergführerkarriere verdanke ich zwei Menschen, die ich sehr geschätzt habe und die beide leider nicht mehr leben: Friedl Mutschlechner und Emil Vanzo.

Friedl war mein Ausbildner und damals bereits eine Legende. In den 1960er- und 1970er-Jahren war er einer der fähigsten Kletterer Südtirols, arbeitete später in Reinhold Messners Alpinschule und bestieg mit diesem die Achttausender Shisha Pangma, Kangchendzönga und Makalu. Sein Naturtalent als Kletterer verließ ihn auch dann nicht, nachdem er sich am Kantsch, dem dritthöchsten Berg der Welt, vier Finger erfroren hatte. Es beeindruckt mich in der Rückschau noch immer, wie er einmal im Nikolaustal trotz dieser Schäden auf Anhieb eine 7a-Route nachgestiegen ist.

Messner schrieb später: „Zu keinem anderen Bergsteiger hatte ich so viel Vertrauen wie zu ihm“ und beschrieb ihn mit Attributen wie „Friedl war nie ein Mitläufer ... kein Schönfärber, er war Realist. ... Bergführer mit Händen und Seele. Einer der beliebtesten im Alpenbogen. Und professionell, überlegt. ... Er konnte Erfahrungen weitergeben und Zweifler mitreißen.“ Für mich zählt Friedl heute noch zu den korrektesten und aufrichtigsten Menschen, die mir je begegnet sind.

Als Ausbildner war Friedl sehr streng – aber alles, was er sagte, hatte Hand und Fuß. Er war gewissenhaft, kompetent und geduldig. Manche Dinge erklärte er uns, falls notwendig, auch noch zum fünften Mal – aber wehe, du konntest es dann bei der Prüfung nicht. Dann ließ er dich gnadenlos durchfallen. Nicht zuletzt wegen dieser Korrektheit und Geradlinigkeit war er vielleicht der Bergsteiger, den ich in all den Jahren am meisten respektierte.

Gleichzeitig war Friedl ein Mensch, mit dem man eine richtige Gaudi haben konnte. Unvergesslich bleibt die Skitourenausbildung mit ihm im Martelltal in der südöstlichen Ortlergruppe: An einem Tag rief er uns zusammen und meinte: „Männer, heute brauche ich ein paar von euch, die fit sind – denn ich muss für den Himalaya trainieren!“ Valentin Pardeller, Erich Resch und ich meldeten uns sofort.

„Heut machen wir eine lange Tour“, meinte Friedl und zog los. 1000 Höhenmeter hinauf zur Madritschspitze, dann auf und ab den vier Kilometer langen Grat entlang über Butzenspitze und Eisseespitze zur Casatihütte, von dort auf den Cevedale und schließlich auf die Zufallspitze. Dort waren wir alle ziemlich platt – und durstig. Zu trinken hatten wir fast nichts mehr. Da zog Friedl eine Flasche Weißwein aus dem Rucksack. Der gute Tropfen stieg uns sofort zu Kopf, weshalb wir Friedls Aufforderung „jetzt fahren wir da runter!" sehr wörtlich nahmen: In einer einzigen Schussfahrt ging es die Steilflanke hinab und über den Gletscher geradewegs zur Marteller Hütte, wobei wir über die Spalten nur so drübergeschossen sind.

Zum Abschluss der Ausbildungseinheit gab es noch das traditionelle „Biwak", das heißt, alle Ausbildungsteilnehmer mussten Schneehöhlen graben. So entstanden unterhalb der Hütte fünf mehr oder minder wohnliche Behausungen. Die Märznächte waren ziemlich kalt und so verzogen wir uns am Abend zunächst in die Hütte. Friedl sorgte sich um seine Schützlinge und setzte zum Aufwärmen einen Kessel Glühwein auf. Mit Folgen … Direkt vor der Hütte ging es steil abwärts. Friedl und ich waren gerade zu den Schneehöhlen abgefahren und standen vor einem der Eingänge, als wir über uns ein Rauschen hörten. Einer aus unserer Gruppe – ich glaube, es war Valentin – hatte sich ebenfalls in den Hang gestürzt, dabei aber vergessen, seine Skitourenbindung auf „Abfahrt" zu stellen. So segelte er nun in perfekter Vorlage wie ein Skispringer durch die Luft, über uns hinweg und mit dem Kopf voraus in den Schnee. Ich werde niemals Friedls Gesichtsausdruck und Tonfall vergessen, als er sich voller Staunen umdrehte und meinte: „Boah, hast das gsehn?!"

Das nachfolgende Beziehen der Höhlen wurde eine heitere Angelegenheit. Manche zogen mit Ski los, manche ohne. Einmal besetzten zwölf oder fünfzehn Teilnehmer eine einzige Höhle, während es sich in einer anderen ein Einzelner gemütlich machte – mit allen Biwaksäcken. Einer von uns bekam in einer der Höhlen Platzangst und saß die restliche Nacht davor, ein anderer verließ seine Behausung zum Pinkeln und tauchte nicht wieder auf. Als wir nachschauten, fanden wir ihn ein paar Meter neben dem Eingang beim Schneeschaufeln.

„Was gräbst du denn da?"

„Ein Biwak – ich finde das andere nicht mehr!"

In all dem Chaos blieb Friedl seelenruhig und schmunzelte durch seinen unverkennbaren Vollbart. Die Ausbildung war vorbei, nun gab er uns „Schlappseil" – ohne dass es ihm seine Autorität nahm.

Umso tragischer war es, dass dieser vielseitige, kompetente, starke und humorvolle Mensch auf genau jener Himalaya-Expedition, für die er während unserer Skitourenausbildung trainiert hatte, ums Leben kommen sollte. Am 10. Mai 1991 wurde Friedl Mutschlechner am 8163 Meter hohen Manaslu vom Blitz erschlagen.

Zum Gedenken an Friedl und den auf derselben Expedition tödlich verunglückten Karl „Carlo" Großrubatscher begann ich im Sommer des gleichen Jahres mit Andrea Oberbacher eine Erstbegehung in der Westwand des Heiligkreuzkofels, die wir nach ihnen benennen wollten. Dabei stürzte ich 15 Meter ins Seil und brach mir den linken Unterarm – ausgerechnet kurz vor der Abschlussprüfung zum Bergführer!

„Die Prüfung dürfte wohl passé sein", dachte ich mir. Und ging trotzdem hin. Heute müsste ich ein ärztliches Zeugnis vorlegen, damals reichte die Begutachtung durch die Ausbildner. Emil Vanzo aus Meran war damals ihr gleichermaßen beliebter wie gefürchteter „alter Guru", dem die Entscheidung überlassen wurde. Er schaute auf meinen Gipsarm und ließ die anderen kurzentschlossen seine Entscheidung wissen: „Das ist kein Problem. Er soll's halt versuchen. Und wenn er runterfliegt, dann nehmen wir ihm den Gips ab, bevor wir ihn ins Krankenhaus bringen."

Die Prüfung fand im Mont-Blanc-Gebiet statt, unsere Basis war die Turiner Hütte. Und so ging es gleich am ersten Tag mit Emil an den Brenvasporn. Er ist der älteste Anstieg durch die gewaltige Ostwand des höchsten Alpengipfels: eine großartige, nicht allzu schwere Linie, der untere Teil kombiniert, gefolgt von einem durchschnittlich 50 Grad steilen Eisrücken mit einem „gelegentlich extremen" Sérac als sprichwörtlichem Sahnehäubchen oben drauf.

Beim Zustieg muss man einen gezackten Nebengrat überklettern, zu dem eine kurze Eisflanke hinaufzieht. Die ersten Meter über dem Bergschrund waren 70 Grad steil. Die schickte mich Emil gleich voraus. Da ich mit der linken Gipshand nicht gut schlagen konnte, pickelte ich mit der rechten jeweils erstmal ein kleines Loch, in dem ich mich mit einem Finger der linken Hand halten konnte. Dann querten wir ein flaches Gletscherstück mit riesigen Spalten hinüber zum Sporn-Einstieg. Plötzlich band sich Emil vom Seil aus und ging hinüber zu einer Spaltenbrücke, weil er ein dringendes „Geschäft" erledigen musste. Wäre er bei der Aktion eingebro-

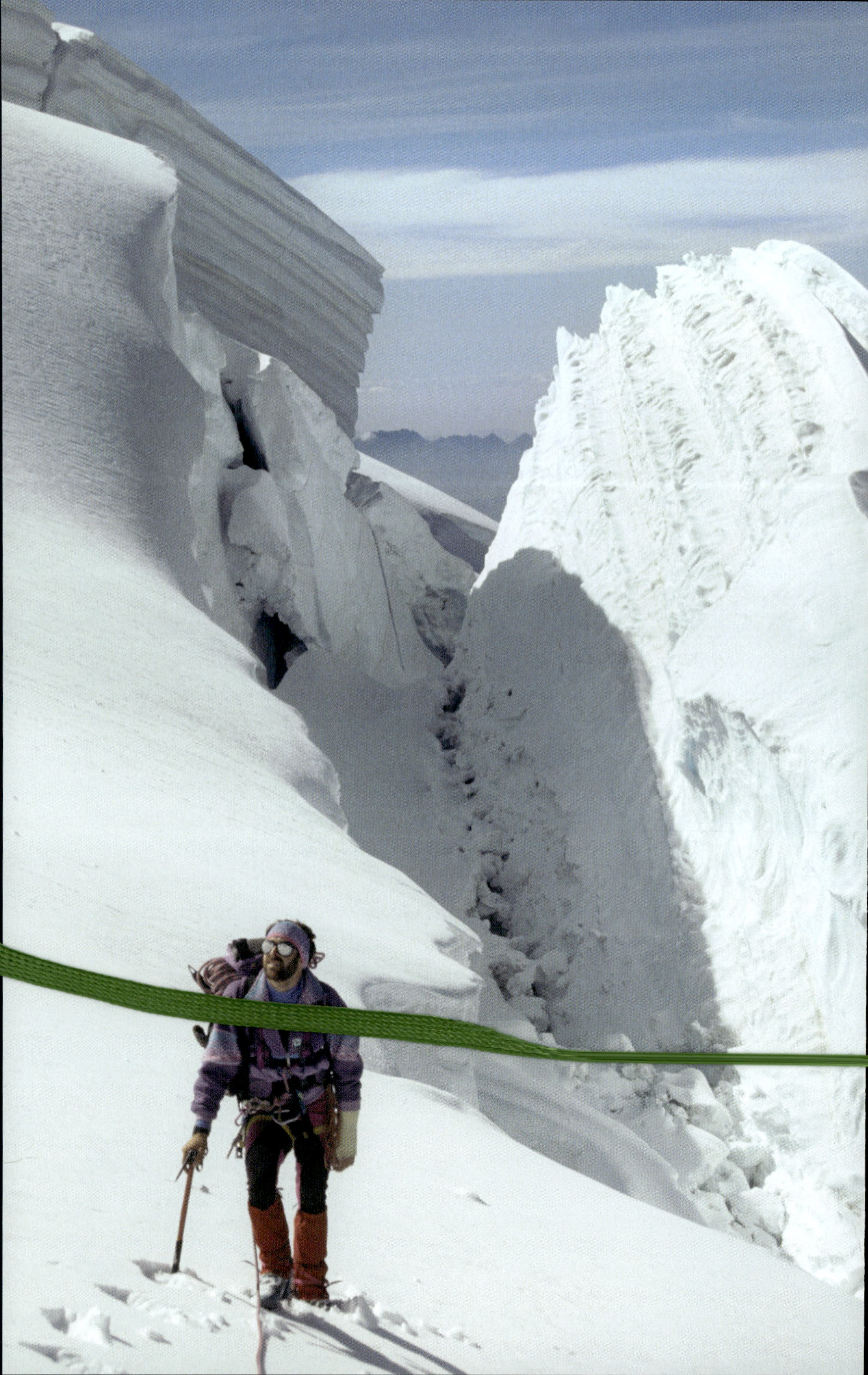

chen und in der Spalte verschwunden, hätte ich ohne Prüfer dagestanden und dem übrigen Komitee vermutlich einiges zu erklären gehabt …

Als wir in den Sporn einstiegen, meinte Emil zu mir: „Du hast heute einen guten Gast". Das bedeutete, ich konnte ihn ans kurze Seil nehmen. So kletterten wir gleichzeitig gehend den gesamten 1000 Meter hohen Sporn. Die schaufelförmige Gipshand eignete sich vorzüglich, um die Seilschlaufen aufzunehmen.

Vom Gipfel stiegen wir Richtung Aiguille du Midi ab, von wo aus die Seilbahn zur Turiner Hütte geht. Unten auf dem Gletscher hörte ich irgendwann die Lautsprecheransage: Die letzte Seilbahn würde in einer halben Stunde fahren. Emil und ich überlegten kurz, ob wir gleich zur Hütte hinüberqueren sollten, entschlossen uns dann aber zu versuchen, die Bahn noch zu erreichen. Es wurde ein regelrechter Wettlauf zwischen Aspirant und Prüfer. Ich war damals 29 und konditionell in Bestform. Emil war 24 Jahre älter. Ich erreichte die Station zwei Minuten vor Abfahrt. Als sich die Türen zu schließen begannen, warf sich Emil mit hochrotem Kopf und keuchendem Atem neben mir in die Kabine. Emil war eine Autorität, bei dem man sich als Aspirant nicht so schnell traute, einen kessen Spruch loszulassen. Aber ich konnte es mir in diesem Moment nicht nehmen lassen und meinte: „Siehst etwas angestrengt aus?!" Woraufhin er mit schelmischem Grinsen entgegnete: „Na, na. Du hast wohl gedacht, du könntest mich abhängen … Na, na."

Indem er mich trotz Gipsarm zur Bergführerprüfung zuließ, legte Emil Vanzo den Grundstein für mein glückliches, bis heute andauerndes Berufsleben. Er war auch ein großartiger Kletterer. Später wiederholte ich eine Erstbegehung von ihm in der Civetta, die er mit V+ bewertet hatte. Man muss dort VI+ klettern können, sonst kommt man nicht hoch … Für Spaß war er, wie zuvor Friedl Mutschlechner, stets zu haben.

Im Rahmen der Ausbildung übten wir einmal bei Regenwetter im Dienstraum der Bergrettung Gröden behelfsmäßige Kameradenbergung. Ich schnallte mir Emil auf den Rücken und hängte mich ins Seil. Als Fixpunkt hatte Emil zuvor einen hölzernen Kleiderhaken auserkoren und für gut befunden. „Mach mal da Stand, der hält schon!" Tat der Haken natürlich nicht. Das folgende Bild, das Emil und ich abgaben, glich einem achtbeinigen Käfer, der zappelnd rücklings auf dem Boden lag – und sorgte in der Dienststelle für allgemeine Heiterkeit. Der nächste Kleiderhaken hielt.

Bergführeraspirant mit Handicap: Mit Gipsarm in der Gletscherwelt des Mont Blanc.

Es war ein riesiger Schock, als Emil nur wenige Tage nach den Prüfungen am Mont Blanc bei einer Führungstour an der Westlichen Zinne tödlich verunglückte.

ZWISCHENSPIEL: ABGEDREHT UND ABGEHÄNGT

Wenn sich Hollywood in die Berge „versteigt", dann sind zwei Dinge gewiss: a) der finanzielle und logistische Aufwand ist schier grenzenlos und b) die Darstellung bergsteigerischer Aktionen sorgt bei jenen, die sich mit Klettern auskennen, für Reaktionen zwischen leisem Schmunzeln und brüllendem Schenkelklopfen. Von beidem konnte ich mich in meinem ersten Jahr als Bergführer überzeugen. Denn 1992 erhielt ich einen Job beim Film *Cliffhanger – Nur die Starken überleben* mit Sylvester Stallone, der in den Dolomiten gedreht wurde.

Ursprünglicher Drehort sollten die Rocky Mountains sein. Die amerikanische Umweltbehörde befürchtete jedoch zu große Umweltschäden und gab keine Drehgenehmigung. Also verlagerte man die Arbeiten ins Ausland. Die Italiener waren pragmatisch: Sie erteilten die Dreherlaubnis, verlangten aber zur Absicherung gegen Umweltschäden eine hohe Kaution. Da die Filmarbeiten in alpinem Gelände stattfinden würden, suchte die Produktion Kletterer für Sicherungsarbeiten, Stunts und vieles andere mehr. Der Suchaufruf ging auch an die Alpinschule von Hans Kammerlander. Oswald Santin, ich und einige andere Bergführer wurden so zu „Cliff-Hängern" – was wir ja irgendwie die ganze Zeit schon gewesen sind.

Es fing mit Vorbereitungen an, wie zum Beispiel mit dem Zusammenbau eines 18 Meter hohen Stahlgerüsts, an dem eine Kamera auf- und abgefahren werden konnte. Als der Turm nach gut vier Wochen fertig war, wurde er mit einem Hubschrauber ins Cristallomassiv geflogen, dort aufgestellt und von uns mit Seilen verankert. Die damit gedrehte Filmszene dauerte weniger als eine Minute.

Zu einem Drehort auf einem Felsturm wurde extra ein Laufsteg gebaut, damit Hauptdarsteller Stallone auch sicher dorthin gelangte. Bei den Bauarbeiten dürften gut 200 Leute beschäftigt gewesen sein. Dann begannen die eigentlichen Dreharbeiten. In einer Szene sollte Stallone in schwindelerregender Höhe einen Rucksack in einen heranfliegenden Helikopter befördern. Wild schreiend und gestikulierend stand er da. Mit einer Hand hielt er ein Funkgerät, mit der anderen den Rucksack. Es sah wirklich dramatisch aus – aus Sicht der Kamera. Was die Zuschauer nicht sahen: Stallone war mit einem Drahtkabel am flachen Boden festgedübelt. Und dies nicht am Abgrund, sondern vielleicht 20 Meter davon entfernt. Die größte Gefahr war, dass er auf die Nase fallen könnte.

Für eine weitere Szene spannten wir im südlichen Zinnenmassiv zwischen zwei Felstürmen eine Hängebrücke über eine 120 Meter tiefe Schlucht. Stallones Double rannte über die Brücke, als diese gesprengt wurde und mitsamt dem Stuntman gegen die Felswand klatschte. Nachdem die Szene abgedreht war, seilten wir in die Schlucht hinab und sammelten die Einzelteile der Brücke ein, die daraufhin wieder zusammengebaut wurde. Dies dauerte jeweils etwa zwei Tage – und die Szene wurde fünfmal wiederholt.

Bei einer dieser Wiederholungen zog ein Gewitter auf. Wir Kletterer sollten auch das Wetter im Auge behalten und warnten das Filmteam vorsorglich. Dieses wollte davon aber nichts wissen. Mir wurde angesichts der heranziehenden düsteren Wolken mulmig und so nahm ich den nächstbesten Helikopter zurück ins Tal. Ein weiterer Flug war wegen des Nebels dann schon nicht mehr möglich, die zweite Gruppe musste am Berg bleiben – und wurde vom Blitz getroffen. Glücklicherweise wurde niemand ernsthaft verletzt. Als sie wieder in Cortina eintraf, stieß sie auf ihr Überleben an und die Crew-Mitglieder spülten sich den Schrecken mit Schnaps von der Seele. Von da an war unser Wort Gesetz: Wenn wir sagten, das Wetter sei unsicher, lag die ganze Filmproduktion still.

Das dramatische Finale des Films beinhaltete den Absturz eines Hubschraubers. Dazu wurde eine Hälfte des Wracks mit einem System von Drahtseilen unter dem Gipfel der Pordoispitze in der Sellagruppe montiert. Gemeinsam mit fünf amerikanischen Kollegen übernahm ich den Job. Wir sechs waren einen Monat beschäftigt, was mich anfangs irritierte, da ich die Arbeit in dieser Zeit allein hätte bewerkstelligen können. Irgendwann verstand ich aber, warum sich die Amerikaner so viel Zeit ließen: Sie wurden nach Tagen bezahlt und machten gerade das Geld ihres Lebens. Da durfte eine montierte Seilrolle auch mal 20 Zentimeter nach links versetzt werden. Und dann nach rechts …

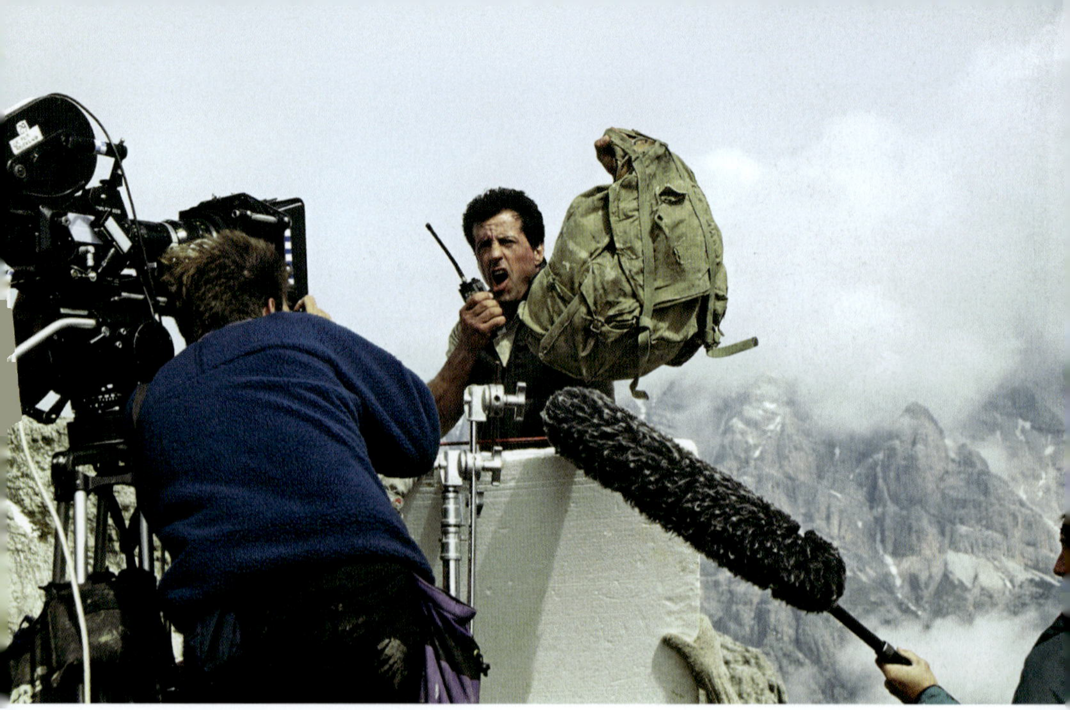

Gut gebrüllt, Löwe: Sylvester Stallone bei den Dreharbeiten zu *Cliffhanger*.

Mir wurde trotzdem langweilig. So lief ich einmal vom Pordoijoch zu Fuß über die Pordoischarte zu meinem Arbeitsplatz, ein anderes Mal kletterte ich allein über die „Mariakante" (IV+) dorthin, wiederum ein anderes Mal nahm ich sie als Abstieg. Auch die rechts davon gelegene „Gross-Führe" (V–) war sehr schön ... Abwechslungsreich war es – und absolut umweltfreundlich.

Der zweite Teil des Hubschrauberwracks fand seinen Platz auf dem markanten Schuttband der Pordoispitze-Nordwestwand, etwa 200 Meter unter dem Gipfel. Dort bezogen Oswald, einer der Amerikaner und ich Position. Immer wenn bei den Dreharbeiten oben die Schlacht zwischen dem Filmhelden und seinen Verfolgern tobte, mussten wir unten Rauchbomben zünden. Die Drehpausen waren lang und auf unserer luftigen Warte gab es nicht viel zu tun. Sehr angenehm war allerdings: Es gab Essen auf – nein, nicht Rädern, sondern Rotorblättern! Pünktlich zu Mittag kam ein Helikopter und brachte uns belegte Brote, Aranciata und andere leckere Sachen. Eigens nur für uns.

Mich faszinierte geradezu, wie bei einer solchen Produktion Geld mit vollen Händen ausgegeben wurde, so als müsse sie geradezu sauteuer sein,

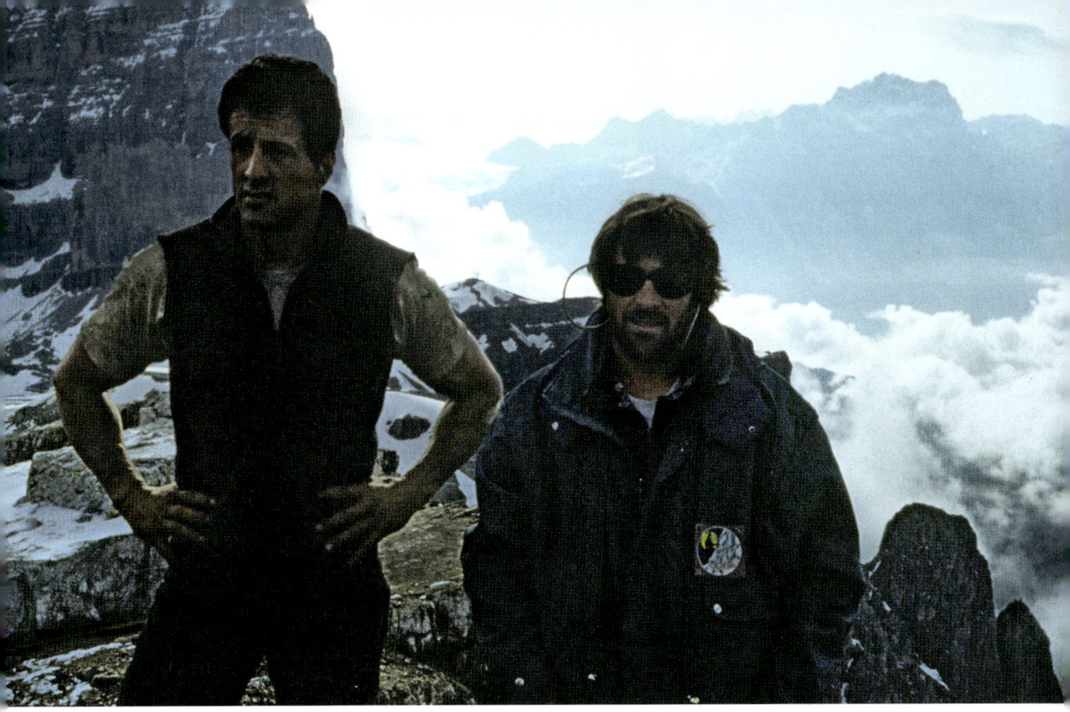

„Stallone mit Hans Kammerlander": Klarer Fall von Fake News!

damit der Film Anerkennung bekäme. Unten in Cortina waren ganze Hotels für Schauspieler und Produktionsteam angemietet worden. Auch ich bekam zwei Monate lang ein Zimmer mit Fünf-Sterne-Komfort, in dem ich allerdings nur eine Nacht schlief. Ganze Laster eines Catering-Services fuhren auf die Pässe, um sicherzustellen, dass das Team auch in Südtirol ein „true American Breakfast" bekam.

Was ich bis heute nicht missen möchte, sind die Menschen, mit denen ich bei diesem Projekt in Kontakt kam. Im Produktionsteam waren einige der weltbesten Kletterer beschäftigt. Stallones Hauptdoubles bei Kletterszenen waren der Amerikaner Ron Kauck und der deutsche Ausnahmekletterer Wolfgang Güllich, der im Jahr zuvor mit „Action Directe" die weltweit erste Route im Schwierigkeitsgrad 9a (XI) eröffnet hatte. Leider verunglückte Güllich 1992 kurz nach den Dreharbeiten bei einem Autounfall tödlich. Der Film wurde ihm gewidmet.

Wer mich persönlich am meisten beeindruckte, war Altmeister Jim „The Bird" Bridwell, Jahrgang 1944. Ich kannte ja aus Büchern und von Erzählungen seine legendären Klettereien im Yosemite oder seine Besteigung des Cerro Torre in Patagonien über die berühmt-berüchtigte Kompressor-Route, wo er sich an den abgeschlagenen Bohrhaken des Erstbegehers Cesare Maestri vorbei mit Messerhaken, Copperheads – eine Art Klemmkeil zum Einschlagen – und „Rurps" genannten Mikrohaken durch die glatte Gipfelwand gearbeitet hatte. Ein wirklich wilder, schräger Vogel mit markanten, hageren Gesichtszügen. Während der Filmproduktion kümmerte sich Bridwell sehr aufmerksam um eine argentinische Kletterin, welche daraufhin für das ganze Team als „Waschfrau" arbeitete. Sie kaufte auf Produktionskosten einige Waschmaschinen und Trockner und erledigte den Job. Ihr Basislager war Bridwells Appartement im Hotel. Für Spritztouren durch Cortina und die Dolomiten kauften sich die beiden einen alten Fiat 127, der aber nur die erste Woche überstand, bis ihn Jim aufs Dach legte – Totalschaden. Gleiches galt nach einiger Zeit auch für die Beziehung. Jims Reaktion war, sämtliche Kleidung seiner nun Ex-Freundin auf den Balkon des Fünf-Sterne-Hotels zu werfen und anzuzünden. Ein Großeinsatz der Feuerwehr von Cortina folgte …

Bridwell flog daraufhin aus dem amerikanischen Team, durfte aber bei den Italienern weiterarbeiten – für die Hälfte des Gehalts. Fast schien er der wahre Actionheld in diesem Actionfilm zu sein, wenn da nicht seine Ehefrau gewesen wäre. Als sie von dem Seitensprung ihres Mannes erfuhr, flog sie kurzerhand nach Europa, fuhr nach Cortina, verpasste Jim mit einer gezielten Rechten ein blaues Auge, machte quasi auf dem Absatz kehrt und reiste zurück in die USA. Für diese couragierte Aktion zollten wir Kletterer ihr mächtig Respekt – und sie hatte eine Menge Lacher auf ihrer Seite. Jims Ehe überstand die Episode übrigens bis zum Ende – er ist 2018 nach langer Krankheit verstorben und war bis zum Schluss mit Peggy zusammen, die er 1974 geheiratet hatte.

Nach rund fünf Monaten waren die Dreharbeiten abgeschlossen – und zum Abschied versuchte natürlich jeder, sich mit dem Star Sylvester Stallone ablichten zu lassen. So auch ich. Dass mich Stallone auf dem Foto um einen Kopf überragt, lag an dem Stein, auf dem er stand … Das Bild fand schließlich sogar seinen Weg in eine Zeitung – mit der Unterschrift „Sylvester Stallone mit Hans Kammerlander". Nun dürfte allen Lesern klar sein, warum aus meiner Hollywood-Karriere nichts geworden ist …

VIEL KLETTERN UND ETWAS PSYCHOLOGIE: GEDANKEN ZUM VERHÄLTNIS BERGFÜHRER – GAST

Der Kontakt zwischen Gast und Bergführer ist in gewisser Weise etwas Besonderes. Man übernimmt für den Gast die volle Verantwortung, muss sich in ihn hineinversetzen und ständig abwägen und abschätzen, was geht und was nicht – und dies unter Einbezug aller Faktoren wie Wetter, Verhältnisse, Kondition und so weiter. Man muss spontan Entscheidungen treffen, und es müssen die richtigen Entscheidungen sein, denn der Gast vertraut dir sein Leben und seine Gesundheit an.

Wenn du dann über mehrere Jahre hinweg mit einem Gast immer wieder Touren machst, lernst du ihn sehr gut kennen, mit all seinen Stärken und Schwächen. Du weißt genau, welche Touren du mit ihm machen kannst, auf welchen Touren er sich wohlfühlt und wo genau seine Grenzen liegen. Das ist ein immerwährender Lern- und Entscheidungsprozess, der dir ein Gespür für Menschen gibt. So lernst du mit der Zeit auch Gäste richtig einzuschätzen, die du noch nicht kennst, und ihnen am Berg das zuzumuten, was sie schaffen können und was ihnen zwar Anstrengung abverlangt, aber immer noch Spaß bereitet.

Oft ist man als Bergführer auch ein bisschen Psychologe. Speziell ist diese Fähigkeit an den Normalwegen auf bekannte Gipfel wie Großglockner, Ortler, Marmolata oder Große Zinne gefragt. Denn viele „Nicht-Alpinisten“ wollen einmal in ihrem Leben auf dem Gipfel dieser Berge stehen, auch wenn sie ansonsten mit Bergsteigen nichts am Hut haben. Für diese Menschen benötigt man besonders viel Feingefühl, da sie oftmals nur im beschränkten Maße bergtauglich sind oder schlicht keine alpine Erfahrung mitbringen.

Die Tour will gut eingeteilt sein. Ein passender Schritt, regelmäßige Pausen zum Verschnaufen und nicht zuletzt guter Zuspruch und Bestärkung sind gefragt. Und so geht es Schritt für Schritt immer ein Stücken weiter nach oben, dem Ziel entgegen. Viele sorgen sich schon im Aufstieg um den Abstieg. Denen sage ich dann, „Lasst uns erst einmal auf den Gipfel kommen, dann denken wir darüber nach, wie wir wieder runterkommen.“ Damit verstehen sie, dass ich mich um alles Notwendige kümmere und sie mir nur folgen brauchen, ohne Sorge. Das nimmt ihnen schon etwas Druck weg. Mir ist es bis heute noch nicht passiert, dass ich mit einem Gast auf einem dieser Normalwege umkehren musste. Manchmal war es allerdings knapp.

Einmal war ich mit einem Gast am Normalweg auf die Große Zinne unterwegs. Gleich nach den ersten 50 Metern bekam er wegen der Ausgesetztheit solche Höhenangst, dass er glaubte, nicht mehr weitergehen zu können. Ich versuchte ihn zu beruhigen, was mir auch gelang, dann wechselte ich meine Kletterlinie von der Kante weg und wir kletterten mehr im Kamin. So hatte er Fels um sich herum und fühlte sich gleich etwas wohler, weil sein Blick nun nicht mehr so sehr ins Leere unter ihm fiel. So ging es gemütlich immer weiter nach oben, als mein Gast plötzlich meinte, „Ich glaube, jetzt pack ich es doch!" Was schließlich auch stimmte. Er hatte Blut geleckt und bekam immer mehr Spaß an der Sache. Mit jedem Meter, den er kletterte, fühlte er sich sicherer und erreichte überglücklich und zufrieden den Gipfel. Beim Abstieg seilte er irgendwann sogar eigenständig ab. Keine Rede mehr von Angst! Als wir uns verabschiedeten, bedankte er sich für das tolle Gipfelerlebnis. In seinen Augen sah ich unbeschreibliche Freude und großen Stolz, es geschafft zu haben.

Häufig machen sich die Leute zu viele energieraubende Gedanken im Voraus. Was kommt alles auf mich zu? Schaffe ich das? Bin ich nicht zu langsam? Damit machen sie sich selbst das Leben schwer – vielleicht nicht nur am Berg. Manchmal wird allein der Name einer Tour schon zum Hindernis und sie trauen sich dann selbst mit Bergführer kaum noch an sie heran. Und manchmal wird der Name des Bergführers zum Hemmschuh ... Als ich vor über 20 Jahren durch meine Klettereien im X. Grad als Extrembergsteiger bekannt wurde, machte es mir dies ziemlich schwer, als Bergführer Fuß zu fassen. Gäste glaubten, ich würde nur in extremem Gelände unterwegs sein, und suchten sich deshalb andere Bergführer. Den Ruf eines kompetenten, umsichtigen Bergführers – auch auf leichteren Touren – musste ich mir erst durch eine Reihe von Führungstouren erarbeiten. Erst dann wurde ich auch weiträumig als solcher wahrgenommen und galt nicht mehr nur als „extremer Spinner". Mit der Zeit kehrte sich das Ganze sogar um und Gäste sind nun meist stolz, mit dem „extremen" Christoph Hainz unterwegs zu sein!

Wichtig ist, dass du immer das Niveau deiner Gäste richtig einschätzt und die Touren und die Kletterlinie passend dazu wählst. In schwierigen Passagen vielleicht auch mal als zusätzliche Hilfe eine Schlinge mehr einhängen, hat noch keinem geschadet. Einmal konnte ich eine Seilschaft an den Cirspitzen über dem Grödner Joch beobachten, die mit Bergführer unterwegs war. Die Nachsteiger stürzten mehrmals ins Seil und waren total überfordert. Ich schaute ihnen eine Weile zu und verstand schließlich, woran es lag: Die Schlüsselseillänge führte in einer S-förmigen Schleife über eine Platte im VI. Grad. Der Bergführer war jedoch direkt durch die Platte nach oben gestiegen, dadurch erhöhte sich die Schwierigkeit um mindestens einen Grad. Das war für seine Gäste entschieden zu viel! Sie hatten keine Chance, sich einigermaßen nach oben zu „wursteln", dementsprechend deprimiert waren sie. Dieses Bergerlebnis verlangte sicher nicht nach Wiederholung ...

Wenn du länger mit Gästen unterwegs bist und feststellst, dass sie besser klettern als gedacht, dann kannst du allerdings auch mal spielen und schwierigere Varianten gehen. Da braucht es als Bergführer einfach Fingerspitzengefühl und Einfühlungsvermögen. Mit einer Kundin ging ich einmal auf den Paternkofel, den Nachbarberg der Drei Zinnen. Der Normalweg führt über einen Klettersteig. Mehr traute sie sich nicht zu. Als auf einem Teilstück das Drahtseil fehlte, blieb sie abrupt stehen und kam keinen Schritt weiter. Auch gutes Zureden meinerseits bewirkte nichts. So ging ich zu ihr zurück, nahm mit einem Finger den Karabiner ihres Klettersteigsets und führte sie bis zu der Stelle, wo es wieder ein Drahtseil zum Einklinken gab. Diese kleine psychologische Stütze und ihr Vertrauen in mich reichten vollkommen aus, die Passage und ihre Angst zu überwinden. Heute, nach vielen Jahren und vielen weiteren gemeinsamen Touren, klettert diese Frau den VI. Grad im alpinen Gelände. Über die Begebenheit von damals kann sie nur mehr lachen.

Selbstverständlich begegnen dir beim Führen die unterschiedlichsten Menschen, und dies drückt sich auch in der Art und Weise aus, wie sie sich am Berg verhalten und führen lassen. Es gibt solche, die überlassen dem Bergführer alles: die Wegsuche, das korrekte Anseilen, die Wahl der Ausrüstung. Sie wollen nur rauf auf den Berg und wieder runter. Alles andere interessiert sie nicht. Mit solchen Gästen ist man als Bergführer meist quasi „free solo" unterwegs. Sicherung kann ich von ihnen nicht erwarten, ich bin auf mich selbst gestellt.

Andere Gäste wiederum sind sehr fähige Kletterer, mit denen ich schwierigste Touren gehen kann. Von meinen Führungstouren durch die

Eiger-Nordwand habe ich bereits erzählt. In den Dolomiten führte ich einmal einen Gast durch den berühmten „Weg durch den Fisch" in der Marmolata-Südwand. Die Erstbegehung dieser 37 Seillängen langen Route durch die Tschechen Igor Koller und den erst 17-jährigen Indřich Šustr im Jahr 1981 gilt als Meilenstein der Klettergeschichte, da zuvor keine derartig lange Route ohne Verwendung von Bohrhaken eröffnet worden war. Die Erstbegehung erfolgte noch in teils technischer Kletterei (VII, A1); 1987 gelang Heinz Mariacher mit Bruno Pederiva die erste Rotpunktbegehung, sie bewerteten die Freikletterschwierigkeiten mit IX–, und drei Jahre später glückte Daniele De Candido die erste Onsight-Begehung. Mein alter Kletterpartner Peter Mair und ich konnten 1992 uns ebenfalls „Petri Heil" wünschen, als uns der „Fisch" mit der dritten Onsight-Begehung ins Netz ging.

Den Gast, den ich nun durch diese legendäre Route führen sollte, kannte ich nicht – es war also ein gewisses Wagnis. Aber ich kannte die Route und wusste, dass wir im Notfall von der ersten Schlüsselseillänge aus noch gut abseilen könnten.

Anfangs hatte ich meine Zweifel: Mein Gast tat sich in der ersten Seillänge ziemlich schwer, obwohl ich eine leichtere Umgehung des Originaleinstiegs gewählt hatte. Die Platten waren eine Sache des Gleichgewichts und er schwankte, als hätte er in der Früh ein Bier getrunken. Aber dann wurde er von Seillänge zu Seillänge besser. Gegen 15 Uhr standen wir auf dem Band in Wandmitte, an dem viele Seilschaften die Tour beenden und abseilen. Also bot ich meinem Gast diese Möglichkeit an. Er wollte die Route jedoch komplett durchsteigen, auch wenn wir dabei vielleicht in die Nacht kämen. Die obere Hälfte ist zwar etwas leichter, dafür stecken aber weniger Haken. Doch mein Gast bewältigte auch dies souverän und wir standen um 20:30 Uhr auf dem Gipfel – eine tolle Leistung!

Das Gegenteil waren jene drei Gäste, die ich einmal von der Alpinschule Südtirol zugewiesen bekam. Ihre Kleidung war über und über mit Sponsorenaufnähern dekoriert, also ging ich davon aus, dass es sich um sehr versierte Bergsteiger handeln musste. Fehlanzeige! Sie konnten nicht einmal ihre eigenen Steigeisen richtig anziehen. Zum Glück war an dem Tag Eisklettern im Klettergarten auf dem Programm und so blieb das Unterfangen für mich gut überschaubar. Mit einem von ihnen unternahm ich am darauffolgenden Tag eine Skitour auf den Dürrenstein in den Pragser

Dolomiten. Eigentlich ging es ganz gut voran – bis kurz unter dem Gipfel, als mein Gast plötzlich meinte: „Ach ist das schön, zum ersten Mal auf Ski und fast auf 3000 Metern!"

*

Sicherlich ist der Bergführerberuf oft sehr anspruchsvoll und mit viel Risiko verbunden. Und mancher Gast kann zum zusätzlichen „Abenteuer-Faktor" werden, der Psyche und Körper ordentlich strapaziert. Aber es gibt immer wieder diese fantastischen, wunderschönen Momente, in denen du bei herrlichstem Wetter mit Gästen auf einem Gipfel stehst und gemeinsam mit ihnen die Welt anlachst! Wenn ich ihnen Berge ermögliche, die sie allein nicht schaffen würden, und dann spüre, wie glücklich diese Menschen darüber sind – dann habe ich das Gefühl, ihnen ein ganz besonderes, außergewöhnliches Geschenk zu machen. Dies gibt mir so viel Energie, dass ich immer wieder aufs Neue Freude und Spaß an meiner Arbeit finde und es mich auch durch weniger gute Tage trägt. Am Berg wie im Tal.

GAST OHNE WIEDERKEHR

Die Alpinschule Südtirol, welche damals noch von Hans Kammerlander geleitet wurde, brachte mir regelmäßig Führungstouren ein. So auch folgende: Ein Gast aus Deutschland schrieb, er wolle in vier Tagen alle 14 Viertausender in der Monte-Rosa-Gruppe machen. Etappen und Zeiten gab er akkurat vor: „Tag 1: Nordend – Dufourspitze – Zumsteinspitze – Signalkuppe: 12 Stunden. Tag 2: Parrotspitze – Ludwigshöhe – Schwarzhorn und Balmenhorn: 6 Stunden. Tag 3: Lyskammüberschreitung, Castor und Pollux: 8 Stunden ..." Und abschließend die Frage: „Kann dieser Traum in Erfüllung gehen?"

„Klar", dachte ich mir. „Mach ich doch gern." Zumal ich noch nie in Zermatt war. Also meldete ich mich für die Tour.

Ich fuhr rüber in die Schweiz und hatte keinen blassen Schimmer, wo die Monte-Rosa-Hütte ist. Mit geschultertem Rucksack brach ich auf und fragte eher beiläufig einen Passanten nach dem Weg. „Ja, da müssen Sie mit der Gornergratbahn fahren." Ach so! Also machte ich einen Schwenk und nahm die Zahnradbahn.

Oben auf dem Gornergrat gab es Steinböcke wie auf den besten Schweizer Werbeplakaten. Unten auf dem Gletscher dann nur noch ein paar Markierungsstangen – und ich war mir immer noch nicht sicher, ob es hier zur Monte-Rosa-Hütte geht. Da sah ich schräg unter mir eine Person über das Eis gehen. Ich rief ihr zu: „Bin ich hier richtig zur Monte-Rosa-Hütte?"

Keine Antwort.

Zehn Minuten später der nächste Versuch: „Sind Sie Bergführer?"

Wieder traf ich auf eine Mauer des Schweigens. Ich dachte mir meinen Teil und ging weiter. Als ich schließlich an der Hütte ankam, stand oben auf dem Balkon schon ein sichtlich ungeduldiger Herr und kam grußlos zur Sache: „Sind Sie Christoph Hainz?"

Ich nickte kaum, schon sprudelte er los: „Morgen Nordend – Dufourspitze – Zumsteinspitze – Signalkuppe, 12 Stunden ..."

Ich fiel ihm ins Wort: „Hat sich das Programm etwa geändert?"

„Nein, keineswegs."

„Danke, dann weiß ich Bescheid."

Mein Gast schien ein Meister effizienter Kommunikation zu sein. Und ich folgte gern seinem Beispiel.

Später am Abend ging ich nochmals vor die Hütte, um den Beginn des Anstiegs zu erkunden, den wir ja am nächsten Morgen in der Dunkelheit bewältigen müssten. Da kam der wortkarge Schweizer Bergführer vom Nachmittag auf mich zu und war plötzlich gar nicht mehr schweigsam, denn er hatte bemerkt, dass auch ich ein Bergführer war: „Du, wenn du morgen die Massen überholen willst, halte dich da oben links, wo die anderen rechts gehen." Schau an, geht doch! Er entpuppte sich als netter Kollege und ich als Neuling in den Westalpen nahm seine Tipps sehr dankbar an.

Am nächsten Morgen ging es dann los, über den Gletscher hinauf Richtung Nordend, dem ersten Viertausender. Kondition hatte mein Gast! Er war Marathonläufer und heftete sich wortlos an meine Fersen, so als wollte er sagen: „Dem Bergführer werde ich's zeigen. Den mach ich platt!" Nach dem Abstieg vom Nordend bin ich nicht die ganze Strecke zum Normalweg abgestiegen, sondern direkt vom Silbersattel durch die Nordwand hinauf zum Gipfel der Dufourspitze. In der Wand lag ein halber Meter Neuschnee. Mein Gast tat sich in dem Gelände reichlich schwer, aber mit ein bisschen Ziehen hier und da ging es. Der Weiterweg über den Grat zur Zumsteinspitze war dann aber das Drama schlechthin. Es war ein Eiertanz, zumal mein Gast in diesem Gelände mit seinen Steigeisen auf Kriegsfuß stand. Ich musste höllisch aufpassen, dass er nicht das Gleichgewicht verlor und wir beide unfreiwillig den schmalen Grat in Richtung Abgrund der Monte-Rosa-Ostwand verließen. Kurz vor der Signalkuppe fing dann zu allem Überfluss mein Eispickel zu surren an. Als wir die Capanna Margherita betraten, sausten die ersten Blitze nieder. Die zwölf Stunden hatten wir jedoch streng eingehalten.

Am nächsten Tag herrschte dichter Nebel. Wir stiegen ab Richtung Parrotspitze, dem ersten der leichten Viertausender auf der italienischen Seite. Auf dem Gipfel sahen wir nichts, also folgte ich einfach dem Grat abwärts bis dorthin, wo ich die Stimmen von der Spur zwischen Signalkuppe und Lysjoch hörte. Es wurde steiler, immer steiler, ich seilte meinen Gast 40 Meter ab, bis er schließlich zu mir herauf rief: „Ich stehe jetzt. Hier ist es flach." Wir waren in der Spur. Wunderbar. Auf zum nächsten Berg! Wenig später näherten wir uns planmäßig unserem zweiten Gipfel, der Ludwigshöhe. „Moment mal", sagte mein Gast: „Ich glaube, den haben wir schon gemacht!"

„Ja", entgegnete ich, „das glaube ich auch." Wir hatten im Nebel eine Ehrenrunde gedreht und waren ein zweites Mal auf die Parrotspitze gestiegen! Immerhin: ein Viertausender mehr. Über Ludwigshöhe – diesmal die echte! –, Schwarzhorn und Vincentpyramide erreichten wir ohne weitere Abstecher die Gnifetti-Hütte.

Tag 3. Nach der Lyskamm-Überschreitung und dem Castor standen wir um 15 Uhr nachmittags am Einstieg zum Pollux. Da kam uns eine Seilschaft entgegen und fragte: „Ist das hier der Normalweg auf den Pollux?" Bevor ich antworten konnte, meinte mein Gast: „Nein." Und er war nicht von seiner Meinung abzubringen.

Nach längerer Diskussion konnte ich ihn schließlich überzeugen, doch über den Grat vor uns aufzusteigen, dann würden wir halt über seinen „Normalweg" runtergehen. Vom Gipfel aus hielt mein Gast zielstrebig auf die Westflanke zu. Ich folgte ihm kommentarlos. Es wurde steiler. Dann noch steiler. Irgendwann blieb er stehen und schaute hinab in die

Tiefe. Ich fragte ihn: „Und? Wo ist jetzt der Normalweg?“ Mein Gast schaute abermals in die Tiefe. Und ging weiter. Es wurde nochmals steiler. Wieder schaute mein Gast in die Tiefe – und musste schließlich eingestehen, dass dies womöglich doch nicht der Normalweg ist.

Mit einem breiten Grinsen im Gesicht, das ich mir aus Schadenfreude nicht verkneifen konnte, stieg ich mit ihm wieder zurück Richtung Gipfel, um dann über unsere Aufstiegsroute abzusteigen, welche die Normalroute war. Und zwar die richtige! Dort musste man ein-, zweimal abseilen, was meinem Marathonläufer nun ganz und gar nicht gefiel ... Mein Gast traute sich einfach nicht mehr zu, sich ins Seil zu hängen. Ich musste ihm fast mit den Steigeisen auf die Finger treten, damit er losließ. Zehn Meter tiefer war ein Absatz. Dort blieb er stehen und rührte sich nicht von der Stelle. Es folgten zehn Minuten Predigt meinerseits, bis ich ihn dazu bewegen konnte, sich erneut ins Seil zu hängen, um endlich voranzukommen. Wir kamen recht spät auf der Guide d'Ayas-Hütte an.

Am letzten Tag war das Breithorn dran. Die Überschreitung ist ein exponierter Grat mit ein paar Stellen im zweiten und dritten Schwierigkeitsgrad. Diesen Grat ist mein Gast auf allen vieren förmlich entlanggekrochen. Als wir endlich auf der Schneekuppe des Hauptgipfels waren, lag er nur noch da und tat keinen Mucks mehr. Er war komplett fertig. Wir stiegen ab zur Seilbahn auf dem Kleinen Matterhorn. Dort setzte er sich völlig ausgepowert auf eine Mauer und blieb wortlos sitzen. Irgendwann durchbrach ich unser Schweigen und meinte, ich müsse jetzt langsam ins Tal fahren und zurück nach Südtirol. Wir verabschiedeten uns knapp und ich ging meiner Wege.

Wo er abgeblieben ist, weiß ich bis heute nicht.

„EIN AUSSERGEWÖHNLICHER KLETTERER UND MENSCH"

Jochen Hemmleb im Gespräch mit Thomas Engel

Thomas Engel (*1962) ist gemeinsam mit seinem Bruder Geschäftsführer eines traditionsreichen Familienunternehmens im bayerischen Coburg mit über 350 Mitarbeitern. Engel ist außerdem 1. Vorsitzender der Sektion Coburg des Deutschen Alpenvereins und selbst Bergsteiger schärferer Richtung (z. B. zahlreiche Felsrouten in den Dolomiten bis zum VI./VII. Grad). Seit fast 25 Jahren zählt er zu den Gästen und Freunden von Christoph Hainz.

Du hast als Unternehmer einen Beruf voller Herausforderungen und auch Risiken. Warum suchst du dann darüber hinaus noch die Herausforderung schwieriger Klettereien?

Ich suche den Perspektivenwechsel. Als Inhaber und Geschäftsführer bin ich im Unternehmen die letzte Instanz. Die Themen und Probleme, die bis zu mir durchgereicht werden, sind in der Regel kniffelig. Und sie verlangen oft eine sofortige Lösung. Da ist eine ganz starke Analogie zum Berg: Auch dort brauchst du an einer schwierigen Stelle eine sofortige Lösung, ganz unmittelbar. Nur mit dem Unterschied, dass die Probleme am Berg essenzieller sind. Da geht es unter Umständen um Leib und Leben.

Am Zweiten Tofanapfeiler (VI–) wurde ich einmal mit meinem Partner mitten in der Wand von einem Gewitter überrascht. Ich stieg damals vor und entschloss mich quasi von einer Sekunde auf die andere, die Flucht nach oben anzutreten. Das wurde sehr gefährlich, weil ich, um Zeit zu gewinnen, keine Zwischensicherungen mehr legte und auf diese Weise 50-Meter-Seillängen ausging. Ein Sturz wäre fatal gewesen. Wir stiegen gerade aus der Wand aus, als Sturzregen und Blitze über uns hereinbrachen. Wir waren einfach zu spät eingestiegen und daraus habe ich gelernt!

Es war eine massive Erfahrung, die ich mit nach Hause nahm. Aber dort haben diese und ähnliche Erlebnisse mir stets dabei geholfen, Problemlagen zu relativieren. Frei nach dem Motto: So groß kann das Problem nicht sein, da hast du in den Bergen schon ganz Anderes gemanagt. Und dies erleichtert das Finden von Lösungen.

Mit den Jahren hat sich das, was ich aus den Bergen ziehe und mitnehme, für mich aber noch erweitert. Heute nehme ich das Bergerlebnis an sich stärker wahr, und auch die Gemeinschaft am Berg. Ob bei Touren mit Freunden oder den Besuchen auf „unserer" Coburger Hütte. Und auch daraus nehme ich Erkenntnisse mit nach Hause und in meine berufliche Praxis, wie über Teamarbeit oder Teamdynamik. Die Spitzenerlebnisse und Extremerfahrungen von früher werden dadurch nicht unwichtiger. Ich trage sie in mir. Und die Erfahrungen, die ich aus ihnen für meine Tätigkeit als Unternehmer gezogen habe, bleiben abrufbar. Aber wenn sie mal eine „Auffrischung" benötigen oder mich eine große Wand einfach reizt, dann gehe ich solche Touren heute mit Christoph.

Wie hast du Christoph kennengelernt?

Mir hat einmal ein alter Bergsteiger einen Floh ins Ohr gesetzt, indem er sagte: „Wenn du zu den richtigen Bergsteigern zählen willst, musst du die ‚Comici' in der Großen-Zinne-Nordwand gemacht haben!" Für einen Gelegenheitskletterer aus Oberfranken war ein solches Ziel kein Pappenstiel. Mit einem Freund bin ich die Route dann 1995 geklettert, wobei ich sie nachstieg.

Nach etwa der Hälfte der Tour, kurz vor dem „Italienerbiwak", hing ich an einem Stand und sicherte, als mir links von uns in der prallen Wand eine Seilschaft auffiel. So etwas hatte ich bis dahin noch nicht gesehen: Inmitten dieses gewaltigen Konkavs aus glattem, überhängendem Dolomit kletterte jemand mit einer fast spielerischen Leichtigkeit herum. Wiederholte Stürze von sechs, acht Metern schienen ihm nichts auszumachen. Immer wieder turnte er die Wand hinauf, offensichtlich durch Neuland, auf der Suche nach einem gangbaren Weg. Fasziniert schaute ich ihm zu.

Dann schloss in der „Comici" eine andere Partie zu uns auf. Die Vorsteigerin schien sich in der Nordwand gut auszukennen, weshalb ich sie fragte, ob ihr der Kletterer da drüben bekannt sei. „Ja, das ist mein Mann", bekam ich zur Antwort. Die Kletterin war Claudia Renzler, Christophs damalige Frau. Unsere beiden Seilschaften blieben für den restlichen Teil der Wand beieinander, so dass ich an den Standplätzen immer wieder Gelegenheit hatte, mit Claudia über Christoph zu sprechen. Mir war bereits damals klar, dass ich hier einen außergewöhnlichen Kletterer und Menschen gesehen hatte.

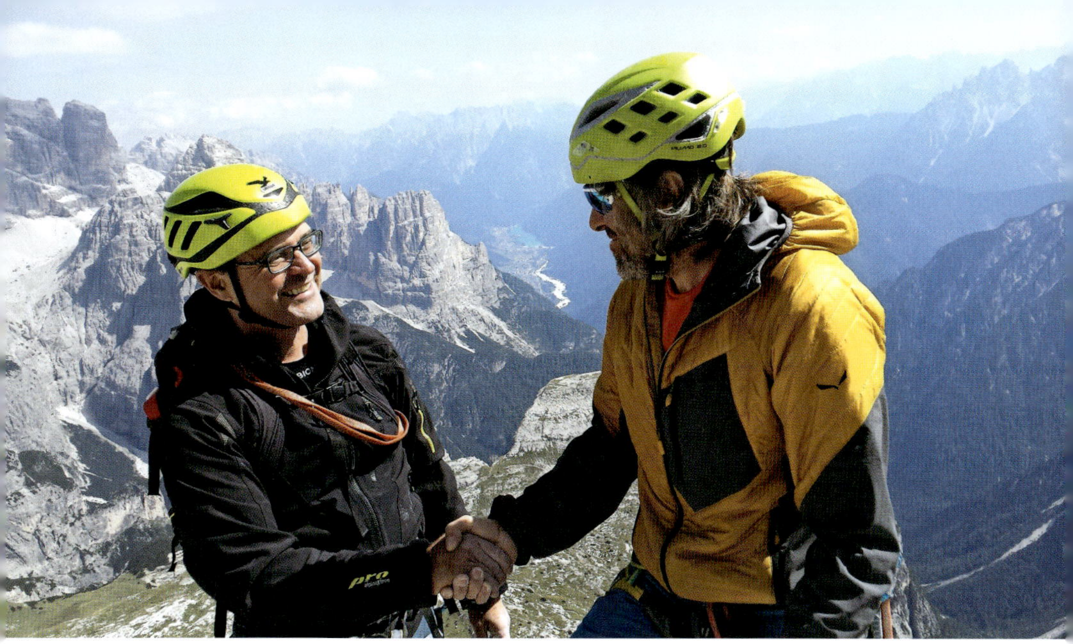

Ein starkes Team: Mit Thomas Engel in den Dolomiten.

Nach der Großen Zinne beschloss ich, Christoph näher kennenzulernen. Ich wollte unbedingt mit ihm in die Berge. Mir war meine eigene Grenze als Kletterer bewusst. Auch fehlte mir neben dem Beruf meistens die Zeit zum Trainieren. Große Klassiker wie eine „Hasse-Brandler“ könnte ich weder allein noch mit einem meiner regulären Partner realisieren, die wie ich Gelegenheitskletterer waren. Da brauchte es einen bedeutend stärkeren Begleiter. Und den fand ich in Christoph.

Welche Eigenschaften haben dich an Christoph von Beginn an fasziniert?

Beim ersten Begegnen damals in der Großen-Zinne-Nordwand war mein Eindruck, hier ist jemand, der spielt mit dem Berg – und das mit einer gewissen Leichtigkeit des Seins. Diese Leichtigkeit hat mich regelrecht „angesprungen“. Ich selber war ja zuvor in die Berge gegangen, um mir eine spielerische Leichtigkeit im Umgang mit Problemen im Beruf, im Alltag, abzuholen. Und nun sah ich da jemandem, der spielte mit dem Fels, im extremsten Gelände. Da drängte sich mir gleich die Frage auf: Was muss dieser „Jemand“ eigentlich in der Lage sein, in anderen Bereichen des Lebens spielerisch leicht zu leisten?

Als wir dann zum ersten Mal gemeinsam unterwegs waren, fiel mir eine Eigenschaft an ihm sofort auf: Christoph ist als ausgesprochener

Minimalist unterwegs. Unsere erste Route war die „Via Fedele“ in der Pordoispitze-Nordwestwand, Schwierigkeit etwa IV+/V–. Die Route ist 26 Seillängen lang, bei einer Wandhöhe von 800 Metern, also rüstete ich mich mit Ersatzkleidung und Ähnlichem aus. Christoph leerte als Erstes meinen Rucksack und warf die meisten Sachen zurück ins Auto. Hammer und Haken, Brotzeitdose, Kamera … Bis ich mit fast nichts dastand.

„Brauchst alles net“, meinte er. Das Wetter würde halten und wir würden bei den moderaten Schwierigkeiten schnell unterwegs sein. Genauso war es – und weil ich nun viel weniger Gewicht trug, fiel mir auch die Kletterei bedeutend leichter. Dies war eine Erfahrung, die sich durch alle Touren mit Christoph bis heute durchzieht: dass er in Sachen Material immer sehr optimiert unterwegs ist. Er hat es wirklich perfektioniert, die Rahmenbedingungen einer Route einzuschätzen und daraufhin das Minimum an notwendiger Ausrüstung auszuwählen. Ich habe es in über 20 Jahren bei gemeinsamen Touren nicht einmal erlebt, dass er dabei falsch gelegen hätte.

Was hat Christoph deiner Meinung nach ermöglicht, diese Eigenschaften zu entwickeln?

Ich sehe bei Christoph zwei Haupteigenschaften, die er aufgrund seiner Herkunft entwickelt haben dürfte: seine Selbständigkeit und seinen Minimalismus. Er hat ja von seiner Kindheit an gelernt, auf sich selbst gestellt zu sein. Erfahrungen zu sammeln, selbständig Entscheidungen zu treffen und die Folgen abzuschätzen. Dies ist eine Prägung, die ihm sicher in seiner ganzen Bergsteigerkarriere zugutegekommen ist. Am Berg, in großen Wänden und insbesondere bei Alleingängen ist man ja im Wesentlichen auf sich selbst gestellt und muss, basierend auf dem eigenen Erfahrungsschatz, Entscheidungen treffen. Zudem hat Christoph gelernt, mit wenigen Mitteln auszukommen – und damit sowohl sein Glück zu versuchen wie auch schlussendlich glücklich zu sein. Solche Erfahrungen prägen einen Menschen, machen ihn frei und unabhängig.

Heute hat man bisweilen den Eindruck, dass Kindern und Jugendlichen der Raum genommen wird, um selbst Erfahrungen zu machen und zu lernen, eigenständig Entscheidungen zu treffen und mit den Konsequenzen zu leben. „Helikopter-Eltern“ ist da nur ein Stichwort. Auf der anderen

Seite scheinen dieselben Kinder und Jugendlichen ein übertriebenes Maß an Besitz zu brauchen – Handy, Computer, Markenware und so weiter –, um ihren Platz in der Gesellschaft einzunehmen. Christoph ist da eigentlich den umgekehrten Weg gegangen und hat selbständig mit sehr wenig „Haben" in die Gesellschaft hineingefunden. Er hat immer wieder aus wenig viel gemacht, bis heute.

Haben solche Eigenschaften eines Bergsteigers eine Bedeutung in der Welt eines Unternehmens?

Für mich sind Selbständigkeit und Minimalismus auch im alltäglichen Leben und im Unternehmen eindeutige Erfolgsfaktoren. Wenn Mitarbeiter – und zwar auf allen Ebenen – ständig an die Hand genommen werden müssten, funktioniert es nicht. Und das Prinzip „Weniger ist mehr" ist in vielen Lebensbereichen bedeutsam. Ob es sich um psychischen Ballast handelt, um reales Material und Gewicht bis hin zum eigenen Körpergewicht (*lacht*), oder wenn in einem Unternehmen ein Arbeitsprozess zu detailliert und zeitaufwändig angelegt ist: Zu viel Ballast behindert ein Vorwärtskommen und verringert Schnelligkeit wie Flexibilität. Abgesehen davon wird ein vernünftiger Umgang mit unseren Ressourcen generell immer wichtiger, auch wenn man oft das Gefühl hat, dass stattdessen der Ruf nach immer mehr ertönt. Dabei fehlt es uns in vielen Bereichen oft nicht an mehr Mitteln, sondern an Ideen, wie die vorhandenen Mittel am besten eingesetzt werden.

Zwei weitere bedeutende Eigenschaften, die ich bei Christoph sehe, sind der Blick für ein übergeordnetes Großes und Ganzes wie auch die Fähigkeit, auf kleinste Details zu achten.

Gemeinsam eröffneten wir 2011 eine Neutour am Grünstein in der Nähe der Coburger Hütte, den „Heinz-Engel-Gedächtnisweg" (VIII–) in Erinnerung an meinen kurz zuvor verstorbenen Vater. Christoph sah sofort eine mögliche Linie, ja er hatte bereits aus der Entfernung ein Gespür für die Schwierigkeiten einzelner Passagen. Wir stiegen in die Wand ein und erlebten es nur zwei Mal, dass unser projektierter Weg in einer Sackgasse endete. Die grobe Linie stimmte! Wenige Meter links oder rechts fand sich immer eine gangbare Fortsetzung. Im übertragenen Sinne könnte man sagen: Christoph behielt das Ziel und den wahrscheinlichsten Weg dorthin stets im Auge, war aber in den Details flexibel und anpassungsfähig.

Christophs Detailblick wiederum erlebte ich eindrücklich in der „Via Kammerlander" (VI/VII) in der Südsüdostwand des Ciampac in der Sella. Dort wunderte ich mich in einer Seillänge, warum er unvermittelt äußerst langsam und bedächtig um einen blockigen Wulst kletterte. Im Nachstieg flog ich dann an diesem Wulst mit einem Felsblock von der Größe zweier Bowlingkugeln zwei Meter ins Seil. Am Stand sagte mir Christoph, er habe diesen Block nicht einmal angefasst. Ihm war ein feiner Haarriss am unteren Ende des Blocks aufgefallen, aus dem eine kleine Wasserspur austrat. Daraus schloss er, dass der Block keine feste Verbindung mit der Wand mehr hatte. Mir war dieses kleine, aber wichtige Detail offensichtlich entgangen.

Ein guter Weit-, aber auch Detailblick hat in einem unternehmerischen Projekt gleichermaßen eine große Bedeutung: Es gibt ein klares Ziel, aber der Weg dorthin ist nicht immer ohne Stolperfallen. Deshalb ist es zunächst wichtig, die Machbarkeit – den „Schwierigkeitsgrad" – richtig einzuschätzen. Daraus ergibt sich die planerische Herangehensweise. Zu dieser Ersteinschätzung zählen, mit welchen Mitteln, mit wem und in welcher Zeit das Ziel zu erreichen ist. Das Scheitern eines Projektes lässt sich fast immer auf eine Fehleinschätzung einer dieser drei Faktoren zurückführen. In diesen Dingen realistisch zu sein – und damit richtig zu liegen – ist sowohl eine Sache der Erfahrung wie auch der Persönlichkeit. Beides verschmilzt hier. Es bedarf der überlegten Auseinandersetzung mit dem Projekt sowie der Bereitschaft, Fragen zu stellen und auch einmal einen guten Rat anzunehmen. Das sind klare Erfolgsfaktoren. Dagegen führt überambitioniertes Vorpreschen meist automatisch zu Misserfolg.

Für das erfolgreiche, ganzheitliche Funktionieren eines Unternehmens sind auch nicht nur die großen „Gipfel" und „Leuchttürme", die im Scheinwerferlicht des „Weitblicks" stehen, essenziell. Vielmehr ist darauf zu achten, dass jeder Teilbereich im Detail sich gleichermaßen als wichtig erachtet und dies auch so wahrnimmt. Mancher Mitarbeiter mag denken, er oder sie sei mit seiner Aufgabe nur ein kleines unbedeutendes Rädchen in einer großen Maschinerie. Dabei hängt es aber oft von genau diesen kleinen, aber sehr wichtigen Entscheidungen auf der Detailebene ab, ob das Unternehmen als Ganzes funktioniert. Hier kann man als Führungskraft viel bewirken, wenn man den Mitarbeiterinnen und Mitarbeitern das Gefühl gibt, dass jeder an seinem Platz – egal wo das ist – eine wichtige und wertvolle Aufgabe hat. Diese Wertschätzung ist ein sehr bedeutender Schlüssel zu Leistungsbereitschaft und Motivation.

Hier klingt bereits das Thema Menschenführung an, das ja auch beim Bergführen eine große Rolle spielt. Welche Qualitäten siehst du da als Gast bei Christoph?

Ich bin mit Christoph einige „Feuchte-Finger-Routen" geklettert: große, schwierige Klassiker, bei denen schon der Name für ein flaues Gefühl in der Magengrube sorgt. Da ist es eine herausragende Eigenschaft von Christoph, dass er Ruhe ausstrahlt und diese auch auf seinen Gast überträgt. Allein schon durch seine Wortwahl, aber letztendlich durch sein gesamtes Tun. Er sichert dich, baut am Stand die Sicherung um, übernimmt das Material, klettert weiter – ruhig und flüssig, so als sei es eine Selbstverständlichkeit und selbst schwieriges Gelände ein Spaziergang. So sorgt er dafür, dass du gedanklich zur Ruhe kommst und Schwierigkeiten wie auch etwaige Gefahren gut meistern kannst.

Am deutlichsten wurde mir dies bei einer gemeinsamen Durchsteigung der „Hasse-Brandler" in der Großen-Zinne-Nordwand. Ich wollte die Direttissima zuvor bereits mit einem Freund klettern, aber ein mulmiges Gefühl trieb uns vor dem Einstieg zurück. Die Schwierigkeiten liegen immerhin bei VII/Ao oder frei geklettert bei VIII+. In vielen Beschreibungen der Route hatten wir von einem „point of no return" gelesen. Würde man über diesen hinausklettern, gäbe es nur noch den Weg nach oben aus der Wand, weil Abseilen unmöglich geworden ist. Ein solches „Verdammtsein zum Erfolg" erzeugt einen Druck, der damals für uns einfach zu groß war.

Nun, in den kritischen Stellen der Großen Verschneidung – eine Reihe von übereinanderliegenden Dächern, wie eine umgekehrte Riesentreppe – hat Christoph die Seillängen so geschickt verkürzt, dass er ständig in Sicht- und Sprechkontakt mit mir und Claudia sein konnte, die uns damals begleitete. Mit dieser Technik und seinen ruhigen Anweisungen brachte er uns gut durch diese heikle Passage. Er gab mir das Gefühl, dass immer jemand da und ich nie allein war. Dies war wichtig, denn die Eigenart dieser Dachzone ist es, dass es nach dem Überklettern von einem Überhang dahinter vielleicht noch zehn Meter hinaufgeht und der Kletterpartner im Nu außer Sicht- und Hörweite ist. Dies gibt dir wirklich das Gefühl, mit höchsten Schwierigkeiten ganz allein konfrontiert zu sein. Und wenn du in diesen Dächern stürzt, hängst du frei in der Luft, kommst nicht mehr an die Wand und demzufolge auch nicht mehr hinauf. Dem allen hat Christoph mit seiner Ruhe und Taktik entgegengewirkt.

Hierin zeigte sich auch, wie stark sich Christoph auf seinen jeweiligen Gast oder Kletterpartner und dessen Bedürfnisse einzustellen vermag. Er hat ein gutes Einschätzungsvermögen und weiß, welche Routen für wen geeignet sind, welche Unterstützung dieser braucht und wie er jeden individuell führen muss.

Führungskräfte in Unternehmen sehen in Spitzenbergsteigern gerne Identifikationsfiguren. „Ganz oben stehen" oder „Grenzen verschieben" sind beliebte Analogien. Wie siehst du Christoph unter diesem Gesichtspunkt?

Es geht bei diesen Vergleichen meist um Spitzenpositionen und -leistungen. Gleich und gleich gesellt sich gern – und so spielt man sich „auf höchster Ebene" die Bälle zu. Da fehlt manchmal vielleicht ein bescheidener, demütiger Blick zu den eigenen Wurzeln.

Deshalb beeindruckt und berührt mich, dass Christoph so deutlich betont, wie wichtig für ihn der Boden ist, auf dem er steht. Seine eigene stabile Persönlichkeit und ganz wesentlich seine Lebensgefährtin Gerda sind für ihn Ruhepol und Mitte. Beide sorgen dafür, dass er nach einer Höchstleistung wieder in den Alltag zurückfindet und „runterkommt". Sie halten ihn gesund, lassen ihn „funktionieren" und regenerieren, und ermöglichen dadurch erst wieder neue Höchstleistungen. Über diesen Zusammenhang lohnt es sich, in einem größeren Rahmen nachzudenken.

Auch in einem Unternehmen braucht es eine solche Mitte. Dort ist es die Mehrheit der Mitarbeiter, die einfach nur einen guten Job machen, ohne viel Aufhebens. Sie gehen jeden Tag auf die Arbeit und leisten ihren Beitrag, dass das Unternehmen funktioniert. Wenn ein Unternehmen beispielsweise nach außergewöhnlichen Anforderungen wieder auf ein Normalniveau zurückfällt – denn Höchstleistungen können nicht un-

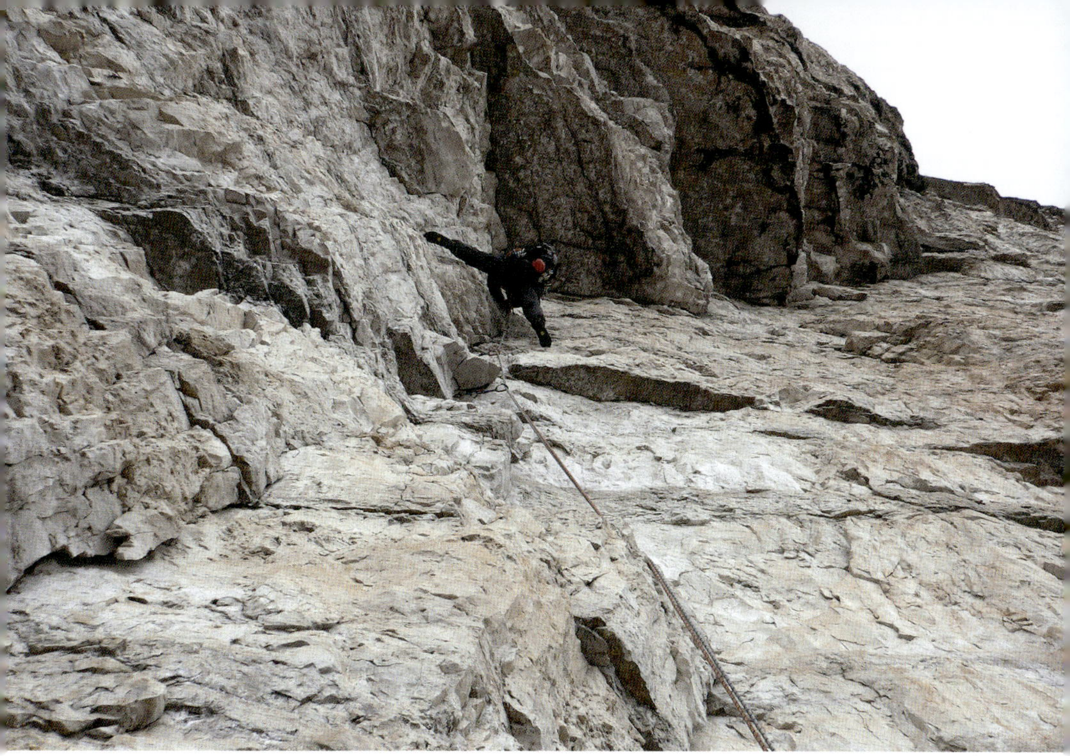

Als Bergführer von Thomas Engel in der „Hasse-Brandler", Große-Zinne-Nordwand.

unterbrochen geliefert werden –, dann ist es diese tragende Schicht, die dafür sorgt, dass der Betrieb weiter funktioniert und für die nächsten Herausforderungen gewappnet ist.

Für unsere Gesellschaft ist die Mitte, der Mittelstand, das eigentlich tragende Element. Gleichzeitig wird diese Mitte aber wenig wahrgenommen, weil sie oft eine schweigende Mehrheit darstellt. Die Mitte der Gesellschaft funktioniert einfach, meist unauffällig und unaufgeregt. Und so lange diese Mitte funktioniert, können wir uns die Ränder der Gesellschaft leisten – in beiden Richtungen, links wie rechts, nach oben wie unten. Wenn wir allerdings zunehmend mehr Ränder haben und weniger Mitte, dann gerät unser Gesellschaftssystem aus der Balance. Aus diesem Grund ist die Mitte, der Mittelstand, systemrelevant, und ist dies schon immer gewesen.

Die Mitte ist Fangnetz und Startplattform zugleich.

8. Kapitel

Die Freiheit allein: Fitz Roy solo in neun Stunden

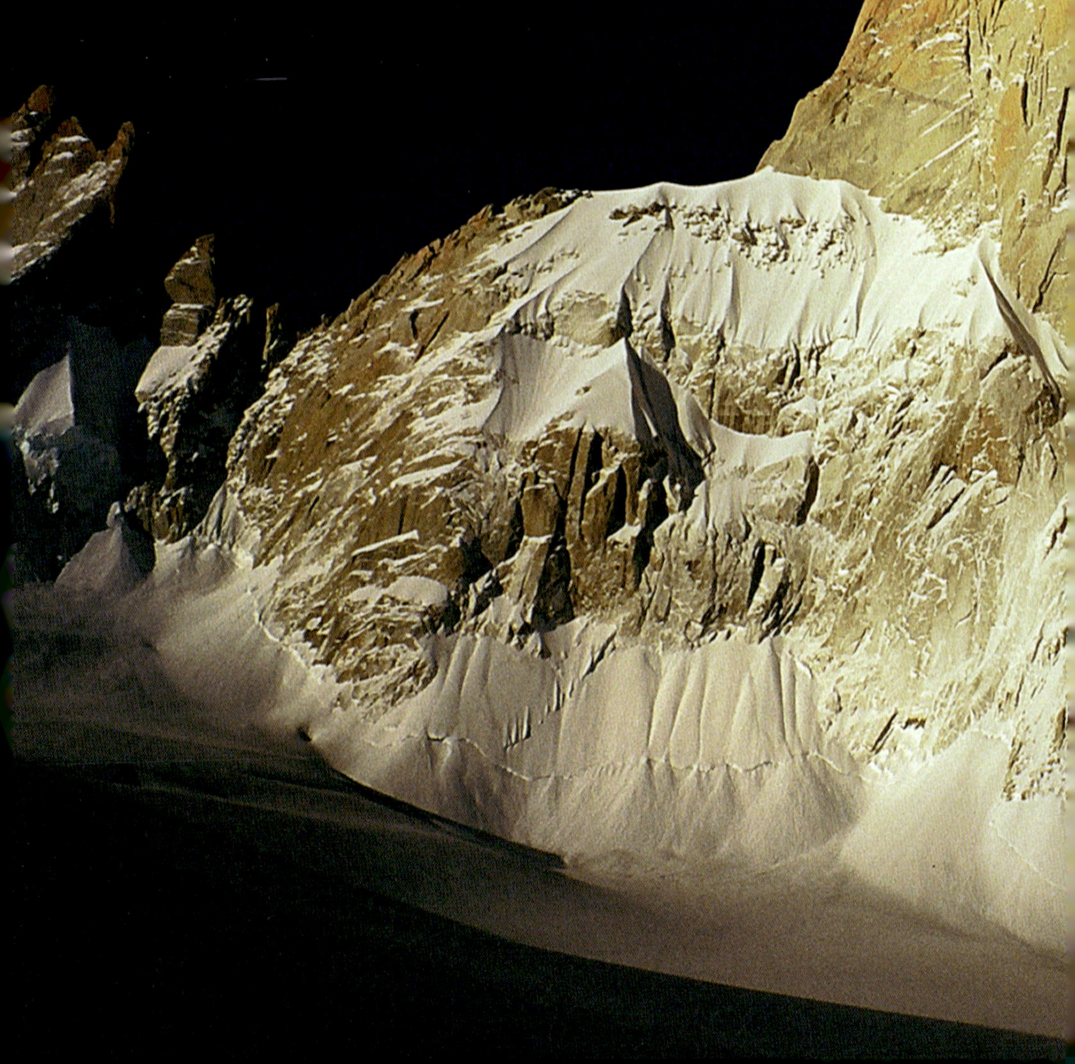

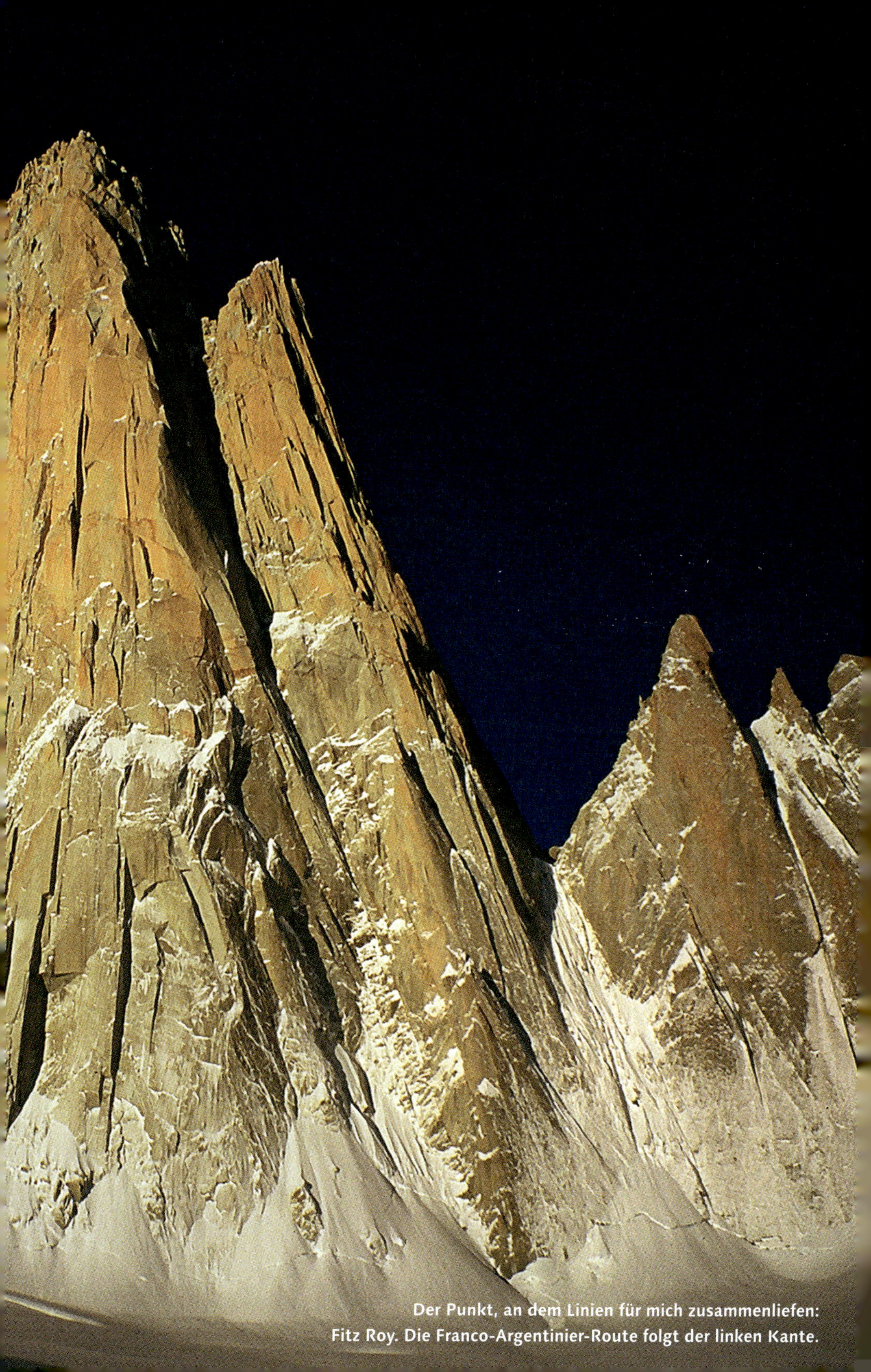

Der Punkt, an dem Linien für mich zusammenliefen:
Fitz Roy. Die Franco-Argentinier-Route folgt der linken Kante.

In seinem Buch *In Patagonien – Reise in ein fernes Land* schrieb der englische Schriftsteller Bruce Chatwin: „Das Wort ‚Patagonien' setzte sich in der abendländischen Fantasie als eine Metapher für das Äußerste fest, den Punkt, über den man nicht hinausgehen konnte." Eine Definition, die lange Zeit auch für Kletterer galt. Die Granitnadeln und -dome der patagonischen Berge zählten zu den schwierigsten Gipfeln der Welt; das patagonische Wetter mit seinen alles niederfegenden Winden war berüchtigt wie legendär. Mit den Jahren haben sich auch diese Mythen relativiert, aber die Anziehungskraft dieser Landschaft an der Südspitze Südamerikas blieb bestehen – und erfasste auch mich.

Mit meiner damaligen Frau Claudia wollte ich im Dezember 1994 einfach nur dieses Land erleben, wir wollten als Trekkingtouristen durch die Täler rund um Cerro Torre und Fitz Roy wandern, um diese unvergleichlichen Gipfel einmal aus der Nähe zu sehen. Das Dorf El Chaltén, Ausgangsort für die Besteigungen und Rückzugsort bei langen Schlechtwetterperioden, war damals noch eine Ansammlung von vielleicht dreißig Häusern. Eine Hauptattraktion war „La Chocolatería", eine rustikale Hütte mit einem auf Holzstämmen aufgebockten oberen Stockwerk, dessen große Fensterscheiben einen Paradeblick auf den Fitz Roy boten. Bei einer großen Tasse Kakao und einem Stück handgemachter Schokolade bekam man Lust auf mehr – von allem …

Wir zogen los mit unserem Zelt und wanderten die gut zwei Stunden zum Basislager am Rio Blanco. Während der oft langen Wartezeiten im patagonischen Wetter hatten die Kletterer dort Behausungen gebaut, einfache Konstruktionen aus Baumstämmen und mit einer Nylonplane als Dach, die nun Jahr für Jahr Fitz-Roy-Aspiranten als Unterkunft dienten. Gleiches gab es drüben am Cerro Torre im „Bridwell-Camp" oder auf der Nordostseite des Massivs bei Piedra del Fraile, wohin wir Ausflüge unternahmen.

Es war unvermeidlich, dass dabei der Lockruf des Berges immer lauter wurde. Als wir einmal vorbei an der türkisblauen Lagune des Lago de los Tres zum Passo Superior aufstiegen und zum Redras-Blancas-Gletscher hinübergingen, fanden wir dort die Schneehöhlen von zwei deutschen Teams, die in der Ostwand unterwegs waren. Einige Kletterer waren gerade in der Wand, die Zurückgebliebenen fluchten über vereiste Seile und andere typische Freuden des Bergsteigens in Patagonien. Mit Claudia ging ich noch ein Stück weiter den Gletscher hinauf in Richtung Brecha de los Italianos, wo die Erstbesteigerroute von 1952 über den Südsporn ansetzt. Wir trafen auf eine Monsterspalte, bei der ein 50-Meter-Seil nicht ausreichte, um sie zu überqueren. Wir müssen eine Belustigung für die Kletterer in der Wand geboten haben, wie wir über diesem Riesenloch entlangbalancierten. Ich fragte Claudia sogar, ob wir gemeinsam den Fitz Roy versuchen wollten, doch sie lehnte dankend ab. Für mich war der Lockruf des Berges jetzt eher ein Brüllen ...

Zurück im Basislager tat ich mich mit einer italienischen Gruppe zusammen und unternahm ein paar Tage später mit ihnen einen ersten Versuch. Inzwischen hatte es einen halben Meter Neuschnee gegeben, der uns nicht weit kommen ließ. Aber mit der weiß glitzernden Schneekruste sahen die rotbraunen Granitburgen noch fantastischer aus. Wir versuchten uns an der Aguja Guillaumet, einem der Nachbargipfel rechts vom Fitz Roy, die mit ihrer vereisten Südwand ein wenig an die Aiguille Triolet im Mont-Blanc-Gebiet erinnert. Doch auch hier versanken wir bis zum Bauch im Tiefschnee.

Der Lockruf des Berges tönte noch immer, aber ich bekam das Gefühl, dass ich ihm mit den Italienern nicht folgen konnte. Es ging mir alles viel zu langsam. Dabei wollte ich ja eigentlich gar nicht auf den Fitz Roy und war nur zum Trekking hier ... Aber diese Berge hier waren so schön, so elegant, so ganz anders als unsere Alpengipfel – ich musste da einfach rauf!

Claudia und ich hatten nach einer weiteren gemeinsamen Tour eine Nacht in den Schneehöhlen der Deutschen verbracht und packten unsere Sachen zusammen. Für uns war es an der Zeit weiterzuziehen. Den Fitz Roy hatte ich zu diesem Zeitpunkt eigentlich abgeschrieben. Beim Abstieg ins Basislager ließ ich dann aber meinen Rucksack zurück. Etwas Ausrüstung wie ein paar Friends waren noch darin, da wir auf dem Weg nach Patagonien in Bariloche ein paar kürzere Klettereien unternommen hatten. Vielleicht würde ich ja noch einmal wiederkommen. Unten angekommen gab es für mich kein „vielleicht" mehr. Ich sprach mit den Italienern ab, dass wir anderntags noch vor Morgengrauen gemeinsam starten würden.

Nach einem wahrlichen „Früh-"stück schaute ich aus der Hütte und sah am Hang eine Reihe Lichter aus dem Wald kommen. „Ja sind die Sau-

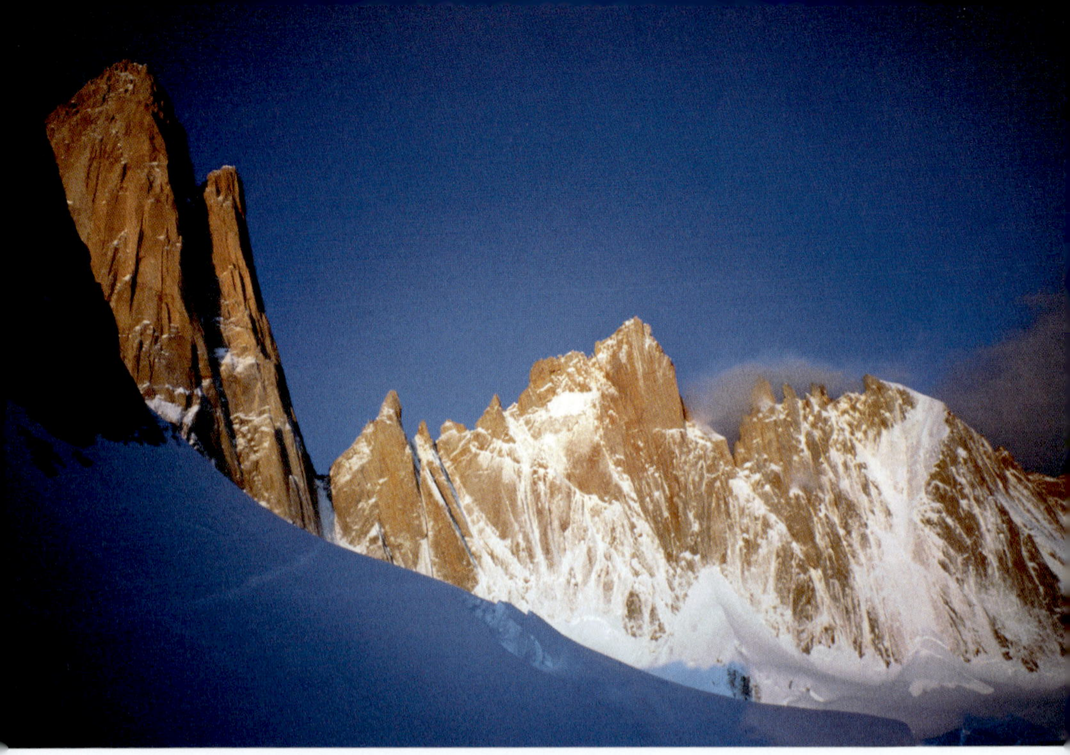

Zustieg zum Fitz Roy. Rechts vom Gipfel Aguja Mermoz und Aguja Guillaumet.

hunde ohne mich weg?!“ Schnell griff ich meine Jacke, schaltete meine Stirnlampe ein und setzte ihnen nach. Bald hatte ich sie eingeholt. Pustekuchen – das waren gar keine Italiener! Eine Trekkinggruppe war unterwegs auf einem nächtlichen Ausflug zum See und Gletscher. Meine in schlechtem Englisch vorgetragene Frage, ob jemand vor ihnen unterwegs sei, bejahten sie allerdings. Also lief ich weiter und war wenig später oben bei meinem Rucksack am Lago de los Tres. Allein saß ich unter dem Sternenhimmel. Um mich herum keine Menschenseele. Im Wald um das Basislager regten sich weitere Lichter. Die Italiener brachen jetzt auf. Sollte ich auf sie warten? Nein, dann friere ich mir den A … oder sonst was ab. Ich wollte und musste in Bewegung bleiben.

Der Boden knirschte unter meinen Sohlen, als ich über das mit Raureif bedeckte Geröll und Schnee am Seeufer entlangging. Ich betrat den Gletscher und zog meine Spur hinauf zum Passo Superior. Die Schneehöhlen der Deutschen waren verlassen. Etwas weiter höher traf ich den Letzten ihrer Gruppe auf dem Weg zur Ostwand. Wir wechselten ein paar Worte, bevor er weiterging. Und in diesem Moment, wie ich dort allein auf dem oberen Redras-Blancas-Gletscher stand, war der Entschluss da: Ich würde den Fitz Roy im Alleingang versuchen. Bis dahin war diese Entscheidung in meinem Kopf noch gar nicht gereift gewesen. Nun stand sie plötzlich fest.

Mein Bauchgefühl sagte mir, dass JETZT die einzige Chance war. Ich musste sie nutzen!

Auf die Italiener würde ich jetzt mindestens zwei Stunden warten. In dieser Zeit könnte ich schon bis zur Brecho de los Italianos klettern. In der Zwischenzeit hatte ich mich mit den Details der Route auseinandergesetzt und wusste um die wichtigsten Teilstücke. Ich sah, dass die Riesenspalte nach rechts hin in eine Senke auslief, wo ich sie auch unangeseilt umgehen konnte. 100 Meter waren es jetzt noch hinauf bis zur Mündung der Rinne, die zwischen den Felsen hinaufzog zur Scharte. Der Hang war eine einzige Qual! Bis zum Bauch brach ich im Schnee ein. Da half nur, auf allen vieren aufwärts zu kriechen und zu hoffen, dass die morsche Kruste hielt. Die eigentliche Rinne war dann kein Problem. Zügig stieg ich mit den Frontzacken meiner Steigeisen im 55 Grad steilen Eis höher, wobei ich die Hauen meiner Eisgeräte nur leicht in den Hang drückte, um das Gleichgewicht zu halten. Einzig an der Unterbrechungsstelle der Rinne, einem sechs bis acht Meter hohen senkrechten Eisfall, wechselte ich die Technik, schlug die Geräte präzise ein und zog mich an den Schäften höher. Schnell war das Hindernis überwunden. Die Fortsetzung der Rinne mit ein paar kurzen Steilaufschwüngen lag bald unter mir und ich stand in der Scharte, einem kleinen Schneesattel, eingepfercht zwischen rotbraunen Granittürmen. In den Felsen waren einige Biwakplätze eingeebnet; viele Seilschaften brachen von hier aus zur Besteigung auf.

Ich kletterte gleich weiter, hielt mich knapp links vom Grat, erst über verschneites Blockgelände, dann über Schnee. Jetzt erblickte ich zum ersten Mal den gewaltigen domartigen Gipfelaufbau des Fitz Roy. Steile Felspfeiler standen aneinandergereiht wie Orgelpfeifen und türmten sich zu einer Kuppel aus braungrauem Granit auf. Über die mittlere Kante, welche die Südwestwand von der Südostwand trennt, verlief mein geplanter Weg, die Franco-Argentinier-Route. Dann sah ich den Einstieg: eine 40 Meter hohe graue Platte, glatt wie eine Betonmauer, durch die ein einziger, etwa drei Zentimeter breiter kerzengerader Riss zog. Mein erster Gedanke war: „Scheiße. Da kommst du nie hoch!"

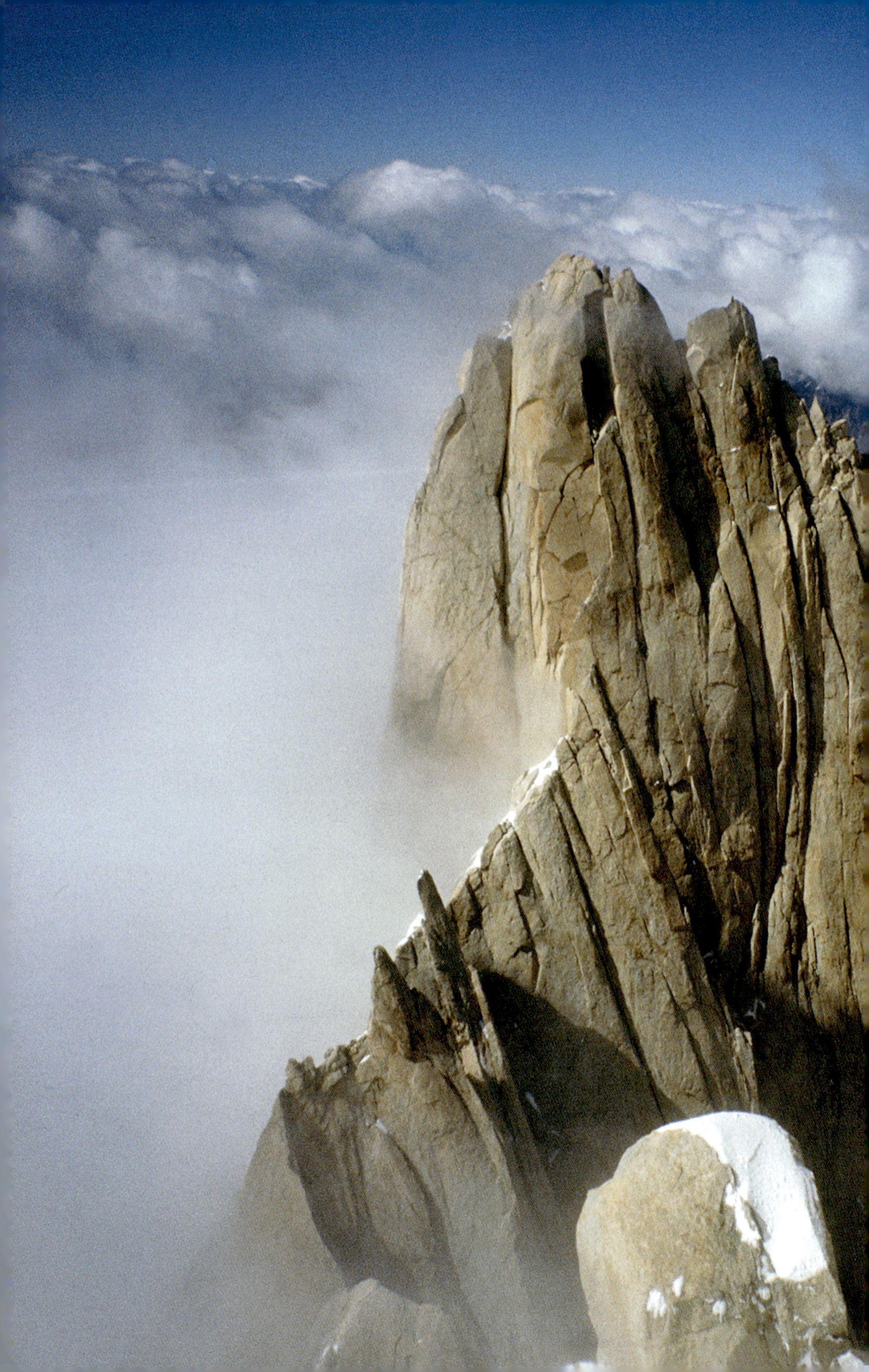

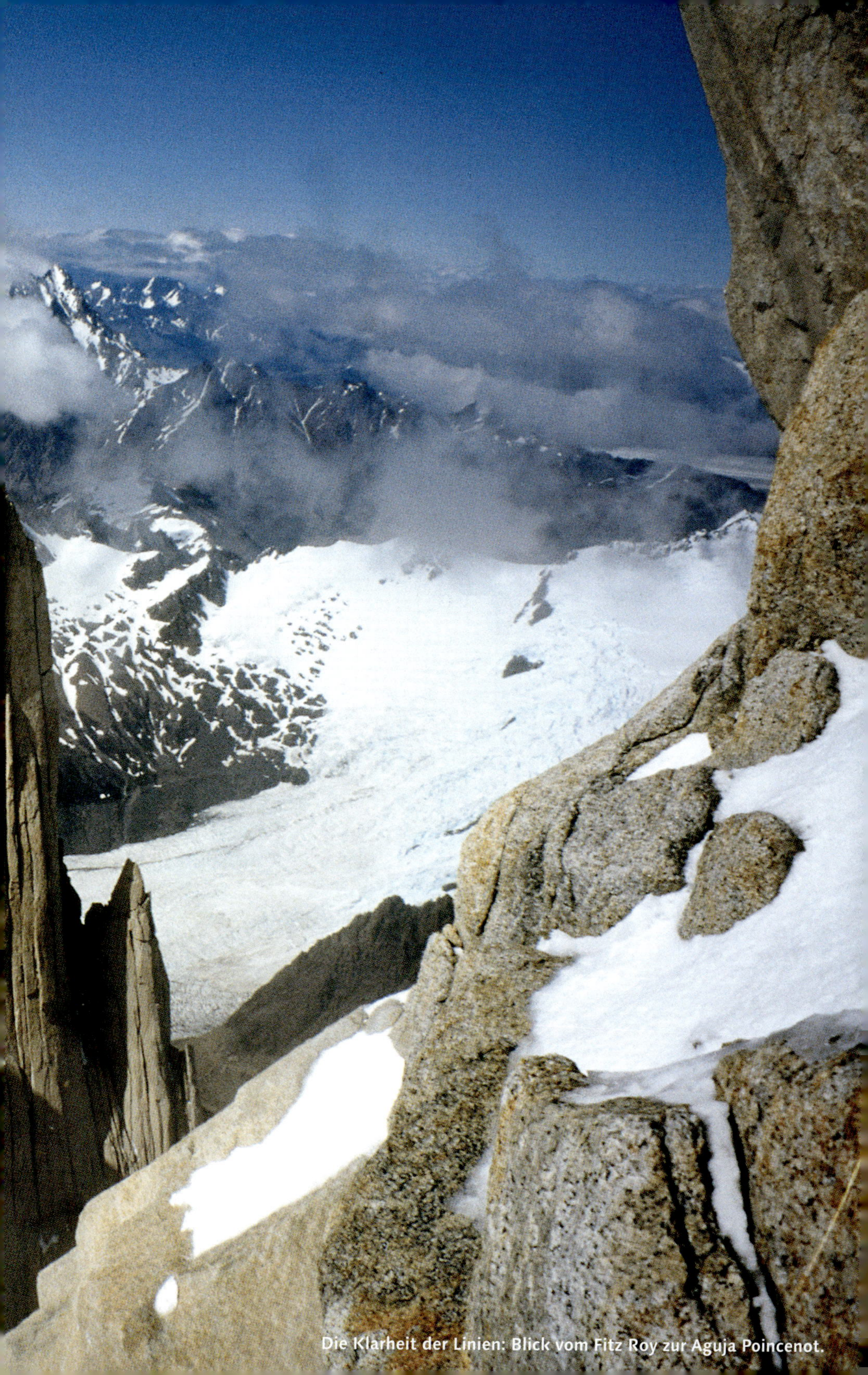

Die Klarheit der Linien: Blick vom Fitz Roy zur Aguja Poincenot.

Als Erstes überlegte ich, nach links zur Kalifornier-Route über den Südwestpfeiler hinüberzuqueren, die etwas leichter ist. Dazu hätte ich vom Grat zunächst etwa 50 Meter über steile verschneite Platten absteigen müssen. Der Schnee war oberflächlich verfestigt und trug eine heimtückische Kruste. Wenn da ein Tritt ausbräche oder ein Schneebrett abginge, läge ich im Nu in einer der vielen Spalten auf dem Torre-Gletscher 1000 Meter tiefer. Nach zehn Metern kletterte ich wieder zurück. So blieben mir nur zwei Möglichkeiten: der Riss der Franco-Argentinier-Route – oder absteigen. Wieder war es eine schnell gefasste Entscheidung, offensiv und vorwärts orientiert: Ich würde den Riss klettern.

Nachdem ich mich mit den beiden passenden Friends den Riss hinaufgearbeitet hatte, erreichte ich einen Standplatz hinter einem Zacken. Unter dem Ausstieg hingen Reste von Fixseilen und ein teilweise ins Eis eingefrorenes Stück einer Drahtkabelleiter, wie sie Höhlenforscher benutzten. Es gab offensichtlich noch andere Mittel und Wege, diesem Riss beizukommen! Vom Stand weg setzte sich der Riss als geneigtere, nach rechts geöffnete stumpfwinklige Verschneidung fort. Hier brauchte ich mich weniger auf die Friends zu verlassen und konnte wirklich klettern. In dieser wie auch der dritten Seillänge sicherte ich mich an meinem 50-Meter-Seil mit einer Prusikschlinge, so wie ich es auch in der Eiger-Nordwand praktiziert hatte. Allerdings verlor ich beim Klettern eines meiner Eisgeräte – egal, die verbleibenden Eispassagen mussten dann halt mit nur einem Gerät gehen.

Auf den ersten 300 Metern blieb ich im Fels und kletterte mit Reibungskletterschuhen. Um im Bedarfsfall schneller wechseln zu können, ließ ich die Steigeisen an den Bergschuhen und hängte mir diese hinten an den Klettergurt. Ab der Mitte, wo die Route von einem kleinen, blanken Eisfeld weg mehr linkshaltend verlief, suchte ich eher die Eispassagen. Die Eisschicht auf den Platten war zwar dünn und etwa 70 Grad steil, aber sie hielt gut. Zudem gab es immer wieder eingefrorene Felszacken, an denen ich mich festhalten konnte. Geschwindigkeit war der entscheidende Faktor, weshalb ich mich auch dazu entschlossen hatte, meinen Rucksack am Einstieg zurückzulassen. Das Wetter hatte sich gewandelt und das beflügelte mich: War es bis dahin überwiegend bedeckt gewesen und hatte zeitweise sogar gegraupelt, so herrschte jetzt ein strahlend blauer Himmel. Jetzt hatte ich wirklich eine Chance!

Haken und Seilfetzen von früheren Begehungen wiesen mir den Weg immer weiter nach oben. Durch den letzten steilen Felsriegel vor der flacheren Gipfelabdachung verlief links der Kante eine steile Verschneidung, deren Wände wie bei einem gotischen Fenster spitz zusammenliefen und einen Überhang bildeten. Im Überhang steckte ein mit dem Hammer festgeklopfter Klemmkeil – der Schlüssel zur Überwindung dieser Stelle. Noch einmal sicherte ich mich selbst. Argwöhnisch musterte ich das Stück Metall, wie es so im Fels steckte. Nur mit Mühe gelang es mir, einen Karabiner in die hervorstehende Drahtseilschlaufe einzuhängen. Ein kurzer Blick in die Tiefe. „Wenn ich hier falle, dann war's das. Trotz Seil." Ich hielt den Atem an und starrte auf den Keil, so als könne ich ihn mit den Augen noch fester in den Riss drücken. „Du musst jetzt einfach halten …"

Der Keil hielt mein Gewicht, ich zog durch und bekam wenig später einen soliden Haken zu fassen. Geschafft! Der Fels legte sich zurück, wurde blockiger, und ein 150 Meter hohes Eisfeld führte fast direkt zum Gipfel. Ich band mir das Seil auf den Rücken und wechselte nochmals in die Bergschuhe. Die letzten Meter waren ein regelrechtes Fest: Der feuchte Wind hatte das Eis und die Felsen mit großen Raureifkristallen tapeziert, die tausendfach in der Sonne funkelten – und durch die ich nun aufwärts stieg.

Claudia war an diesem Tag vom Basislager nach El Chaltén gegangen. Als sie im Ort italienische Stimmen hörte, sprach sie die Leute an. Es war eine Gruppe um Casimiro Ferrari, den Erstbegeher der Cerro-Torre-Westwand und nach heutigem Kenntnisstand wahrscheinlich auch den Erstbesteiger des einmaligen Turms. Er stand in Funkverbindung mit der italienischen Gruppe am Fitz Roy. So erfuhr Claudia, dass ich tatsächlich am Berg unterwegs war. Auch eines der deutschen Teams vom Fitz Roy war in El Chaltén, wo es gerade einen Rasttag einlegte. Einer der Kletterer war der bekannte Alpinjournalist und Buchautor Tom Dauer, der sich 24 Jahre später in einer E-Mail an Jochen Hemmleb noch immer gut an diesen Tag erinnerte:

„Zusammen mit Claudia haben wir durch ein Fernglas beobachtet, wie Christoph unglaublich schnell in den Ausstiegsseillängen und über den Grat Richtung Gipfel geklettert ist. Claudia hatte damals furchtbar Sor-

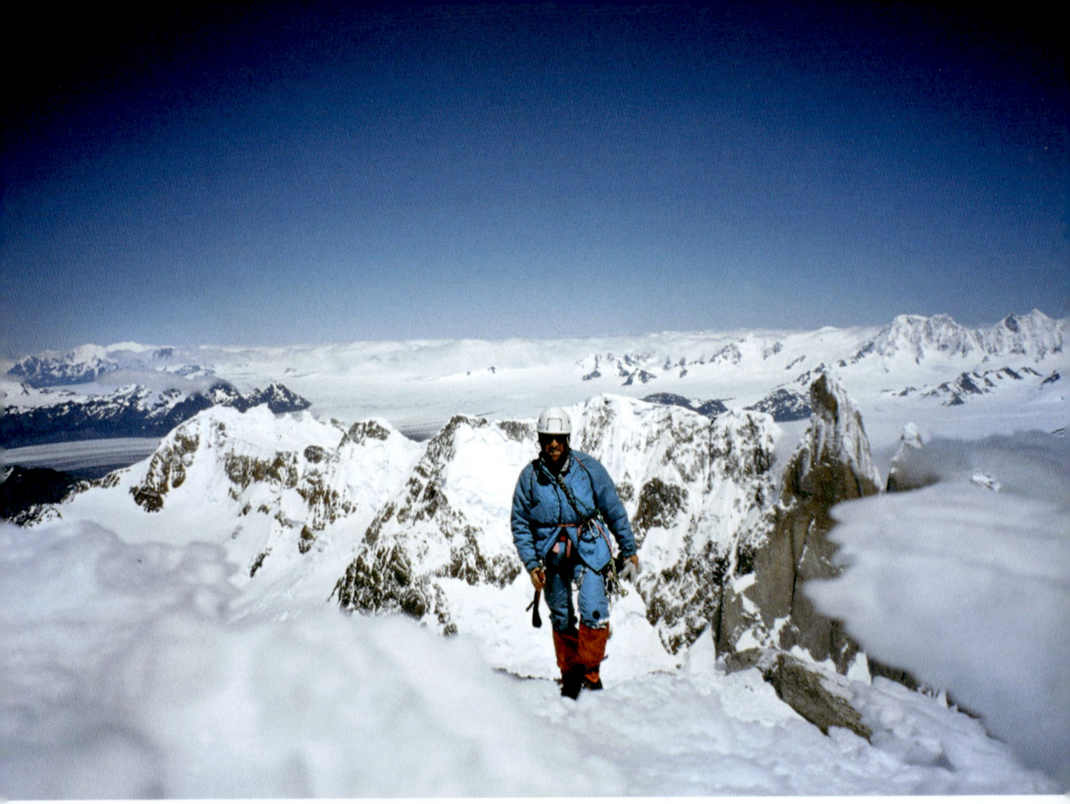

Die letzten Schritte zum Gipfel. Im Mittelgrund rechts der Cerro Torre.

ge um Christoph, richtig Angst. Das war nicht schön zu beobachten, und Michi [Wärthl] und ich haben damals gesagt, dass wir nie Partner oder Kinder in so eine Situation bringen wollen ... Christophs Leistung hat uns damals unglaublich beeindruckt, und das tut sie bis heute!“

Was mir vom Gipfel, den ich gegen 11 Uhr vormittags betrat, am meisten in Erinnerung blieb, waren die Temperaturgegensätze: Auf der Ostseite, von der ich gekommen war, war es sonnig warm; auf der Westseite, die zum Inlandeis zeigt, war es hingegen bitterkalt. Wirklich genießen konnte ich diese Momente jedoch nicht, zu nervös machten mich die Wolken, die am gegenüberliegenden Cerro Torre aufzogen. Das kurze Schönwetterfenster, das ich genutzt hatte, war bereits wieder dabei, sich zu schließen! Ich blieb nur zehn Minuten auf dem höchsten Punkt. Das drohende Schlechtwetter stresste mich richtig. Wenn ich dann allein hier oben wäre, wäre es reichlich besch...eiden. Ich fühlte mich unheimlich exponiert, verwundbar. Ein paar Fotos, dann nix wie weg!

Rasch kletterte ich über die Gipfelkuppe ab, am steilen Pfeiler darunter seilte ich immer wieder ab. Kurze Strecken nur, denn ich konnte nicht riskieren, dass sich das Seil irgendwo verhängte. Als ich am Standplatz über der Einstiegsseillänge eintraf, entstieg gerade der Führende der Italiener dem Riss. Wir unterhielten uns und er sagte mir, dass ihnen die Route zu schwierig war. Sie würden umkehren. Da ich ebenfalls am Abseilen war, beschlossen wir, gemeinsam abzusteigen. Die übrige Gruppe bereitete mir einen herzlichen Empfang, reichte mir Käse und Tee. Zur Brecha hinauf hatten die Italiener Fixseile gelegt, an denen wir sicher und schnell auf den Gletscher gelangten. Wir montierten die Seile ab und ich half mit, die Bündel hinab ins Basislager zu tragen. In der Zwischenzeit war Claudia wieder ins Lager zurückgekehrt und hatte auf dem Feuer in einem improvisierten Ofen einen Kuchen gezaubert. Er schmeckte köstlich!

Für meine Solobesteigung vom Basislager zum Gipfel hatte ich neun Stunden gebraucht. Es war die zweite Solobegehung der Franco-Argentinier-Route. Der argentinische Extrembergsteiger und intime Patagonien-Kenner Rolando Garibotti bezeichnete sie fast ein Vierteljahrhundert danach noch immer als „eine der schnellsten, oder gar die schnellste Besteigung des Cerro Fitz Roy“.

Die Erstbegehung am Shivling mit Hans Kammerlander im Jahr zuvor war von Beginn an als solche geplant gewesen und wurde auch so vermarktet. Der Fitz Roy war nichts dergleichen. Der Alleingang war eine spontane, ungeplante Aktion. Als sie gelungen war, verspürte ich in mir eine große Genugtuung und innere Zufriedenheit. Das war alles.

Alle medialen Reaktionen oder Auszeichnungen, wie ich sie zum Beispiel vom bekannten Kletterclub Ragni di Lecco erhielt, kamen von außen, ohne mein eigenes Zutun. Weil der Erfolg eine so private Angelegenheit war, ist mein Alleingang auf den Fitz Roy die Tour, die mir bis heute persönlich am meisten bedeutet.

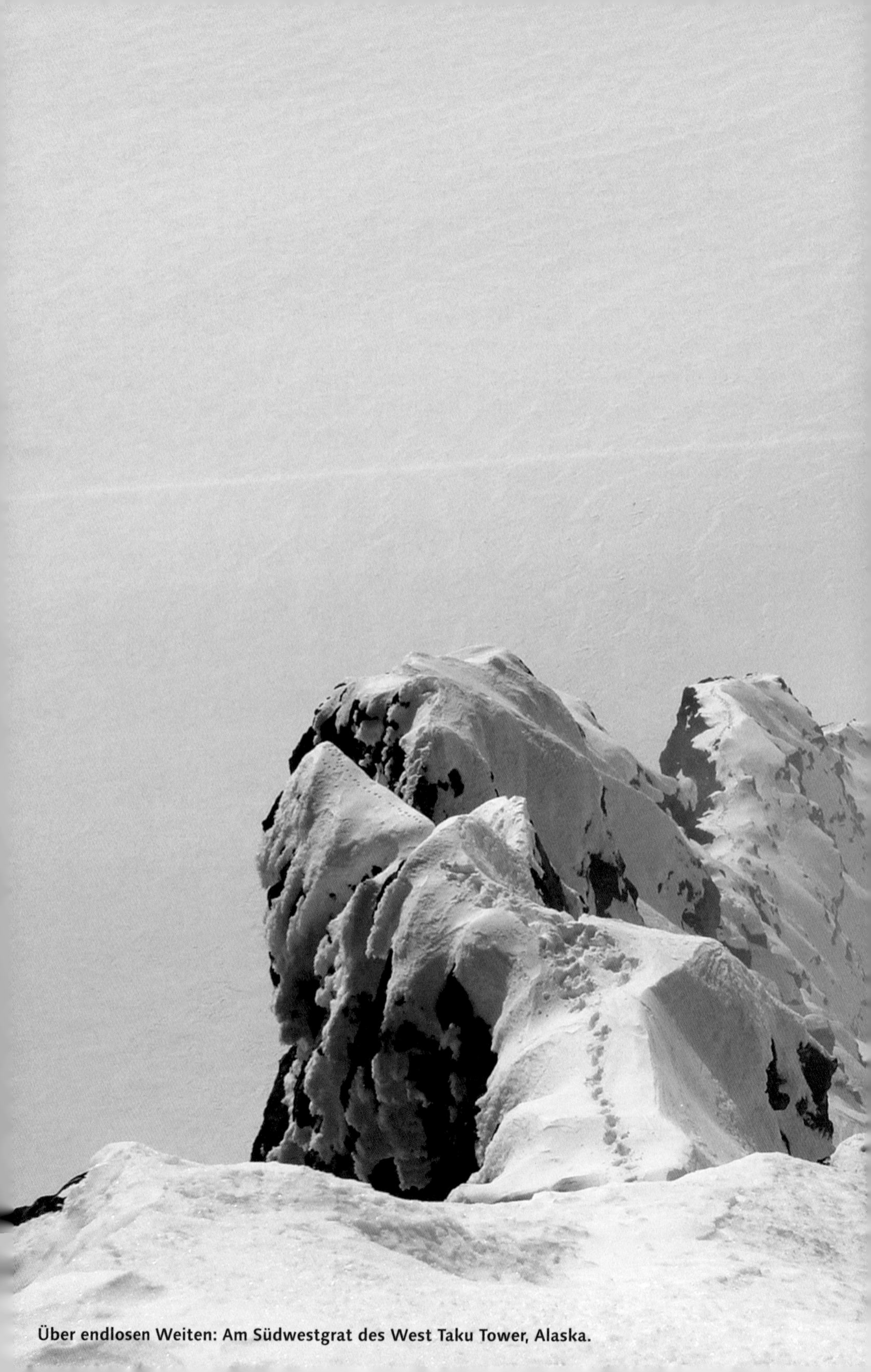

Über endlosen Weiten: Am Südwestgrat des West Taku Tower, Alaska.

9. Kapitel

In alle vier Winde – Klettern weltweit

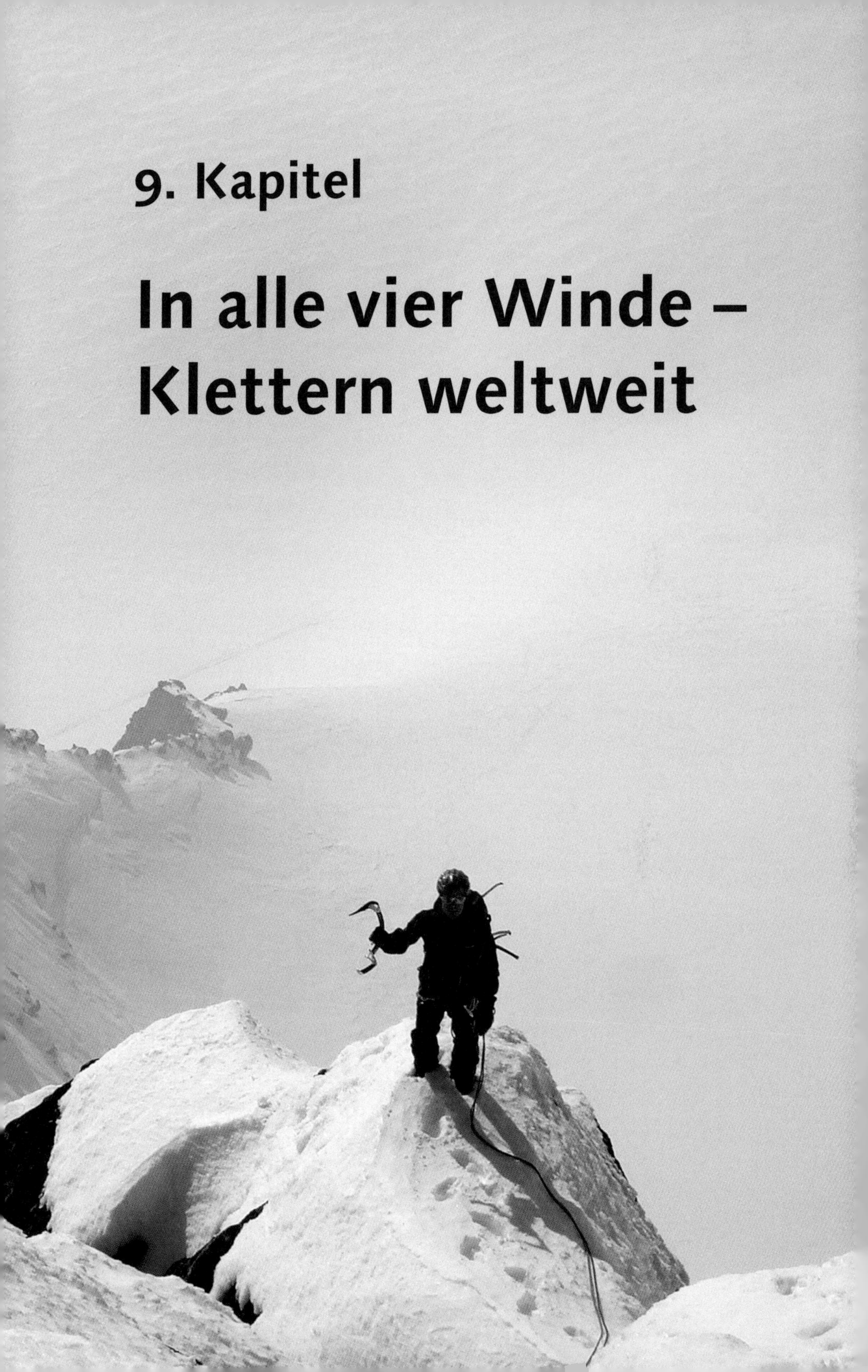

GO WEST – EL CAPITAN

Obwohl es mir in den Dolomiten an Klettermöglichkeiten nicht mangelt, haben mich steile, hohe Wände oder schwierige Sportkletterrouten in unterschiedlichsten Ecken der Welt immer wieder gelockt. Insbesondere an einem Ziel kam ich als Kletterer nicht vorbei: dem kalifornischen Yosemite Valley und seinem Schaustück, der 1000 Meter hohen Granitmauer des El Capitan. Die bekannteste und am meisten begangene Route am El Capitan ist „The Nose“ entlang der hervorspringenden Südkante. Durch die Südwestwand links davon mit ihrer markanten Felsausbuchtung, dem „Heart“, ihren lotrechten Verschneidungen und Plattenschilden legten 1961 Royal Robbins, Chuck Pratt und Tom Frost die „Salathé Wall“. Mit 35 Seillängen ist sie eine der längsten El-Cap-Touren und sie genoss lange Zeit den Ruf als „schönste Felsroute der Welt“.

Claudia und ich reisten 1991 ins „gelobte Land“ des Kletterns und quartierten uns im Camp 4 ein, dem legendären Kletterer-Treffpunkt. Natürlich stand der El Capitan ganz oben auf meiner Wunschliste. Im Lager trafen wir Stefan Winter, Sportphilologe und heute Ressortleiter beim Deutschen Alpenverein. Mit ihm taten wir uns zusammen. Er klärte mich schon bald auf, dass meine Dolomiten-Standardausrüstung – ein paar Friends, Klemmkeile und Felshaken – für eine Yosemite-Bigwall bei weitem nicht ausreichte. Von vielen der Schätze, die er hervorkramte – Keile und Klemmgeräte in Unter- und Übergrößen, Mikro-Haken und so weiter –, hatte ich zu diesem Zeitpunkt nicht einmal gewusst. Als ich den ganzen Haufen sah, dachte ich, wir ziehen in den Krieg! Neu war mir auch, dass man im Lager Rucksäcke mit Proviant und Ausrüstung möglichst hoch in die Bäume hängen sollte. Der Grund wurde schon in der folgenden Nacht ersichtlich: „A bear! A bear!“, schallte es über den Zeltplatz. Tatsächlich versuchte ein Bär, einen zu niedrig aufgehängten Sack zu angeln. Das Geschrei der Kletterer vertrieb ihn allerdings.

Drei, vier Tage übte ich mich an kürzeren Routen in die für das Yosemite typischen Rissklettereien ein, denn ohne eine vernünftige Technik hebst du da nicht vom Boden ab. Nebenbei ist Rissklettern auch eine Frage der Bekleidung. Feste Rugbyshirts und Jeanshosen sind angesagt. Im modischen T-Shirt reibst du dich im wahrsten Sinne des Wortes auf.

Schließlich zogen wir los zum El Capitan – zu dritt, denn wir hatten Claudia überredet mitzukommen. Die übliche Technik in einer Bigwall-Route ist, dass ein Kletterer vorsteigt und die anderen mit Steigklemmen am Seil nachsteigen und dabei die Zwischensicherungen wieder entfernen. Claudia hatte noch niemals zuvor eine dieser Steigklemmen in den Händen gehabt, aber 35 Seillängen schienen genügend Übungsgelände zu bieten … Nach den ersten beiden klappte es bereits ganz gut.

Die ersten zehn Seillängen sind abwechslungsreiche Freikletterei: Risse, ein kleines Dach, geneigte plattige Wände, Verschneidungen und als Krönung der offene Kamin hinter der halbrunden Schuppe des „Half Dollar". Wir seilten ein kurzes Stück nach links ab und biwakierten auf den Bändern der „Heart Ledges" in der Spitze des „Heart".

Der nächste Tag wartete mit einigen typischen El-Cap-Stellen auf: ein Pendelquergang in einen Riss hinter einer hohlen Schuppe (die Vorübung für das Manöver, das Hans Kammerlander und mir zwei Jahre später am Shivling die Haut retten sollte), Platten und vor allem Risse und Kamine in allen Breiten und Variationen im nun immer steiler werdenden Granit. Darunter auch „off widths", jene Riss-Delikatessen, die für die Hände zu breit und für den Körper zu schmal sind. Die Bewegungsabläufe, mit denen man sich durch so einen Riss windet, sind bisweilen – vorsichtig formuliert – äußerst kreativ. Hinter einer weiteren abstehenden Felsschuppe mit dem bezeichnenden Namen „Ear" – Ohr lauerte so eine Spezialität.

Die Stelle begann eigentlich ganz harmlos als weiter Kamin, der aber nach oben hin immer enger wurde. Stefan stieg ihn vor, Claudia jümarte am Seil hoch, während ich nachkletterte. Ganz der europäische Alpinist war ich mit Helm unterwegs – und blieb schließlich mit dem Kopf im Ohr stecken … Also Helm aus und ein paar Meter weiter. Bis ich wieder stecken blieb. Ich konnte mich nicht mehr rühren, weder nach links noch nach rechts. Stefan hatte zudem einen Friend tief im Riss versenkt, durch dessen Karabiner das Seil lief und verhinderte, dass ich aus dem verfluchten Spalt herauskam. Wir waren in Amerika, also spielte ich Cowboy. Irgendwie im Spalt verklemmt fummelte ich mir eine Seilschlaufe zurecht und warf sie wie ein Lasso nach dem Friend. So gelang es mir schließlich einen der Zughebel zu angeln und das widerspenstige Gerät zu lösen.

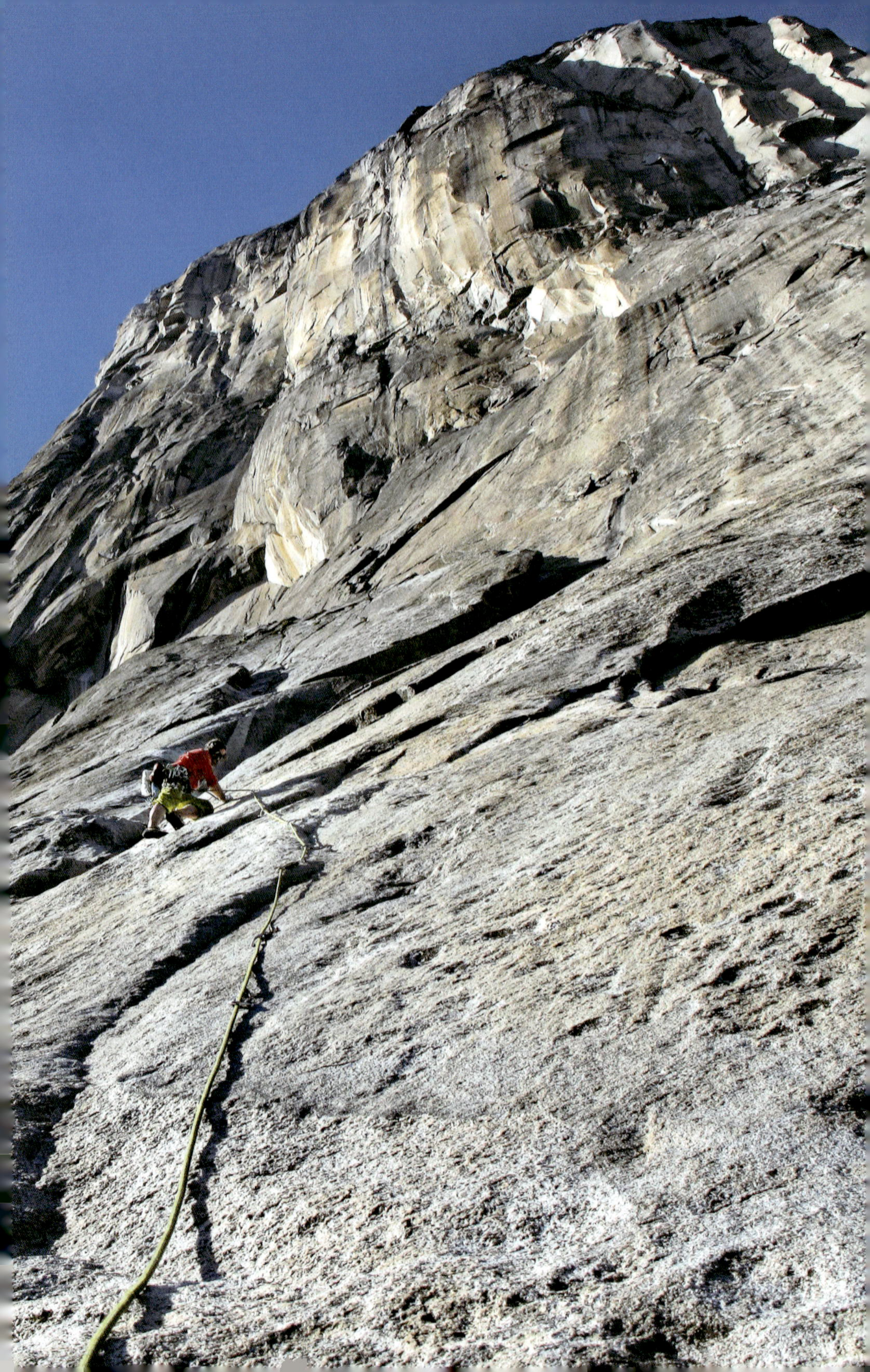

Unter dem „El Cap Spire", einem von der Wand abstehenden Felsturm, entledigte sich Stefan unfreiwillig eines Bündels kleiner Klemmkeile, wodurch wir fortan in schmaleren Rissen mit etwas größeren Sicherungsabständen klettern durften. Dafür hatten wir aber am Ende des Tages einen Fünf-Sterne-Biwakplatz: der Gipfel des El Cap Spire ist flach wie ein Tisch und so geräumig, dass man ein Zelt darauf stellen könnte. Wir konnten ausgestreckt nebeneinander liegen und schliefen gut.

Unser nächstes Biwak, das dritte, verdiente dagegen nicht einmal einen Stern. In den Rissen des oberen Wandteils kamen wir mit unserer reduzierten Ausrüstung langsamer voran als geplant. Und es war brütend heiß. Obwohl es bereits Oktober war, herrschten am Tag Temperaturen von 30 Grad Celsius. Manchmal steckten wir die Köpfe in die breiten Risse, um etwas Schatten und Kühle zu bekommen. Das Ergebnis war eine elende Nacht auf einem vielleicht 20 Zentimeter breiten Absatz. Um mich wenigstens etwas ausstrecken zu können, steckte ich meine Beine abwechselnd in die Schlaufen meiner Trittleiter.

Der vierte Wandtag wartete dann mit der „Headwall" auf. Sie beginnt mit einem Dachüberhang, darüber folgt eine überhängende Wand aus goldgelbem Granit, durch die eine Reihe fingerschmaler Risse zieht. Für den Nachsteiger, der vom Stand unter dem Dach aus frei in die Luft hinauspendelt, ist diese Passage laut einer amerikanischen Routenbeschreibung „so luftig, wie es nur geht". Wir hatten uns die ganze Zeit nicht viele Gedanken darüber gemacht, dass Claudia stets an einem 8,5 Millimeter starken Halbseil nachjümarte. Doch wie ich jetzt am Seil hinabschaute in den Abgrund, kam es mir plötzlich sehr, sehr dünn vor. Schnell ließ ich ihr ein zweites Seil hinab, mit dem wir sie zusätzlich sichern konnten.

Die Headwall erinnerte nicht nur von der Farbe her an eine vertikale Sahara – ich spürte dort mehr und mehr den Wassermangel. Wir hatten viel zu knapp kalkuliert: neun Liter Wasser für drei Personen über drei Tage. Das hieß ein Liter am Tag für jeden von uns. Wenn du bei 30 Grad Celsius in Italien am Strand liegst, trinkst du meistens mehr …

Zwar war die Wand damals schon frei geklettert worden, aber wir hatten in dieser Hinsicht keinerlei Ambitionen und ich arbeitete mich langsam und methodisch mit Friends aufwärts. Die Risse begannen vor meinen Augen zu verschwimmen, manchmal musste ich zweimal hinschauen, ob die Klemmgeräte richtig saßen. Wir verbrachten die vierte

Ein senkrechter Ozean aus Granit: Im unteren Teil der „Salathé Wall", El Capitan, Yosemite.

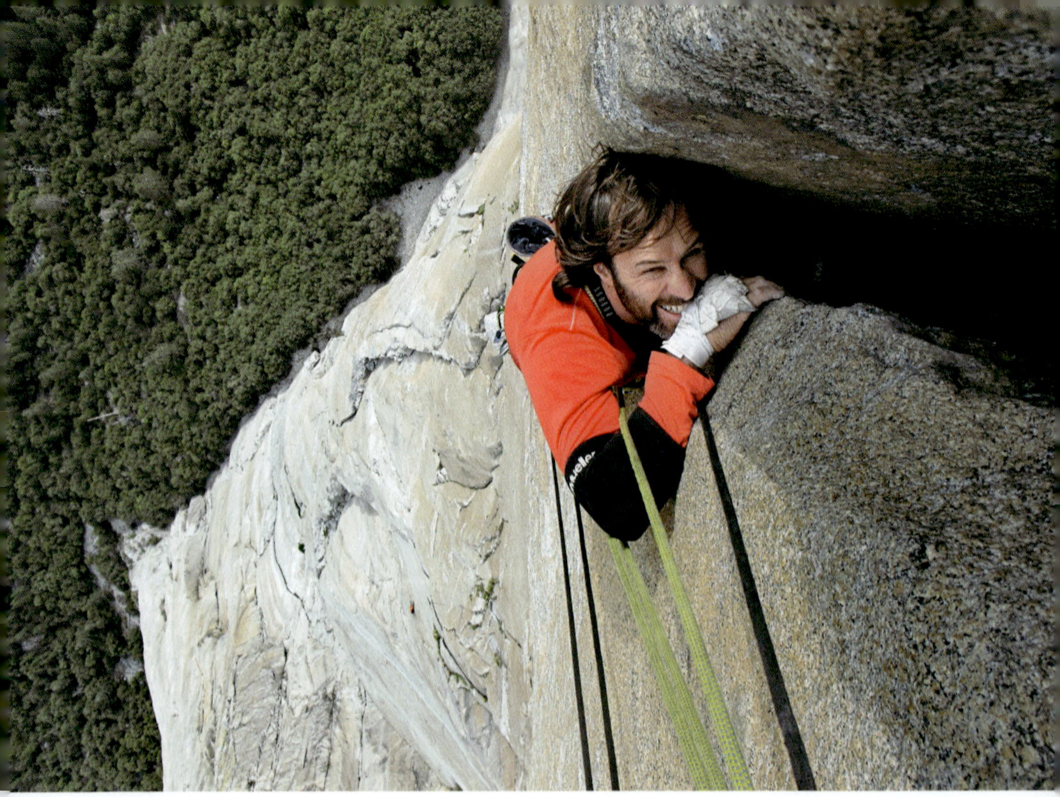

„Irgendwie mochte ich ihn nicht …“: Kampf mit dem „Monster Offwidth“.

und letzte Nacht direkt am Ausstieg der Route. Aus Sorge um Claudia legte ich mich an den Außenrand unserer Plattform. Direkt neben mir ging es 1000 Meter in die Tiefe und ich rückte instinktiv immer ein Stück nach oben. Claudia konnte so behütet schlafen. Bewegen konnte sie sich allerdings nicht.

Als wir am nächsten Tag im Tal eintrafen, waren wir vor Durst fast dem Delirium nahe. An der Straße stand ein Bus mit Ausflüglern, davor eine Touristin mit einer Coladose in der Hand. Ohne nachzudenken rannte ich auf sie zu, riss ihr die Dose aus der Hand und trank sie in einem Zug leer. Die völlig verdatterte Frau dürfte ihren Yosemite-Besuch noch lange in Erinnerung behalten haben …

Drei Jahre vor unserer klassischen Durchsteigung wurde die „Salathé Wall“ zum ersten Mal frei geklettert. Paul Piana und Todd Skinner kletterten als Team erstmals alle Seillängen rotpunkt, das heißt beide stiegen unterschiedliche Seillängen vor. Die Schwierigkeiten erreichten dabei

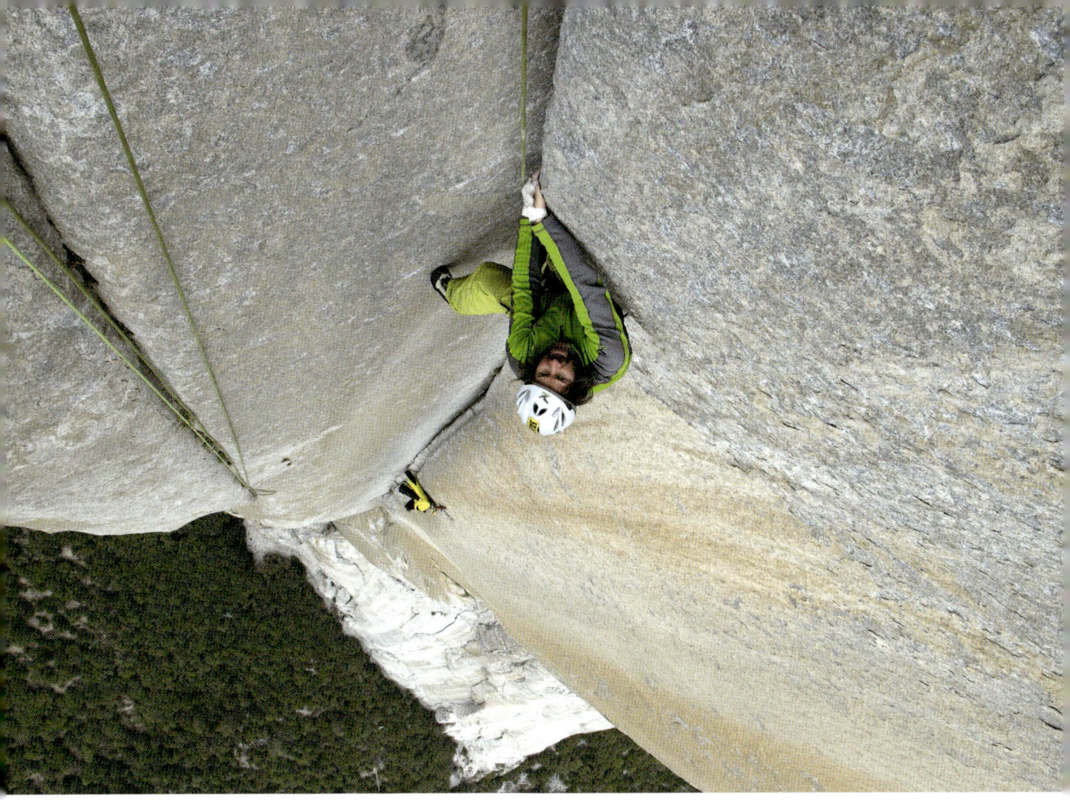

In den Verschneidungen der „Enduro Corners" im oberen Wandteil.

über dem „Ear" und in der Headwall 5.13b (8a). Später, in der zweiten Hälfte der 1990er-Jahre, entbrannte eine reichlich detailversessene Diskussion darüber, wer nun der erste Kletterer gewesen war, der alle Seillängen der „Salathé" im Vorstieg frei, also rotpunkt, geklettert ist. Alexander und Thomas Huber waren jeweils Kandidaten, kletterten aber Varianten zur Linie von Piana und Skinner – die wiederum zwei technische Passagen der Originalroute auf frei kletterbaren Varianten umgangen hatten … Anscheinend dauerte es bis zum Juli 2003, bevor der Amerikaner Jim Herson erstmals alle Seillängen der originalen „Free Salathé" wiederholte.

Für meinen Freund Roger Schäli war bei alledem bedeutsamer, dass es in dem beeindruckenden Wandbereich, in dem die „Salathé" verlief, seit 1998 eine großzügige Freikletterroute gab: den „Freerider". Diese Kreation der Huber-Brüder folgt der „Salathé" bis zur Headwall und umgeht diese mit einer neuen Quergangsseillänge und drei Längen einer anderen Route. Die Schwierigkeiten liegen mit 5.12d (7c+/IX+) etwas niedriger als in der Headwall der „Salathé", aber die Linie ist gleichermaßen großartig und lang. Ein Traumziel für Roger, für das er mich im Sommer 2010 tagelang bearbeitete, bis ich endlich zusagte. Dabei hatte ich mir geschworen: „Einmal El Capitan ist genug!"

Vorher hatten wir aber noch eine Prüfung zu bestehen. Wir waren beide Bergführer und zuvor mit einigen Gästen im Yosemite gewesen. Die Gäste waren abgereist und wir gönnten uns zur Abwechslung einen Abstecher nach San Francisco. Das Klettern sollte dennoch nicht zu kurz kommen – also ab in die Boulderhalle. Wir zahlten Eintritt, wollten gerade loslegen ... Halt! Vor den Einlass hatten die Betreiber der Halle ausnahmslos das Absolvieren eines Kletterkurses gestellt. Da standen wir nun (als Bergführer) eine Stunde mit dem Sportkletterlehrer zusammen und ließen uns (als Bergführer) in Sicherungstechnik unterweisen. Dann absolvierten wir (als Bergführer) ein Sturztraining; das heißt, einer von uns musste ins Seil springen und der andere musste (als Bergführer) zeigen, dass er richtig sicherte und den Sturz des anderen hielt. Schließlich erhielten wir (als Bergführer) unseren Schein, hängten ihn uns an den Gurt und durften endlich in der Halle klettern gehen. Derart zertifiziert fuhren wir motiviert ins Yosemite zurück.

Der sogenannte „Freeblast" – die ersten zehn Seillängen der „Salathé", die gerne als eigenständige Route geklettert werden – waren eine gute Aufwärmübung für den ersten Tag. Wir biwakierten diesmal nicht auf den Heart Ledges, sondern seilten von dort zum Wandfuß ab, um uns in Ruhe zu erholen. Dann ging es in den oberen Wandteil. Auf den Horrorspalt am „Ear" folgt ein weiterer mit dem passenden Namen „Monster Offwidth". Laut einem Begeher hängt seine Schwierigkeit von „der Fitness deiner Herzkranzgefäße, der Festigkeit deiner Knöchel, einer hohen Schmerztoleranz und dem Kletterkönnen in weiten Rissen" ab.

Roger querte voll motiviert die sechs, sieben Meter der senkrechten Wand vom Stand hinüber nach links zum Riss, schwang sich hinein und flog, noch immer voll motiviert, gleich wieder heraus. Etwa zwölf Meter ging der Flug – unter mir vorbei und bis hinter das „Ear". Ich fürchtete schon Schlimmes. Aber Roger war heil geblieben, seine Motivation auch, und im zweiten Versuch blieb er im Riss. Etwas weiter oben steckte ein metergroßer Block im Spalt. Als Roger diesen Klemmblock erreichte, zog er erleichtert an ihm und bekam fast einen Herzstecker – der Block war

„Ich hab den Größten!" Die Risse am El Capitan verlangen Sicherungsmittel aller Breiten.

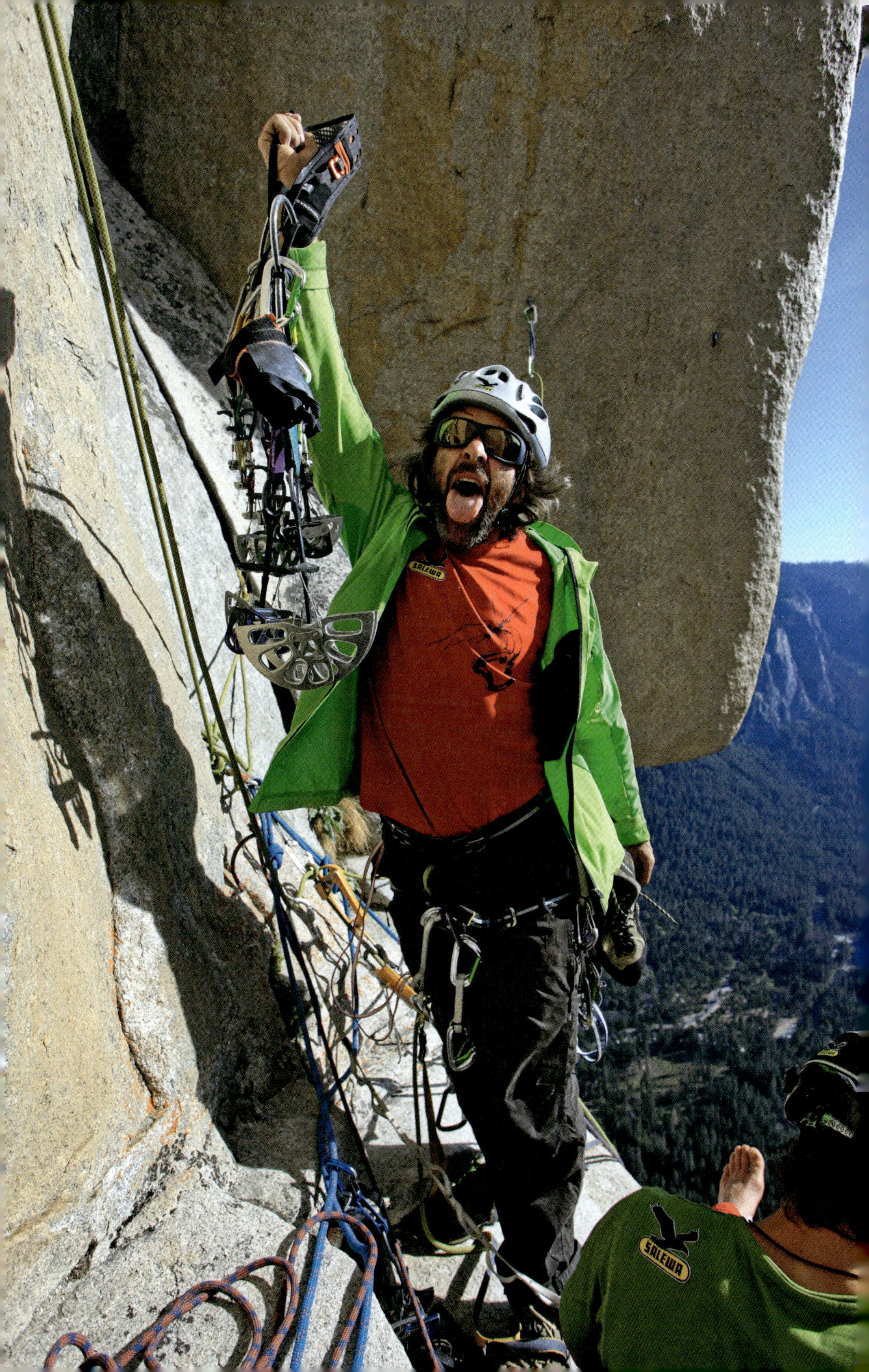
SALEWA
SALEWA

nämlich sehr „entgegenkommend“! Erst als er über dem Hindernis stand, sah Roger, dass der Block mit ein paar Bandschlingen angebunden war, damit er nicht aus dem Riss fiel und so jedem Kletterer den gleichen Adrenalinkick bescherte. Weitere 20 Meter arbeitete sich Roger empor, wobei er einen dickbackigen Friend der Größe 6 mit sich schob, um ständig gesichert zu sein.

Plötzlich hörte ich von oben einen lauten Schrei. Ich dachte: „Mein Gott, jetzt kriegt der den Friend nicht mehr unter und fliegt!“ und überlegte fieberhaft, wie ich den zu erwartenden 40-Meter-Sturz halten könnte. Doch Roger blieb oben, bis er schließlich rief: „Lass mich ab!“ Bei mir am Stand angekommen erklärte er, dass sich der Friend unlösbar verkeilt habe und er deswegen nicht mehr weitergekonnt hätte. Ein weiteres Klemmgerät der passenden Größe hatte er nicht. Also musste ich hoch. Zwar hatte ich das Seil von oben – aber ohne jedes Wissen, wie gut der Friend als Umlenkung hielt, bescherte mir dieses „Toprope“ doch ein eher mulmiges Gefühl. Fast wünschte ich mir alte steife Lederbergschuhe. Die hätten in dem Riss nämlich gut geklemmt. Ich brachte die Seillänge schließlich zu Ende, seilte ab und ließ alle Zwischensicherungen stecken, so dass Roger sie anschließend frei klettern konnte.

Wir übernachteten auf dem El Cap Spire. Neben uns lagerte eine amerikanische Seilschaft. Völlig entspannt meinten die Kletterer zu uns, wir könnten am nächsten Tag ruhig vorausgehen. Sie hätten noch für drei Tage Proviant. Da wurde mir klar, dass zwischen uns Europäern und ihnen ein wesentlicher Unterschied bestand: Wenn wir in eine solche Bigwall einsteigen, hatten wir Stress. Wir wollten sie unbedingt durchsteigen. Die Amerikaner dagegen machten in der Wand Urlaub.

Anderntags kletterten wir noch die „Huber Pitch“, eine der Schlüsselseillängen im oberen Wandteil, die mit 5.12d bewertet ist. Vom Stand weg ging es kurz durch eine kleine Verschneidung, dann in eine senkrechte Platte und über einen leichten Überhang in eine weitere senkrechte Wand. Mir lag die Kletterei. Ein, zwei Züge waren recht weit – für Roger, der etwas kleiner ist als ich, waren sie fast nicht machbar. Aber auch er schaffte es. Was mich allerdings an der Seillänge regelrecht ärgerte, das war die schlechte Absicherung. Auf den ersten zehn Metern bis zu einem ersten Bohrhaken gab es nicht die geringste Möglichkeit, eine Zwischensicherung zu platzieren, nichts. Wenn du dort stürzt, dann knallst du in

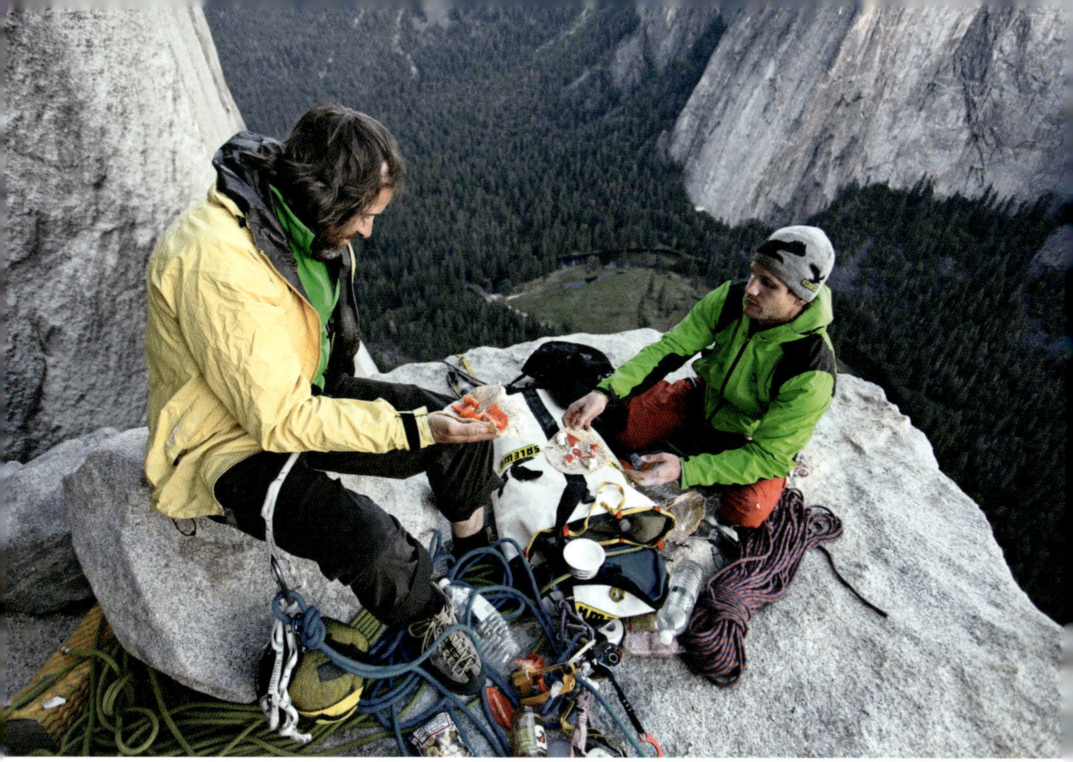

„Dinner for two“: Mit Roger auf dem El Cap Spire.

eine Verschneidung und verletzt dich mit Sicherheit! Ein tiefer gesetzter Haken hätte dieses Risiko entschärft.

Anschließend seilten wir die gesamte Wand wieder ab. Wir pausierten und stiegen dann über den Normalweg zum Gipfel des El Capitan, um von oben in die letzten Seillängen hinein zu seilen und diese einzustudieren. Danach seilten wir abermals über die ganze Wand ab. Ich war mit zwei 60-Meter-Seilen unterwegs, als in einer Abseillänge plötzlich ein Meter bis zum nächsten Stand fehlte. Um mich herum gab es keinen weiteren Haltepunkt, nur eine glatte Granitplatte. Mit Prusikschlingen fixierte ich mich am Ende des Seiles und konnte so mit Müh und Not die Bohrhaken am Stand erreichen. Nur musste ich jetzt aufpassen, die Seile ja nicht auszulassen, da sie bei Entlastung und damit nachlassender Seildehnung sonst unerreichbar weit entschlüpft wären. Ich warnte Roger, er müsse jetzt tausendprozentig wissen, an welchem Strang er die Seile abziehen würde. Als er herangeschwebt kam und das fehlende Stück zum Stand sah, schüttelte er den Kopf und meinte: „Das kann nur ein Südtiroler fertigbringen …“

Wir hatten ein weiteres Mal Glück, als wir, bereits im unteren Wandteil angekommen, Zeugen einer Rettungsaktion wurden, bei der das benötigte Material per Hubschrauber zum Ausstieg der Route geflogen wurde. Als der Pilot das Tragnetz ausklinkte, begannen drei der Materialsäcke auf den Abgrund zuzurollen. Erst im letzten Moment blieben sie an einem Vorsprung hängen. Ansonsten hätten sie uns wie Bomben aus der Wand gefegt.

Insgesamt brauchten Roger und ich 15 Tage, um alle Seillängen des „Freerider" rotpunkt zu klettern. Auch wenn ich am Ende zwei Seillängen nur im Nachstieg frei klettern konnte – es war ein großartiges Gefühl, jeden Meter dieser fantastischen Wand des El Capitan auf natürliche Weise bewältigt zu haben! Nach den anfänglichen Motivationsschwierigkeiten hatte mir die Route am Ende geradezu tierische Freude bereitet.

YOSEMITE AM POLARKREIS – ULAMERTORSUAQ

Es zählt wohl zu den Eigenarten von Kletterern, sich selbst in exotischsten Regionen der Welt Ziele zu suchen. Am Tasermiutfjord an der Südspitze Grönlands liegt der Ulamertorsuaq, der „große Zylinder" – ein gewaltiger, tonnenförmiger Granitpfeiler von 1000 Metern Höhe, der den Vergleich mit einem El Capitan, den Paine-Türmen in Patagonien oder den Trango-Türmen im Karakorum nicht zu scheuen braucht. Sein Anblick wird bei allen Kletterern für erhöhten Pulsschlag und feuchte Finger sorgen.

Geklettert wird am Ulamertorsuaq seit 1977, als drei Franzosen eine erste Route auf der linken Seite des Zylinders eröffneten. In den 1990er-Jahren gab es dann eine regelrechte Explosion von Neurouten, an der auch mein Freund und Kollege Helmut Gargitter beteiligt war: 1994 war er Mitglied eines Siebener-Teams um Kurt Albert und Stefan Glowacz, das mit „Moby Dick" (7c+/A1) eine herrliche, mit Bohrhakenständen gut abgesicherte Linie entlang der hohen Frontseite schuf. Vom Grönland-Virus infiziert zog es Helmut im kommenden Jahr wieder in die Wand. Mit Claus Obrist versuchte er eine weitere Neuroute im noch unberührten rechten Wandteil.

Claus ließ das unvollendete Projekt keine Ruhe. Und so lud er mich 1996 ein, es mit ihm zu vollenden. Wir stellten in Südtirol unsere Ausrüstung

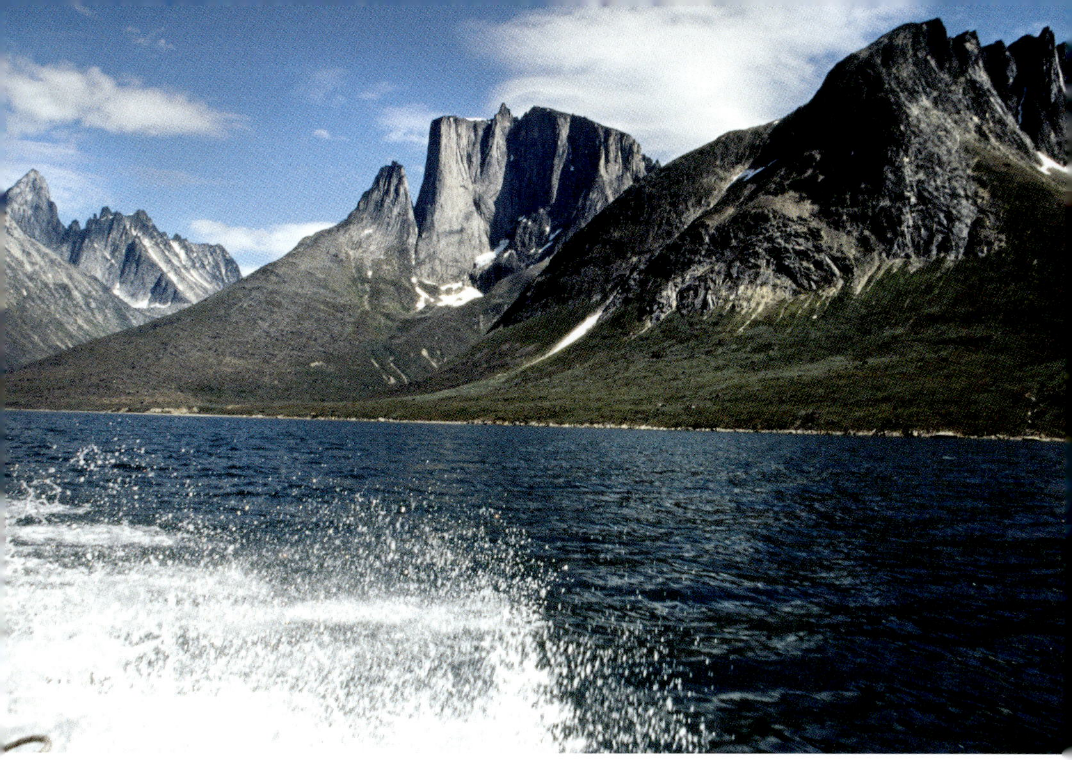

Wasser und Stein: Der Weg zum Ulamertorsuaq, Grönland, Teil 1.

zusammen und schickten sie per Schiff voraus an die einzige verfügbare Adresse im Dorf Nanortalik, dem Ausgangsort – und ohne Möglichkeit der Rückbestätigung, ob sie dort auch wirklich angekommen war. Wäre sie es nicht, hätten wir ein sofortiges Rückflugticket gezogen.

Wir flogen also mit einer gewissen Ungewissheit, welche nicht die Kletterei betraf, nach Narsaq, von wo uns ein 25-sitziger russischer Transporthubschrauber nach Nanortalik brachte. Die riesige Maschine stampfte, dröhnte und vibrierte – und der Anblick unserer Stewardess, die sich an eine der Türen klammerte, fügte unserem Gefühl der Ungewissheit eine weitere Facette hinzu. Die unter uns vorbeiziehenden Fjorde versprachen je nach Betrachtungsweise bei einer Wasserlandung erhöhte Überlebenschancen oder ein schnelles Ende als Eisbärenfutter.

Nanortalik ist ein Fischerdorf mit rund 1200 Einwohnern, es liegt auf einer Insel. Die kleine Kirche und die bunten Häuser entlang der wenigen Straßen stehen weit versprengt auf Wiesenflecken zwischen vom Gletschereis glattgeschliffenen Felshöckern, die kaum Schutz vor Wind und Wetter bieten. Wir suchten sofort die Lieferadresse für unsere Ausrüstung auf, wo wir sie dann zu unserer Erleichterung in einer Ecke gestapelt vorfanden. Was wir an Lebensmitteln für die nächsten drei Wochen brauchten, kauften wir vor Ort ein. Immerhin gab es hier alle wichtigen Grundnahrungsmittel nach unserem Geschmack: Nudeln und Sugo – und natürlich reichlich Fisch. Allerdings mussten wir dabei aufpassen, die Vorräte des Ortes nicht zu sehr zu dezimieren. Üblicherweise wurde Nanortalik damals einmal pro Woche per Schiff mit Lebensmitteln und sonstigen Gütern versorgt. Nur im Sommer gab es durch Touristenschiffe ein engmaschigeres Versorgungsnetz. Die Ankunft der Schiffe war jedes Mal ein Großereignis, das von vielen Einwohnern gespannt am Hafen erwartet wurde. Denn die Kinder gingen nach Narsaq zur Schule und blieben oft bis zu zwei, drei Monate von zu Hause weg. Entsprechend groß war die Freude beim Wiedersehen.

Einsamkeit, die lange Dunkelheit der Polarnacht, die Kälte und das raue Wetter – alles dies prägt die Menschen hier. Hinzu kommt die offensichtliche Entwurzelung der einheimischen Inuit-Bevölkerung. Grönland gehört zu Dänemark, und Dänen gehört ein Großteil der grönländischen Infrastruktur. Die Inuit haben kaum eigenen Besitz und wenig Mitspracherecht; viele leben quasi von dänischer Sozialhilfe. Durch die Perspektivlosigkeit verfallen nicht wenige dem Alkohol. Zwar waren uns als Kletterer feucht-fröhliche Abende nicht fremd – aber was wir bei den Inuit erlebten, hatte mit Spaß nichts mehr zu tun. Sie tranken wirklich bis zur totalen Besinnungslosigkeit. Und es fielen Hemmschwellen.

Forschungsreisende im 19. und frühen 20. Jahrhundert hatten berichtet, dass die Inuit den Fremden ihre Frauen regelrecht angeboten hätten, um Inzucht entgegenzuwirken – und vielleicht war die sexuelle Freizügigkeit, die wir beobachteten, noch ein fernes Echo davon. Jedenfalls passierte es auf einer späteren Expedition einem Freund von mir, dass er von einer jungen Inuit regelrecht verfolgt wurde. Mein Freund hatte jedoch keinerlei Interesse, und die „Jagd" endete schließlich wie „Fensterln verkehrt": Er flüchtete über den Balkon in das Dachgeschoss seiner Unterkunft und verschanzte sich im Zimmer eines Kollegen, der nicht wusste, wie ihm geschah.

In den paar Tagen, die wir in Nanortalik verbrachten, versuchten wir positive Eindrücke vom Ort zu sammeln. Da ich aus Südtirol Specksteinöfen kannte, faszinierte mich das Handwerk der Inuit, die aus dem weichen Stein kunstvolle Skulpturen schnitzten. Bei allen unseren Kontakten mit den Einheimischen zahlte es sich aus, nicht als reicher Tourist aufzutreten und sich der Kultur und den Gepflogenheiten der Einheimischen anzupassen. Trotzdem sollte ich merken, dass der Tourismus seine Spuren bei den Menschen hinterließ. Bei meiner zweiten Grönland-Expedition zehn Jahre später spürte ich in der Distrikthauptstadt Narsaq eine deutlich höhere Erwartungshaltung an uns als Touristen, unser Geld im Ort zu lassen. So stellte sich einmal mehr die Frage, ob wir mit unseren Expeditionen an solche exotischen Orte nicht Gefahr liefen, genau das zu zerstören, was wir dort suchten.

Nachdem wir alle notwendigen Einkäufe getätigt hatten, fuhr uns ein Inuit-Fischer mit seinem kleinen Motorboot den Tasermiutfjord hinauf Richtung Berg. Wir kamen bis etwa zur Hälfte der Strecke, dann ging unserem Boot der Sprit aus. Das inzwischen vertraute Gefühl der Ungewissheit kam zurück: Ich schaute mit etwas skeptischem Blick auf unser Gefährt, das mit drei Mann und der ganzen Ausrüstung einen ordentlichen Tiefgang hatte. Der Rand des Bootes lag nur etwa 20 Zentimeter über der Wasseroberfläche und im inzwischen recht engen Fjord schaukelten sich die Wellen auf. Wasser schwappte ins Boot und durchweichte die Kartons mit unserem Hab und Gut. Warum sehnte ich mich plötzlich nach den trockenen Zustiegen in den Dolomiten? Unser Kapitän rauchte derweil seelenruhig eine Pfeife. Was sollten ihn auch unsere Sorgen kümmern? Er hatte eine andere Perspektive: Für ihn war einzig interessant, was sich auf und im Wasser des Fjords abspielte. Denn daraus bezogen er und seine Kollegen ihre Lebensgrundlage. Was in den Felswänden darüber passierte, war bedeutungslos. Schließlich zog er unter seiner Sitzbank einen Reservekanister hervor. Mit der Tankfüllung kamen wir bis zum „Hafen" des Basislagers.

Den Lagerplatz bildete eine Grasterrasse etwa 80 Meter über dem Fjord, mit Aussicht direkt auf den Berg. Neben unseren Zelten waren bei einem größeren Felsblock ein paar Mauern aufgeschichtet und mit einer durchlöcherten Nylonplane überspannt, die wir mit unserem eigenen Material ausbesserten und so eine Art Küche schufen. Es schien ein idyllischer Platz – und das fanden auch die Mücken … Mein Gott, war das eine Plage! Manchmal waren die Schwärme so dicht, dass wir dachten, der Himmel

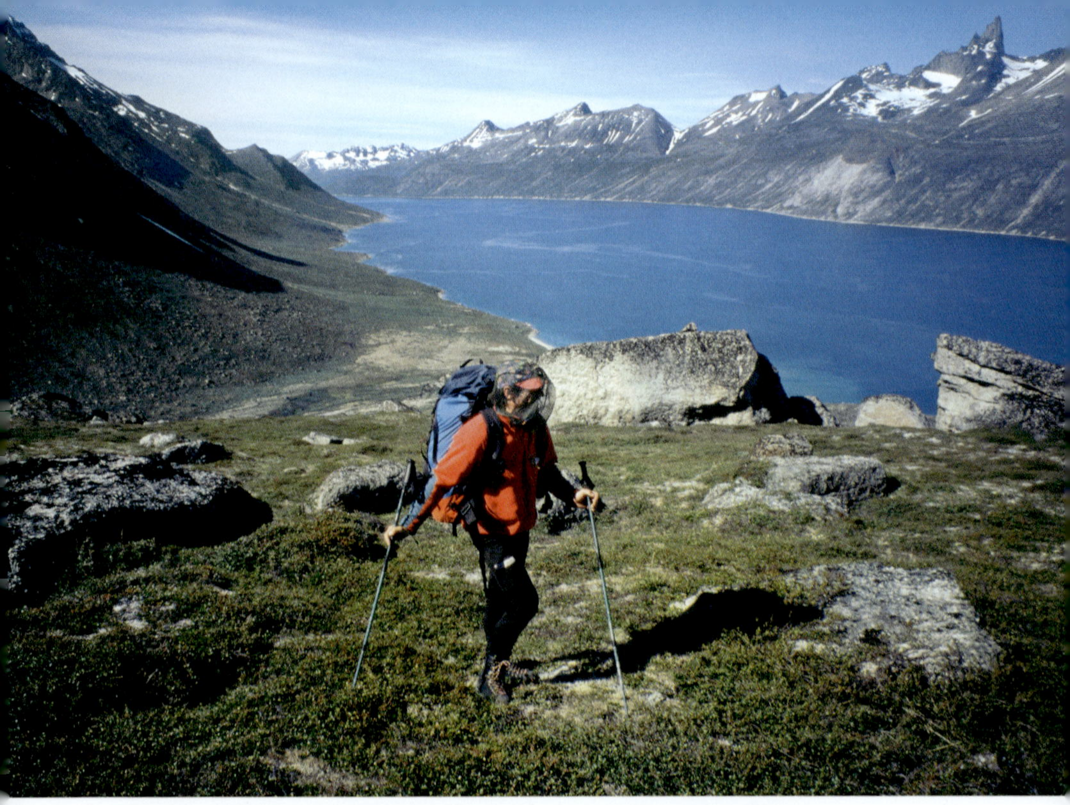

Und ewig surrten die Mücken: Der Weg zum Ulamertorsuaq, Teil 2.

sei bewölkt. Ein Aufenthalt im Lager war nur mit unseren GoreTex-Überanzügen, Bergschuhen, Hut und Moskitonetz möglich. Am Ende waren wir auf dieser Expedition vor allem deswegen erfolgreich, weil wir das Basislager möglichst lang mieden und uns lieber in die Wand verzogen.

Nachdem wir uns, so gut es ging, häuslich eingerichtet hatten, holten wir die Ferngläser hervor und inspizierten die gedachte Route. Nach der plattigen unteren Wandhälfte würde sie nach rechts über ein Dach in eine markante Verschneidung ziehen. Doch was war das?! Unter dem Dach hing eine Schlinge! „Putega! Ich glaube, da ist uns jemand zuvorgekommen …"

Wenige Wochen zuvor waren die Franzosen Lionel Daudet und Benoît Robert auf der von Claus und Helmut angedachten Linie durch die Wand des Ulamertorsuaq gestiegen und hatten ihr den Namen „L'Inespérée" – „die Unerhoffte, Unerwartete" – gegeben. Dies wussten wir damals noch nicht, aber der Name passte wie die Faust aufs Auge auf unsere Gefühle beim Anblick der Hinterlassenschaft.

Für uns hieß es damit Umplanen – spontan und kreativ, so wie es mir eigentlich liegt. Der Weg durch die Platten der unteren Wandhälfte war durch Claus' Versuch im Vorjahr vorgegeben. An ihrem oberen Ende befand sich ein anderthalb Meter breites Band, das uns als eine Art Startplattform dienen sollte und auf dem wir unser Portaledge, ein aufhängbares Zelt, errichteten. Wir kletterten den ersten Teil der Route mehrfach, um unser ganzes Material hinaufzubringen. Dann stand unser vorgeschobenes Basislager für die Expedition in die Senkrechte – ohne Mückenplage …

Unangenehme Flugobjekte gab es dennoch: Rechts vom Einstieg unserer Route lag in einem Hochkar ein Eisfeld, das nach vorne in einem senkrechten Sérac abbrach. Es war ein willkommener Wasserspender und wir hielten auf dem Weg zur Wand immer an, um an dem von dort herabfließenden Wasser unsere Flaschen aufzufüllen. Doch an einem Tag hatte ich ein komisches Gefühl. Es knisterte hörbar im Eis. Ich meinte zu Claus: „Komm, lass uns weitergehen." Wenig später brach mit Getöse die Vorderkante des Séracs ab und fegte über unsere Aufstiegsspur.

Über unserem Portaledge setzten sich die Granitplatten fort. Nur waren sie jetzt nicht mehr geneigt, sondern senkrecht. Die ersten drei bis vier Seillängen waren knochenhart, etwa im IX. bis oberen IX. Grad (7c/7c+): ein kraftraubendes Ziehen an schmalsten Kanten, Noppen und Dellen. Für die Füße war Feinarbeit und Präzision gefragt, genaues Ausrichten der Sohle und Antreten mit den Fußspitzen, damit die Schuhe auf den groben Kristallen des rauen Granits Halt fanden. Es zahlte sich aus, dass wir zuvor viel im Hochtobel-Klettergarten im Reintal trainiert hatten, der einen ganz ähnlichen Granit bietet. Und wir trugen den Prototyp eines damals neuen Kletterschuhs mit einer überdurchschnittlich steifen Sohle, dank der ich selbst auf schmalsten Leisten hervorragend stehen konnte – was zeigte, wie ein Erfolg an solch einer großen Wand von ganz feinen Unterschieden im Ausrüstungsmaterial abhängig sein kann.

Wie schon Stefan Glowacz und Co. in der benachbarten „Moby Dick" wollten auch wir unsere Route mit Bohrhaken absichern; in den kompakten Platten blieb uns auch nichts anderes übrig. Wir hatten eine Akku-Bohrmaschine dabei und bohrten die Löcher für viele Haken, indem wir uns an einen Cliffhanger oder Skyhook hängten. Nun ist das Gestein des Ulamertorsuaq „jung", das heißt, es ist noch nicht so lange aus dem

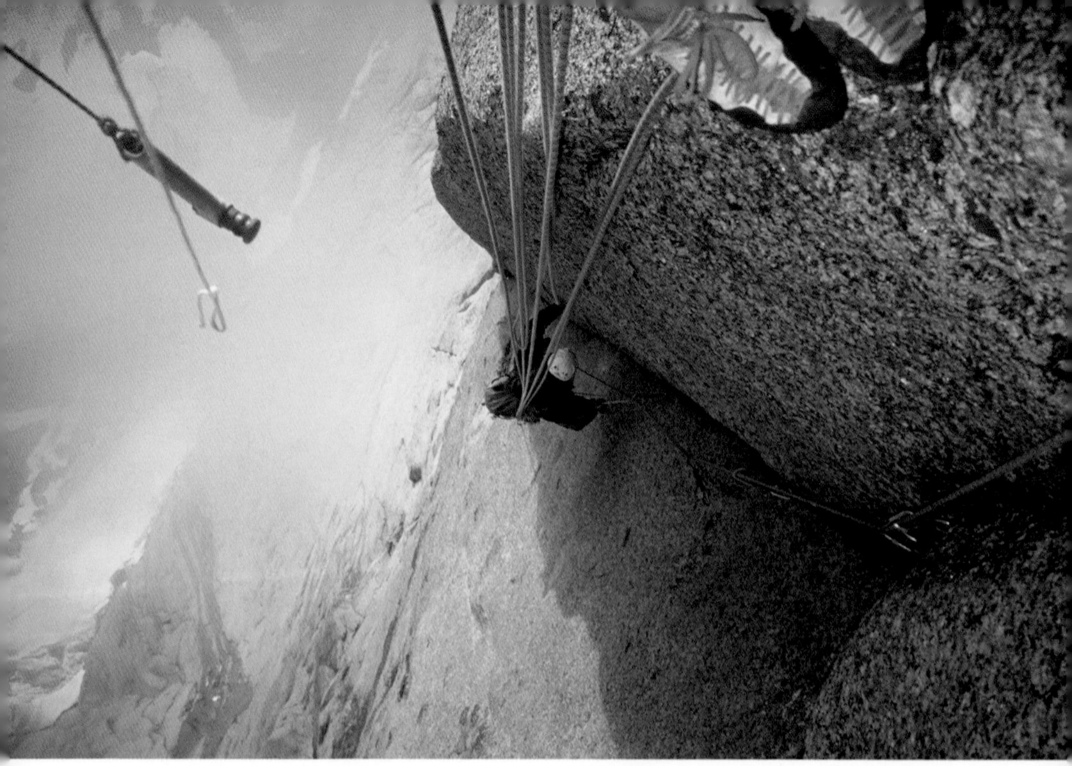

Die herrliche Rissverschneidung im oberen Wandteil.

grönländischen Eispanzer aufgetaucht und vom Wetter glatt gewittert. So gibt es auf den Platten noch jede Menge bröselige Krusten und Schuppen, die das Belasten eines dort aufgelegten gebogenen Metallhakens spannend machten. Hält er oder hält er nicht …? Das „Cliffen“ war Gott sei Dank eine Spezialität von Claus, der zudem recht frei von Sturzangst schien. Es kratzte und knirschte, als er im Fels „arbeitete“, nur gehalten von einer kleinen Metallspitze auf einer kaum größeren Felskante. Manchmal wurde mir vom bloßen Hinsehen fast schlecht – und es ging auch nicht ohne ein paar Flugmeter ab.

In solchen Momenten der Anspannung wurde mir bewusst, dass wir bei einer Verletzung nicht nur allein in der Wand, sondern auch mindestens zwei Tagesreisen von der nächsten Ortschaft entfernt waren. Hilfe von außen wäre nicht zu erwarten. Wie heißt es so schön: Wir waren vielleicht nicht ganz am Arsch der Welt, aber wir konnten ihn schon sehr gut sehen! Es waren sehr zwiespältige Gefühle. Auf der einen Seite waren da das Sicherheitsdenken und die Frage, was wir im Notfall täten. Auf der anderen Seite war es wunderschön, so allein und abgeschieden zu sein.

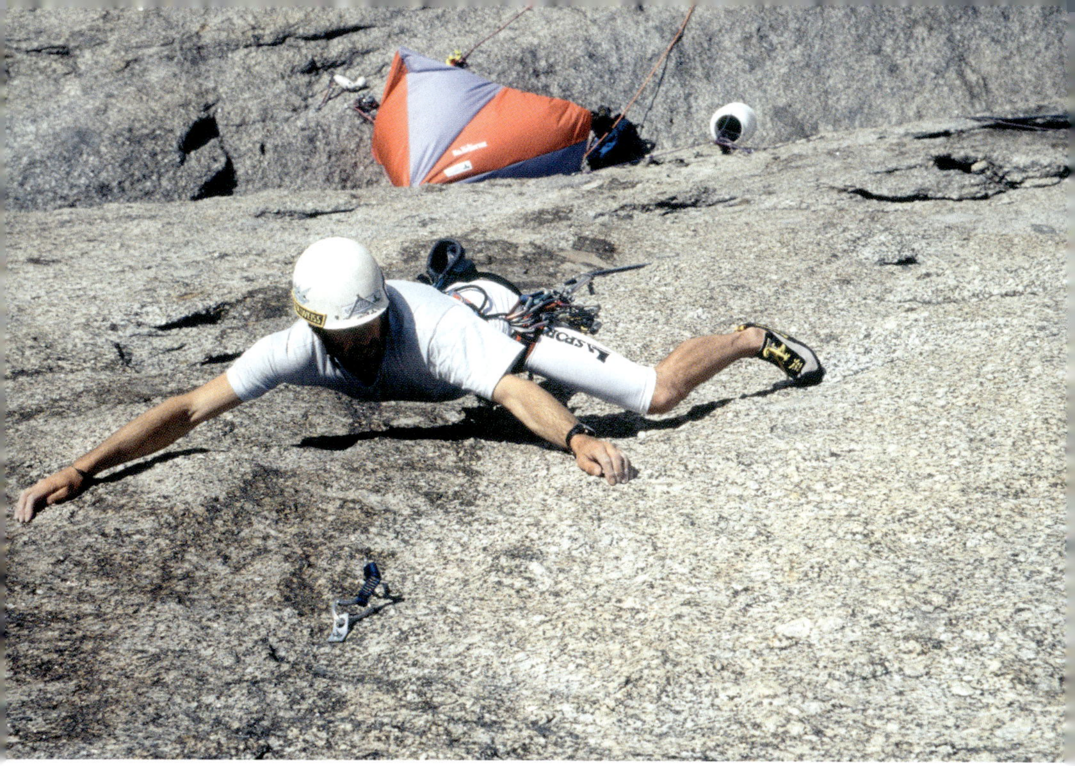

Stehvermögen: In den schwierigen Platten über unserem Wandlager.

Und vielleicht ist es eine Sache des Alters, welches der beiden Gefühle in den Vordergrund rückt …

So verlässlich Claus beim Klettern war, so unzuverlässig war seine Wetterprognose. Gewitter gäbe es in dieser Weltgegend keine, hatte er im Vorfeld unserer Expedition gemeint. Als wir nach Durchstieg des Mittelteils der Wand nochmals abseilten, um im Mücken-Basislager einen Rasttag einzulegen, sagten uns Blitz und Donner etwas anderes. Wir hatten an unserem höchsten Punkt einen Karabiner hängengelassen. Als wir diesen ein paar Tage später wieder erreichten, war er verbrannt, das Metall dunkel verfärbt und angeschmolzen – anscheinend von einem direkten Blitzeinschlag. Das beflügelte eindeutig unseren Willen, die Route möglichst bald zu vollenden!

Den oberen Wandteil prägten lange Rissreihen in äußerst grobkörnigem Granit. Die Innenseiten der Risse waren mit runden Felsnoppen aller Größen besetzt. Wir mussten unsere Hände dick mit Tape bandagieren, damit sich die Schmerzen beim Verklemmen in tolerierbaren Grenzen hielten. Das war kein Kampf gegen den inneren Schweinehund, sondern

Ulamertorssuaq: „SÜDTIROLER PROFIL" -IX/IX

Erstbegeher: Christoph Hainz
Claus Obrist

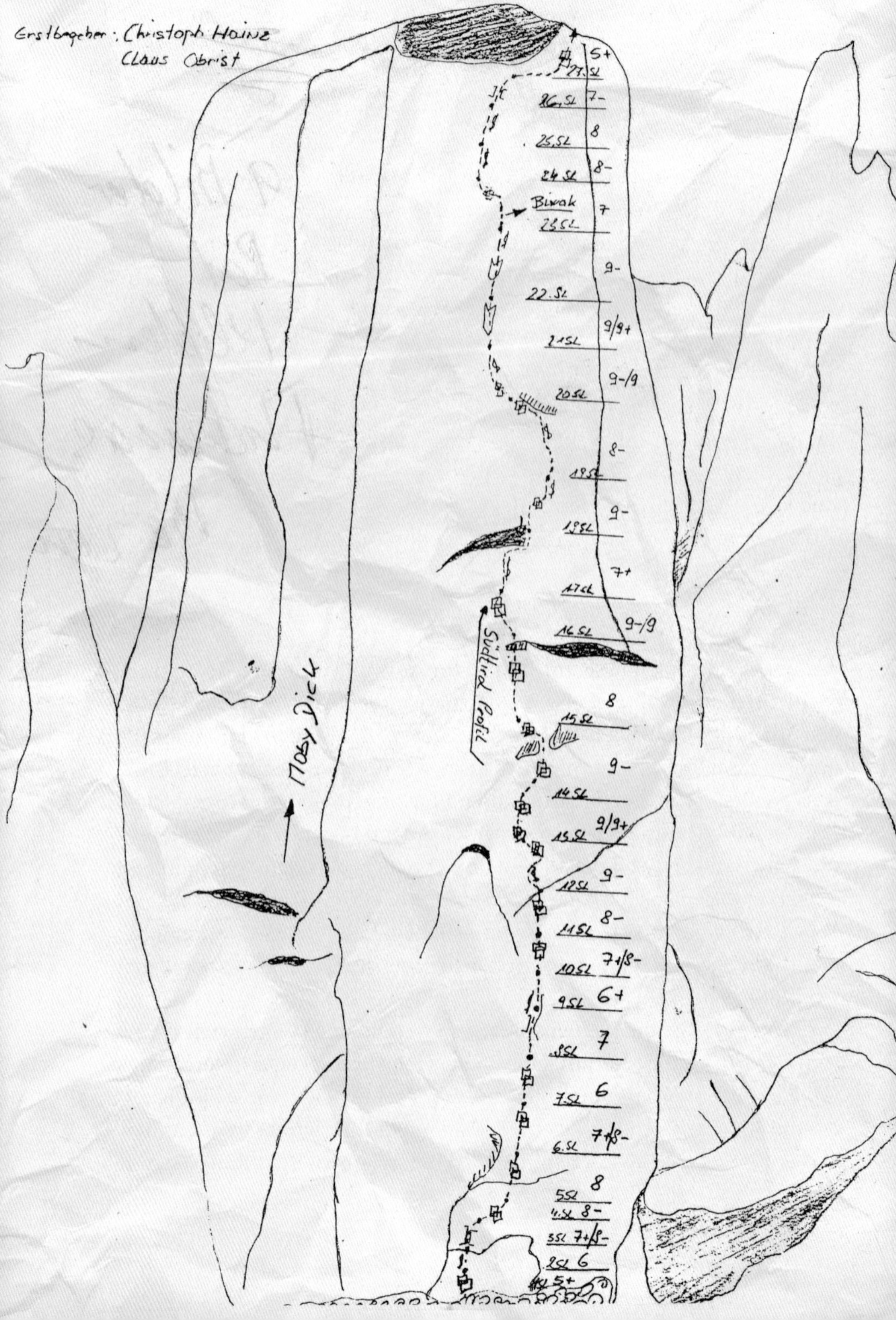

gegen ein Rudel bissiger Warzenschweine! Als krönender Abschluss folgte eine prachtvolle rechtwinklige Rissverschneidung mit Schwierigkeiten bis 7c+, die nochmals all unsere Kletterkünste und alle Finessen der Absicherung mit kleinen Keilen und Klemmgeräten erforderte. Und die Verschneidung bremste uns aus: Nur 150 Meter unterhalb des Gipfels mussten wir in der Wand biwakieren, auf einer unangenehm abschüssigen Platte. Zum Glück sind die Nächte nah am Polarkreis nicht lang.

Nach 27 Seillängen und zwölf Tagen „Arbeit" standen wir am 18. Juli 1996 auf dem Gipfel des Ulamertorsuaq. Wir konnten von dort oben bis zum Inlandeis sehen, während in der näheren Umgebung sich ein Granitberg neben dem anderen erhob. Kletterziele ohne Ende …

Nachdem wir über die Route abgeseilt waren, stiegen wir nach einem Rasttag nochmals an den Fixseilen auf und ich kletterte die Route in drei Etappen rotpunkt – allerdings „verkehrtherum": zuerst den oberen Teil, dann – nach Abbau der Seile und des sonstigen Materials – den Mittelteil und schließlich den unteren Teil. Zu diesem Zeitpunkt wartete unten im Fjord bereits das Boot auf uns. Mit einem hörbar ungeduldigen Kapitän …

*

Als wir meine Erlebnisse am Ulamertorsuaq aufschrieben, fragte mich Jochen Hemmleb einmal etwas provokativ, was bei einer solchen Route eigentlich der Unterschied zu einer Erstbegehung in den Dolomiten sei und welchen Reiz sie für mich gehabt hätte. In den Alpen schätze ich ja, dass die Berge leicht erreichbar sind und ich mich nicht mit logistischen Problemen herumschlagen muss. In Grönland dagegen gehörte gerade die Schwierigkeit der Logistik mit zur Herausforderung und damit zum Reiz. Das war aber auch nur deswegen so, weil Claus und ich damals viel Zeit hatten. Wären wir, so wie ich heute manchmal als Bergführer, zeitlich stärker eingeschränkt gewesen, hätte uns dieser Teil des Abenteuers vermutlich eher genervt!

In einer so abgeschiedenen und kaum erschlossenen Gegend wie Grönland ist natürlich das Gefühl, mit einer solchen Erstbegehung Neuland zu betreten, viel stärker als in den Alpen. Dazu kamen die starken Eindrücke dieses für mich damals so fremden Landes mit mir völlig unbekannten Bergen und einer faszinierend andersartigen Natur. Es vermittelte mir

Handarbeit: Toposkizze unserer Route am Ulamertorsuaq.

einen Geschmack davon, wie es früher bei den Entdeckungsreisen der Polarforscher gewesen sein muss.

Die Stimmungen, die wir in Grönland erlebten, waren teils einzigartig, zum Beispiel wenn Nebel den Fjord füllten und wir über den Wolken im Sonnenschein kletterten ... Trotz der Lage nahe dem Polarkreis waren die Temperaturen ausgesprochen mild und für zwei Kletterbesessene wie Claus und mich war es ein unschätzbarer Vorteil, täglich 18 bis 19 Stunden Tageslicht zum Klettern zu haben! Diese Andersartigkeit ist es, die für mich das Klettern an solch einem exotischen Ort reizvoll macht. Ich suche solche Erlebnisse nicht ständig. Aber als gelegentlicher Kulissenwechsel tun sie mir gut. Und ich zehre lange von ihnen ...

UNTER FISCHEN UND BÄREN – ALASKA

Auf der Rückreise von meiner zweiten Grönland-Expedition 2006, auf der mir mit Andi Fichtner und Roger Schäli eine genussvolle Erstbegehung am Felshorn des Asta Nunaat gelungen war, machte ich Zwischenstation auf Island. Als ich im Hotel meine Sachen auspackte, schlug mir aus den Tiefen meines Rucksacks ein unbeschreiblicher Meeresduft entgegen. Ich zog einen stinkenden Fisch hervor, ein blinder Passagier aus Grönland mit – das vermutete ich sofort – Schweizer Reisepass. Denn mein werter Freund und Kletterpartner Roger ist für solche Scherze berühmt und berüchtigt ... Dies hinderte mich allerdings nicht daran, zwei Jahre später, im April 2008, abermals mit ihm eine Reise in nördliche Breiten zu unternehmen. Im Südosten von Alaska, nahe der Pazifikküste, ragen aus der Eiskappe des Juneau Icefield die dunklen Zähne der Taku Towers empor – eine Schwarz-Weiß-Welt mit einem ganz eigentümlichen Reiz, wie eine Kleinausgabe der Antarktis.

Initiator der Reise war Matthias Robl, ein junger Heeresbergführer aus Mittenwald in Oberbayern und wie ich ein Mitglied im „Salewa AlpinXtrem Team“. Er war ein talentierter Allrounder, der neben Eis- und Sportklettern auch im Höhen- und Skibergsteigen versiert war. Im Jahr zuvor hatte er mit Ski am 7509 Meter hohem Mustagh Ata im Pamir einen neuen Speedrekord aufgestellt. Er und seine Lebensgefährtin Alexandra, „Alexa“ genannt und ebenfalls eine erfolgreiche Skibergsteigerin und

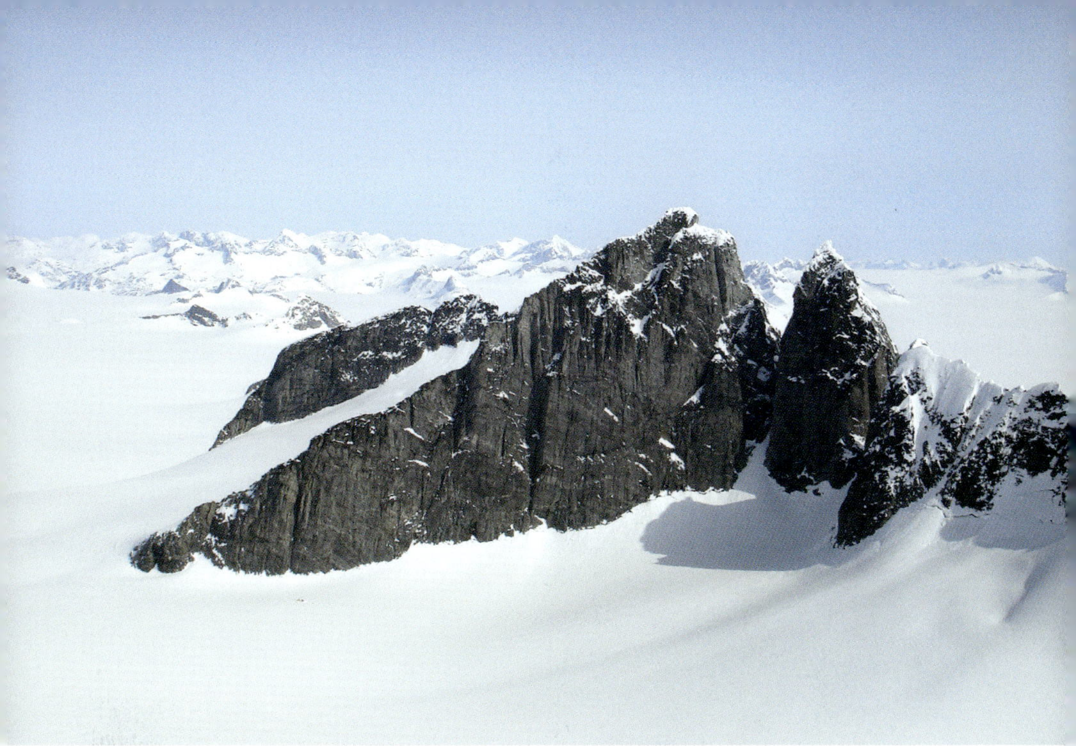

Der West Taku Tower. Links vom höchsten Gipfel der Südwestgrat. Durch das linke Drittel der Wand verläuft „Der mit dem Bär tanzt".

Sportkletterin, sowie Fotograf Xandi Kreuzeder, Roger und ich bildeten das Team.

Juneau, die Hauptstadt von Alaska, war der Ausgangspunkt für Touren im Bereich des gleichnamigen Eisfelds. Die ehemalige Goldgräber- und Bergwerkssiedlung ist heute eine moderne Großstadt mit über 30.000 Einwohnern und allen Annehmlichkeiten – aber ohne Straßenanbindung. Sie liegt, eng an den Fuß des bewaldeten Mount Roberts geschmiegt, am Ufer des Gastineau Channel und ist nur per Schiff oder Flugzeug erreichbar. Der 20 Kilometer lange Mendenhall Glacier, der vom Eisfeld nach Südsüdwesten zieht, endet praktisch vor ihren Toren.

Nach unserer Ankunft lasen wir in den Zeitungen, dass die Stadt kurz zuvor zwei Wochen ohne Strom gewesen war, da Lawinen die Hochspannungsleitung gekappt hatten. Das sah nach viel Schnee in den Bergen aus. Wir wollten eigentlich stilrein von der Stadt zu Fuß auf die Eiskappe, dort unser Basislager errichten und dann an den Taku Towers Erstbegehungen machen. Wir hatten zwar ein paar Informationen über die Gipfel, aber unsere genauen Ziele würden sich erst erschließen, wenn wir vor Ort wa-

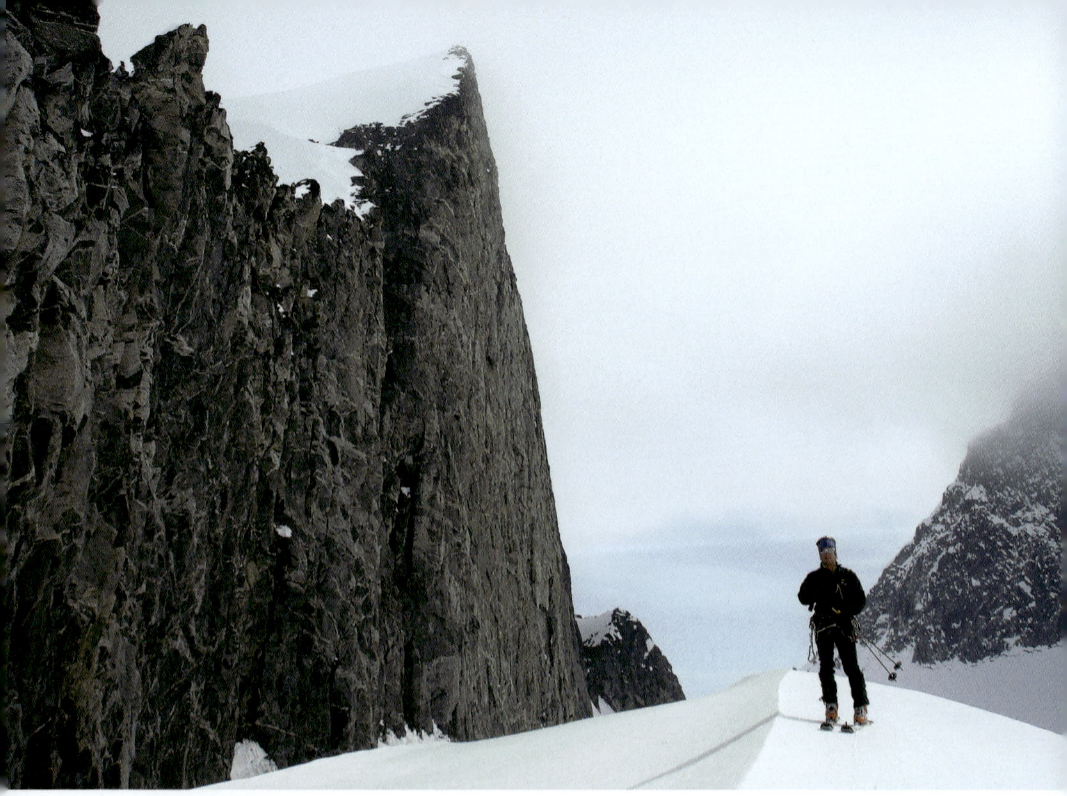

Auf einen Blick: Unsere Wandroute und der Grat am West Taku Tower.

ren. Wieder war es eine richtige Entdeckungsreise. Wir charterten eine kleine Propellermaschine und unternahmen einen Rundflug.

Aus der Ferne sah die lange Zahnreihe der Taku Towers ein wenig so aus, als hätte man die Aiguilles von Chamonix in einem zugefrorenen See versenkt. Es gab lange gezackte Gratkämme; steile Zinnen, die an die Drus erinnerten; reine Felswände mit senkrechten Pfeilern, Rissen und Verschneidungen; ein paar Eiscouloirs und kombinierte Anstiege … Wir wollten unsere Basislager dort aufstellen, wo es die besten Klettermöglichkeiten gab – doch das konnte bei den Towers fast überall sein.

Aber zuerst mussten wir auf die Eiskappe gelangen. Um die zerklüfteten Gletscherzungen zu erreichen, welche den Zugangsweg darstellten, mussten wir erst eine Waldzone durchqueren. Wir schnallten unsere Tourenski an und machten uns mit leichtem Gepäck auf eine erste Erkundung. Am Ende der Stadt schien eine Forststraße den Weg vorzugeben und zu erleichtern. Sie leitete uns – zum anderen Ende der Stadt. Beim Versuch Nummer 2 gerieten wir im Wald in so steilen und harten

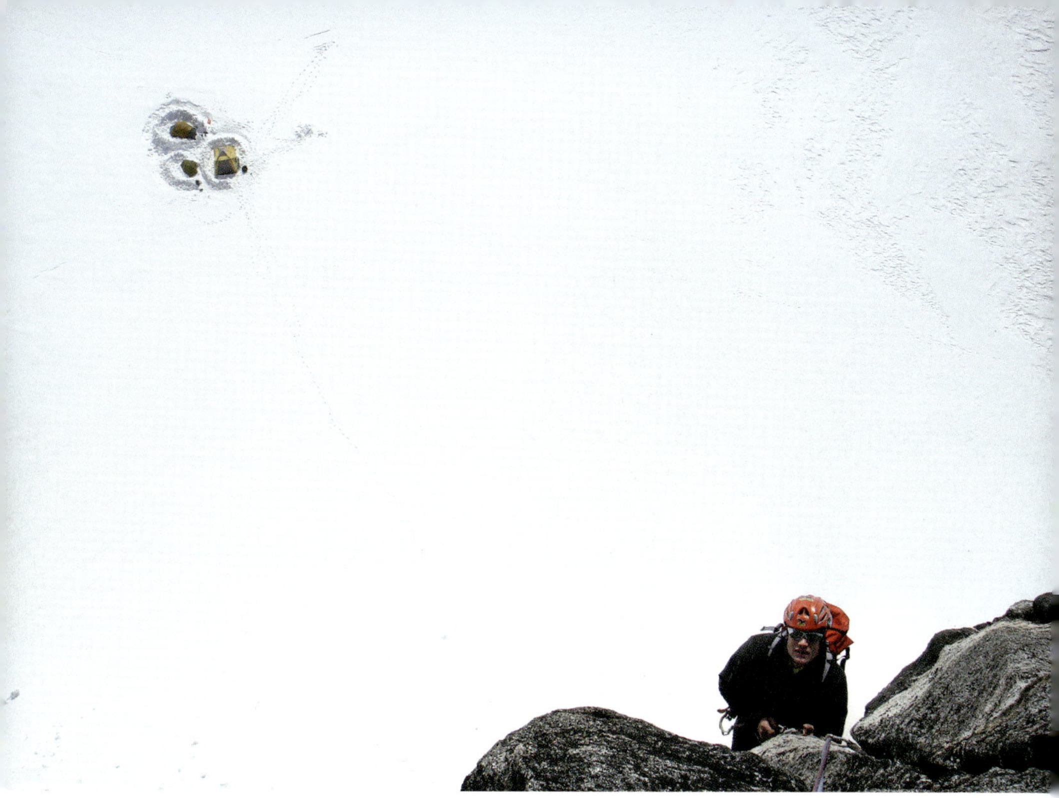

Über den Zelten unseres Basislagers: Roger in „Der mit dem Bär tanzt …"

Schnee, dass wir fürchteten, uns bei einem Ausgleiten um den nächsten Baum zu wickeln. Als wir schließlich über die Baumgrenze kamen und durch eine Mulde auf den Gletscher zuhielten, standen wir plötzlich vor einer Reihe Motorschlitten. So konnte man also auch hierher gelangen … Aber auf welchem Weg? Am Abend in Juneau erzählte man uns, sie hätten die Schlitten einfach mit dem Helikopter dort hinaufgeflogen.

Angesichts der anhaltenden Lawinengefahr wählten wir nach einigem Abwägen ebenfalls diese Option. Sie nahm zwar viel von der Wildnis, sparte uns aber sicherlich eine gute Woche Anmarschzeit, wenn nicht gar mehr. Dies war auch gut so, denn Matthias war in seinem Bewegungsdrang fast nicht zu halten. Kaum standen die Zelte unseres Basislagers auf dem Eis, war er auch schon auf seinen Tourenski in irgendeine Richtung verschwunden. Alexa folgte ihm sofort nach. Es schien ihnen auffallend wichtig zu sein, als Erste auf einem der vielen unbetretenen Gipfel und Grate zu stehen.

Was ich dort draußen auf der Eiskappe nicht aus meinem Kopf bekam, war der Gedanke an Eisbären. Was würden wir machen, wenn so ein Geselle unserem Lager einen Besuch abstatten wollte? Diese Vorstellung verfolgte mich bis in den Schlaf und ließ mich in der Nacht wild schreiend aus dem Schlafsack hochfahren – sehr zur „Begeisterung" meiner offensichtlich weniger unter Bärenphobie leidenden Kollegen, die mir zu verstehen gaben, dass der einzige schlafraubende Bär hier wohl Südtiroler Herkunft sei.

Vom Gipfel des linken, westlichen Taku Tower zieht ein langer Grat nach Südwesten und begrenzt eine keilförmige, recht wenig strukturierte Wand aus grauem Granit – eine fast reine Felswand inmitten der Eiswüste. Hier konnten wir uns nach Herzenslust austoben. Roger und ich fanden im rechten, noch gut 200 Meter hohen Teil eine schöne Linie mit Schwierigkeiten bis 6b. Leider gab es keine Schwierigkeitsskala mit „V" für „Vegetation", denn erschwert wurde die Kletterei durch einen Flechtenüberzug, der bei der leichten Feuchtigkeit die Reibung unserer Kletterschuhe deutlich herabsetzte. Der Granit war nicht immer ganz zuverlässig und so erinnerte mich das alpine Ambiente – inklusive Flechten – an Routen im heimatlichen Tauferer Ahrntal, wie zum Beispiel an die Südanstiege auf Magerstein und Wildgall von Antholz aus. Bei der Namensgebung konnte sich Roger den Seitenhieb auf meine „tierischen" Alpträume nicht verkneifen und nannte die Route „Der mit dem Bär tanzt" …

Von einer ganz anderen Charakteristik war der Südwestgrat, an dem die Tanzbäreneinlage ihr Ende fand. Auf der anderen Gratseite befand sich keine Felswand, sondern ein Nebengletscher, zu dem der Grat mit 70 bis 80 Grad steilem kombiniertem Gelände abfiel. Auf dem Grat selber lag ein halber Meter Schnee, darunter eine Eisschicht, die teilweise vom Fels abgelöst war. Solche Verhältnisse hatte ich noch nie zuvor erlebt. Um den kompletten Grat erstmals zu begehen, querten Roger und ich ganz bis zum linken Ende der Wand hinüber und wollten dort durch eine Rinne auf den Kamm gelangen. Ich wühlte mich mit meinen Eisgeräten in diesem Schnee-Eis-Gemisch aufwärts, als sich ein Eisbrocken löste. „Achtung, Roger!"

Zu spät! Ein kurzer Aufschrei, ich schaute nach unten und sah, wie Roger zu taumeln anfing. Da ich im Fels links und rechts keine andere Ver-

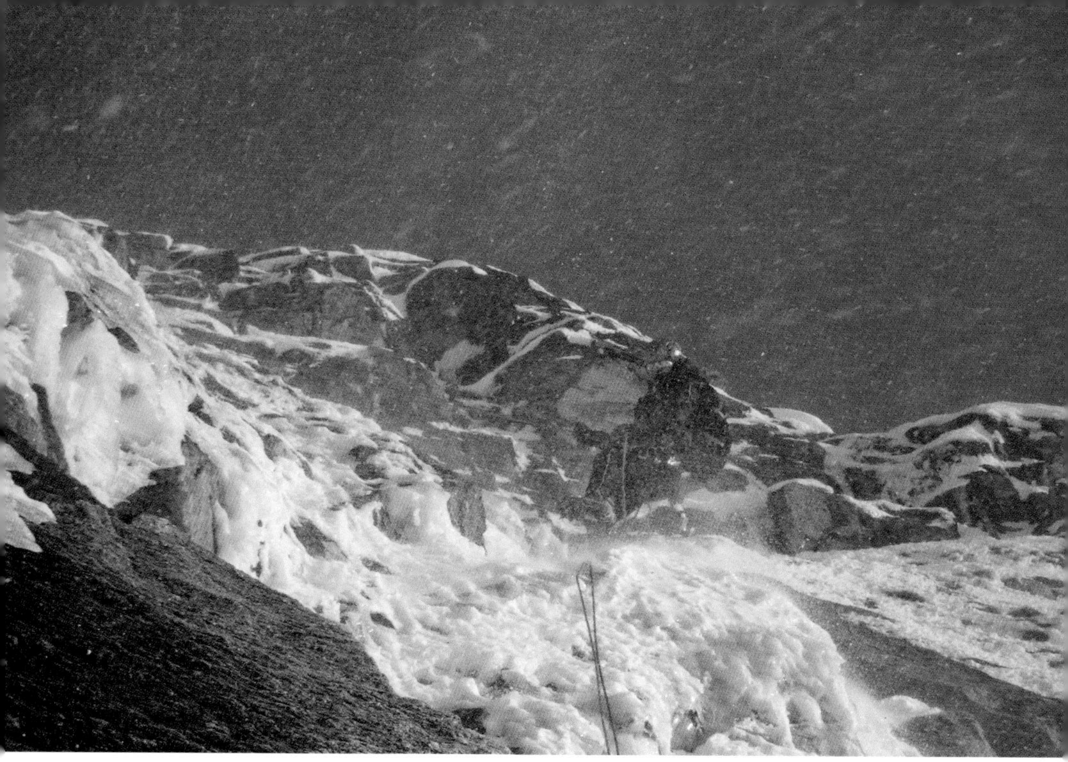

Abseilen über die Nordwestwand nach unserer Begehung des Südwestgrates.

ankerung fand, klemmte ich die Haue eines Eisgeräts in einen schmalen Riss, schlug sie mit dem anderen Gerät noch etwas fest und seilte daran ab. Das Eisgerät hängt heute noch dort – wenig gebraucht, nur für Selbstabholer.

Roger hatte der Eisbrocken am Kopf getroffen, er blutete recht stark. Wir verarzteten die Wunde notdürftig mit seiner Fleecemütze und stiegen ab. Glücklicherweise waren wir erst am Gratanfang gewesen und das Basislager war nicht weit. Zurück bei den Zelten stellten wir fest, dass Roger eine gut vier Zentimeter lange Platzwunde davongetragen hatte. Wir funkten den Helikopter an, zwei Stunden später wurde Roger ins Krankenhaus geflogen.

Als wir uns am nächsten Tag noch berieten, wie wir nun weitermachen würden, hörten wir plötzlich erneut das Geräusch des Helikopters. Was wollte der jetzt schon wieder? Er kreiste über dem Basislager, landete – und heraus stieg Roger. Ich begrüßte ihn herzlich: „Du bist doch ein Depp, wärst doch unten geblieben und hättest es dir in Juneau gut gehen lassen!“

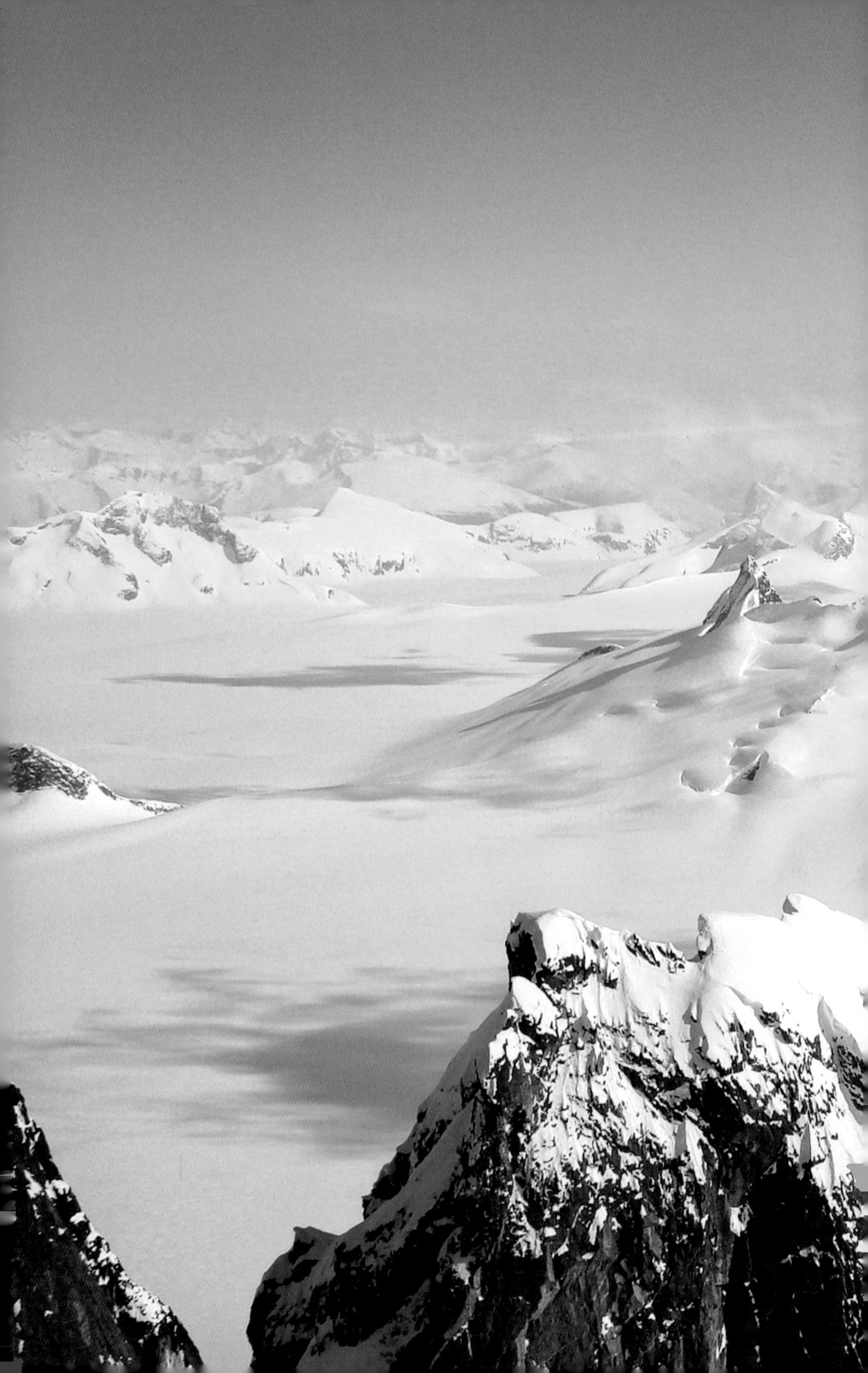

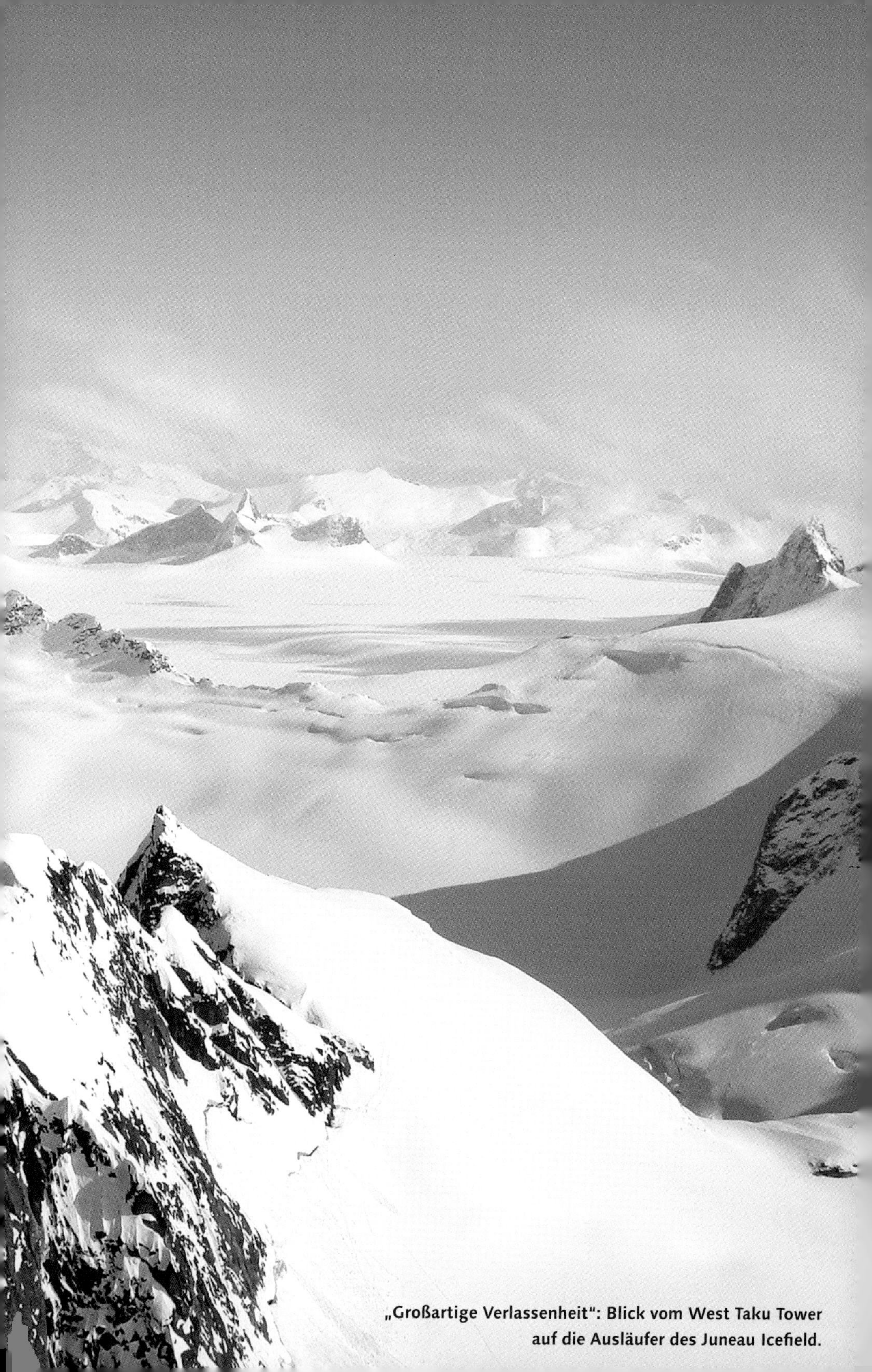

„Großartige Verlassenheit“: Blick vom West Taku Tower auf die Ausläufer des Juneau Icefield.

„Ach was, ich will klettern! Drei Klammern und eine Handvoll Schmerztabletten – das passt schon … Gehst du halt den Grat vor und ich steige nach. Nur Helme sollten wir nicht vergessen."

Gute Idee.

Am übernächsten Tag waren wir wieder unterwegs. An der heiklen Passage, in der ich das Eisgerät hängen gelassen hatte, fanden wir eine Umgehungsmöglichkeit im Fels: Risskletterei mit Steigeisen im Grad V+. Danach folgte reines Gewühle am Grat, absolut nicht mit Schwierigkeitsgraden zu erfassen. Klettern konnte man es eigentlich nicht nennen. Immer wieder gab es zwei bis drei Meter hohe senkrechte Abbrüche, an denen man kräftig überlegen musste, wie man da hochkam. Etwas Fels, darüber das schon beschriebene Gemisch aus Schnee mit darunterliegender hohler Eiskruste. Häufig hieß es Durchstützen, ohne Gewissheit auf sicheren Halt. Es wurde ein langer abenteuerlicher Ritt in einem Gelände, das jedem Vergleich spottete. Gegen 18 Uhr standen wir auf dem Gipfel. Uns blieb nur Staunen. Um uns herum war alles weiß, Eisfelder und Gletscher wohin man sah – und außer dem Basislager unter uns keine Menschenseele weit und breit. Ich hatte nur einen Gedanken: Irgendwo müssen hier Eisbären sein …

*

Mit dem Blick vom Gipfel des West Taku Tower verbinde ich den nachhaltigsten Eindruck von unserer Erstbegehung in Alaska. Dort oben war mir so deutlich wie selten bewusst, wie klein und unbedeutend du als Mensch in solch einer Landschaft bist. Es war das Gefühl, völlig auf uns selbst gestellt zu sein – und wir wussten, dass wir bei schlechtem Wetter hier oben auf der Eiskappe keine Hilfe erwarten könnten. Obwohl wir zu fünft waren, hat mich dies auf dieser Expedition sehr stark beschäftigt. Ich habe gemerkt, dass ich nicht dafür geboren bin, länger in solch einer Wildnis unterwegs zu sein. Für ein einmaliges Erlebnis war es schön, aber auf Dauer wäre mir die Abgeschiedenheit hier zu groß.

Und manchmal frage ich mich, was diese Weite und Abgeschiedenheit mit einem Menschen machen, wie sie möglicherweise seine Wahrnehmung verändern und ihn Dinge spüren lassen, die ihm sonst verborgen bleiben würden. Uns allen fiel Matthias' Unruhe während der Expedition auf. Es war, als würde ihn etwas Unsichtbares antreiben. Wollte er sich

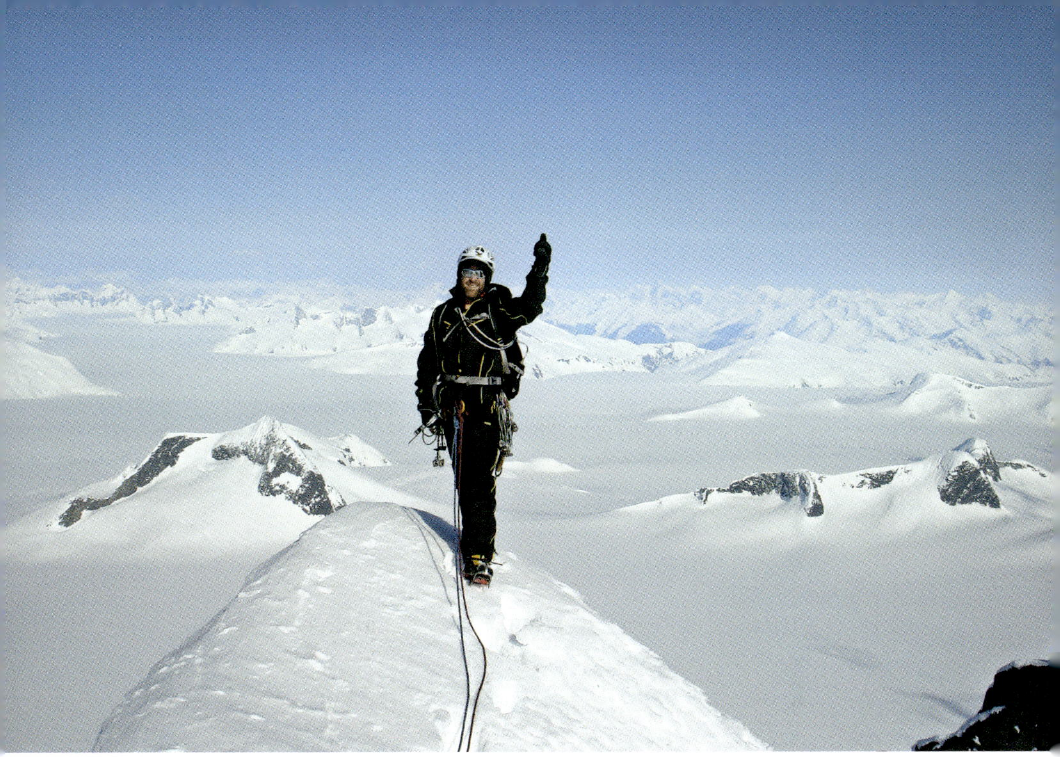

Klein und unbedeutend – aber glücklich: Auf dem West Taku Tower.

etwas beweisen? Wollte er uns etwas beweisen? Oder spürte er innerlich, dass ihm nicht mehr lange Zeit blieb?

Kurz nach unserer Rückkehr, am 11. Mai 2008, stürzte er vor Alexas Augen beim Einrichten einer Neutour bei Leutasch in Tirol ab und verletzte sich tödlich. Hatte er während unserer Zeit in Alaska eine Vorahnung gehabt? Es ist leicht, in der Rückschau eine solche Verbindung zu sehen. Aber es war das erste und bislang einzige Mal, dass ich so etwas so deutlich gespürt habe – und ich denke bis heute darüber nach.

GROSSE FELSEN UND KLEINE LÄMMER – ODER: SÜDAFRIKA IST MEHR ALS SCHWARZ UND WEISS

„Besser du steigst nicht aus dem Auto aus …“ Roger war betroffen. Klettern ist Freiheit. Aber was ist Klettern in einem Land mit so großer Unfreiheit? Wo sich die reiche Bevölkerung hinter Mauern und Stacheldraht in ihrer eigenen Welt verschanzt, vor deren Toren die arme Bevölkerung

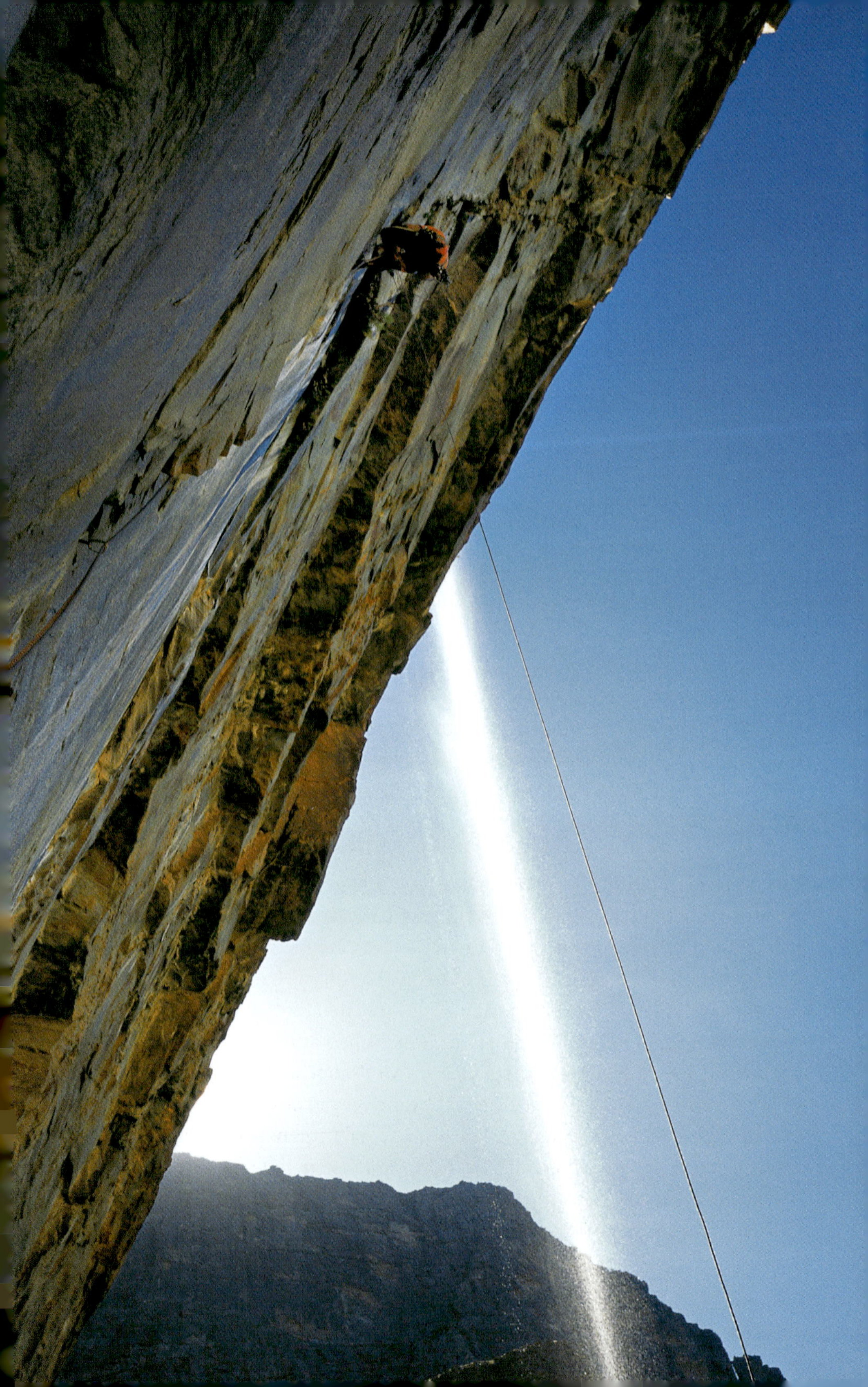

in teils slumähnlichen Wohnsiedlungen, den Townships, haust. Wo du im Auto nicht einmal ein altes Paar Bergschuhe offen liegen lassen solltest, weit du sonst Gefahr läufst, dass dir beim Halt an einer Ampel die Seitenscheibe eingeschlagen wird. Roger hatte die Fahrt in den Slum, für den er ein kleineres Hilfsprojekt mit aufgezogen hatte, gut überstanden, aber die Eindrücke machten ihn nachdenklich. Dies waren die anderen – nicht auf den Kletterfotos abgebildeten – Eindrücke, die wir aus Südafrika mitnahmen ...

Südafrika hat seit Jahrzehnten eine lebendige Bergsteigerszene, die gleichermaßen die Apartheid zu überbrücken versuchte, wie sie von ihr beeinflusst war. Während weiße Kletterer wie Dave Cheesmond oder Andy de Klerk auch auf internationaler Bühne unterwegs sein konnten, waren für den bekanntesten schwarzen Kletterer Ed February, Jahrgang 1955 – der über 500 Erstbegehungen in Afrika auf seinem Konto hat – noch bis Anfang der 1990er-Jahre viele Gebiete in seinem eigenen Land verschlossen gewesen. Trotzdem bot Klettern eine relative Freiheit in einer für Schwarze unfreien Gesellschaft, in der Diskriminierungen an der Tagesordnung waren. Mit 16 trat Ed February dem „Cape Province Mountain Club" bei, einer Vereinigung nicht-weißer Kletterer, der bereits vor dem Zweiten Weltkrieg gegründet worden war. Nach wenigen Jahren meisterte er Routen im VII. Grad und schwerer. Am Tafelberg oberhalb von Kapstadt traf er regelmäßig Mitglieder des ausschließlich weißen „Mountain Club of South Africa", von denen einige nach anfänglicher Distanz „farbenblind" wurden. Cheesmond brach als Erster das Eis und wurde 1974 Februarys Kletterpartner. Jahre später wurde February wiederum Mentor des zwölf Jahre jüngeren, hochtalentierten Andy de Klerk. Unter der Apartheid litten fortan oft beide Seiten. Als February einmal einen verletzten weißen Kletterpartner ins Krankenhaus bringen wollte, verweigerte man ihnen sowohl am Eingang für Weiße wie für Schwarze den Eintritt – jeweils wegen der Begleitung des anderen. „Die Gesellschaft war damals ziemlich krank", meinte February in einem Interview mit dem australischen Bergsteiger und Autor Greg Child. „Klettern war dagegen normal." „Der Rassenunterschied war zwischen uns nie ein Thema", ergänzte de Klerk. Die Schönheit der Klettergebiete in Südafrika, von denen viele von February und de Klerk erschlossen wurden, lassen heute vielfach vergessen, welche Geschichte mit ihnen verknüpft ist – und dass in Südafrika die Spaltung

Im weit überhängenden, kompakten Quarzit des Milner Amphitheatre, Südafrika.

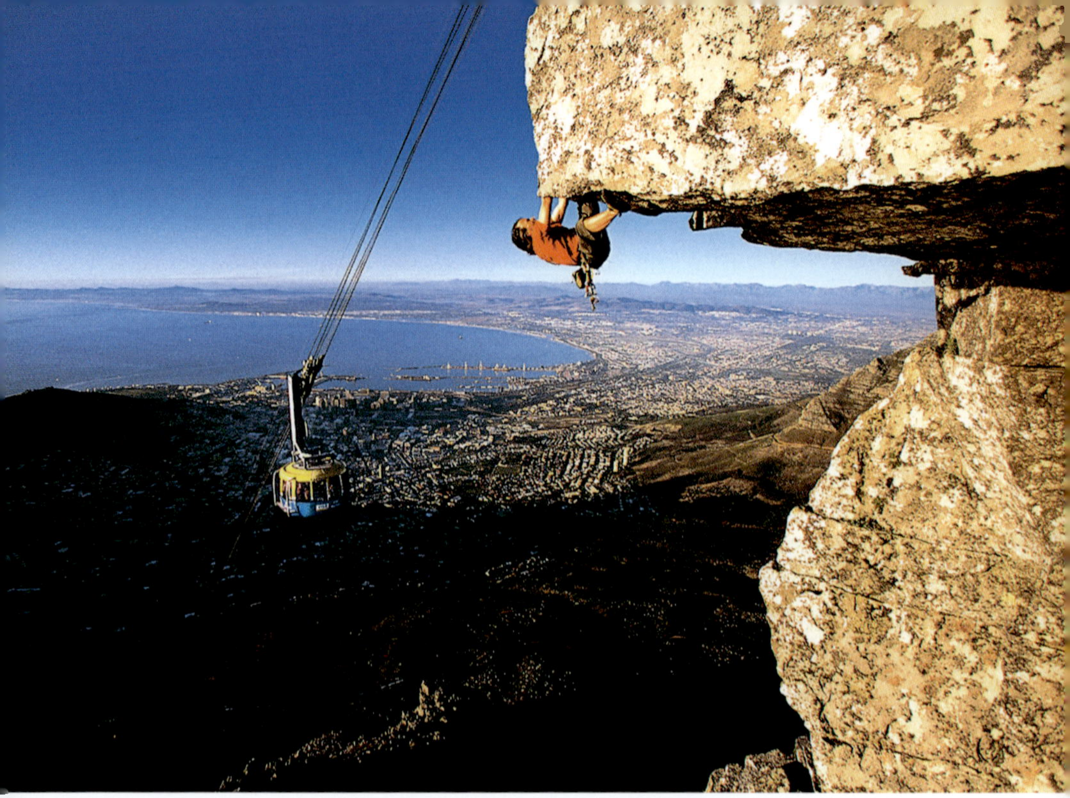

Drei Welten: Am Tafelberg über der Küste von Kapstadt.

zwischen Schwarz und Weiß, die meist noch immer synonym mit Arm und Reich ist, trotz aller positiven Entwicklungen sehr präsent ist.

Xandi Kreuzeder, der Fotograf auf der Grönland-Expedition, hatte mir von der 300 Meter hohen, weit überhängenden Wand des „Milner Amphitheatre" vorgeschwärmt. Dort gab es zum damaligen Zeitpunkt, im Jahr 2004, zwei Routen, zu denen ich gern eine dritte hinzufügen wollte. Als Kletterpartner lud ich den berühmten slowenischen Bergsteiger Silvo Karo ein, den ich 1996 im Basislager am Ulamatorsuaq kennengelernt hatte. Silvo verbringt seine Zeit am liebsten in sturmumtosten Bigwalls in Patagonien oder dem Himalaya, weshalb ihn seine damalige Lebensgefährtin nach meiner Südafrika-Einladung ungläubig fragte, ob er jetzt in Urlaub fahren würde.

Milner Amphitheatre ist eine wirklich beeindruckende, kompakte Wand. Der Wasserfall in ihrer Mitte zeigt an, wie weit sie tatsächlich überhängt: Man duscht 50 Meter vom Wandfuß entfernt … Das Gestein ist glasharter orangefarbener Quarzit – härter als Yosemite-Granit. Die

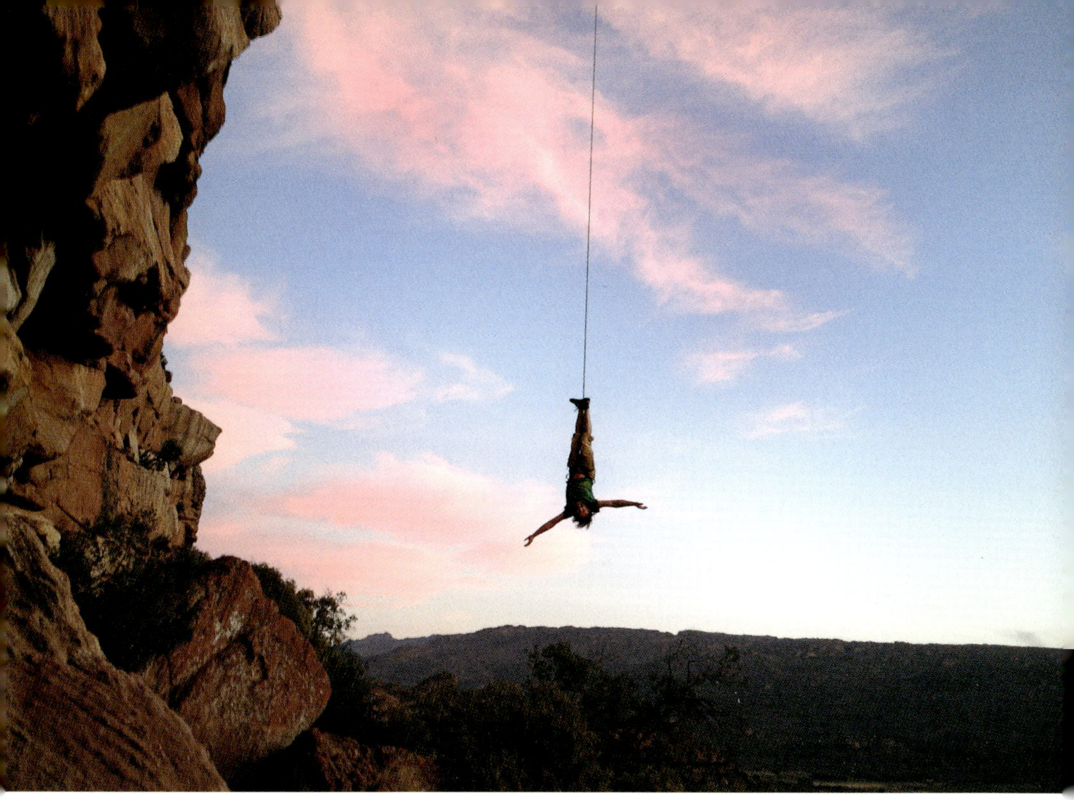

Südlich des Äquators steht so manches kopf …

erste Seillänge unserer geplanten Route war senkrechte bis überhängende Plattenkletterei in fast fugenlosem Fels. Eine Absicherung mit Normalhaken war unmöglich. Als ich die Bohrmaschine ansetzte, um das Loch für einen ersten Bohrhaken zu bohren, lief ich vor Anstrengung fast blau an. Der Bohrer tat es wirklich: Das Metall überhitzte völlig, nach ein, zwei Löchern konnte man ihn wegschmeißen. Nach einer weiteren halben Seillänge war unser Set verschlissen und einen Baumarkt zum Nachkaufen gab es hier definitiv nicht. Materialermüdung – das war mal ein ganz neuer Grund für ein Scheitern …

Wir verlegten uns daraufhin auf ein paar eingerichtete Sportkletterrouten (also doch Urlaub für Silvo!) und gingen eine der klassischen Touren am Wahrzeichen von Kapstadt, dem Tafelberg. Die Atmosphäre war einzigartig, ein Zusammentreffen von drei Welten: wir am steilen Fels, unter uns die Großstadt und im Hintergrund das Meer. Die Meeresnähe sorgte auch für eindrückliche Wolkenstimmungen. Die feuchte Luft setzte dem Berg häufig eine Haube aus Nebelschwaden auf, die dann wie im

Film *Nebel des Grauens* über die Kanten des Gipfelplateaus hinabkrochen. Da konnte man fast Angst bekommen!

Eine von meinem Sponsor Salewa unterstützte Reise bot 2012 dann mir, Roger und seinem Landsmann Patrick Felderer eine zweite Gelegenheit, die fantastischen Klettermöglichkeiten Südafrikas auszutesten. Unser Ziel waren diesmal die „Rocklands", eines der bekanntesten und größten Klettergebiete des Landes in den Cederberg Mountains, etwa 250 Kilometer nördlich von Kapstadt. Es ist ein schier endloses Areal mit orange leuchtenden Sandsteinwänden und zahllosen Boulderblöcken in allen denkbaren Formen, die aus einem Plateau herausgewittert sind. Der Farbkontrast zu den oft dicht begrünten Flächen und Schluchten zwischen den Felsen sowie dem meist wolkenlosen blauen Himmel sorgt gerade bei Sonnenauf- und -untergang für prächtige Stimmungen.

Ursprünglich wollten wir an einem der höheren Massive in den Cederberg Mountains neue Mehrseillängenrouten eröffnen, erhielten für den Zugang aber keine Genehmigung. Die verschiedenen Klettergärten in den Rocklands liegen überwiegend auf Privatgrund, was uns einmal mehr daran erinnerte, dass der weitestgehend freie Zugang zu unseren Klettergebieten daheim keine Selbstverständlichkeit ist, sondern ein kostbares, schützenswertes Gut! In anderen Ländern wie zum Beispiel Großbritannien, wo die Verhältnisse ähnlich sind wie in Südafrika, ist die Problematik des „land access" seit Jahrzehnten ein heiß diskutiertes Thema.

Wir wechselten daher in die Gegend um „Pakhuis". Hier, an der Kante des Plateaus, gibt es eine Reihe reizvoller Sandsteinwände, an denen man sozusagen in der ersten Reihe klettert – mit einer prächtigen Aussicht hinaus in das Tiefland. Aber auch hier war der Zugang schwierig. Ein Ranger klärte uns auf, dass das Einrichten neuer Routen an den Felsen eigentlich verboten sei. Er fragte uns aus, wer wir seien und woher wir kämen. Der Profistatus von Roger und mir sicherte uns schließlich die Genehmigung und gab uns die Möglichkeit, einen kompletten Klettergarten mit gut 30 Routen einzurichten. Eine zweiwöchige Kletterorgie für uns drei begann!

Die verschiedenen Wandstreifen mit einer Breite von insgesamt rund 500 Metern und Höhen von bis zu 30, 40 Metern waren eine grandiose Spielwiese. Täglich wechselten wir uns mit Klettern und Routeneinrichten ab. Dabei beließen wir es nicht bei mit Bohrhaken versehenen Linien, sondern hielten einige Bereiche – besonders solche mit Rissen – für

Der Zug an der „Kaugummi-Leiste", Pakhuis, Südafrika.

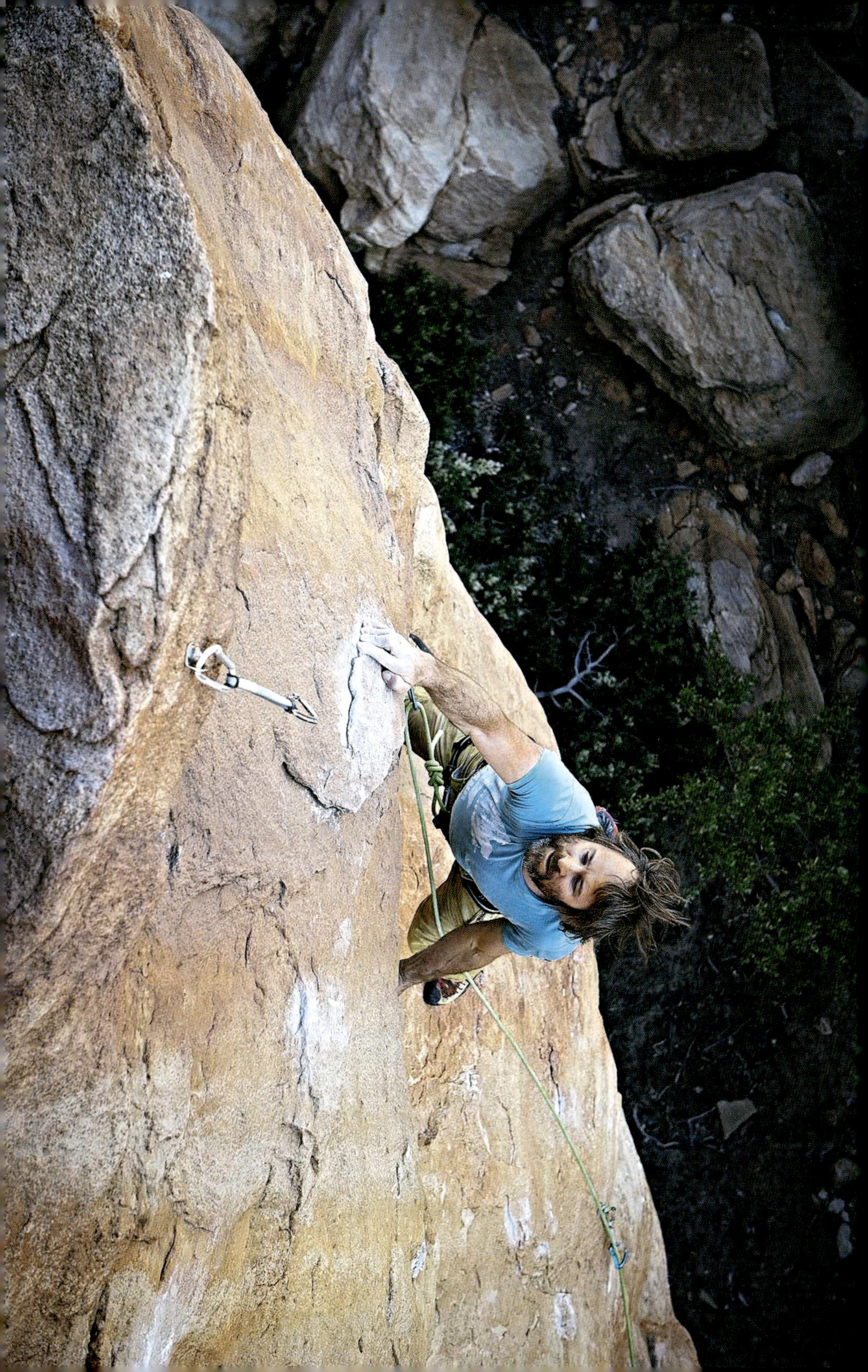

„Tradclimbing" bewusst bohrhakenfrei; diese Routen sind mit Klemmkeilen und Friends selbst abzusichern. Vergleichbare Gebiete findet man bei uns zum Beispiel im Valle dell'Orco oder in Catarese sowie neuerdings an den Porphyrwänden um Bozen.

Mit der Zeit war es fast wie ein Rausch – eine Route ging noch. Und noch eine. Und noch … Wir neckten uns nach Klettererart: Einmal bohrte ich eine 7c-Route ein, die einen ausgesprochenen Längenzug aufwies. „Eigentlich genau das Richtige für den kurzen Roger", dachte ich mir und ließ ihn gleich einmal probieren. Roger war „heiß", stieg ein – und machte den Abflug. Er probierte es noch einmal und flog abermals – während ich genüsslich zusah und mit Kommentaren nicht sparte. „Roger, zieh doch die Ballerinas aus und nimm mal meine Patschn." Ich hatte einen festeren Schuh, mit dem man auf den kleinen Tritten besser stehen konnte. Aber Roger hatte dafür den festeren Dickschädel und probierte es wieder. Mit zu erwartendem Resultat …

Ich wusste nach meinen ersten Versuchen, dass mir die Route lag, und Roger schwante wohl, dass er die Erstbegehung an mich abtreten müsste. So revanchierte er sich auf seine eigene Weise, indem er mir vor meinem nächsten Versuch unbemerkt einen Kaugummi auf den Schlüsselgriff klebte … Ich stieg ein, griff dynamisch nach der schmalen Leiste und … „Uuups!" Meine von Hans Kammerlander besungenen Schraubstockfinger griffen nochmals nach, quetschten sich durch die klebrige Masse und hielten. Die nächsten Züge waren klar: Körper austarieren, nachchalken – und dem kurzen Schweizer am Wandfuß eine lange Nase zeigen. Wobei ich noch ein paar Südtiroler Kraftausdrücke nachschickte. „Wieso regst du dich so auf, Christoph? Hat doch eh nix genützt!" Womit Roger Recht hatte, denn die Route gehörte mir.

Wenig später hatte ich ein schönes Gegengeschenk für ihn: eine knackige 8a, die wir „Wave up" tauften, da sie sich über mehrere wellenförmige Überhänge zog. Der untere Teil über die ersten Wellen bis auf ein Band war für mich gut machbar, doch beim oberen Teil gab es ein großes Fragezeichen. Von einem Zwei-Finger-Loch in der überhängenden Wand musste man auf einen abschüssigen Aufleger ziehen, um dann in einen Riss zu gelangen, der anstrengend über das Abschlussdach führte. Roger war wieder heiß und probierte die Stelle sofort. Zwei Stunden später war er noch heißer, denn er hatte die ganze Zeit in der prallen Sonne versucht,

 Im fantastischen Abschlussdach von „Wave up", Pakhuis, Südafrika.

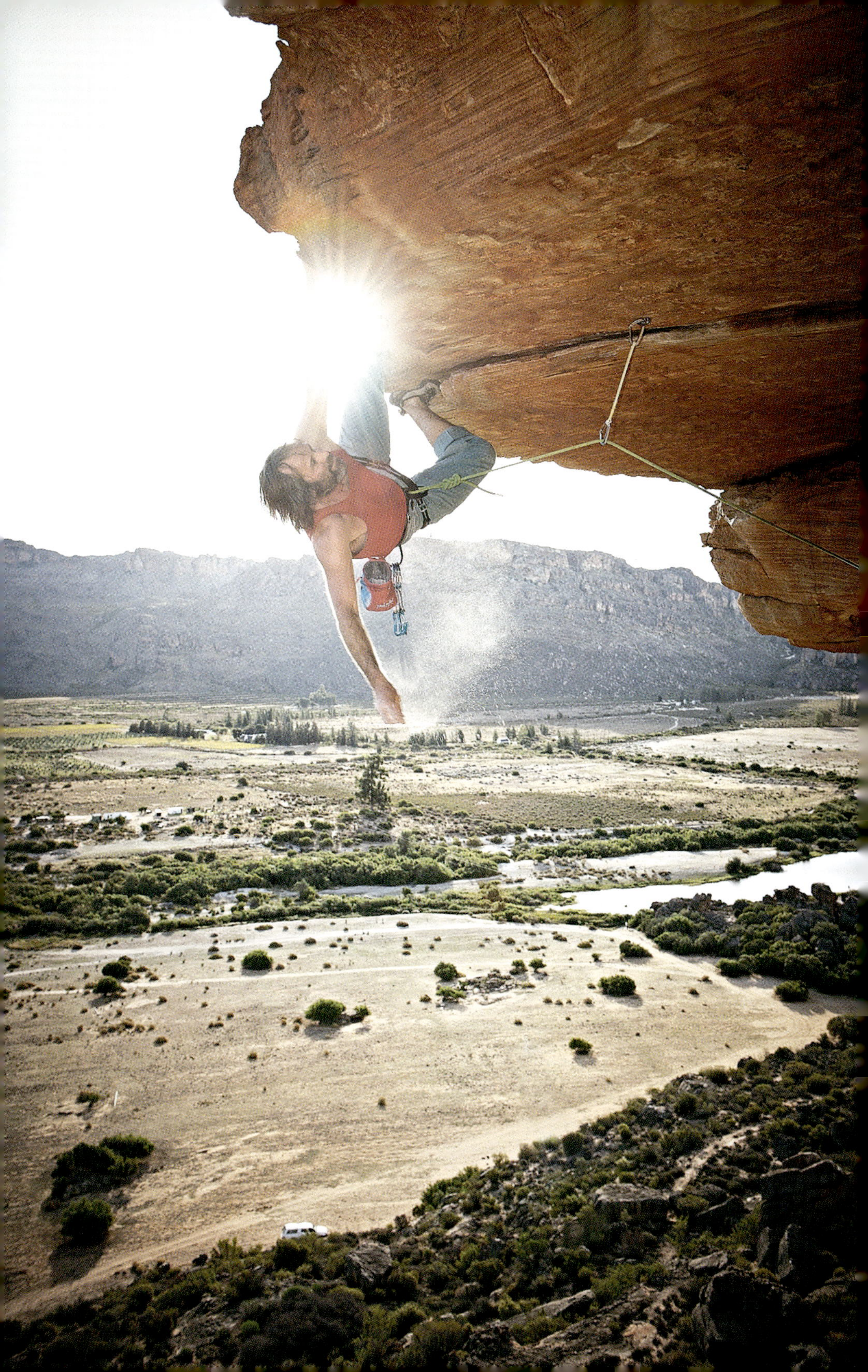

die Züge auszubouldern. Meine unmissverständlich vorgetragene Sorge um seinen Geisteszustand – „Hast du sie noch alle bei dieser Hitze?!" – ließ ihn dagegen kühl. Er biss sich tatsächlich durch, konnte die Route ein paar Tage später rotpunkt klettern und war vollauf begeistert. „Wave up" bezeichnete er als „eine meiner anspruchsvollsten und komplettesten wie komplexesten Routen, die ich sportklettertechnisch je gelöst habe. ... Die schönste Einseillängenroute meiner Kletterkarriere."

Diese Freude wollten Patrick und ich natürlich mit ihm teilen. Patrick verblüffte uns, als er das Fingerloch festhielt, so als wäre nichts dabei. Dafür tat er sich im unteren Teil schwer. Bei mir war es umgekehrt. Die Route war für uns ein vertikales Schachspiel, bei dem wir beide unterschiedliche Partien spielen mussten, um zu gewinnen. Und es gelang schließlich uns beiden, jedem auf seine Art.

Am Ende fanden wir jedoch alle – Roger, Patrick und ich – unsere Meister. Denn wir teilten Bereiche der Felsen mit einer Spezies Kletterer, die höchste Kletterkunst quasi mit der Muttermilch aufgesaugt hatten: Affen. An einem Tag wurden wir fasziniert Zeugen, wie sich ein paar davon einem fünf Meter hohen Boulderproblem widmeten. Offensichtlich angestachelt durch einen Revierkampf, kletterten sie mit bestechender Eleganz und Lockerheit über den glatten Felsen – makellos, ein ums andere Mal. Wir haben es gar nicht erst probiert ...

*

Wenn ich zum Klettern in fremde Länder reise, steht für mich die Schönheit der Natur und das Spektakuläre des Kletterns im Vordergrund. Dies sind auch die Dinge, die wir in Bildern einfangen und weitergeben. Die Auseinandersetzung mit den Schattenseiten, die uns bisweilen auf diesen Reisen begegnen, findet später statt – im Stillen, wenn ich wieder zu Hause bin. Roger ist da sensibler. Ihn berühren diese Dinge tiefer und bewegen ihn. Dies ließ ihn auch die Autofahrt in einen der Townships in Südafrika wagen. Über seine Hilfsaktionen „Little Lambs/Roger for Africa" schrieb er: „Als Spitzensportler und Alpinist habe ich gelernt, für den Erfolg eines Projektes, das Erklimmen eines Berges oder das Überwinden von Hindernissen zu kämpfen. In Südafrika allerdings kämpfen nach wie vor mehrere Millionen von Menschen für ihr tägliches Brot, für sauberes Wasser oder für eine Schulbildung der Kinder. Die Häuser in den Townships sind klein und überfüllt. Es gibt ganze Blöcke und Straßenzüge, in denen kriminelle Gangs alles fest in der Hand haben. Drogenhandel, Vergewaltigungen, Raub und Diebstahl sowie Morde sind hier leider an der Tagesordnung. Am schlimmsten aber trifft es immer Kranke, Behinderte und Kinder. Ich habe mir zum Ziel gesetzt, diesen Menschen zu helfen."

Mit dem Erlös aus dem Verkauf von Bergsportartikeln und Spenden kaufte er Kleider, Lebensmittel, Medikamente und Hygieneartikel und verteilte diese mit ortsansässigen Helfern im Township. Durch seinen persönlichen Einsatz erreichte die Hilfe auf direktem Weg das Ziel, ohne dass Beträge in irgendwelchen Verwaltungskanälen verschwanden. „Mein Beitrag war zwar nur ein Tropfen auf den heißen Stein, vor Ort machte er aber einen großen Unterschied."

Und es war eine Möglichkeit, jenem Land und den Menschen dort etwas zurückzugeben, von denen wir so viele Eindrücke mitgenommen hatten.

WIE AUF EINEM ANDEREN PLANETEN – JORDANIEN

Rostroter Sand, wohin das Auge reicht. Am Horizont langgestreckte Berge, quergestreift in allen Schattierungen von braunviolett bis grau und ocker. Das Ganze unter einem blauen Himmel, der mit einem Hauch von Zartrosa etwas von der Landschaft in sich aufzusaugen scheint ... Von allen Landschaften, in denen ich geklettert bin, war jene des Wadi Rum in Jordanien sicher eine der exotischsten. Fast „außerirdisch". Nicht ohne Grund diente das Wüstental als Kulisse für mehrere Science-Fiction-Filme wie „Der Marsianer". Dass sich in dieser bizarren, faszinierenden Szenerie lohnende Kletterziele finden ließen, bewies erstmals eine Gruppe Engländer Mitte der 1980er-Jahre. Ihnen folgten französische Kletterer, die Schweizer Brüder Claude und Yves Remy und andere europäische Spitzenleute. Einer der bedeutendsten Erschließer war der Salzburger Albert Precht (1947–2015), ein ausgesprochener Könner, der bei seinen Erstbegehungen konsequent auf Bohrhaken verzichtete und auf diese Weise Wege bis zum oberen VIII. Grad eröffnete. Der Vorarlberger Bergsteiger

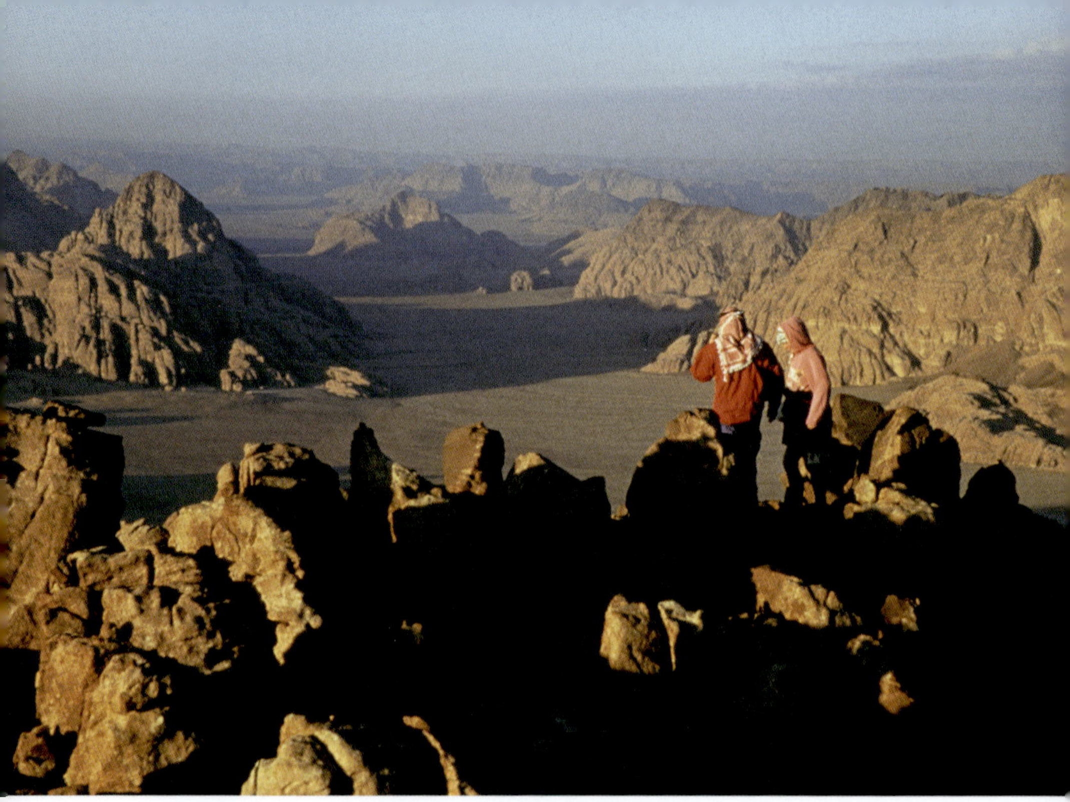

Fast wie auf dem Mars: Blick vom Jebel Rum, Jordanien.

und Höhenmediziner Oswald Oelz, selbst ein Wadi-Rum-Fan, zitiert Precht mit den Worten: „Es ist sinnlos, mit Bohrmaschinen das Abenteuer niederzurasieren. Der Fels im Wadi Rum ist für die furchtbare Brutalität der Bohrmaschinen nicht geeignet, die Haken brechen nach wenigen Jahren aus. Die Routen sollten mit mehr Mut und Sinn fürs Abenteuer eröffnet werden und die Felsen so unberührt wie irgend möglich gelassen werden."

Bei dieser Erschließungsgeschichte sollte allerdings nicht vergessen werden, dass einheimische Beduinen schon seit Jahrhunderten verschlungene und abenteuerliche Routen auf die Felsgipfel fanden, die von hohem Orientierungsvermögen sowie nicht geringem Mut und Kletterkönnen zeugen – was wir mehrfach vor Augen geführt bekamen.

Die Aussicht auf Erstbegehungen an den abenteuerlichen Sandsteinwänden und auf Einblicke in die einzigartige Wüstenlandschaft zog mich zusammen mit Helmut Gargitter und Claus Obrist 1995 nach Jordanien. Unser vorrangiges Ziel war eine neue Route durch die gut 450 Meter hohe

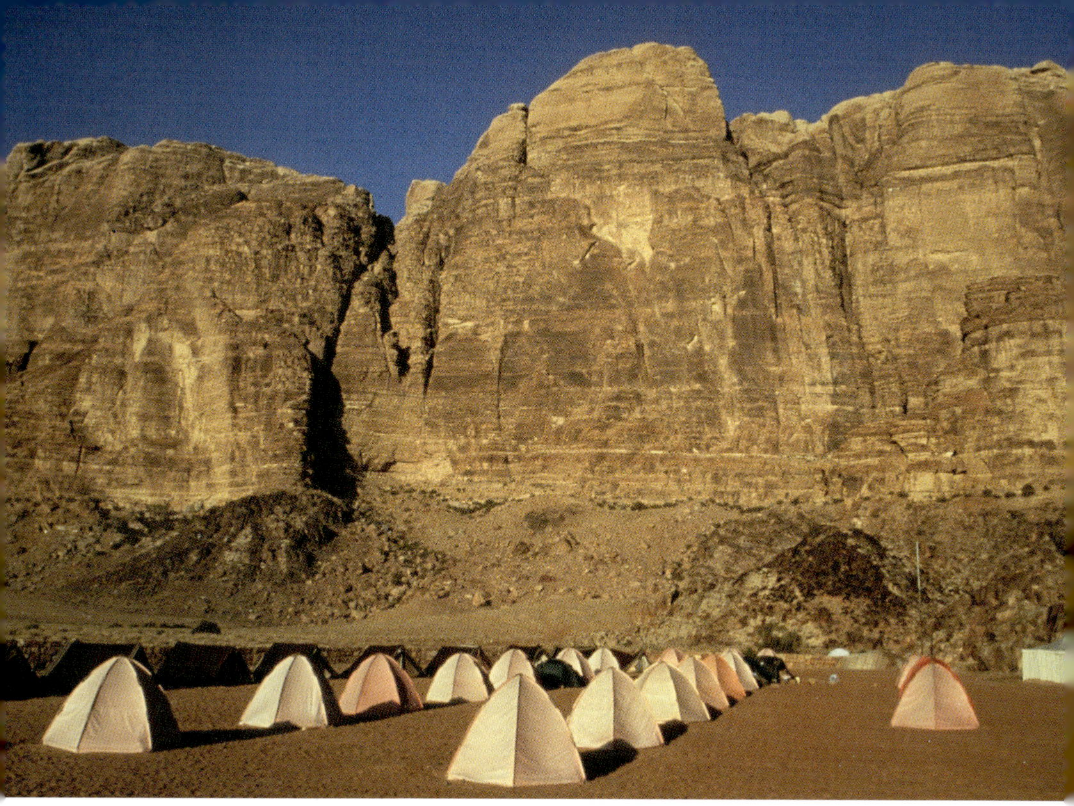

Die Ostwand des Jebel Rum. „Raid mit the Camel" verläuft durch den Wandstreifen knapp rechts des markanten hellen Flecks.

Ostwand des Jebel Rum, dem höchsten Gipfel am Rande des Wadi. In der Gipfelfalllinie stand ein großer Felspfeiler, der bis in die Höhe des ersten Wanddrittels hinaufreichte. Durch den Wandstreifen rechts davon fanden wir eine verlockende Linie über Risse, Schuppen, Runsen und Steilstufen. Aufgrund der unterschiedlichen Kulturen, Sprachen und Kletterethiken, die hier am Jebel Rum im Allgemeinen und in dieser Route im Besonderen zusammentrafen, nannten wir sie in einem Mix aus Südtirolerisch und Englisch „Raid mit the Camel".

Die Absicherung der Route stellte uns anfangs vor ein Rätsel. Normalhaken, die wir in Risse schlugen, zerbröckelten den mürben Sandstein. Bohrhaken waren ein Glücksspiel. Mal hielten sie gut, mal wurde der Fels unter einer harten Kruste weicher und ich konnte den Bohranker mit bloßen Fingern herausziehen. Not machte erfinderisch: Wir schlugen schließlich Profilhaken in die zentimeterweiten Bohrlöcher und die saßen bombenfest. Am Ende wählten wir bei den Sicherungsmitteln einen Mittelweg: Entgegen der strengen Ethik eines Albert Precht setzten wir

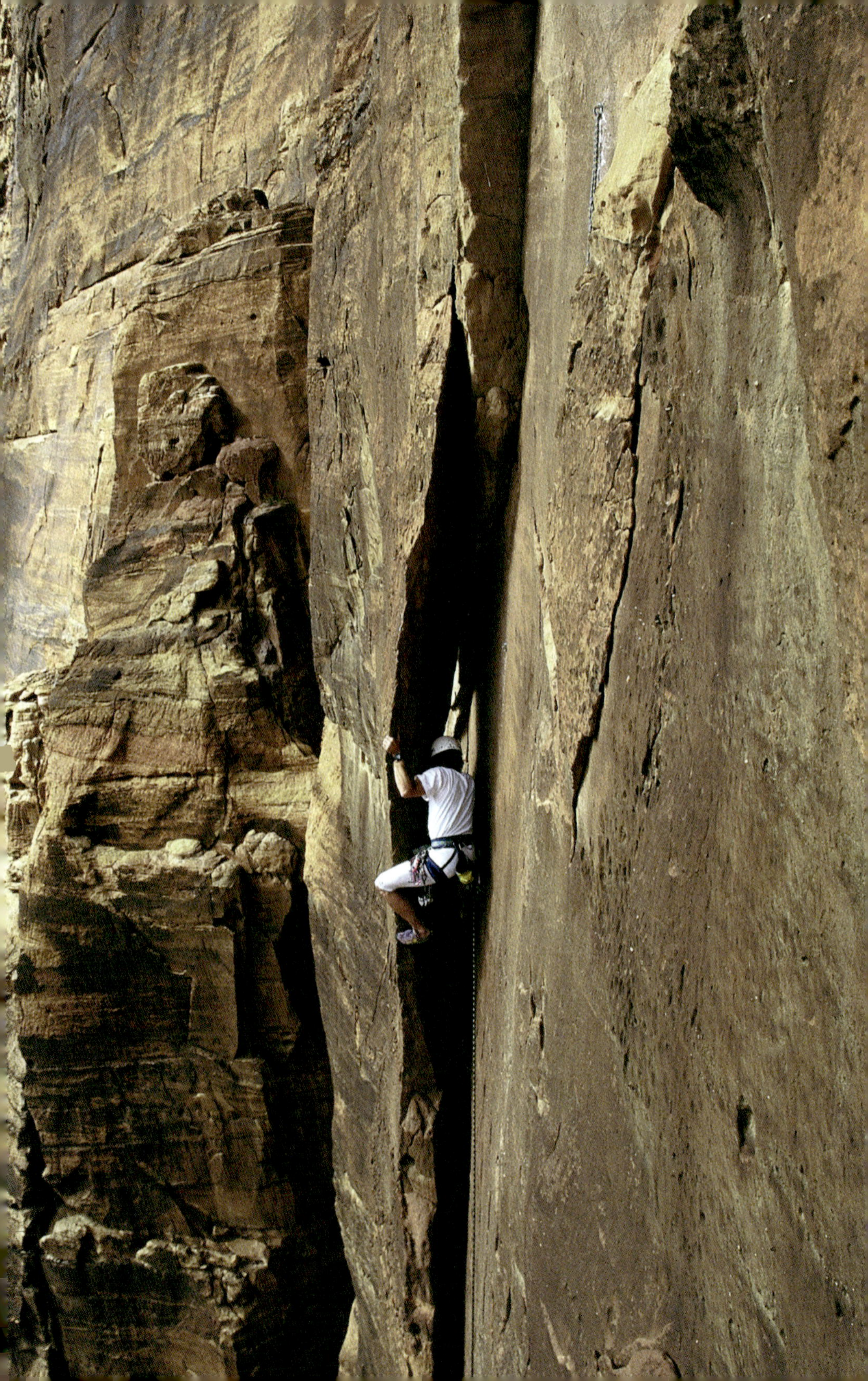

in 13 Seillängen 23 Bohrhaken, die meisten davon an den Ständen. Oswald Oelz, der die Linie später wiederholte, bestätigte, dass die Bohrhaken zur Zwischensicherung „sehr spärlich" platziert wären und dazwischen noch „reichlich freier Raum für dringend benötigte Keile" bliebe.

Die markanteste Passage der Route war eine lange lose Schuppe in der vierten Seillänge. Als ich diese erreichte, musste ich wirklich meinen inneren Schweinehund überwinden, um weiterzuklettern. Um das vielleicht sechs Meter lange Damoklesschwert möglichst wenig zu belasten, drehte ich mich mit dem Gesicht nach außen und robbte langsam in dem Spalt zwischen Schuppe und Wand höher. Einen Bohrhaken zur Absicherung setzte ich blind, mit dem Rücken zur Wand und der Bohrmaschine über der Schulter. Ich war mir nicht mehr sicher, ob die Schuppe nun das Kamel war, das ich ritt, oder ich das Kamel, das die Schuppe ritt ... Sicher war nur: Wenn die Schuppe abgeplatzt wäre, wäre es ein Höllenritt geworden und ich hätte sicher wie ein Kamel dreingeschaut!

Nach einem spannenden und abwechslungsreichen dreitägigen Klettervergnügen, bei dem sich Heli, Claus und ich beim Vorsteigen und Einrichten der Seillängen immer wieder abwechselten, schüttelten wir uns zufrieden auf dem East Dome, dem östlichen Ausleger des flachen Gipfelplateaus, die Hände. Allerdings gab uns der Berg nicht ohne weitere abenteuerliche Momente frei. Beim Abseilen nahmen unsere Seile mehr und mehr Sand vom Fels auf. Da unser Material knapp wurde, sparten wir, wo wir konnten. Einmal fädelten wir die Seile direkt durch eine Reepschnurschlinge. Als wir nach geglückter Abseilfahrt die Seile abzogen, fielen sie nach der Hälfte der Seillänge bereits frei hinab und die Reepschnur gleich hinterher. Der sandige Strang hatte die Schlinge regelrecht durchgesägt.

Mit Schwierigkeiten bis 7a war unser „Kamelritt" damals die schwierigste Route im Wadi Rum. Wilfried Colonna, ein französischer Bergführer und einer der besten Gebietskenner, ordnet sie heute folgendermaßen ein: „Sie ist eine der Klettereien, die den Weg für eine neue Ära im Wadi Rum öffnete, indem sie einerseits einen gewissen traditionellen Charakter bewahrte, aber in einigen Stellen eine ausreichende Absicherung mit Bohrhaken aufwies. ‚Raid' wird einhellig von den Kletterern gepriesen, welche diesen angenehmen Kompromiss schätzen. Sie ist eine der feinsten Routen in diesem Schwierigkeitsbereich im Wadi Rum."

„Wenn die mal bloß hält ...": ***Die*** **Schuppe von „Raid mit the Camel", Jebel Rum.**

Mir hat Jordanien mit seiner landschaftlichen Schönheit und seiner Vielfalt an Klettermöglichkeiten so gut gefallen, dass ich später als Bergführer auch mit Gästen dorthin gereist bin, unter ihnen auch mein Freund Konrad Renzler. Dabei faszinierte mich das Land so sehr, dass ich diesmal auch ganz bewusst neben dem Klettern Zeit für Kultur und Geschichte einräumte. Wir besuchten die monumentale Felsenstadt Petra, deren Gebäudefassaden direkt aus dem rosafarbenen Sandstein gemeißelt wurden und die aufgrund ihrer Einzigartigkeit ein UNESCO-Welterbe ist. Die antike Stadt Jerasch zählt zu den besterhaltenen römischen Städten, in Madaba beeindruckten uns die kunstvollen Mosaike und auf dem Zitadellenberg in der Hauptstadt Amman war eine Steinsäule so perfekt bearbeitet und gelagert, dass sie sich mit einer einzelnen Münze bewegen ließ.

Bei einer unserer Klettereien am Jebel Rum kamen wir in einen Wetterumschwung. Es war Januar – und in der Wüste begann es zu schneien! Die Wolken, der weiße Schnee und die Sonnenstrahlen, die auf den Wüstenboden fielen: Alles dies zusammen sorgte für eine der eindrücklichsten Stimmungen, die ich jemals irgendwo erlebt habe. Da aber die weiße Pracht den abgerundeten Sandstein unbegehbar rutschig machte, mussten wir eine geraume Zeit abwarten, bis die Schneeauflage wieder geschmolzen war und wir zum Hauptgipfel gehen konnten. Dort wurde es dunkel und wir fanden den Normalweg durch das labyrinthartig zerklüftete Plateau nicht mehr. Wir entdeckten eine runde, von Wind und Wetter ausgehöhlte Kaverne, die dem Bodenbelag nach zu urteilen auch Ziegen als Biwakplatz diente. Ein verdorrter Baum spendete uns Feuerholz. Gegen Ende der Nacht war die Hitze in unserer Behausung fast unerträglich – und der Gestank ebenso. Am Morgen fanden wir schließlich einen Canyon, der hinunter ins Dorf zu führen schien. Obwohl es nur 500 Höhenmeter bis dort hinab waren, wurde der Abstieg zu einem vierstündigen Abenteuer. Mehrfach mussten wir abseilen, wobei jede Abseilstelle selbst einzurichten war. Ein anderes Mal mussten wir 50 Meter wieder aufsteigen. „Ich dachte schon, da kommen wir überhaupt nicht mehr raus", meinte unser Senior Konrad, dem die ganze Aktion aber dennoch einen Heidenspaß bereitete.

Nicht missen möchte ich den Kontakt, den ich auf diesen Reisen mit den einheimischen Beduinen hatte, vielleicht auch deshalb, weil der Kontrast zwischen unseren Kulturen größer war als in anderen Ländern, die ich bereist habe. Nach außen hin sind sie eine männerdominierte Gesellschaft, in der Frauen nur verschleiert oder gar nicht in Erscheinung treten. Anders war es dagegen, als wir zu ihnen nach Hause in ihre Häuser oder Zeltbehausungen eingeladen wurden. Dort erlebten wir Offenheit und Gastfreundschaft von den Männern und Frauen der Familien gleichermaßen.

In allen vier Himmelsrichtungen kletternd unterwegs gewesen zu sein entsprach meinem Wunsch, verschiedene Orte auf unserer Welt kennenzulernen, ein wenig auszubrechen und rauszukommen. Jedes einzelne Gebiet bot faszinierende, bereichernde Erlebnisse und die Klettermöglichkeiten hätten wohl in jedem für ein ganzes Leben gereicht. Trotzdem hätte ich, wenn ich an einem dieser Orte hängen geblieben wäre, die Dolomiten wohl irgendwann vermisst.

So war ein wichtiger Teil dieser Reisen immer das Zurückkommen. Viele Dinge, die wir in Südtirol für garantiert halten – genügend und gutes Essen, eine funktionierende Infrastruktur, viele individuelle Freiheiten, um nur ein paar zu nennen – habe ich nach Reisen stets auf Neue wertschätzen gelernt. Nehme ich dann noch die wundervolle Bergwelt vor meiner Haustür hinzu, dann merke ich, dass ich auf diesen Reisen nicht ein Paradies gesucht habe. Ich habe vielmehr das Paradies gefunden, in dem ich schon immer gelebt habe.

„AUSREISSEN UND ZURÜCKKOMMEN BEREICHERN SICH GEGENSEITIG"

Jochen Hemmleb im Gespräch mit Christoph Hainz und seiner Lebensgefährtin Gerda Schwienbacher

Das Leben von Extrembergsteigern wird ja oft als Gegenwelt zu den „Niederungen" des Alltags dargestellt. Christoph zählt aber den Alltag zu einer der drei Säulen seines Lebens. Wie verhalten sich bei euch das Leben am Berg und das Leben im Alltag zueinander?

Christoph: Wenn du Extrembergsteiger genau betrachtest, merkst du, wie wichtig der Alltag in Wahrheit ist. Nur wenige Menschen dürften solche Gefühlswellen leben wie Extrembergsteiger. Zunächst die gewaltige Intensität, das volle Aufgehen in ihrem Tun – und dann, wenn sie real und im übertragenen Sinn runterkommen, eine Leere und Tiefphase, die fast ins Depressive geht. Für mich persönlich kommt hinzu, dass ich zwar gern draußen in der Natur bin, in der Wildnis, exponiert. Aber auf der anderen Seite bin ich wieder gern zurück in der Zivilisation und unter Leuten. Selbst die Stadt fehlt mir irgendwann. Ich könnte nicht permanent in den Bergen sein.

Ist es das Bergsteigen, was diese Wellen erzeugt, oder ist es nur eine Ausdrucksform für Menschen, welche diese Stimmungsbreite in sich tragen?

Christoph: Beides. Was für jeden Menschen zutrifft, auch wenn er kein Bergsteiger ist: Der Körper ist nicht nur für Leistung geschaffen. Ich höre sehr auf meinen Körper, höre in mich hinein. Wenn er mir sagt, ich kann Vollgas geben, dann tue ich es. Und dann sagt mir der Körper wiederum: Jetzt ist Pause. Durch Spitzenleistungen, die oft sehr kurzzeitig sind, brauchst du einfach die tiefe Ruhephase, um das körperlich und geistig zu verarbeiten, um dich zu erholen. Das Bergsteigen sorgt für hohe Gefühlsspitzen, für starke Emotionen. Aber es hängt vom einzelnen Menschen ab, wie die Tiefphase ausfällt – und ich glaube, dass sie im extremsten Fall bis in die Depression führen kann. Deswegen brauchst du als Bergsteiger eine Erdung. Und manchmal kann es sein, dass du als Bergsteiger jemanden brauchst, der dir dabei hilft, weil du es selber nicht immer schaffst, mit den Füßen auf dem Boden zu bleiben.

Gerda: Christoph ist von Natur aus sehr ausgeglichen und stabil. Es ist eine ganz besondere Gabe, so in sich zu ruhen. Christoph hat sie in die Wiege gelegt bekommen. Dadurch erlebt er Höhen und Tiefen anders als Bergsteiger, die nicht ein solches Naturell besitzen. Die sind manchmal wirklich ganz oben und manchmal ganz tief unten. Jeder Mensch hat wohl einen „Mittelwert". Bei Christoph gehen die Schwankungen nicht zu tief unter diese Schwelle. Auf extreme Aktionen, die intensiv und von Adrenalin gepuscht sind, folgt oft eine Down-Phase, in der die Zeit stillzustehen scheint. Christophs Regenerationsphase ist relativ kurz. Nach extremen Aktionen sind es meist ein, zwei Tage, in denen er selbst bei schönstem Wetter lieber auf der Terrasse in der Sonne liegt und einfach nichts tut. Er verharrt dann in einer Art Trance. So lässt er Erlebtes nachwirken. Diese Auszeit nimmt er sich und genießt diesen Zustand voll und ganz, bevor er sich wieder in den Alltag einklinkt. Insofern könnte man schon sagen, dass das Bergsteigen das ist, was an ihm zehrt, ihn aber auch nährt.
Christoph: Das ist der springende Punkt: Du musst die Ruhezeit auch genießen können! Wenn du dies nicht tust, wenn dir die Ruhe und der Alltag nur lästig sind und du mit dem Kopf schon wieder bei neuen Projekten bist, dann bist du einfach gestresst. In den zwei Tagen meiner Tiefphase denke ich am liebsten an gar nichts und lebe in den Tag hinein. Dann bin ich zu nichts zu gebrauchen! (*Gerda stimmt wortlos, aber deutlich zu …*) Da ist es nutzlos, mich in die Küche zu schicken, um etwas zu holen – das vergesse ich sowieso.
Gerda: Körperlich ist er zwar anwesend, aber mental völlig weggetaucht – was in unserem gemeinsamen Alltag auch für den einen oder anderen Lacher sorgt …

Beim Bergführen geht es um den Umgang mit anderen Menschen, um Einfühlungsvermögen. Wirkt sich dies auf euren Alltag, auf eure Partnerschaft aus?

Gerda: Christophs riesige Geduld, die er mit Gästen am Berg hat, hat sich bislang im Alltag noch nicht so niedergeschlagen. (*lacht*) Am Berg ist jeder Tag anders, am Berg unterwegs zu sein bedeutet Abwechslung. Was Christoph nicht mag, das ist, die gleichen Sachen immer wieder zu machen. Das gibt es am Berg nicht. Da ist er auf einer anderen Tour, mit anderen Gästen, die Verhältnisse sind jeden Tag anders. Aber bei Dingen, die jeden Tag gleich sind – so wie es zu Hause der Fall ist, wenn es um das

normale Routineprogramm geht, das in jedem Haushalt anfällt –, da hält sich seine Ausdauer und Begeisterung in Grenzen. Aber ich denke, er lernt dazu, und mit fortschreitendem Alter ist er auch in solchen Dingen geduldiger geworden. Das kommt unserer Beziehung sicherlich zugute. Er erträgt jetzt eben auch mal im Alltag Situationen, die diese Geduld erfordern und die er vor 20 Jahren wohl nicht hätte aushalten können.
Christoph: Wenn ich zu lange nicht zum Klettern komme, dann werde ich irgendwann ungemütlich und Gerda sagt dann ...
Gerda: ... „Willst nicht mal wieder klettern gehen?" Und die Steigerungsform davon ist: „Möchtest du nicht mal wieder ein paar Tage nach Sizilien fliegen?"

Was macht einen Menschen mit so einer starken Bergleidenschaft interessant, was macht ihn aber vielleicht auch schwierig?

Gerda: Ich weiß nicht, ob man dies generell beantworten kann. Jeder Mensch ist anders, ob Bergsteiger oder nicht. Christoph ist ein ausgesprochener Gemütsmensch, bei dem Emotionen eine sehr große Rolle spielen. Und er birgt in sich einen Gegensatz: Auf der einen Seite braucht er die Freiheit – fast grenzenlos –, damit er seine Unternehmungen machen kann. Auf der anderen Seite braucht er aber ganz genauso das Gefühl, es ist jemand da, wenn er nach Hause kommt. Das braucht er sogar sehr. Christoph ist kein Mensch, der allein leben könnte – nicht, weil er es organisatorisch nicht auf die Reihe bekäme, sondern weil er einfach diesen Fixpunkt braucht. Und wenn er nach Hause kommt, dann möchte er seine Erlebnisse auch mit jemandem teilen.

Eine starke Leidenschaft, so wie Christoph sie hat, ist ja meist nicht der wirkliche Grund, warum eine Beziehung in die Brüche geht. Der eigentliche Grund ist meist ein Mangel an gegenseitiger Wertschätzung. Da kann die Leidenschaft insofern eine Rolle spielen, wenn man dadurch den Partner nicht mehr wahrnimmt. Christoph hat die Fähigkeit, zwar seine Leidenschaft zu leben, aber trotz seiner unbeschreiblichen Liebe zu den Bergen der Partnerschaft einen extrem hohen Stellenwert zu geben. In der Partnerschaft bewusst und gern miteinander Zeit zu verbringen, das verbindet und verhindert, dass das Gefühl aufkommt, der Berg nimmt der Beziehung etwas. Es kommt uns sicherlich entgegen, dass ich selbst auch sehr gern in den Bergen unterwegs bin und wir viele Bergerlebnisse

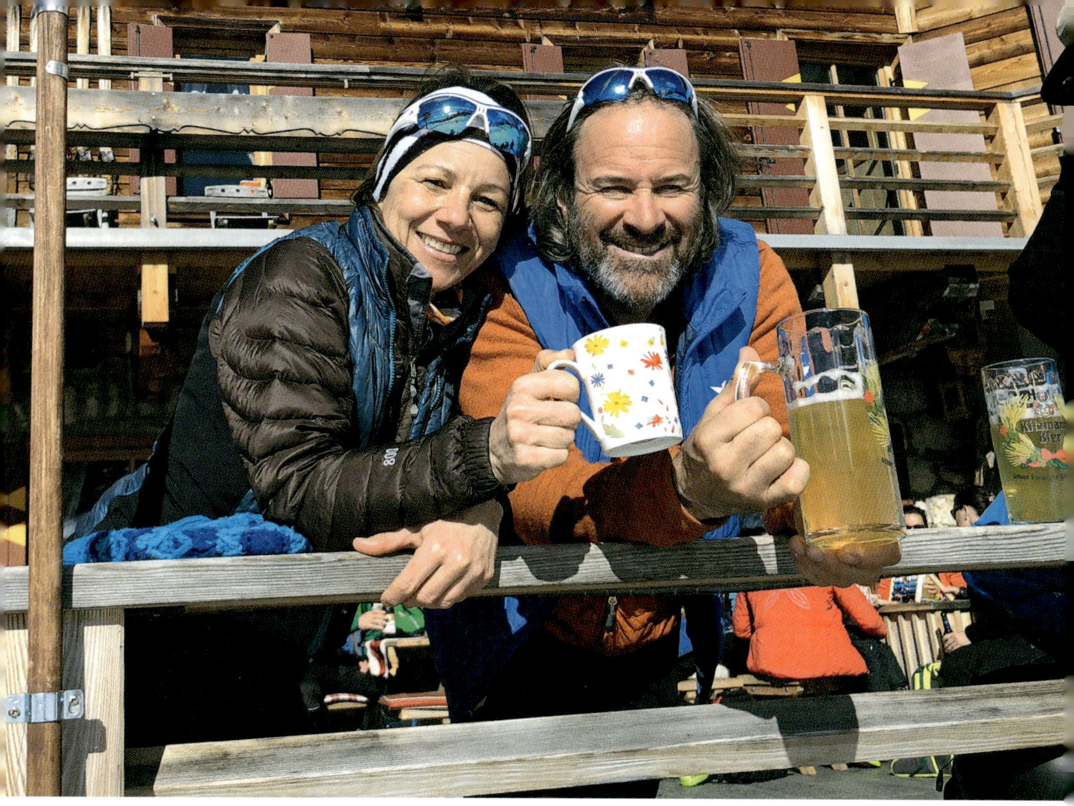

Gemeinsam on tour: Gerda und Christoph.

miteinander teilen können. Wenngleich ich niemals in Christophs Liga spielen werde, kann ich das, was er fühlt und erlebt, zumindest sehr gut verstehen. Insofern kann ich sagen, dass der Berg unser Leben und unsere Beziehung positiv beeinflusst und bereichert.

Wie prägt das Bergsteigen deinen Alltag, dein Leben mit Christoph?

Gerda: Von mir gibt es den geflügelten Satz: „Jeder Tag mit Christoph beginnt harmlos ..." Den kennen auch viele seiner Gäste! Es ist wirklich so, dass man bei ihm eigentlich nie weiß, was der nächste Moment bringt. Auf der einen Seite steckt Christoph immer voller neuer Ideen und Pläne, auf der anderen Seite fordert sein Beruf auch diese Flexibilität. Das Wetter ändert sich, Gäste disponieren um. Dann muss er plötzlich doch auf eine Tour, aber nicht dorthin, wie ursprünglich geplant ... Das beeinflusst den Alltag schon sehr und fordert eine hohe Anpassungsfähigkeit. Ich denke, diese habe ich. Es ist sehr selten, dass ich mich darüber ärgere, wenn seine Arbeit unsere Pläne durchkreuzt. Häufig kann ich Christoph auch auf einer Tour mit Gästen begleiten. So kann es sein, dass wir statt zu zweit nach Arco zum Sportklettern halt mit einem Gast zum Großglockner fahren und eine Hochtour machen oder umgekehrt. Bisher habe ich aber nicht das Gefühl, dass sich das negativ auf unsere Beziehung auswirkt. Außerdem gefällt es mir sehr gut, dass ich durch die Arbeit von Christoph immer wieder neue, nette Menschen kennenlerne. Ich finde das sehr spannend und es bereichert unser Leben. Andere Menschen konfrontieren dich mit neuen Gedanken und neuen Ideen. Das erweitert den Horizont, macht Spaß und ist interessant. So bleiben wir spontan und dynamisch und machen aus jedem Tag das Beste.

Was bedeutet umgekehrt für dich, Christoph, der Alltag mit Gerda, die Erdung durch sie?

Christoph: Obwohl ich als Kind nicht so häufig mit meiner Mutter zusammen war, habe ich mich bei ihr immer geborgen gefühlt. Mit diesem Gefühl der Geborgenheit bin ich groß geworden, es tat mir gut und ich brauche es bis heute. Gerda gibt mir das. Bei ihr fühle ich mich aufgehoben. Ich weiß, ich kann mich in jeder Situation auf sie verlassen! Es ist ein sehr schönes Gefühl. Besonders wenn ich nach einem extremen Bergabenteuer nach Hause komme, genieße ich, dass sie für mich da ist und sich um mich kümmert. Wenn Dinge in meinem Leben einmal nicht rund laufen, dann ist Gerda ein guter Coach, der mich wieder auf die Spur bringt, indem sie Sachen in Perspektive setzt. Sie versteht mich sehr gut und kennt mich manchmal besser als ich selbst – ich kann mich vor ihr nicht verstecken (*lacht*)!

Wie wichtig ist es für euch beide, dass ihr die Berge als Berührungspunkt habt?

Christoph: Für mich ist es sehr wichtig, dass Gerda immer wieder in die Berge mitkommt, denn ich bin jemand, der nicht lange Zeit zu Hause herumsitzen kann. Ich muss einfach immer wieder ausbrechen. Dann fühle ich mich zu Hause auch wieder wohl.
Gerda: In einer Beziehung ist es generell wichtig, dass man Berührungspunkte hat. Wenn dieser Berührungspunkt etwas so Intensives wie das Bergsteigen ist, dann ist das eine tolle Sache. Und wenn Christoph nicht bergsteigen würde, dann hätte ich ihn wohl nicht kennengelernt. Wahrscheinlich hätte ich mich für ihn nicht interessiert! Für mich persönlich ist

das Bergerlebnis sehr wichtig. Ich würde auch ohne Christoph in die Berge gehen. Es würde mir sehr schwerfallen, einen Partner an meiner Seite zu haben, der keinen Bezug zum Berg hat, den die Berge nicht interessieren.
Christoph: Als Extrembergsteiger brauchst du eine Partnerin, die versteht, was Bergsteigen bedeutet. Wenn das nicht der Fall ist, musst du die Finger davon lassen. Dann sind langfristig Probleme vorprogrammiert und die Partnerschaft ist zum Scheitern verurteilt.

Warum ist für dich, Gerda, das Bergerlebnis wichtig?

Gerda: Jedes Bergerlebnis macht die Seele reich. Es bringt Freude. Und diese Freude strahlst du aus. Ich merke es, wenn wir am Wochenende etwas unternehmen. Das kann eine anstrengende Tour sein – ein harter Tag, mit 15 Stunden am Berg, mit wenig Essen und Trinken, kalten Händen, kalten Füßen. Aber dieses Erlebnis, die Natur so hautnah zu spüren und dann zurückzukommen, das gibt mir für die ganze Woche unendlich viel Energie. Ich arbeite als Lehrerin und zehre die ganze Woche von solchen Erlebnissen, spüre diese Energie in der Arbeit mit den Kindern. Sie gibt mir Ausgeglichenheit und Ruhe, den Anforderungen des Berufs und auch des Alltages zu Hause gerecht zu werden. Mit der Energie aus den Bergen im Vorratsspeicher wirft dich nichts um! Bergerlebnisse machen den Kopf einfach frei, sie entschleunigen deine Gedanken und du wechselt die Perspektive, siehst Dinge in einem anderen Licht. Das verändert deine Sichtweise. Dimensionen verändern sich ... Gerade auf langen Touren merkst du, dass alles im Leben relativ ist. Wie oft scheut man die Anstrengung und denkt, das schaffe ich nicht mehr. Am Berg merkst du, wie viel du eigentlich noch schaffen kannst, obwohl du denkst, du bist schon zu müde dazu ...
Christoph: ... und nach 16 Stunden am Biancograt haben sie und ihre Freundin immer noch geschnattert, während ich fertig war ...

Was für eine Bedeutung hat für euch das Risiko, ja auch der mögliche Tod am Berg?

Gerda: Wir sind auch da einer Meinung: Das ganze Leben ist lebensgefährlich. Ob auf der Straße oder am Berg. Und wir sind beide keine Menschen, die ständig darüber nachdenken, was alles passieren könnte. Wir denken beide positiv – und ich bin davon überzeugt, dass positive Gedanken positive Dinge anziehen. Aber dennoch sind wir beide uns bewusst,

dass die Gefahr da ist. Bei Christoph weiß ich, dass er neben seinem großen Können auch die Fähigkeit hat, sich auf eine Sache völlig zu fokussieren. Und diese Fokussierung und Entschlossenheit gibt den Ausschlag, dass etwas gelingt und gut geht. Natürlich kannst du auch mal Pech haben und zur falschen Zeit am falschen Ort sein. Doch das kann dir immer und überall passieren. Deswegen geben wir diesem Gedanken auch keinen breiten Raum. Wir leben heute in einer Welt, die glaubt, alles absichern zu müssen. Die hundertprozentige Sicherheit gibt es nicht. Außerdem würde sie unser Leben überaus monoton und planbar machen.
Christoph: Darüber hinaus denke ich, dass es vorausbestimmt ist, wann dein Leben zu Ende ist – egal, was du machst. Und wenn du immer nur negativ denkst, dich von negativen Dingen beeinflussen lässt, dann wird dieser Tag eher früher kommen.
Gerda: Es hat auch sehr viel mit Achtsamkeit zu tun. Vieles passiert aus Unachtsamkeit. Weil wir mit den Gedanken woanders sind, nicht im Hier und Jetzt. Wenn ich beispielsweise mit dem Auto fahre und gedanklich schon in der Schule bin, dann gilt meine Aufmerksamkeit nicht dem, was gerade jetzt und hier auf der Straße geschieht. Bei Christoph weiß ich, wenn er extreme Sachen macht, dann ist seine Aufmerksamkeit hundertprozentig im Hier und Jetzt. Dann ist die Fehlerquote sehr gering. Im täglichen Leben schalten wir Unkonzentriertheit als Fehlerquelle häufig nicht aus und darum geschehen so viele Missgeschicke.

Kürzlich gab es eine Meldung, es soll in Italien in Zukunft Kindersitze mit Alarm geben, da es vermehrt vorkam, dass Eltern ihre Kinder im Auto vergaßen. Da stellt sich für mich die Frage, wie verblödet sind wir inzwischen? Vielleicht wäre eher eine Ohrfeigen-Maschine für die Eltern angebracht, damit sie endlich aufwachen. Wir Menschen sollten doch zumindest noch so weit im Hier und Jetzt verankert sein, um wahrzunehmen, dass unser Kind auf dem Rücksitz sitzt … Um Achtsamkeit und Risikobewusstsein geht es, nicht um Risikovermeidung.

Sind die Berge also trotz des Risikos ein Ort des Lebens, eine Schule des Lebens?

Gerda: Ja, auf alle Fälle. Im Alltag sind wir als Gesellschaft auf dem besten Weg, uns von dem Fluss des Lebens abzuschneiden. Die ganze Technik, die uns umgibt, der Lärm, die Störgeräusche, die Hetze – alles das trennt uns vom natürlichen Leben ab. Und dazu zählt auch alles, was über unser irdisches Dasein hinausgeht. So ist der Tod, der untrennbar zum Leben gehört, aus unserer Gesellschaft verbannt. Wir sind nur noch auf das Leben hier fixiert und auf einen möglichst vielfältigen Konsum, der uns glücklich machen soll. Dabei entfernen wir uns immer mehr von uns selbst. Wenn man in den Bergen unterwegs ist, wo es ruhig wird und man mit sich und der Natur allein ist, wo man seinen Fuß überlegt und bedacht setzen muss, dort kann man Achtsamkeit üben. Am Puls der Natur können wir unsere Wahrnehmungsfähigkeit schärfen und uns darin üben, unsere innere Stimme wieder deutlicher zu hören. Diese Empfindsamkeit aus den Bergen in den Alltag mitzunehmen ist für mich sehr wertvoll – weil sie dem Leben Leben gibt.

10. Kapitel

Die Essenz – Abenteuer vor der Haustür

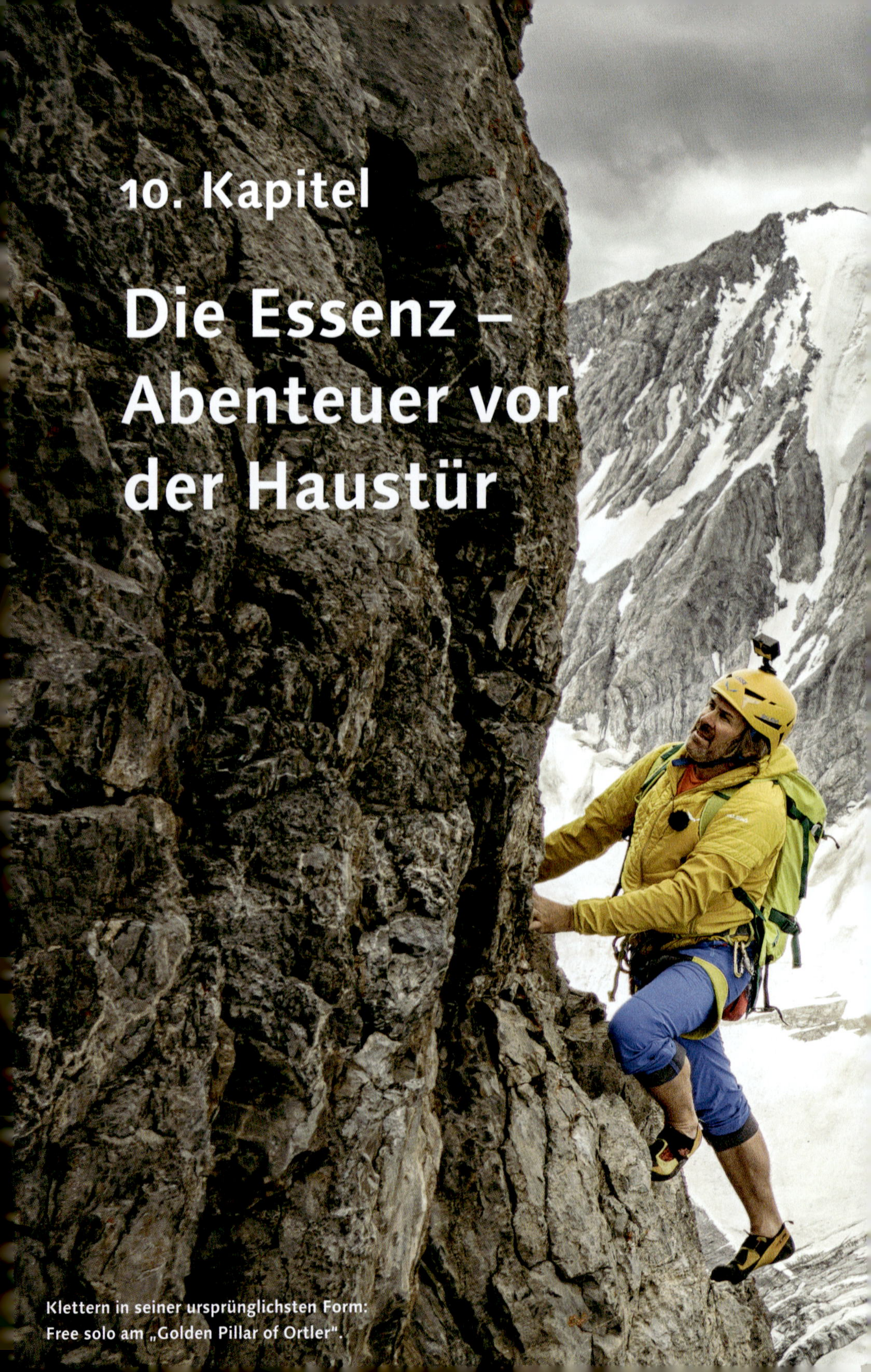

Klettern in seiner ursprünglichsten Form:
Free solo am „Golden Pillar of Ortler“.

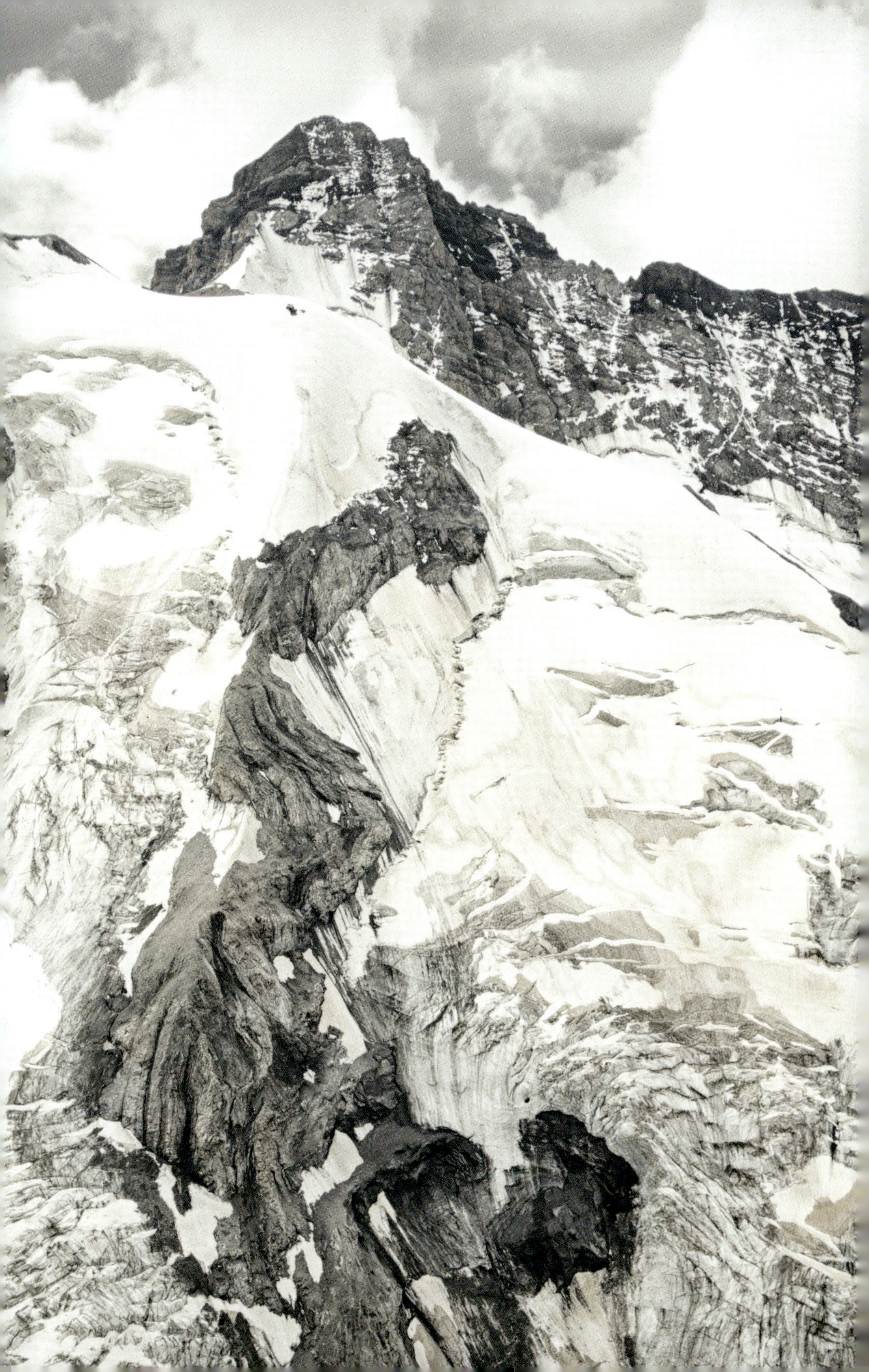

Südtirol, meine Heimat, hat mir immer wieder gezeigt, dass ein Paradies weder exotisch noch weit entfernt sein muss. Und es braucht auch nicht die teuerste Ausrüstung und Logistik, um sich in ihm zu bewegen. Ich kann ganz spontan aufbrechen und mit dem VW-Bus oder Zelt losfahren zu einem schönen Kletterziel. Die meisten sind in längstens zwei Stunden erreichbar. Wenn ich nicht draußen übernachte, reicht mir eine günstige Herberge und zum Abendessen muss ich nicht in ein Vier-Sterne-Restaurant. Auf diese Weise brauche ich viel weniger Geld, um gleich viel herumzukommen und zu erleben wie manch anderer. Die Natur und Berge in meiner unmittelbaren Umgebung bieten so viele Möglichkeiten, so viele kreative Spielräume – ob nun alpines Klettern, Sportklettern, Eis- und Mixedklettern oder auch Wandern – da findest du Erlebnisse in Hülle und Fülle, für jede Kragenweite.

TÖDLICH BIS HEITER – EIS- UND MIXEDKLETTERN

Es mag sich wild anhören, aber in meiner Anfangszeit als Eiskletterer war eigentlich jeder gefrorene Wasserfall, den wir versuchten, ein Kampf ums Überleben.

Seit Ende der 1970er-Jahre hatten Mitglieder der Kletterszene im Tauferer Ahrntal wie Werner Beikircher, Hans Kammerlander, Ludwig Knapp oder Erich Seeber die dortigen Eisfälle als Ziele für moderne Eisklettereien entdeckt und begangen. Die Ausrüstung, mit der wir unterwegs waren, wirkt heute geradezu steinzeitlich. Die damals üblichen Eisschrauben ließen sich nur mit der Haue des Eispickels oder Eishammers als Hebel eindrehen. In steilerem Eis war dies so mühsam, zeitaufwändig und heikel, dass Werner Beikircher einen Aufsatz für eine Steckschlüsselratsche herstellte, der auf den Kopf der Eisschrauben passte. Das rasselnde „Werkstatt-Geräusch“ der Ratschen muss im Ambiente der gefrorenen Wasserfälle oder klassischen Eiswände sehr ungewöhnlich geklungen haben … Immerhin war das Gerät so wirksam, dass es ein namhafter Ausrüstungshersteller ein paar Jahre lang in sein Sortiment aufnahm. Später lösten sogenannte „Snargs“ die Eisschrauben ab – Rohreishaken mit Feingewinde, die mit dem Hammer ins Eis geschlagen und beim Entfernen herausgedreht wurden.

Mit solchen Snargs ausgestattet, wollten wir eine Linie links des bekannten Uttenheimer Wasserfalls klettern. Wir benutzten zwei Eispickel und hatten am Gurt einen Eishammer als drittes Gerät hängen, um die Haken zu schlagen. Der Wasserfall hatte Südlage, die Sonne schien. Das Klettern mit den zwei Pickeln und das Schlagen der Haken ging so langsam, dass mir, wenn ich den oberen Teil einer Seillänge erreichte, die Haken im unteren Teil bereits wieder ausschmolzen. Es war kein sonderlich beruhigendes Gefühl, wenn so ein Snarg aus dem Eis flutschte und klimpernd am Seil entlang zum Sichernden hinabrutschte. Was ich oben an Haken schlug, fiel unten wieder heraus!

Die Eisgeräte hatten einerseits eine oft hohe Sprengwirkung, andererseits waren die Hauen nicht selten für die Dauerbelastung zu schwach. Am Brenner hing ich mitten in einer senkrechten Passage eines Eisfalls, als mir die Haue durchbrach. Ich merkte es im ersten Moment gar nicht, wollte den Pickel nochmals einschlagen und wunderte mich, dass es partout nicht ging. Dann sah ich, dass die halbe Klinge fehlte. Nun hing ich an einem Gerät, das nicht besonders gut verankert war, und mein zweites Gerät war nutzlos. Das war sehr adrenalinfördernd ... Was mich rettete, war eine der ersten Eisschrauben, die sich – wenn auch noch sehr schwer – von Hand eindrehen ließen. Der „Eisteufel" holte mich aus der Hölle!

So gab es einige Situationen, in denen ich aufgrund der Unausgereiftheit des Materials hätte abstürzen können. Größere Eisfälle waren mit der damaligen Ausrüstung und unserer noch nicht so ausgereiften Klettertechnik häufig eine Ganztagestour. Uns lockten natürlich die zahlreichen neuen Eiskletter-Dorados, die diesseits und jenseits des Brenners entstanden waren. Eines davon war das Stubaier Pinnistal mit zahlreichen Kreationen von Andi Orgler (1962–2007), einem der Vorreiter des modernen Eiskletterns in Österreich und erster österreichischer Gewinner des Piolet d'Or. Als wir das erste Mal seine „Kerze" kletterten, einen 60 bis 70 Meter hohen, durchgehend senkrechten Eispfeiler, der heute mit WI5–6 bewertet wird, krochen wir im Stirnlampenlicht über die letzten Meter. Rund zehn Jahre später war die Route eine Affäre von etwa zwei Stunden.

Höhepunkt dieser Entwicklung war für mich persönlich die Begehung der acht Meter hohen, nur 40 Zentimeter dicken freistehenden Eissäule „Brivido sottile" oberhalb von Corvara im Jahr 1995. Ein Einschlagen der

Eisgeräte war trotz der mittlerweile dünnen und messerscharfen Klingen absolut tabu – es hätte das zerbrechliche Gebilde unweigerlich zum Einsturz gebracht! Die beste Methode war, die Säule quasi zu „umarmen" und die Zacken der Steigeisen ganz vorsichtig in das Eis zu drücken. Es war ein schrittweises Hochschleichen an einem glasigen „Regenrohr" – mein eindrücklichstes Erlebnis beim reinen Eisfallklettern.

Ende der 1990er-Jahre hielt dann eine neue Disziplin auch in der Region Pustertal Einzug, die mir erst etwas absurd erschien: das Mixed-Klettern, die Kombination aus Eisfall- und Felskletterei, bei der man die Eisgeräte auch zur Fortbewegung im Fels benutzt, indem man sie auf Leisten hängt oder in Rissen verklemmt. Mir war das „Drytooling", dieses Herumhantieren im Fels mit den Hauen und Hammerköpfen, anfangs suspekt. Nachdem aber mein Freund und Kollege Konrad Auer 1997 mit „Hellteifl" in Rein in Taufers die erste Mixed-Route im Pustertal geklettert war (M5+/WI6), packte auch mich die Neugierde auf diese Spielform des Kletterns.

Zwei Jahre später servierten Kurt Astner und ich „Pustertaler Halbgefrorenes", ein sieben Seillängen langes Horrorgebilde in einer brüchigen, überhängenden Gneiswand am Eingang des Geltals. Im mit reichlich Botanik durchsetzten Fels gingen die Schwierigkeiten bis zum unteren VIII. Grad. Wo das Eis alles zusammenhielt, gab es Mixed-Passagen bis M4, und die freihängenden Eiszapfenvorhänge im Mittelteil erreichten Schwierigkeiten bis WI6. Einige Passagen kletterten wir mit bloßen Händen, bevor wir wieder zu den Eisgeräten wechselten. Wir sicherten das Fels- und Mixedgelände nur mit Normalhaken ab und ich gab etwaigen Wiederholern den Hinweis: „Erfahrungen in der Land- und Forstwirtschaft sind von Nutzen." Noch heute zählt „Pustertaler Halbgefrorenes" zu meinen anspruchsvollsten und eindrücklichsten Erstbegehungen.

Die ersten Wiederholer ließen 14 Jahre auf sich warten. Es waren der Schweizer Spitzenalpinist Dani Arnold, der unter anderem Speedrekorde in der Matterhorn- und Grandes-Jorasses-Nordwand hält, und sein Bruder Mario, denen die zweite freie Begehung gelang. Auf seiner Webseite schrieb Dani:

„Die Kletterei [war] vom ersten Zug an sehr anspruchsvoll. Jede Seillänge war einzigartig. Ich glaub, ich bin noch nie an so viel Gras, Moos

Kurt Astner verbeißt sich in „Pustertaler Halbgefrorenes".

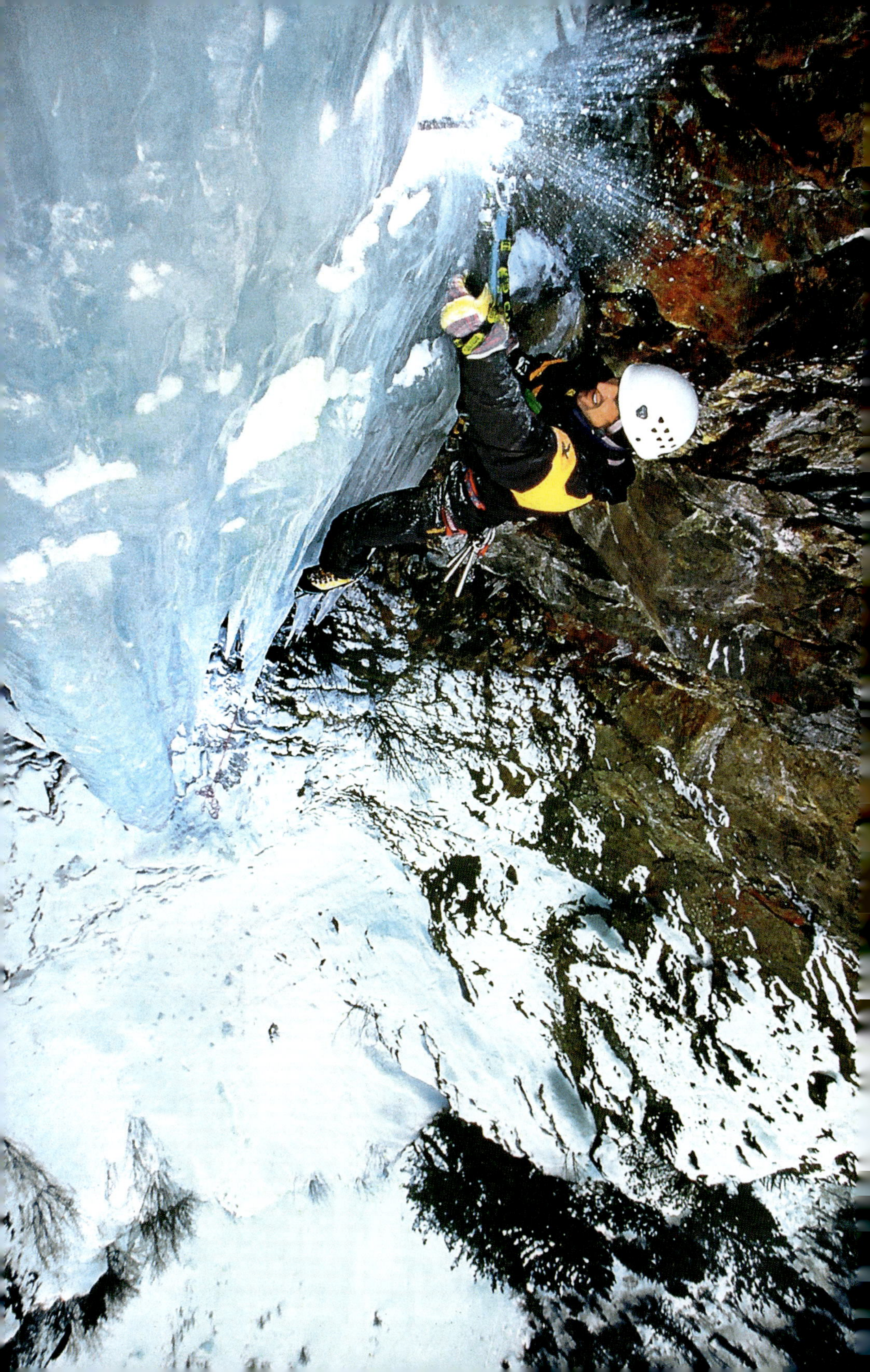

und kleinen Bäumchen hochgeklettert. ... Als wir schlussendlich die letzte Seillänge erreichten, machte uns deren Anblick nochmal gehörig Eindruck: Ein großer Zapfen, viele lose Schuppen und nur noch eine Stunde Tageslicht. Dass ich die Schlüsselstelle frei und onsight klettern konnte, war eigentlich mehr Zufall als gewollt. Als ich nämlich nach einigen Metern fürchterlich brüchigem Fels einen Normalhaken erreichte, war ich fest entschlossen, mich dort reinzuhängen und Pause zu machen. Als ich den Haken aber näher betrachtete, fiel dieser beinahe beim bloßen Anschauen heraus – gehalten hätte dieser Haken bestimmt nicht. So blieb mir also nichts weiter übrig, als mich halt weiterhin an meinen Eisgeräten festzuhalten und weiterzuklettern ..."

Nach unserer Erstbegehung fuhren Kurt und ich ins österreichische Gasteinertal. Dort stand mit dem „Highlander" einer der Marksteine moderner Mixed-Routen. Die Erstbegeher Hans Zlöbl und Josef Steinbacher hatten ihm im März 1993 die Bewertung M8+ gegeben – für uns eine magische Zahl. Und es war eine absolut beeindruckende, begeisternde Route: zunächst über einen senkrechten, blau schimmernden Eisvorhang, dann spektakulär und athletisch an kleinen Leisten über ein ausladendes Felsdach an den „Kronleuchter" aus freihängenden Kerzen und anderem Schmuck in allen möglichen Formen. Nicht zu Unrecht gilt der „Highlander" bis heute als eine der imposantesten Mixed-Klettereien im Alpenraum. Manche der Kerzen waren innen hohl und durch sie floss das Wasser – ein Schlag oder Tritt zu heftig und du bekämst ein vertikales Vollbad. Im oberen Teil der Route erleichterten wir uns um ein Eisgerät und mussten dem Nachsteiger deshalb jeweils erst ein zweites Gerät am Seil herablassen, bevor er weiterklettern konnte. Aber dies alles konnte meine entfachte Begeisterung nicht trüben. Mixed-Klettern hatte mich gepackt. Oder auf Englisch gesagt: Ich war „hooked" – ein Ausdruck, den man passenderweise auch für das Einhängen der Eisgeräte in Löcher oder hinter Zapfen verwendet.

Faszinierend war in dieser Zeit, die Weiterentwicklung der Ausrüstung zu verfolgen und auch mit zu gestalten. Anfangs kletterten wir Mixed-Routen mit denselben Geräten, die wir schon beim Eisfallklettern verwendet hatten. Doch Drytooling verlangte härtere Hauen, die sich beim Verklemmen und Hebeln in Rissen nicht verbogen. Die Zahnung wurde aggressiver: Hauen erhielten durchgängig und auch auf der Ober-

Mit Können und Mut: Kurt an der „Kofla Kerze", Rein in Taufers.

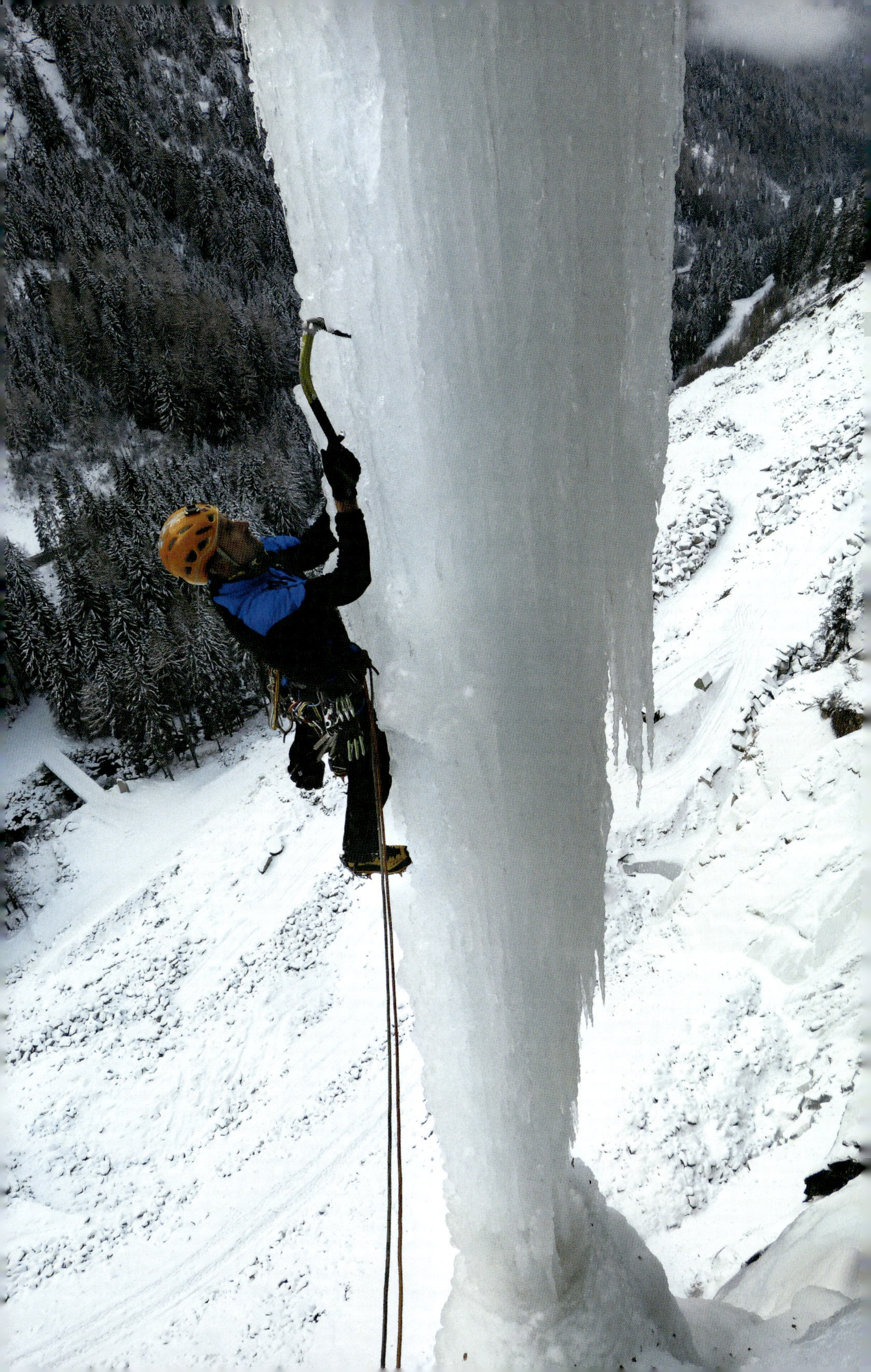

seite Zähne, um beim Haken hinter Zapfen und über „Blumenkohlköpfe“ besseren Halt zu finden. Schäfte wurden gekrümmter und erhielten zunächst Sporne zum Handaufstützen, schließlich richtige Handgriffe. Bei den Schuhen baute ich mir meine ersten Modelle für das Mixed-Klettern und für Wettkämpfe selbst: Ich zerlegte Steigeisen und schraubte die Front- und Fersenteile fest auf die Sohlen von Turn- oder Langlaufschuhen – wobei letztere den Vorteil hatten, recht warm zu sein. Nachteilig war ihre Ferse aus Plastik, da man mit ihr bei Foothooks, also beim Einhängen der Ferse über dem Kopf, leicht abrutschte. Gummi war da entschieden besser. Eine Zeitlang gab es auch Steigeisen mit einem Fersensporn. Es war eine kreative Zeit des Tüftelns und Experimentierens, bei dem wir uns selbst und unser Material stetig verbesserten.

Eine wesentliche Triebfeder für diese Entwicklung war das Wettkampfklettern an künstlichen Eistürmen und -wänden, an dem ich selbst einige Jahre lang viel Spaß hatte. In den Jahren 2001 und 2003 wurde der internationale Italiencup im Eisklettern in Welsberg im Pustertal ausgetragen, den ich beim zweiten Mal gewinnen konnte, ebenso wie 2003 den Italiencup im Eisbouldern in Rein in Taufers. Auch hier gab es anfangs eine Zeit des Experimentierens, sowohl mit Material als auch mit den Kletterstilen. Auf den Wettbewerben gab es einen regen Austausch zwischen den Teilnehmern über alle möglichen Tipps und Tricks – und es war damals auch vieles erlaubt. Um eine Möglichkeit zu haben, ein Eisgerät bei bestimmten Bewegungsabläufen sicher ablegen zu können, klebte ich mir einmal Klettband auf den Schaft und ein entsprechendes Gegenstück auf meine Hose. Ein anderes Mal kam uns die Idee, beim Klettern einen Rastpunkt dadurch zu schaffen, indem man zwei Eisgeräte mit den Handgriffen aneinanderhängte und sich auf die Klinge des unteren setzte. Die Wettkampfroute hing weit über und hatte zwei frei pendelnde Stalaktiten. Als mir am zweiten die Kraft ausging, probierte ich diese Rastposition aus. Was ich unterschätzt hatte, war die Schärfe der Klinge – das waren Schmerzen … Mit der Zeit wurden solche Experimente verboten, genauso wie die Verwendung von Handschlaufen oder Fersenspornen. Es regt zum Philosophieren an, wenn eine neue Sportart, die ursprünglich alte Regeln umstieß und Neues schaffte, sich plötzlich in einem eigenen rigiden Regelwerk wiederfindet.

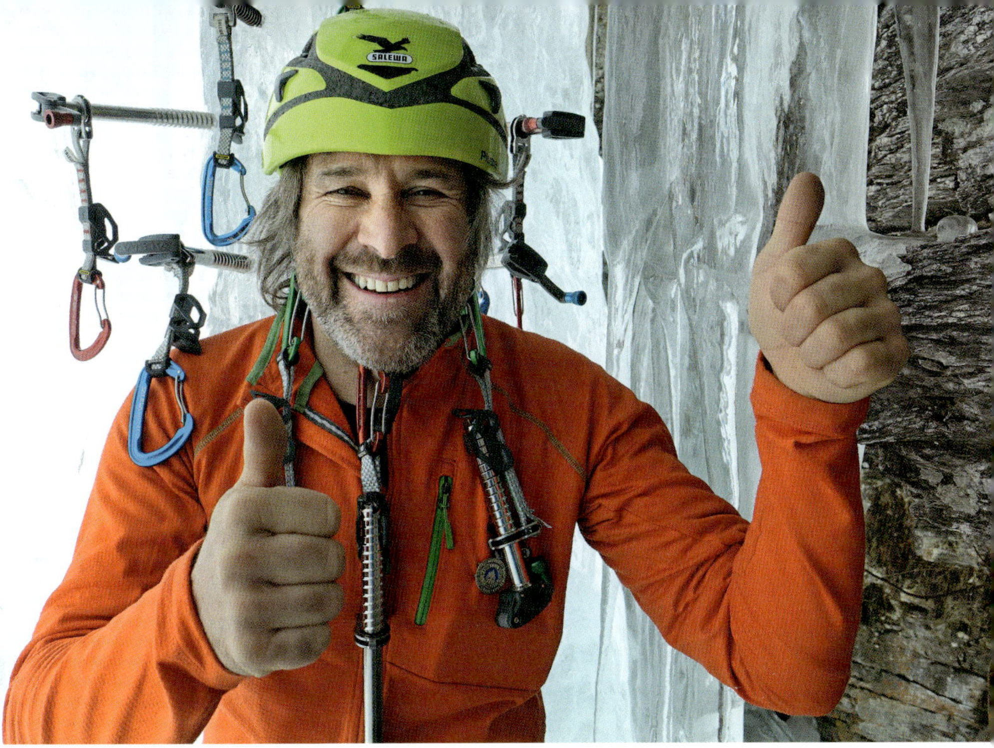

„Ice is nice" oder doch ein paar Schrauben locker? Das ist die Frage …

Nach sechsjähriger Abstinenz, in der ich mich dem Klettern und Erstbegehungen an natürlichen Wänden widmete, tauchte ich 2009 noch einmal in die Welt des Wettkampfsports ein. Mein dritter Platz beim „Icefight", der Europameisterschaft im Eisklettern in Rabenstein (Passeiertal), freute mich fast mehr als meine früheren Siege, denn inzwischen war ich mit 47 Jahren der Senior unter den Teilnehmern. Bei der Weltmeisterschaft in Saas Fee im gleichen Jahr fühlte ich mich in der Wand so wohl und probierte diverse Bewegungsabläufe so lange aus, dass ich darüber völlig die Zeit vergaß. Qualifikation verpasst – doch was soll's? Mitmachen und Spaß haben waren längst in den Vordergrund gerückt – und ich freute mich für meinen Landsmann Herbert Klammer, der bei dieser Gelegenheit den Vizeweltmeistertitel holte.

Auch außerhalb der Wettkampfhallen tat sich in diesem Jahrzehnt sehr viel. Kurt Astner, mein Freund und häufiger Kletterpartner bei den frühen Südtiroler Mixed-Routen, wurde Weltspitze. 2002 war ihm die erste M10-Route unserer Region gelungen: „Fly in the Wind" in der Grotte von Landro im Höhlensteintal, die sich zum Zentrum des Mixed-Klet-

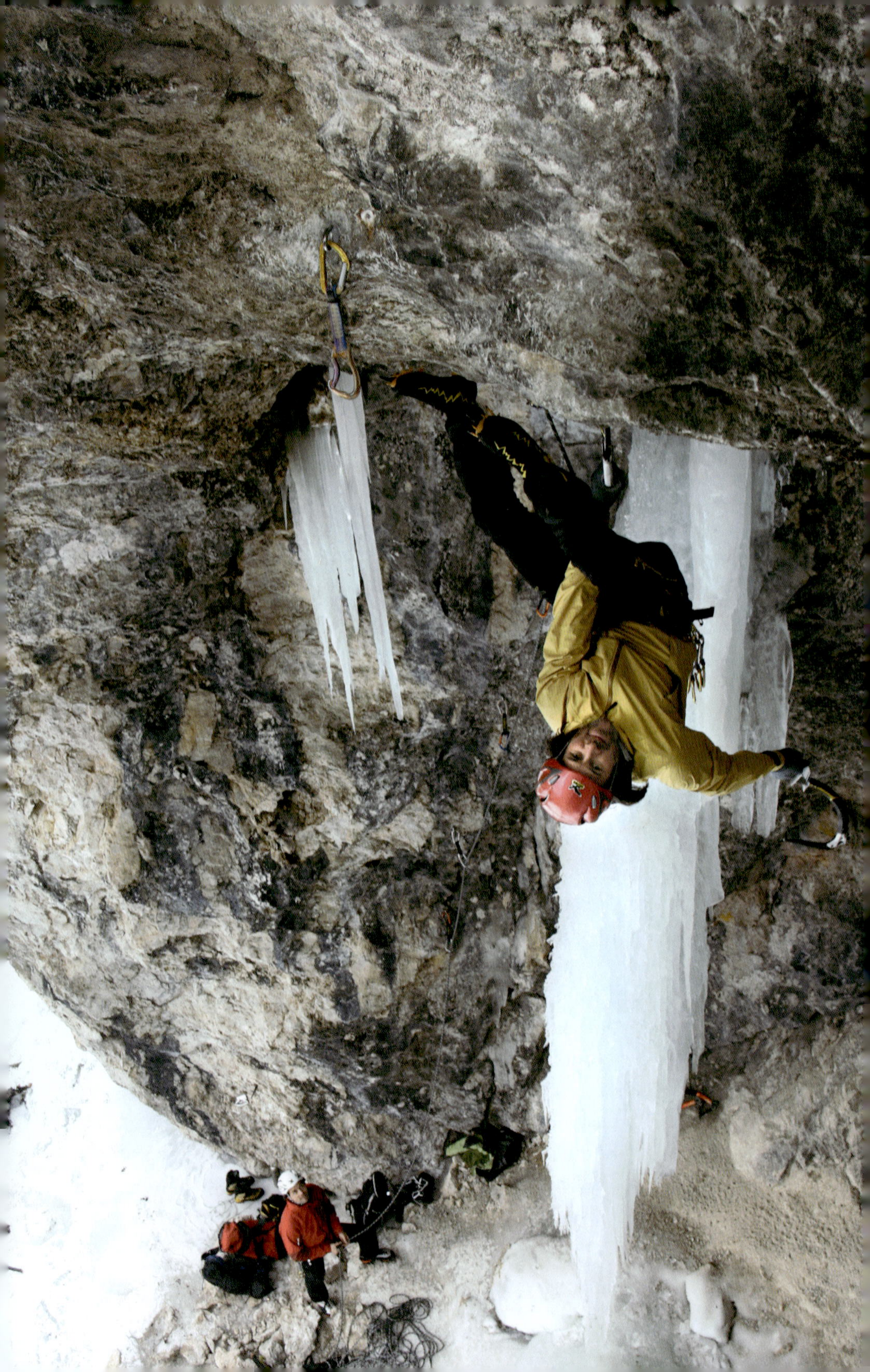

terns entwickelte. Top-Leute wie Mauro „Bubu" Bole kamen zu Besuch, es entwickelte sich eine kleine, engagierte Szene. Mauro war es auch, der 2005 seine Route „La via è bella" (M11) mit unserer „Mix isch fix" (M10+) kombinierte und damit die Schwierigkeiten auf M12 schraubte. Bei aller Konkurrenz blieb immer auch Zeit für Geselligkeit und oft saßen wir nach einem Klettertag noch lange unter der Grotte beim Lagerfeuer zusammen.

Auf der Suche nach Neuland fand ich Ende Dezember 2008 südwestlich von Schluderbach Richtung Cresta Bianca eine Wand mit einigen weit ausladenden Felsdächern, unter denen sich ein paar Eisvorhänge gebildet hatten. Die Route, die mir vorschwebte, hing auf 45 Metern Länge 15 Meter über. Gut 95 Prozent der Kletterei verliefen im Fels: eine ganze Serie akrobatischer Züge an den in Löchern oder Spalten platzierten Eisgeräten. Bei einer „Figure Four" musste ich zum Beispiel mein linkes Gerät in einem Loch verankern und dann mein rechtes Bein über den linken Arm kreuzen, um so möglichst raumgreifend mit dem rechten Arm weiterziehen zu können. Ich glich einer Spinne an der Zimmerdecke. Nach einer kurzen Eissäule in der Mitte des Überhangs ging es über ein waagrechtes Vier-Meter-Dach zum Ausstieg. Gemeinsam mit Herbert Klammer knobelte ich die einzelnen Stellen aus, bevor er die erste und ich die zweite Begehung der gesamten Linie verbuchen konnte. „Ice Age 3" wurde mit M13 meine schwierigste Mixed-Route. Durch den brüchigen Fels verändern sich in dieser und vielen anderen Mixed-Klettereien die Hooks, also die Stellen zum Verankern der Geräte, mit jeder Begehung und stellen jeden Wiederholer vor eine neue Herausforderung.

Noch heftiger erwischte es meine Route „Beer Drinking" (M9), die ich 2001 mit Oswald Santin und Nadia Dimai aus Cortina d'Ampezzo an der Rauhen Gaisl eröffnet hatte. Sie ähnelte in ihrer Charakteristik fast dem „Highlander": ein senkrechter Eisfall zu Beginn, eine Dachzone und schließlich ein spektakulärer Spreizschritt hinaus an einen freihängenden Eisvorhang. Hier brachen vor einigen Jahren nicht nur die Hooks, sondern gleich ein gesamtes Felsdach ab. Im Januar 2018 wollten Kurt Astner und ich die Route durch das Dach wiederherstellen. Inzwischen zog aber von rechts her eine neue Linie durch diesen Wandbereich, die „Eiserne Jungfrau" (M8+/WI6) von Simon Gietl und Vittorio Messini. So

Die Akrobatik des Mixed-Kletterns: Bei einer „Figure Four" in „Mix isch Fix", Höhlensteintal, Sextner Dolomiten.

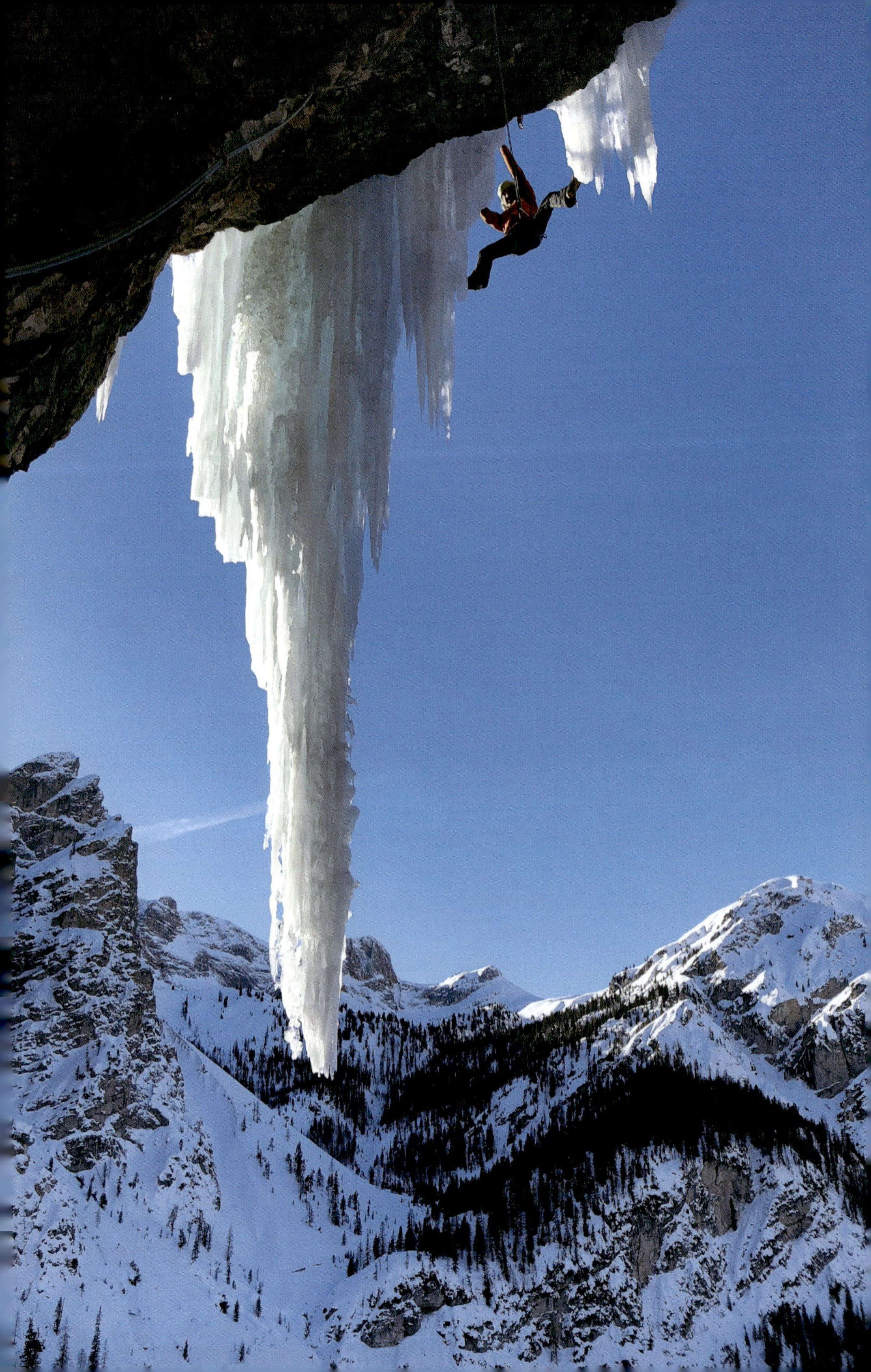

beschlossen wir nach einer ersten Erkundung, weiter links eine komplett neue Route einzurichten. Dabei brachen wir auch mit Traditionen: Statt der kühnen Absicherung mit Normalhaken, wie sie bei der Originalroute der Fall gewesen war, versahen wir den Felsabschnitt nun mit Bohrhaken – und bohrten auch etliche der Hooks.

Trotz – oder vielleicht dank – der guten Absicherung blieben die Züge durch die Dachzone unserer Neutour vom Bewegungsablauf anspruchsvoll und waren kraftraubend – und der Schritt hinaus auf die fragilen Damoklesschwerter aus Eis war in seiner Luftigkeit einfach sagenhaft! Da waren die beiden anschließenden Seillängen im reinen Wasserfalleis ein richtiges Sahnehäubchen. Es freute mich, dass ich eine so lohnende Linie nach dem Einrichten im ersten Versuch rotpunkt klettern konnte. Kurt tat es mir nach und kletterte die Tour aus Spaß an der Freud gleich noch einmal. Es war eine neue Route im neuen Stil, ihr Name deshalb Programm: „New Look, new Hook“ (M9, WI5).

*

Der Trend, durch das Bohren von Hooks Routen zu erschaffen, hat in den letzten Jahren zugenommen. In Gröden gibt es inzwischen ein Gebiet, wo die Hooks nicht nur gebohrt, sondern auch farblich markiert sind, um die Anstiegslinie zu definieren. Die Entwicklung geht somit weg vom Abenteuerklettern mit einem bedeutenden Risiko – und es widerspricht eigentlich auch Grundsätzen wie dem „clean climbing“, bei dem die natürliche Felsstruktur unverändert bleiben soll. Die Routen bekommen den Anstrich eines Klettergartens und Trainingsgeländes, bei dem der sportliche Aspekt im Vordergrund steht. So wie im Felsklettern auch.

Aus dem klassischen Eis- und Mixed-Klettern haben sich mit den Jahren verschiedene Ableger entwickelt. So gibt es inzwischen unterhalb der Marmolata in der gigantischen Höhle „Tomorrow's World“ reine Drytooling-Routen ohne größere Eisstrukturen. Die Kletterer arbeiten sich mit den Eisgeräten 50 Meter an der Decke eines riesigen Felsdaches entlang – athletisch absolut außergewöhnlich und spektakulär, etwas für die Weltspitze unter den Mixed-Kletterern. So widersinnig es auf den ersten Blick erscheint, sich mit Eisgeräten durch reines Felsgelände zu arbeiten, so hat diese Spielform doch ihre ganz eigene Faszination und

Der sagenhafte Zug hinaus an die Eiszapfen von „New Look, new Hook“, Rauhe Gaisl, Pragser Dolomiten.

Atmosphäre: die Kunst der Bewegung, das ausgeklügelte Positionieren der Geräte, die Kälte.

Was das klassische Eis- und Mixed-Klettern bis heute nicht eingebüßt hat, ist der Abenteuercharakter und das Gefahrenpotenzial. Wir wissen noch immer sehr wenig über die Beschaffenheit und das physikalische Verhalten von Eis. Wieso hält eine Eiskerze bei einer Begehung und bricht bei der nächsten? Manchmal reicht ein Pickelschlag, das Gleichgewicht von Tonnen Eis zu zerstören. Welche Prozesse von Schmelzen und Gefrieren formen dieses Gleichgewicht, welche Spannungen bilden sich dabei im Eis? Häufig sorgt die Zähigkeit des Eises dafür, dass eine Kerze nicht gleich bricht, sondern erst eine halbe Minute später zusammenstürzt, wenn sich der Kletterer schon in Sicherheit wiegt. Und gegen Tonnen Gewicht hilft keine Eisschraube und kein Seil ...

Unterschätzt wird auch häufig die Lawinengefahr, die vom Einzugsgebiet der Eisfälle ausgehen kann. Einmal beobachtete mein Freund Peter Mair unsere Kollegen Konrad Auer und Anton Peer an einem sehr milden Tag bei einer Begehung des Hochtobeleisfalls im Reintal, als sich plötzlich eine riesige Lawine über die beiden ergoss. Anfangs sah Peter nur noch einen Kletterer und wollte bereits die Bergrettung rufen, als er zu seiner Erleichterung auch den anderen ausmachen konnte. Beide hatten sich in einer senkrechten Passage befunden, so dass die Lawine über ihre Köpfe hinweggerauscht war. Meine damalige Frau und ich kletterten parallel dazu den daneben liegenden Franziskus-Eisfall. Wir hatten gerade abgeseilt und ich wollte Claudia noch ein paar Kniffe aus der Eiskletter-Trickkiste zeigen, als ein Schneerutsch mich bis zum Bauch verschüttete. Wir ließen die Ausrüstung hängen und flüchteten hinab zum Auto. Als wir auf dem Parkplatz standen, fegte eine zweite Riesenlawine hinab. Diesmal über unsere Route ...

So bleibt klassisches Eis- und Mixed-Klettern nach wie vor zu einem gewissen Grad ein Spiel mit dem Unbekannten und dem Ungewissen. Es kann heiter bis tödlich sein – auch direkt vor der Haustür.

DIE GEISTERWAND: EINE 1700-METER-ROUTE ÜBER SAND IN TAUFERS

„Westlicher Eckpfeiler der Rieserfernergruppe, ein Berg mit sehr steilen und wilden Flanken. ... Die Besteigung ist von keiner Seite aus leicht, was weniger durch technische Schwierigkeiten als durch Ansprüche an Kondition und Orientierungsvermögen bedingt ist." (Werner Beikircher: *Alpenvereinsführer Rieserfernergruppe,* S. 180)

Wenn man im Sommer auf die aus steilem Wald, Rinnen und Granitplatten aufgebaute Nordnordwestflanke der 2652 Meter hohen Wasserfallspitze über Sand in Taufers schaut, sieht man sie nicht. Auch im Winter, wenn der Schnee den Berg umhüllt, sieht man sie nicht. Nur in einer Zeit dazwischen – wenn sich die Wasserstreifen in den Rinnen zu Eis verwandeln –, dann taucht die Route auf wie ein Geistwesen. Um wenig später wieder zu verschwinden.

Untere Teile der Flanke waren begangen worden, dort, wo sich auf den Platten Eisfälle gebildet hatten. Von wem und wie weit, das war überwiegend unbekannt. Das Gelände war eine Spielwiese für jene, die ein Abenteuer in Abgeschiedenheit suchten – ganz für sich. Sicher war nur, dass die Brüder Anton und Urban Auer 1997 die gesamte, rund 700 Meter hohe untere Eisrinne durchstiegen hatten. Im Dezember 2013 schließlich waren Simon Gietl und der Sterzinger Hubert Eisendle die Wand bis ganz hinauf zum Vorgipfel, dem Wasserfalleck (2312 m), geklettert. Die gewählte Linie bot teils senkrechte Eisrinnen bis WI4 und am Ausstieg vier Seillängen Mixed-Kletterei mit einer schönen Rissverschneidung (M4). Und sie bekam aufgrund der Länge den vielsagenden Namen „Servus die Wadln".

Kurt Astner schien starke Wadln zu haben, denn er wollte ebenfalls die gesamte Wand durchsteigen, die ja quasi vor seiner Haustüre liegt. Das Wetter sollte nach der ersten Januarwoche 2015 noch ein, zwei Tage gut bleiben, und so stiegen wir am 9. Januar bei Tagesanbruch ein. Die untere Eisrinne war ein Steigen und Klettern in einem gefrorenen Bachbett. Gestufte grauweiße Eiskaskaden schlängelten sich zwischen kantigen Granitblöcken, links und rechts eingesäumt von grasdurchsetzten Fel-

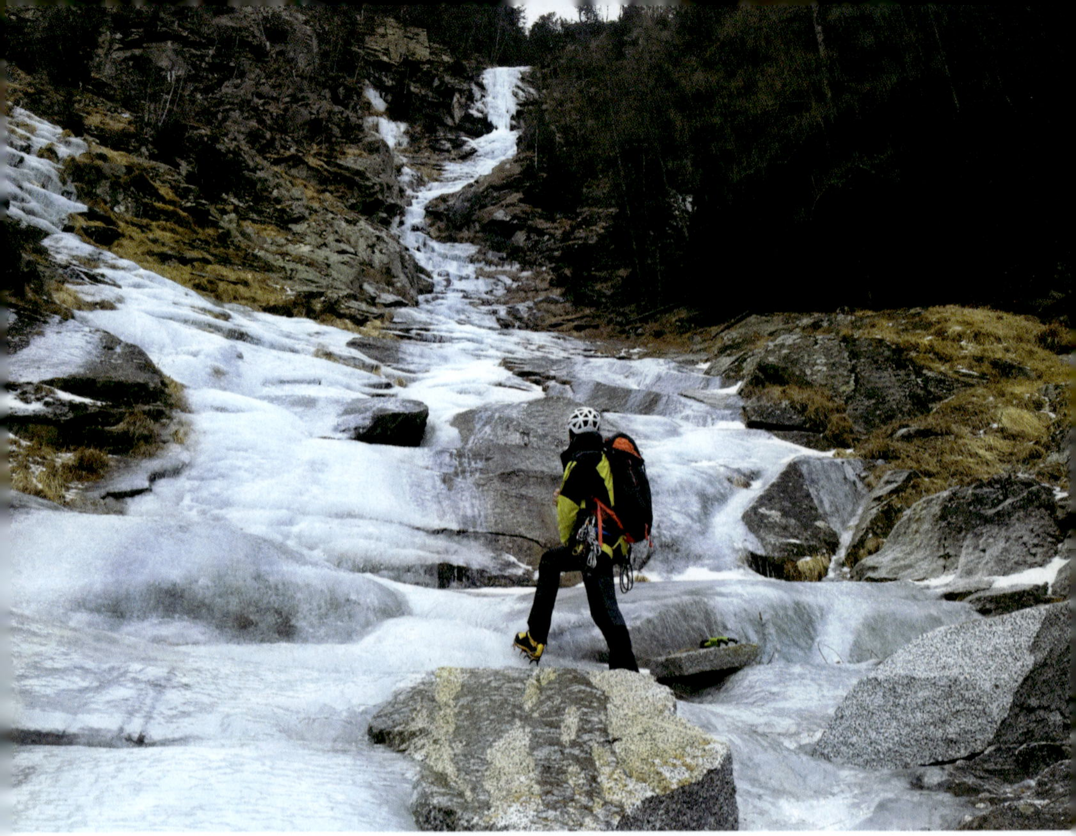

Fluss aus Eis: Im unteren Teil der Waserfallspitze-Nordnordwestflanke.

sen und Bäumen. Das Eis war gutmütig, selten steiler als 50 Grad. Nur an der Schlüsselstelle schwang es sich auf zehn Metern bis zu 80 Grad auf. Es war, als hätte man aus einer klassischen Nordwand einen ganz schmalen, langen Streifen herausgeschnitten und in einen Wald geklebt.

Wir kletterten seilfrei, teilweise sogar nebeneinander. Einmal konnte ich mich im wahrsten Sinne des Wortes seitwärts in die Büsche schlagen, um von Kurt ein paar Fotos zu machen. Das Eis lief schließlich im Grund des trichterförmigen oberen Wandteils aus. Hier zog die Route von Gietl und Eisendle nach rechts zum Vorgipfel. Uns schwebte dagegen ein Anstieg zum Hauptgipfel vor. Deshalb hielten wir uns links an einer Granitrippe. Immer höher ging es, über schneebedeckte Platten, Blockgelände, ab und zu unterbrochen von kurzen Steilstufen. Die Begrenzungsgrate der Wand links und rechts von uns rückten jetzt immer näher zusammen, während die Tiefe unter uns wuchs. Schließlich standen wir auf dem Kopf

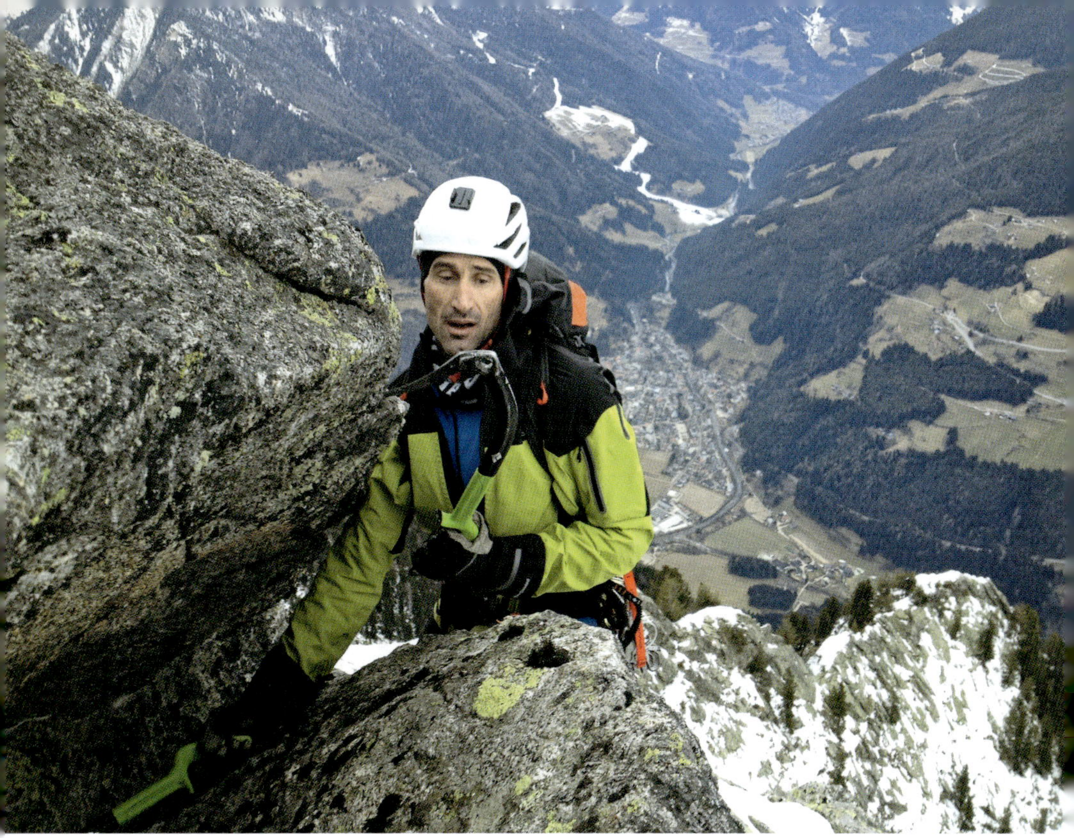

„Eigernordwandhoch" über Sand in Taufers: Kurt in der oberen Wandhälfte.

der Granitrippe – einer grandiosen Aussichtskanzel mit Blick auf den Talboden von Sand. Wir querten nach links in eine Rinne und stiegen dann über verschneite Platten zum Verbindungsgrat Wasserfalleck – Wasserfallspitze auf, über den wir nach insgesamt fünfstündiger Kletterei den Gipfel erreichten.

Auf der Wasserfallspitze steht man wirklich hoch über dem Tal – und hat ausgiebig Gelegenheit, sich davon zu überzeugen, dass der Abstieg eine lange Angelegenheit wird. Es sei denn, man wäre so verrückt wie die Auer-Brüder, die im Mai 1997 vom Gipfel durch den Plattenkessel links unserer Route mit Ski abgefahren waren. Da wir Ski nicht dabei hatten, nahmen wir den Nordgrat, der über den linken Rand des Kessels in das abgeschiedene Lanebachtal führt – laut Alpenvereinsführer „die wahrscheinlich wildeste, urtümlichste Gegend dieses Gebietes. Die Gegend ist so arm an herkömmlichen Reizen, dass sie gerade in ihrer Einsamkeit einen ganz bestimmten Reiz entwickelt."

An einer Schulter verließen wir den Grat, stiegen schräg nach rechts über etwas heikles Plattengelände ab und landeten in einem Kar mit einem Gewirr aus Granitblöcken. Zur Hölle mit den Reizen! Dies hier war saugefährlich. Wegen der rutschigen Schneeauflage mussten wir die Steigeisen anlassen und dabei ständig aufpassen, nicht in ein Loch zwischen den Blöcken zu treten. Im Wald angekommen fanden wir einen schwachen Steig, den wir nach kurzer Zeit gleich wieder verloren. Nun kam zum ersten Mal an diesem langen Tag unser Seil zum Einsatz, um 30 Meter über eine Felsstufe abzuseilen. Der Abstieg hatte allerdings für Kurt den erfreulichen Nebeneffekt, dass er ein neues Gebiet zum Mixed-Klettern entdeckte, was er bald darauf mit Routen versah. Es wurde bereits dunkel, als wir endlich an der Reintalstraße eintrafen.

Betrachte ich die Eckdaten unserer Route an der Wasserfallspitze, so bin ich erstaunt und begeistert, dass es mit etwas Kreativität und Fantasie möglich war, eine solch hochalpine Linie an einem unserer Hausberge zu eröffnen. Die Schwierigkeiten entsprechen einer moderaten Eiswand: WI2 bis WI3, eine Stelle WI4+; im Fels liegen sie bei III+. Der Zustieg ist minimal, ganze zehn Minuten vom Parkplatz der Reinbach-Wasserfälle in Bad Winkel. Dafür ist der Abstieg lang und nicht zu unterschätzen. Die Wandhöhe beträgt 1700 Meter, die Kletterstrecke 1900 Meter. Das sind schon fast die Dimensionen einer Eiger-Nordwand …

„GOLDEN PILLAR OF ORTLER" – EINE ERSTBEGEHUNG, ZWEI PERSPEKTIVEN

Jochen Hemmleb: August 2016. Wir drehten einen Film über den Ortler, Südtirols höchsten Berg. Es sollte ein Porträt werden, das spektakuläre sportliche Aktionen am Berg sowie Menschen, Geschichte und Kultur umfasst. Beim ersten Teil der Dokumentation war Christoph bereits dabei gewesen. Gemeinsam mit dem Kitzbüheler Extremskifahrer Axel Naglich war er die Nordwand geklettert und anschließend durch die Minnigerode-Rinne in der Südwand mit Skiern abgefahren. Im dritten Teil sollte es um die Beziehung zwischen Mensch und Berg gehen, um den Gegensatz zwischen dem Beherrschen der Natur und einem Anpassen an die Natur, ausgedrückt durch den „By fair means"-Gedanken beim Klettern. Dazu

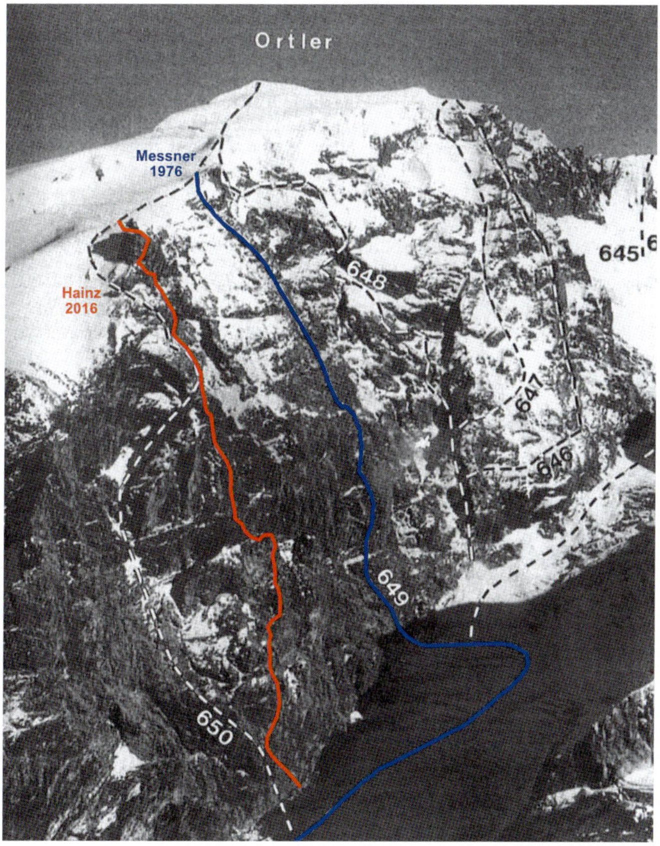

Blau: die (geplante) Messner-Route von 1976. Rot: die (ungeplante) Erstbegehung „Golden Pillar of Ortler" 2016.

wollten wir die vermutlich erste Wiederholung des Südwestpfeilers filmen. Sein Erstbegeher war 1976 Reinhold Messner gewesen, der wie kein anderer für diese Kletterethik steht.

Eine Anfrage bei mehreren Kandidaten, ob sie in diese Route vor laufender Kamera einsteigen wollten, stieß auf verhaltene Reaktionen. Zu wenig sei über die Route bekannt, zu lange läge die Erstbegehung zurück, zu gefährlich sei das Gelände inzwischen geworden … Nach mehreren Absagen durchaus renommierter Alpinisten schrieb ich irgendwann Christoph an. Seine Antwort war wie so oft kurz und spontan: „Die Brüchigkeit der Route schreckt mich eigentlich nicht. Eher muss man schauen, ob nicht rechts von den Eisbrüchen was runterkommen kann. Schauen wir's uns doch einfach mal an …"

Gesagt, getan.

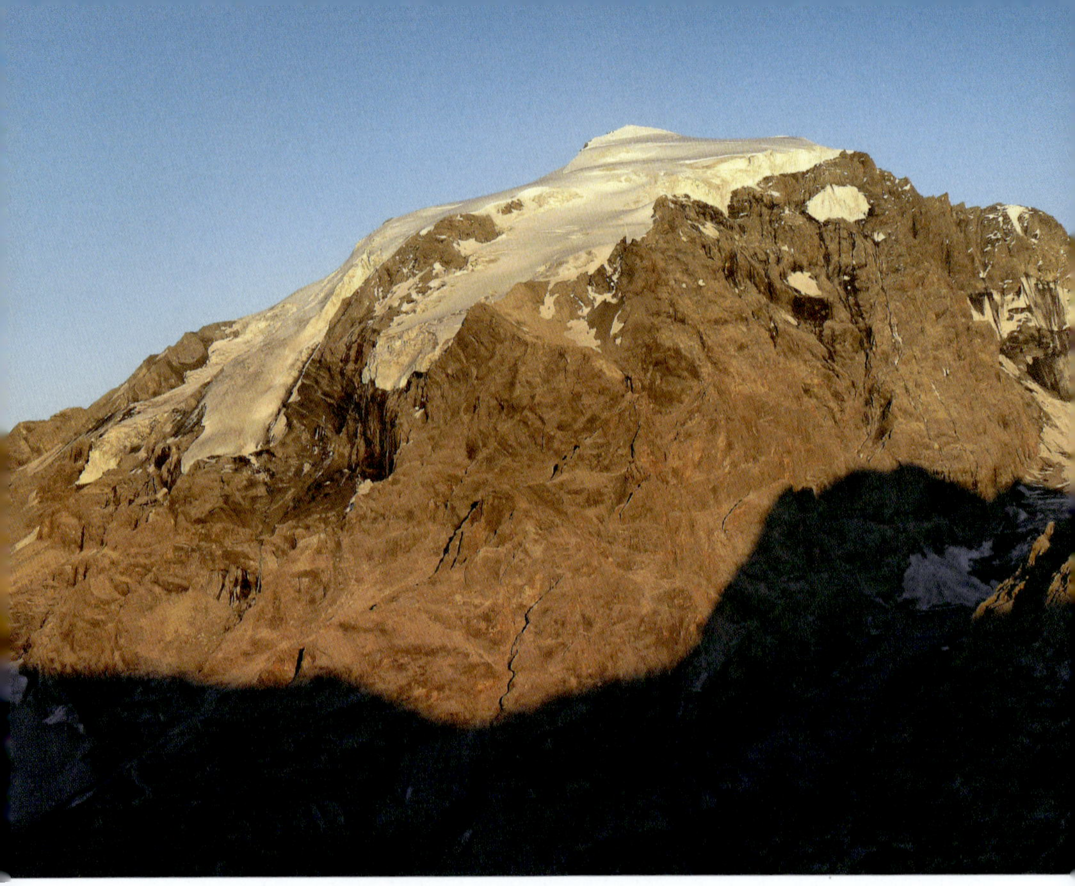

So kam die Route zu ihrem Namen: Abendlicht am Ortler.

Christoph Hainz: Bei Sonnenaufgang gingen wir von der Berglhütte los. Gerda war mit dabei, Jochen Hemmleb als Regisseur des Films und Lukas Kobler, ein Kameramann aus Bozen. Während die Madatschspitzen gegenüber schon im ersten Licht leuchteten, lag der Steig hinüber zum Niederen Ortlerferner noch im Schatten. Es war frisch. Nach gut einer Stunde erreichten wir den Abzweig zum Gletscher. Nur noch eine Pfadspur führte jetzt weiter, mit ein paar Farbklecksen und Steinmännern markiert. Es war eine düstere Urlandschaft aus grauem Geröll und Felsblöcken – und der Eisstrom zu unserer Rechten hatte definitiv schon bessere Zeiten gesehen. Gewaltige Schuttmassen lagen auf der stark abgeschmolzenen Zunge, durchzogen von tiefen Wasserrinnen. Auch den Pfad hatte es an etlichen Stellen weggespült. Am besten ließen sich die ausgewaschenen Kanäle queren, indem ich in den zusammengebackenen Kies der Seitenwände einfach mit dem Eispickel Stufen schlug.

Schließlich kamen wir um ein Felseck und standen unter der Wand. „Wirklich gescheit ist das hier alles nicht“, war mein erster Gedanke. Graugelbe Wandstufen, ein paar wacklig aussehende Türme, Schluchten voller losem Geröll. Aber dann doch etwas weiter rechts ein markanter Pfeiler. Jochen holte zwei Anstiegsbeschreibungen des Südwestpfeilers hervor. Das Wandfoto aus dem Alpenvereinsführer war längst veraltet, der Gletscher war früher viel mächtiger gewesen. Wo genau am Wandfuß wir uns jetzt befanden, ließ sich da nur schwer sagen. Beim Blick auf die Wand schien es allerdings zu passen: die Querung nach rechts hinüber an die Pfeilerkante, die Kante selbst – und ganz oben lugte ein rötlicher Felsturm hervor, an dem sich die Schlüsselstelle befinden sollte.

Die ersten Gedanken begannen in meinem Kopf zu kreisen. Würde ich den Pfeiler ganz klassisch in Seilschaft klettern? In solch brüchigem Gelände müsste ich sehr aufpassen, dass das Seil nicht Steine löst, die dann den Seilpartner gefährden würden. Zeitaufwändiger wäre es durch das Sichern auch. Schon jetzt schien mir ein Alleingang eine sehr überlegenswerte Alternative. Und er hätte seinen ganz eigenen Reiz …

Wir gingen noch ein Stück weiter, hinaus auf das Eis und hinauf auf den ersten flachen Gletscherboden. Inzwischen war die Sonne hinter dem Ortler hervorgekommen und Lukas filmte mich beim „Bergführen“ (mit Gerda als meinem Gast) zwischen ein paar Spalten und auf den glitzernden Schnee- und Eisfeldern. Allein stieg ich anschließend noch ein Stück den Hang gegenüber der Südwestwand hinauf, um einen noch besseren Überblick über die Route zu gewinnen. Licht und Schatten gliederten den Fels jetzt in seine großen Strukturen auf. Wieder schien alles zu passen: der gestaffelte Pfeiler, der wuchtige rote Turm in der Wandmitte. Unter seiner Spitze sah ich jetzt auch deutlich eine Verschneidung. Die Schlüsselstelle, laut Beschreibung Schwierigkeitsgrad V+, aber „mit lockeren, wie lose Ziegel aufeinandergeschichteten Gesteinsbrocken“. Trotzdem: Das Gelände und die Schwierigkeiten lagen gut in meinem Kletterniveau. Messner-Route über den Ortler-Südwestpfeiler solo – das klang nach einem Plan.

Jochen Hemmleb: Wir hatten also ein sehr ansprechendes Projekt für das dritte Kapitel des Films. Zufrieden fuhr ich zurück nach Lana. Zur Vorbereitung der Filmarbeiten lud ich einige Tage später die Fotos von unserer Erkundung auf meinen Computer und zeichnete die Route mit allen wichtigen Passagen ein. Zum Vergleich holte ich noch einmal den Alpenvereinsführer mit dem Wandbild hervor. Ich stutzte. Die Messner-Route endete an einem anderen Punkt des Ortlerplateaus als auf unseren Aufnahmen, viel weiter rechts. Wie konnte das sein? Die Beschreibung der Messner-Route hatte doch auf die Passagen der Wand gepasst, die wir in Augenschein genommen hatten! Ein Fehler im Alpenvereinsführer? Vielleicht könnte der Bericht von der Erstbegehung, der in der Zeitschrift *Alpinismus* erschienen war, Aufschluss geben. Ich kontaktierte die Bibliothek des Alpenvereins. Ein paar Stunden später landete eine Kopie in meinem E-Mail-Postfach. Pustekuchen – Wandfoto und Routenverlauf waren dieselben wie im Führer. Dies bedeutete …

Ich griff zum Telefon. „Christoph, der Pfeiler, den wir am Ortler begutachtet haben, ist nicht die Messner-Route. Unser Pfeiler ist anscheinend noch unbegangen." Die Pause am anderen Ende der Leitung war nur kurz. „Na gut, dann machen wir für den Film eben eine Erstbegehung."

Christoph Hainz: Ja, ich hoffte geradezu, dass die Filmproduktion dazu ihr Okay gab und nicht auf eine Wiederholung der Messner-Route bestand! Mein Eindruck war, dass es am Pfeiler zwei, drei Stellen geben würde, die etwas heikel werden könnten. Vor allem am zweiten Aufschwung, dem roten Turm, und am Ausstieg. Ich stellte mir vor, dass ein paar Fünfer-Stellen darunter sein würden. Der Rest sollte relativ gut zu klettern sein. Inzwischen war ich fest entschlossen, den Alleingang zu wagen. Der Sicherheitsaspekt überwog, selbst wenn in diesem Gelände jederzeit ein Griff ausbrechen konnte. Ich musste einfach entsprechend vorsichtig und konzentriert gehen. Ein weiterer Faktor war zugegebenermaßen der Helikopter des Filmteams. Dieser würde mich im schlimmsten Fall aus der Wand holen, sollte ich aus irgendeinem Grund weder auf- noch absteigen können.

Mit Gerda hatte ich von Beginn an offen über meinen Plan gesprochen. Sie vertraute mir. Im Interview, das Jochen und Lukas mit ihr auf der Erkundungstour gedreht hatten, sagte sie: „Ich kenne Christoph so gut, dass ich weiß, dass er das Leben sehr liebt. Ich weiß, dass er sehr bedacht ist am Berg … Und er wird es nur dann machen, wenn sein Bauchgefühl für ihn sagt, es ist okay und es geht gut. Sonst würde er es nicht machen. Und von daher kann ich damit sehr gut umgehen."

Das einzige Problem war jetzt noch das Wetter. Der Sommer neigte sich dem Ende zu. Der Ortler ist hoch, fast 4000 Meter, und käme es zu einem Schlechtwettereinbruch, würde der Schnee wohl liegen bleiben. Dann könnte ich den Pfeiler nicht mehr mit Kletterschuhen gehen, sondern er wäre eine kombinierte Tour mit Pickel und Steigeisen. Für den 29. August sagte der Wetterbericht zumindest noch für die erste Tageshälfte stabile Verhältnisse voraus – da aber die Prognose in Österreich schlechter war, zögerte die Filmproduktion. Es hing für sie ja ein ganzer organisatorischer Rattenschwanz mit dran, verbunden mit entsprechenden Kosten. Der Hubschrauber musste bereitstehen, Kameraleute und andere verfügbar sein. Schon wollten sie die Aktion für diesen Tag abblasen. Da sagte ich ihnen, dass das Wetter für mich passte, solange wir die Durchsteigung und die Dreharbeiten bis zum Mittag hinter uns bringen würden. Für den rund 700 Meter hohen Pfeiler rechnete ich mit einer Kletterzeit von drei bis vier Stunden. Ich dachte mir: „Jetzt oder nie!"

Der Rucksack, den ich mir packte, war minimalistisch: Kletterschuhe, Gurt, Helm, ein paar Schlingen und ein kurzes Stück Reepschnur, Felshammer, zwei Haken, zwei Friends, ein paar Karabiner und Expressschlingen. Dazu Trinkflasche, ein wenig Proviant sowie Turnschuhe, Leichtsteigeisen und ein Eisgerät für das Gipfelplateau. So ausgerüstet fuhr ich am Nachmittag des 28. August vom Pustertal auf die Franzenshöhe, wo mich Jochen bereits erwartete.

Jochen Hemmleb: Ich glaube, ich war am Morgen vor dem Einstieg nervöser als Christoph! Bereits um 5:30 Uhr trieb es mich aus dem Hotel, um nach dem Wetter zu sehen. Der Himmel war bedeckt. Würden unsere Filmarbeiten wie geplant ablaufen können? Drüben am Ortler waren die Lichter von einigen Seilschaften auszumachen, die auf dem Meraner Weg Richtung Gipfel unterwegs waren. Das machte zumindest Hoffnung. Wie ich mit Christoph dann beim Frühstück zusammensaß, merkte ich, wie meine Gedanken von der Filmarbeit abrückten. Denn vor mir saß ein Mensch, der mir in den letzten Wochen wichtig und wertvoll geworden war. Und dieser Mensch würde in ein, zwei Stunden versuchen, ungesichert durch eine 700 Meter hohe Wand zu klettern. Ich wollte einfach nur, dass alles gut ging und er heil zurückkäme. Alles andere war unwichtig.

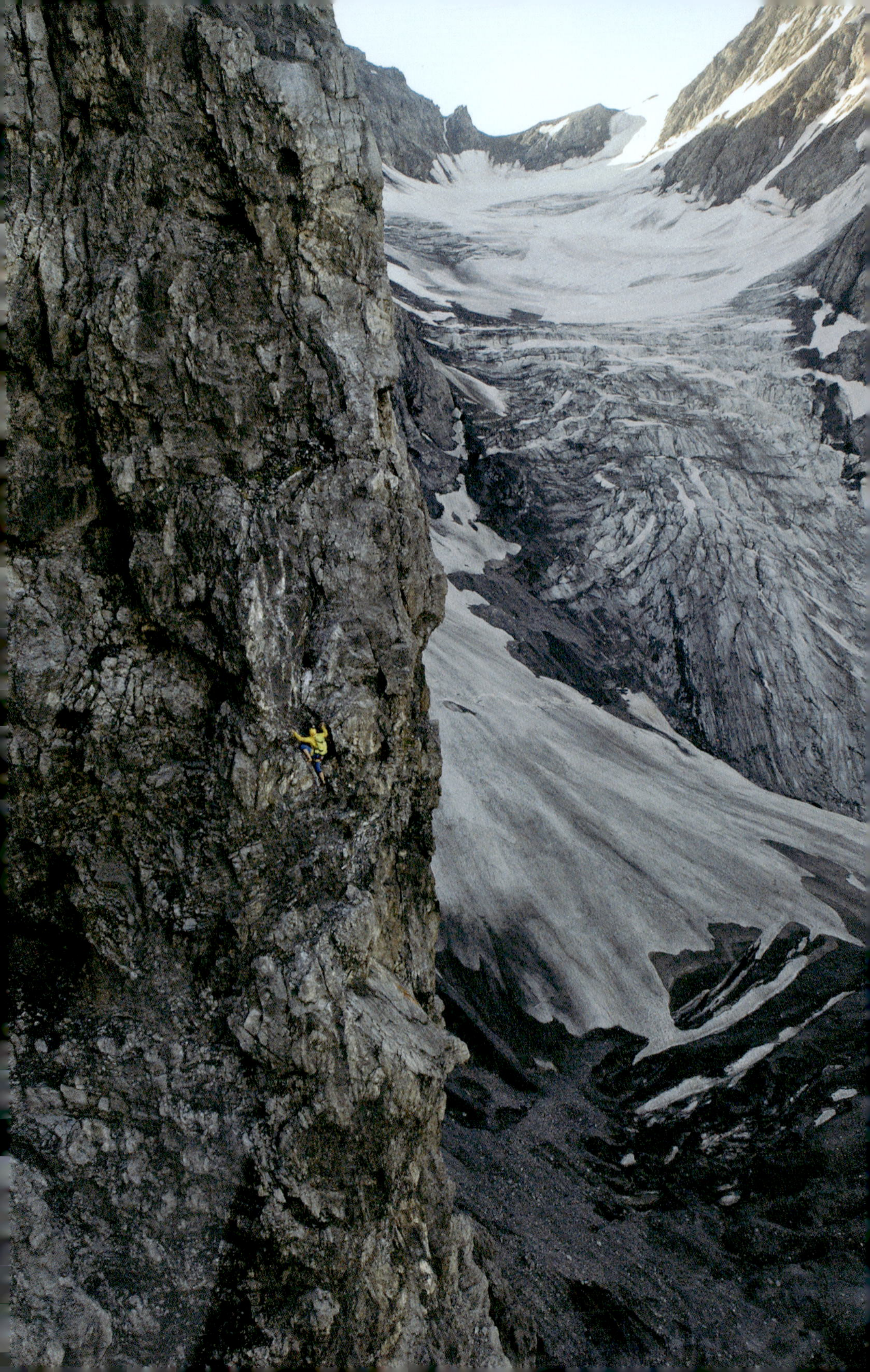

Kurz nach halb sieben hörten wir in der Ferne das Knattern des Helikopters. Hoch über dem Ortler schwebte er heran, schraubte sich in steilen Kurven abwärts und setzte auf dem Landeplatz hinter dem Hotel auf. Gerald Salmina, unser Produzent, stieg aus. Wir verkabelten Christoph mit einem Tonaufnahmegerät, montierten die GoPro-Kamera auf seinem Helm. Es ging los.

Christoph Hainz: Es war schon ein Gefühl, das sich von anderen Touren unterschied: Helikopter, Kamera – alles dies schien zu sagen, „Du *musst* jetzt klettern!" Es baute einen gewissen Druck auf. Allerdings wusste ich von ähnlichen Projekten, dass es mir bei der Kletterei gelingen würde, den Helikopter im Hintergrund recht gut auszublenden. Er würde mich nicht stören. Da das Team am heutigen Tag nur aus dem Hubschrauber filmen würde, brauchte ich auch nicht darauf zu achten, wo Kameraleute positioniert wären und wohin sie sich bewegten. Mein einziger Fokus lag auf der Durchsteigung.

Auf einem Moränenrücken, etwa 20 Meter von der Wand entfernt, setzte mich der Hubschrauber ab. Ich lief das kurze Stück hinüber zum Einstieg und begann sofort mit der Kletterei. Die ersten Meter waren gleich recht steil: linkshaltend über eine splittrige Rampe und breite Risse. Die Felsqualität war lausig, immer wieder trat ich kindskopfgroße Blöcke ab, die krachend unter mir in der Tiefe verschwanden. Über leichtere Stufen und Absätze hielt ich mich dann nach rechts, bis ein immer schmaler werdendes Band hinauszog in die senkrechte Wand. Die Orientierung war eigentlich problemlos. Ich wählte den für mich logischsten Weg, auf dem ich die Schwierigkeiten gut klettern konnte und wo der Fels am wenigsten brüchig war. Über kürzere Risse und Verschneidungen, mal etwas links, dann wieder rechts der Kante, gewann ich stetig an Höhe. Schließlich querte ich unter dem runden Absatz des ersten Pfeilers nach links zum Fuß des zweiten Pfeilers, der nun als wuchtiger, plattiger Turm über mir aufragte. Ich griff zum Funkgerät.

Jochen Hemmleb: „... jetzt beginnt die schöne Kletterei!" Christophs Stimme war das Signal. Gerald winkte mich herüber zum Helikopter, der bereits mit laufendem Rotor bereitstand. Schnell nahm ich auf dem Copilotensitz Platz. Gabriel Kostner, unser Pilot, setzte mir den Kopfhörer

Allein in der Südwestwand: Im Aufstieg zum zweiten Pfeiler.

auf. Dann hoben wir ab. In weniger als fünf Minuten waren wir unter der Südwestwand. Nach einigem Suchen entdeckten wir Christoph – ein kleiner gelber Punkt inmitten einer düsteren, schwarzen Wand. Weit spreizend kletterte er über eine kleinsplittrige Stufe, dann durch eine seichte Rinne und über eine Platte hinaus an die Kante – präzise und flüssig. Aus der Vogelperspektive wirkte die Ausgesetztheit doppelt: Nicht nur Christoph, nein der gesamte Pfeiler schien mit ihm über dem Abgrund zu schweben.

Während wir den Turm erneut anflogen und umkreisten, hatte Christoph eine lange Rissverschneidung durchklettert und stieg über die scharfe, von senkrechten Stufen unterbrochene Kante höher. Ein kleiner Quergang nach rechts brachte ihn in eine kurze abdrängende Verschneidung. Leicht nach außen gelehnt stand er auf schmalen Tritten und tastete über sich nach Griffen …

Christoph Hainz: Es war steil, aber der Fels war an dieser Stelle ausgesprochen gut. Trotzdem musste ich mich weiterhin darauf konzentrieren, die Griffe nicht nach außen, sondern nach unten zu belasten. Es war Feinarbeit, etwa im V. Grad. Als ich der Verschneidung entstieg und auf dem Pfeilerkopf stand, war ich erleichtert und happy: Die erste Schlüsselstelle lag unter mir und ich war gerade einmal eine halbe Stunde unterwegs. Ich setzte den Rucksack ab, rastete etwas und trank einen Schluck. Dann lief ich über ein Schuttband hinüber zum Beginn des dritten Pfeilers, wo ich die Kamerabatterien wechselte.

Der Mittelteil der Route war eine homogene Abfolge von langen parallelen Felsrippen mit dazwischenliegenden Rinnen, Kaminen und Verschneidungen. Meistens blieb ich an den Kanten, weil dort der Fels fester war – was aber nicht ausschloss, dass ein paar der Griffe „transportabel" waren. Die Schwierigkeit war nie das Problem, sie gingen in diesem Teil nicht über IV+ hinaus. Aber die Brüchigkeit ging auf die Psyche. Die mögliche Konsequenz eines Griffausbruchs war bei diesem Alleingang eigentlich ständig in meinem Bewusstsein.

Jochen Hemmleb: Vom Hubschrauber sah es aus, als steigerte sich Christoph in einen regelrechten Kletterrausch. Schuttbänder sprintete er entlang, an den Kanten und Graten stieg er fast ohne Innehalten Zug um Zug

„Die Mutter aller Brüchigkeit": Abstieg über den Bruchhaufen von Punkt 3498 Meter.

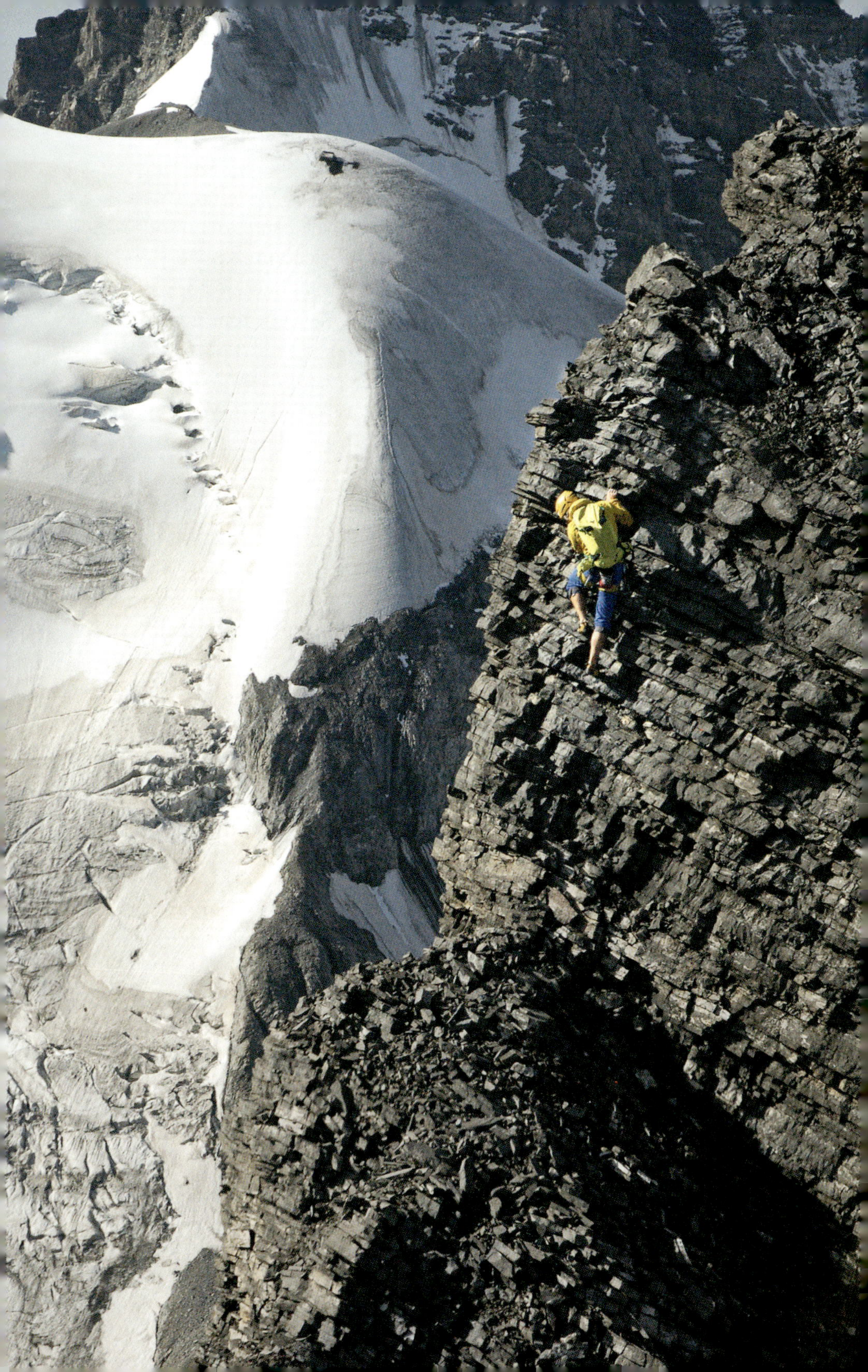

höher, sprang über kleine Scharten ... Das war nicht nur Kletterkunst, das war die reine Kletterlust, die wir hier sahen!

Die letzte Felsstufe kletterte er frontal durch einen Riss, der sich zu einem Kamin weitete; dem Zacken am Ausstieg stieg er auf die Spitze und balancierte freihändig stehend darauf. Gabriel zog den Hubschrauber rückwärts nach oben weg, während Irmin Kerck, der Cineflex Operator, die Kamera auf Christoph gerichtet hielt und aufzoomte. So öffnete sich vor unseren Augen (und für die Kamera) die gesamte Wand hinter und unter ihm, bis hinab zum grauweißen Strom des Niederen Ortlerferners. In meinem Kopfhörer hörte ich die Begeisterungsrufe von den Rücksitzen – dies waren grandiose Aufnahmen! Wir drehten ab und flogen zurück zur Franzenshöhe, um aufzutanken.

Christoph Hainz: Ein leichtes Flachstück führte weiter. An seinem oberen Ende sperrte noch eine Stufe den Grat, durch die eine nach rechts geneigte Plattenrampe zog. Der Fels erinnerte mich an die Eiger-Nordwand: abwärtsgeschichtet und steil – oder, wie ich in mein Aufnahmegerät sprach, „einfach glatt beschissen!" Jeden Griff musste ich anklopfen, ob er hielt. Oft waren die Risse dahinter mit feinem Schutt gefüllt, den ich ausputzen musste. Klassisch, wie bei einer Erstbegehung eben.

Dann stand ich unter dem Abschlusspfeiler. Der Fels war hier zu Beginn ganz eigenartig, kleinsplittrig, wie aus Brocken aller Größen zusammengebacken. Ich hätte die Möglichkeit gehabt, ihn links zu umgehen und ohne weitere Kletterei das Ortlerplateau zu erreichen. Doch nun packte mich der Ehrgeiz und ich wollte auch dieses Hindernis überklettern. Durch eine kurze Rinne und über eine grobstrukturierte Wand stieg ich auf und peilte die Kante links über mir an. Doch nun wurde es richtig brüchig ...

Jochen Hemmleb: Zum ersten Mal kam Christophs „Lauf" ins Stocken. Leicht verspreizt stand er unter einem Überhang im rostbraunen Fels, hielt sich mit der rechten Hand an einem Untergriff und tastete mit links über dem Wulst nach Halt. Mehrfach setzte er an, klopfte das Gestein ab, putzte es aus. Sollte er hier etwa nicht weiterkommen?

Christoph Hainz: Teilweise musste ich mir die Griffe selbst machen, ein paar Gesteinsstücke wegbrechen, um Halt zu finden. Gleichzeitig musste ich zusehen, dass die Tritte, auf denen ich stand, hielten. Denn würde mir hier ein Tritt ausbrechen, konnte ich nicht sicher sein, dass die Griffe nicht dasselbe taten. Als ich mich schließlich über den Überhang zog und nach links um die Kante trat, wusste ich, dass die Route geschafft ist. Es war eindeutig die schwerste und heikelste Stelle der Tour, Schwierigkeitsgrad VI+. Wenig später musste ich zwar nochmals eine kurze Wandstelle mit einem etwas kniffligen Ausstieg im oberen V. Grad überwinden, aber der Rest war dann nur noch genussvolle Platten- und Wandkletterei im IV. Grad bis auf den Punkt 3498 Meter. Eine Stunde und 55 Minuten hatte ich für die gesamte Route gebraucht.

Der kurze Abstieg zum Plateaurand war allerdings die „Mutter aller Brüchigkeit", der Kalkfels aufeinandergeschichtet wie ein loser Stapel Bücher. Einmal räumte ich eine ganze Schubkarrenladung loser Platten und Blöcke ab, um sicher abklettern zu können. Wie ich einen kleinen Schuttsattel überschritt und die nachfolgende Anhöhe überquerte, stand ich plötzlich vor einer alten Militärbaracke aus dem Ersten Weltkrieg. Überall lagen verrostete Granaten herum …

Jochen Hemmleb: Im Schwebeflug hielt Gabriel den Helikopter zehn Meter entfernt in der Luft und wir sahen Christoph, wie er auf die Baracke zuging. Doch was tat er jetzt?! Seelenruhig betrachtete er den Haufen Granaten, drehte ein paar von ihnen hin und her, schnappte sich schließlich zwei davon und hielt sie mit einem breiten Grinsen vor uns in die Höhe … Uns gefror das Blut in den Adern! Alle im Hubschrauber fingen simultan wild zu gestikulieren an. Handkanten säbelten an den Kehlen, Daumen zeigten fuchtelnd nach unten. „Christoph! Leg die Dinger wieder hin!!" Was er dann auch tat. Erleichterung – und in unseren Köpfen Bilder von einem Ende des Films mit Knalleffekt …

Am Schneegrat hinter der Baracke stieg Christoph zu uns in den Hubschrauber. Wir flogen über das Plateau bis kurz unter den Gipfel, setzten ihn ab und filmten ihn dann, wie er die letzten Meter über den Grat zum Kreuz hinaufstieg. Der Rundumblick vom höchsten Berg Südtirols mit Christoph quasi als Dreh- und Angelpunkt – das war das passende und würdige Abschlussbild für unseren Film.

*

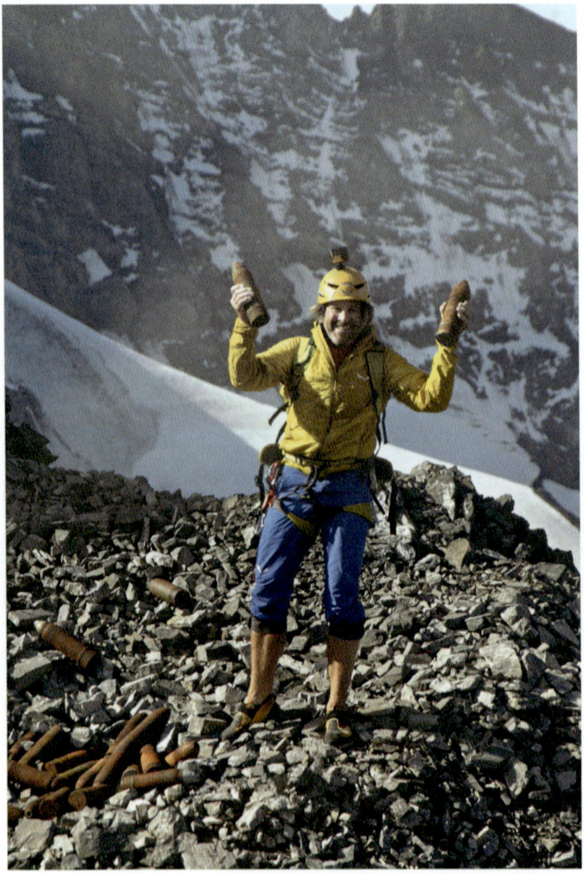

„Bombenstimmung …“ Brisante Fundsachen am Ausstieg der Route.

Der „Golden Pillar of Ortler“, wie wir die Route leicht ironisch nannten, war ein Projekt, das mir schlicht und einfach Spaß machte. Weder hatte es eine große alpine Bedeutung (wie sein bekannter Namensvetter am Spantik im Karakorum), noch diente es dazu, irgendwelche persönlichen Grenzen zu verschieben. Es tut manchmal ganz gut, nicht jedem Tun und jeder Aktion gleich eine höhere Bedeutung beimessen zu wollen. Die Erstbegehung zeigte mir aber einmal mehr, dass es selbst an einem bekannten und viel begangenen Berg wie dem Ortler Möglichkeiten für größere und logische Neutouren gab. Der Ortler wird noch lange Zeit eine weite Spielwiese bleiben. Zwar ist der Klimawandel real und das Gelände verändert sich entsprechend. Die Westwand ist inzwischen stark ausgeapert, schrofig und wasserüberronnen. Doch wer weiß, welche Linien sich dort vielleicht dem modernen Mixed-Kletterer eröffnen, wenn diese Wasserläufe im Frühwinter gefroren sind?

Die Filmarbeit war ebenfalls eine sehr positive Erfahrung und das Ergebnis, die Dokumentation *Der Ortler – Südtirols König der Berge,* sehr sehenswert. Sicherlich kann man die Frage stellen, ob man Free-Solo-Begehungen überhaupt publizieren oder zum Gegenstand eines Films machen sollte. Viele namhafte Bergsteiger sind in den letzten Jahren durch seilfreie Alleingänge bekannt geworden – Alexander Huber, Hansjörg Auer, Ueli Steck oder kürzlich der Amerikaner Alex Honnold, über dessen Free-Solo-Begehung des El Capitan sogar ein Oscar-prämierter Kinofilm entstand. So mag bei manchen der Eindruck entstehen, Free Solos seien geradezu ein „Muss", um als Bergsteiger anerkannt zu sein oder Sponsoren zu bekommen.

Free Solo ist die ursprünglichste Form des Kletterns. Touren in diesem Stil gehören seit jeher zum Bergsteigen dazu und es wird sie so lange geben, wie es das Bergsteigen gibt. Natürlich kann es sein, dass Free-Solo-Begehungen zunehmen, wenn sie sich tatsächlich gut verkaufen lassen. Hier geht es dann um eine verantwortungsvolle Zusammenarbeit zwischen Sponsor und Athlet. Es darf einfach nicht vergessen werden, dass ein solcher Besteigungsstil absolutes Können verlangt. Ich kenne Fälle, in denen Sponsoren sich weigerten, Free Solos zu vermarkten, weil sie befürchteten, ansonsten ein falsches Zeichen zu setzen.

Es gibt Kollegen von mir, die sind regelmäßig free solo unterwegs und verlieren kein Wort darüber. Sie machen es ganz allein für sich. Ich selbst bin ab und zu so unterwegs, einfach weil es mir Spaß macht und weil ich manche Touren in diesem Stil machen möchte. Für mich ist es zwischendurch immer wieder schön, mal ganz leicht unterwegs zu sein. Mit kleinem Rucksack, ohne Seil. Man ist schnell unterwegs und kann eine Tour klettern, auch wenn man nur einen halben Tag oder ein paar Stunden zur Verfügung hat. All dies spielte auch am Ortler eine Rolle. Was mir aber in der Rückschau am meisten gefiel, ist die Tatsache, dass die Erstbegehung des „Golden Pillar" keinerlei Spuren hinterlassen hat. Ich schlug keinen Haken, ließ keine Schlinge zurück. Es war die wortwörtliche Umsetzung des bekannten Slogans: „Take nothing but pictures, leave nothing but footprints."

ZINNEN-TRILOGIE IM WINTER – KLETTERN UM DES KLETTERNS WILLEN

Durch die kurze Distanz zwischen den Gipfeln und das dichte Netz von Klettertouren bieten „meine“ Drei Zinnen schier endlos viele Möglichkeiten für „Enchainements“, das Aneinanderreihen von Routen. Seiner Zeit voraus war der Belgier Claude „Claudio“ Barbier, der vor inzwischen 57 Jahren an einem einzigen Tag, dem 24. August 1961, im Alleingang sämtliche Nordwände durchstieg: die „Cassin“ an der Westlichen Zinne (3 Stunden), die „Comici“ an der Großen Zinne (3 Stunden), den Preuß-Riss am Preußturm (1 Stunde und 10 Minuten), die „Dülfer-Schaarschmidt“ an der Punta Frida (1 Stunde) und die „Innerkofler-Helversen“ an der Kleinen Zinne (30 Minuten). Seitdem gab es verschiedenste Kombinationen bis hin zu Thomas Hubers Extrem-Trilogie von 2008, bei der er an einem Tag rotpunkt durch drei meiner Zinnen-Routen stieg: „Alpenliebe“ (Westliche Zinne, bis 7c), „Phantom der Zinne“ (Große Zinne, bis 7c+) und „Ötzi trifft Yeti“ (Kleine Zinne, bis 7a+). Um den Weg zu den Einstiegen abzukürzen, sprang er mit dem Fallschirm (BASE-Jump) vom Ringband an der Westlichen und Großen Zinne. Dies zeigt einmal mehr, dass Kletterer immer wieder Wege finden werden, ihrem Spieltrieb Lauf zu lassen.

Dezember 2016. Es herrschte schönstes Winterwetter, als mein Freund und Bergführerkollege Simon Kehrer anrief. „Wollen wir was zusammen klettern?“

„Ja, gern. Wie wär’s in den nächsten Tagen?“ Simon lacht viel, ihm scheint immer der Schalk im Nacken zu sitzen. Deshalb vermutete ich gleich, er heckt irgendwas aus. Aber er rückte noch nicht mit der Sprache heraus, also wartete ich erst einmal ab. Am nächsten Tag rief ich ihn an: „Also, was machen wir? Wann gehen wir?“

„Lass uns mal wieder an die Drei Zinnen gehen …“

„Und was machen wir dort?“

„Ja, Nordwand.“

„Welche?“ Man musste Simon die Antworten förmlich mit dem Klemmkeilentferner aus der Nase ziehen …

„Ja, vielleicht die ‚Cassin‘ … und die ‚Comici‘ … und dann noch die Kleine Zinne.“ Langsam wurde es interessant.

Einen Tag vor Weihnachten machten wir uns auf den Weg. Der Kaffeestopp bei Erna in der Tankstelle in Toblach hatte Tradition. Sie packte uns wie immer ein paar ihrer famosen Semmeln in die Rucksäcke. „Nun kann uns nichts und niemand mehr aufhalten!", meinte Simon.

Für die im Winter geschlossene Mautstraße hinauf zur Auronzohütte hatten wir eine zweite Geheimwaffe parat: E-Bikes. Mit denen schraubten wir uns gemütlich die langgestreckten Haarnadelkurven hinauf und weil es so viel Spaß machte, fuhren wir gleich noch weiter über den Schotterweg bis hinauf auf den Paternsattel, wo wir unsere elektrischen Drahtesel abstellten. Als wir über die verschneiten Schuttkegel hinüberquerten zu den Nordwänden, taten wir uns ungewöhnlich schwer. Simon meinte schließlich etwas verstohlen: „Mensch, habe ich schwere Beine. Ich bin müder als nach einer Nordwand!" Mir ging es ähnlich. Wir waren halt keine Radprofis und brauchten die Bewegung, die uns guttat: in der Vertikalen. Und zwar schnell. So gingen wir nicht weiter bis zum Einstieg der „Cassin" an der Westlichen Zinne, sondern stapften gleich hinauf zur Großen Zinne und der „Comici".

Es war beißend kalt. Uns hielten zwar leichte Daunenjacken und Berghosen warm, aber in den senkrechten bis überhängenden Seillängen der unteren Wandhälfte, die bis zum unteren VII. Grad reichen, mussten wir mit bloßen Fingern klettern. Mit unseren langen Seilen konnten wir zwar häufig zwei Längen zusammenlegen, aber eine solche Strecke war für die Hände grenzwertig. Die Szenerie und die Farben um uns waren fantastisch: Wir kletterten am Rand des sanft nach innen gewölbten, leicht überhängenden Felsschildes der Wand, dessen fahles Gelbgrau die Kälte noch unterstrich. Unter uns lagen die weiß verschneiten Schuttfelder im blaugrauen Schatten, während drüben der Paternkofel goldgelb in der Sonne leuchtete. Und über allem ein makellos blauer Winterhimmel …

An den Drei Zinnen ist die Geschichte auf Schritt und Tritt präsent, das gibt einem solchen Klettertag eine zusätzliche Dimension. Die Ersten, welche die „Comici" im Winter durchstiegen, waren die Österreicher Sepp Brunhuber und Fritz Kasparek, einer der späteren Erstbegeher der Eiger-Nordwand. Es waren der 20. und 21. März 1938, von denen Kasparek berichtet:

„Der Freund stand auf einem schmalen Band. Ich selbst stieg die ersten Meter empor, um kurze Zeit später, in einer Trittschlinge stehend, die ge-

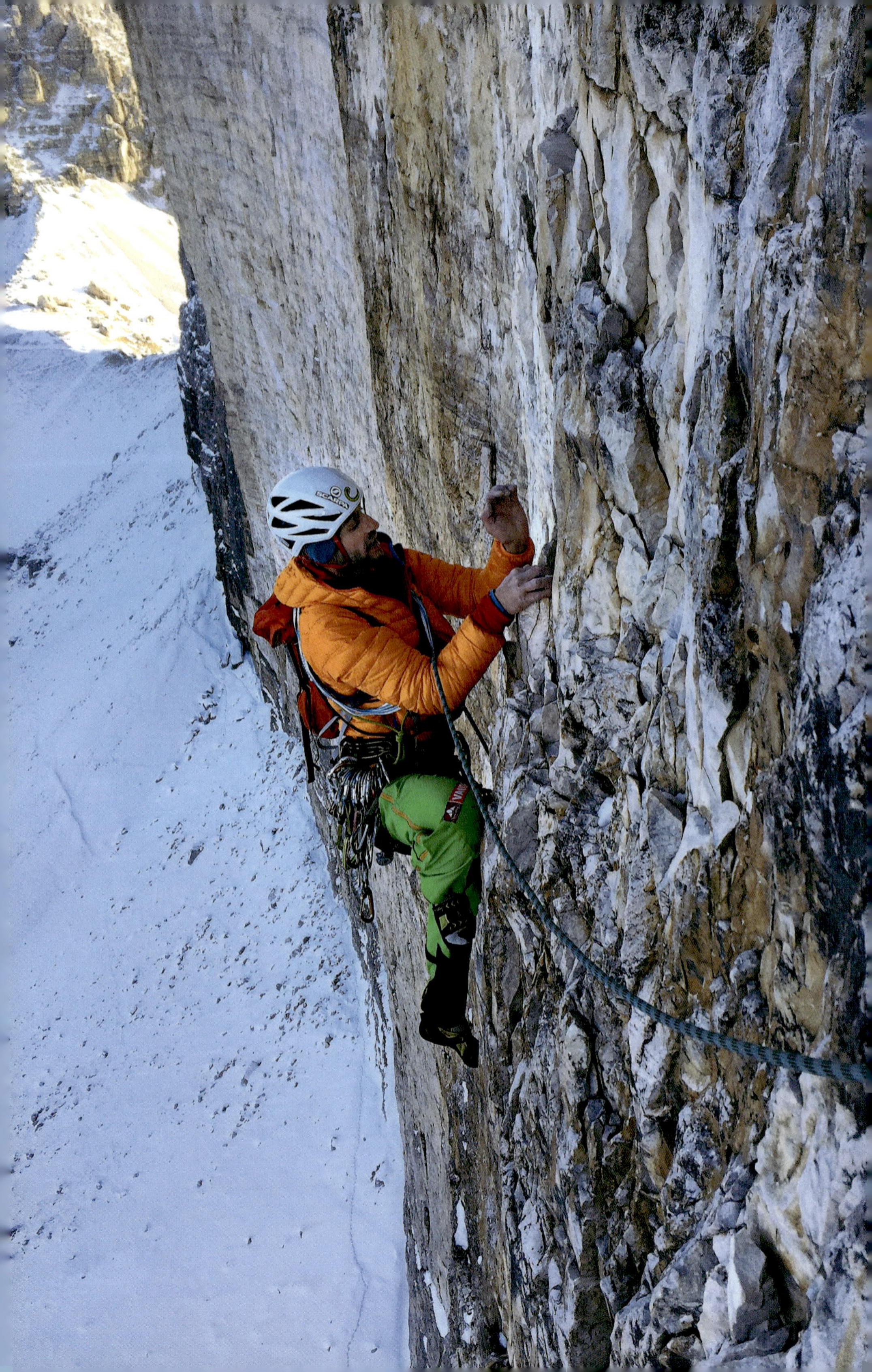

fühllosen Finger am Atem zu erwärmen. An dieser mit winzigen Griffen versehenen Wand, wo man der Schwerkraft zum Trotz höherkommen muss, machte sich die Kälte überaus unangenehm bemerkbar. Während mir die Schweißperlen an der Stirne standen, zitterte Sepp, der untätig zusehen musste, am ganzen Körper. Jetzt, bei der schwierigen Kletterei, hätte ich am liebsten Halstuch und Bluse von mir gerissen, während meine steifen, kalten Finger den Anforderungen der Lage nicht nachkommen wollten."

Während wir heute dank unserer leichten und um so vieles besseren Ausrüstung zügig durch die Wand stiegen, mussten die Winter-Erstbegeher sich auf ein oder mehrere Biwaks einrichten. Mir wird ganz anders, wenn ich die Liste des Rucksackinhalts von damals lese: „Zwei Zelte, zehn Paar Fäustlinge, Essen für drei Tage, zwei Photoapparate und all das Eisen und Seilzeug, das man allenfalls für einen Rückzug braucht ..." In einem Kamin oberhalb des Italienerbiwaks am Beginn der zweiten Wandhälfte verbrachten Kasparek und Brunhuber die Nacht bei Eiseskälte auf einem Klemmblock.

„Die Füße baumelten über den Block in die Tiefe, und ich behauptete, dass ich noch nie einen so schlechten Freilagerplatz hatte. Nach der Zigarette, die anzuzünden ein Kunststück war – jeder hatte zwei Paar Fäustlinge an – schlief ich ein. Bald träumte ich, es wäre weiter unten besser zu liegen, und rückte immer weiter nach außen, bis ich vom Klemmblock abrutschte und vom Schlafsack, der durch das Gewicht des Freundes gehalten, vom sicheren Absturz bewahrt wurde. Ich war sehr erschrocken, und von diesem Augenblick an dachte ich nicht mehr ans Schlafen. ... Schüttelfrost und Zähneklappern plagten uns bis zum Morgengrauen."

Simon und mir blieb ein vergleichbares Erlebnis erspart. Nach zweieinhalb Stunden stiegen wir auf das tief verschneite Ringband aus. Auf den Gipfel verzichteten wir – „die Aussicht genießen wir noch oft genug mit unseren Gästen", meinte Simon. Stattdessen umrundeten wir den Gipfelaufbau nach rechts und stiegen in die Schlucht zwischen Großer und Westlicher Zinne ab. Bis zu den Knien im Schnee versinkend, wühlten wir uns über die Scharte zwischen beiden Bergen und die steile Nordrinne hinab. Während Simon die Ausrüstung holte, die wir am Einstieg der „Comici" zurückgelassen hatten, machte ich mich auf den Weg zur „Cassin".

Winterliche Vertikale: Simon Kehrer in der „Comici" während der Winter-Trilogie im Dezember 2016.

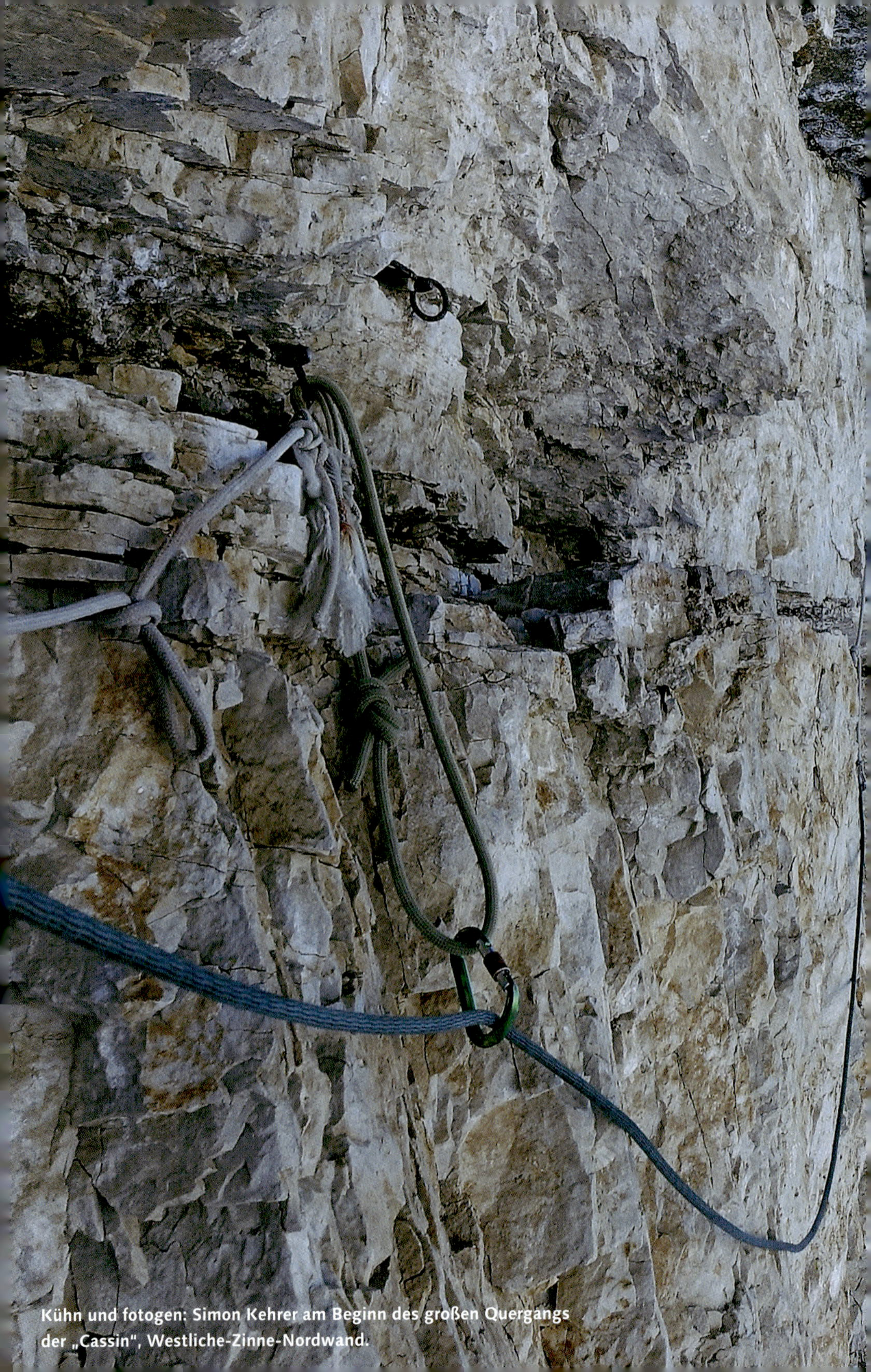

Kühn und fotogen: Simon Kehrer am Beginn des großen Quergangs der „Cassin", Westliche-Zinne-Nordwand.

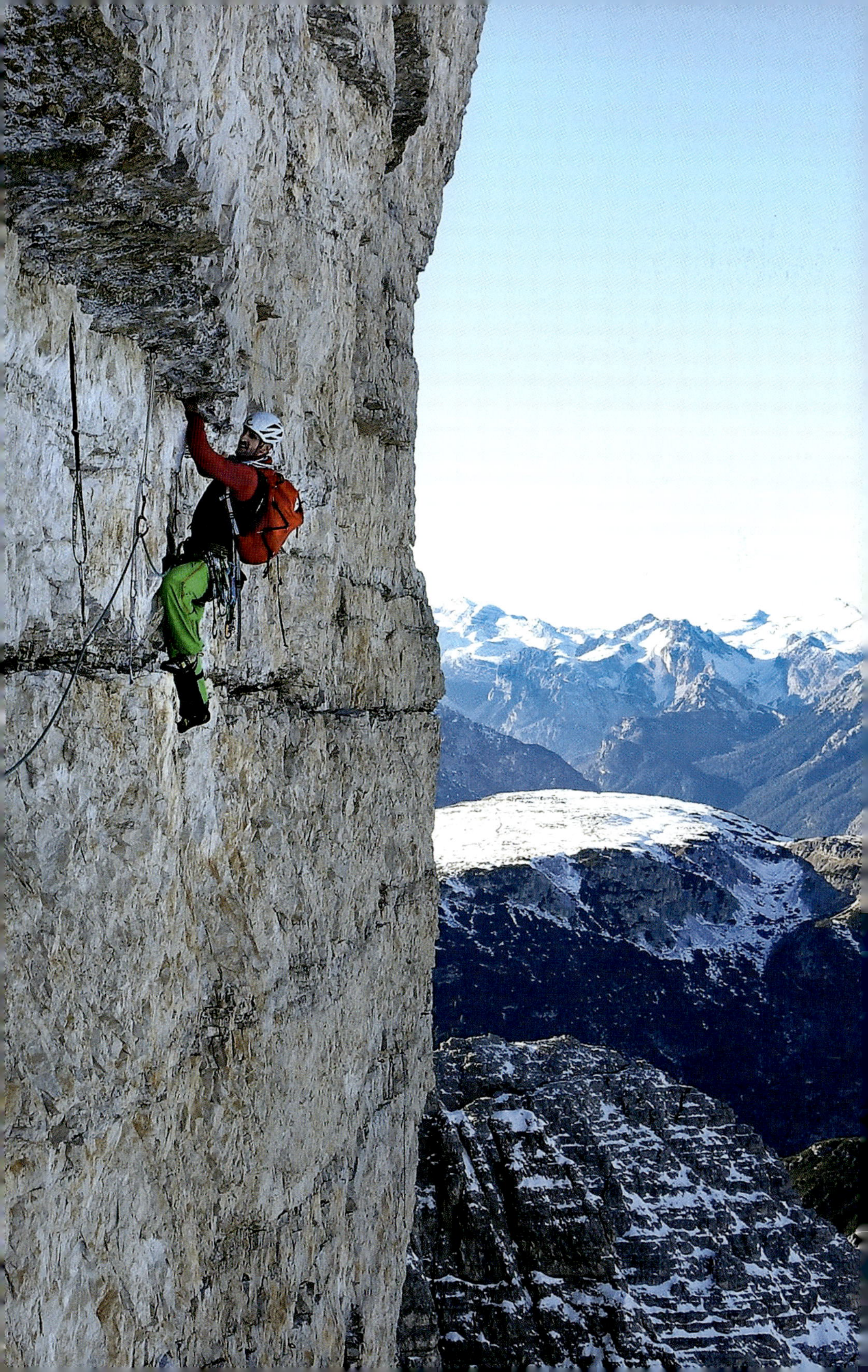

Da Simon etwas abgehetzt vom Materialtransport daherkam, überließ er mir großzügig den Vorstieg auf den ersten fünf Seillängen, die von rechts her über Risse, ständig schwieriger werdend, an die Kante zur Nordwand führen. Auf einem luftigen Band holte ich Simon nach. Es war jetzt wärmer als drüben in der „Comici", dafür war die Wand aber auch schwieriger ... Kein schlechtes Tauschgeschäft. Von diesem Standplatz aus zieht die 1959 erstbegangene Scoiattoli-Kante gerade nach oben. Nochmals 24 Jahre früher stieg Altmeister Riccardo Cassin von hier aus diagonal links hinaus in die unbekannte überhängende gelbe Wand – mit einer Kühnheit, vor der ich immer wieder meinen Hut ziehe. Sieben Stunden brauchten er und Vittorio Ratti damals, um die Schlüsselseillänge zu klettern, vier davon zum Anbringen eines einzigen Hakens. Dreimal stürzte er ins Seil. Heute sind die schwierigsten Stellen gut eingenagelt und liegen, frei geklettert, im VII. bis VIII. Grad. Ich genoss regelrecht das luftige Hinaufsteigen am kleingriffigen, ausladenden Dolomit. Auf dem schmalen Absatz oberhalb, auf dem ich den nächsten Stand machte, hatten die Erstbegeher biwakiert. Ich ließ einen losen Stein fallen. Nach 250 Metern freiem Fall schlug er auf, gut 30 Meter von der Wand entfernt – so weit hängt die Wand hier über.

Nun folgte die wohl berühmteste und fotogenste Passage der Route: der gut 50 Meter lange Quergang auf kaum fußbreiten Leisten horizontal nach links in die Mitte der Wand. Luftiger geht es kaum! Eine Seillänge unterhalb wölbt sich das Riesendach wie eine gewaltige Kaverne nach innen. Simon, der jetzt vorstieg, schoss gleich einmal über das Ziel hinaus und traversierte 20 Meter weiter als der Punkt, an dem die „Cassin" wieder senkrecht nach oben zieht. Dort drüben gab es zwar einen bekannten Biwakplatz, aber den zu beziehen, das hatten wir heute definitiv nicht vor!

Noch ein paar steile Seillängen, dann hatten wir den gelbgrauen, überhängenden Fels unter uns gelassen und kletterten am linken Rand der dunklen, wasserüberronnenen Schlucht höher, die durch die gesamte obere Wandhälfte zieht. Im Winter ist sie oft mit Eis und Schnee gefüllt. Und so wurde diese Rinne für die Winter-Erstbegeher 1953 zur wahren Schlüsselstelle der Route, die selbst den Ausnahmekletterer Walter Bonatti und seinen Partner Carlo Mauri an ihre Grenzen brachte. An einer Stelle musste sich Bonatti durch einen engen Schlauch hindurcharbeiten, der sich zwischen einer fast vertikalen Schneewand und einem Eiszapfen-

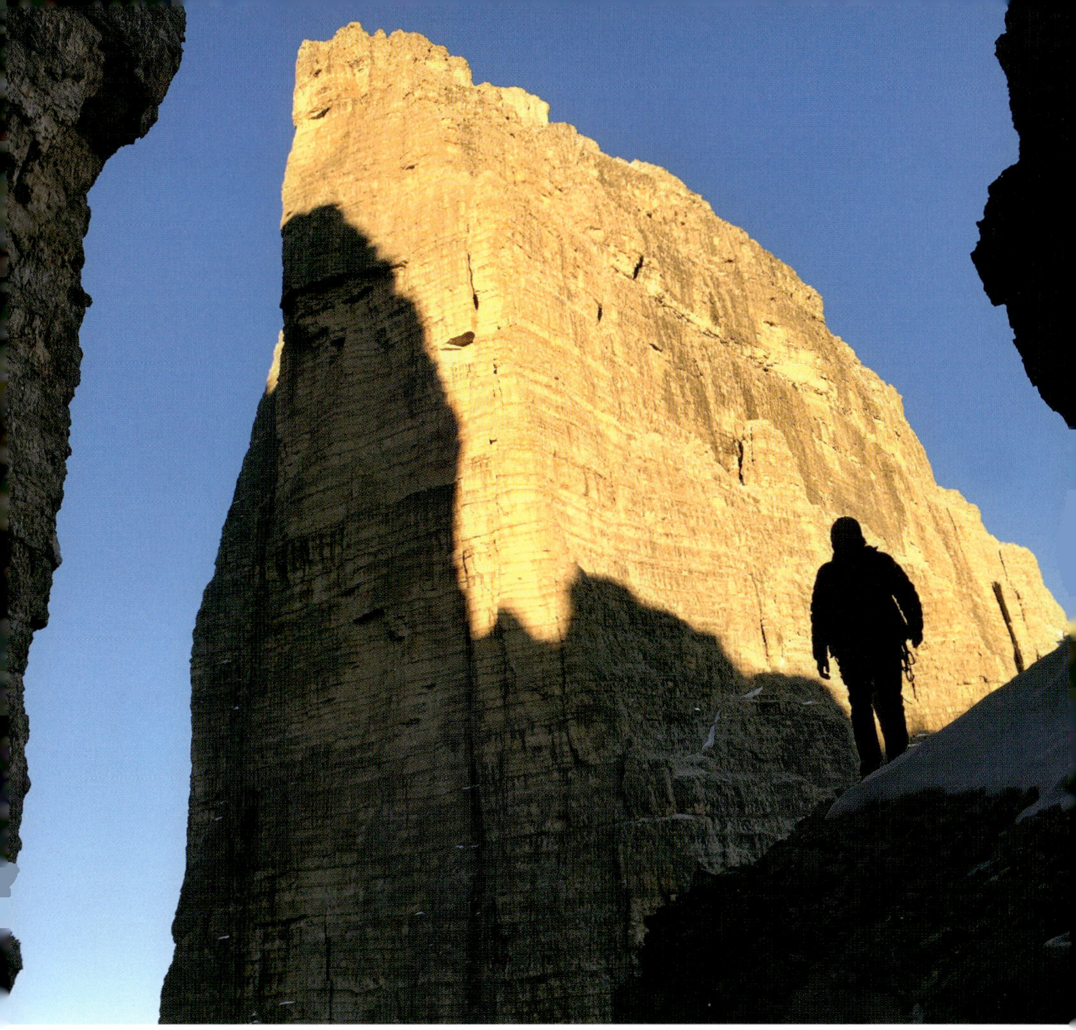

Schönheit pur: Große Zinne vom Abstieg von der Westlichen Zinne.

vorhang gebildet hatte. In seinem Buch *Berge – meine Berge* schilderte er das Erlebnis:

„Keuchend und zitternd krieche ich auf allen vieren in diesen Schlauch; ich bohre mich hinein, suche fieberhaft, aber so vorsichtig wie möglich, zurechtzukommen; ich grabe die Hände in den Schnee, der nachgibt, ich klebe an ihm, als wolle ich mich mit der lockeren Substanz, die mich trägt, verbinden. Manchmal stockt mir beinahe das Herz vor Angst, die ganze Schneemauer könne einstürzen, und ich halte meinen Atem an, um mich dadurch leichter zu machen. Dann rücke ich sofort fieberhaft vor mit dem einzigen Ziel: Überleben!"

Solche Hindernisse stellten sich Simon und mir glücklicherweise nicht in den Weg. Es war bislang ein sehr trockener, niederschlagsarmer Winter. Die Schlucht war so gut wie eisfrei. Einzig der Schnee, der auf den etwas stärker geneigten Felsen lag, war unangenehm. Immer wieder wurden die Sohlen unserer Kletterschuhe feucht, was die nächsten Schritte im Fels rutschig und heikel machte. Wir querten aus dem oberen Teil der Schlucht nach rechts hinauf auf das Ringband, auf das wir nach dreieinhalb Stunden Kletterei ausstiegen. Ein prächtiger Sonnenuntergang erwartete uns. Wir genossen ein paar Minuten die Wärme, wechselten von halb gefrorenen Kletterschuhen in unsere halb gefrorenen Leichtbergschuhe für den Abstieg und machten uns auf den Weg nach unten.

In der Dämmerung erreichten wir den Südfuß der Zinnen. Ich war nach den beiden Klassikern höchst zufrieden und in Feierlaune. „Komm, Simon, wie wär's mit einem Prosecco auf der Hütte?!" Doch Simon wollte davon nichts wissen – und wie er so stramm auf die Kleine Zinne zuhielt, ahnte ich schon, was er vorhatte ...

Doch zu meiner Überraschung zog es ihn nicht mehr zur dritten Nordwand. Die Drei Zinnen präsentierten im Abendlicht ein viel lohnenderes Ziel direkt vor unseren Nasen.

„Wir gehen zur Gelben Kante – die ist schöner als die Nordwand!" Und schwerer. Von der Schönheit hatten wir allerdings nur während der ersten beiden Seillängen etwas. Dann war es dunkel und wir sahen nur noch das von der Route, was die Kegel unserer Stirnlampen erleuchteten. „Romantisch" sei es gewesen, schrieb Simon später in einem Bericht. Ich musste bei dem Blinklicht, das Simons Helm zierte, eher an Disco denken. Seine beiden Kinder hatten ein bisschen zu oft mit seiner altgedienten Lampe gespielt, so dass sie jetzt langsam ihren Dienst quittierte. Ansonsten lief alles problemlos. Dank ihrer Südwestlage ist die Gelbe Kante auch im Winter weitgehend schneefrei und fast wie der Sommerklassiker zu klettern. Nur etwas kühler. Am Gipfel, den wir anderthalb Stunden nach dem Einstieg betraten, saßen wir unter dem Sternenhimmel. Wir wechselten zur Abwechslung von halb aufgetauten Kletterschuhen in ganz gefrorene Leichtbergschuhe und tasteten uns hinüber zur Abseilpiste. Eine Stunde später waren wir am Wandfuß, holten unsere E-Bikes vom Paternsattel und radelten zurück zu unserem Auto, wo wir 13 Stunden nach unserem Aufbruch eintrafen.

Bei mir zu Hause empfing uns Gerda mit warmen Socken zum Auftauen unserer Füße und einem riesigen Berg Pasta aglio e olio mit jeder Menge Peperoncino zum Stillen unseres Heißhungers. Und es gab eine Flasche Prosecco ...

Unsere Zinnen-Trilogie verkörperte für mich in vielen Dingen die Essenz des Bergsteigens. Zwar hatte Simon anfangs ein Auge auf die Kombination der drei Nordwände geworfen. Aber am Ende war diese Vorstellung nebensächlich gewesen, ebenso wie das Erreichen des Gipfels oder die jeweilige Durchsteigungszeit. Was zählte, war das Erlebnis: Bei schönstem Wetter waren wir im Winter drei große klassische Zinnenrouten voller Geschichte und Geschichten geklettert – so wie es uns Spaß machte und wie sie sich uns gerade anboten, spontan, aus dem Moment heraus.

Nur der Berg war unser Boss gewesen.

ANSTELLE EINES NACHWORTES

Lieber Christoph,

die Größe eines Alpinisten zeigt sich in seiner Ganzheitlichkeit.

Ich bin im Laufe meines Lebens mit vielen äußerst guten Bergsteigern unterwegs gewesen. Felskletterer, Eiskletterer, Höhenbergsteiger. An Dir hat mir stets Deine Vielseitigkeit imponiert und die Professionalität, mit der Du in jedem Gelände unterwegs warst. Anpassungsfähig und sicher. Ein Partner, mit dem Großes möglich war.

Unsere gemeinsame Erstbegehung am Shivling im indischen Garhwal Himal 1993 war eine meiner härtesten Touren. Trotz zwölf bestiegener, überlebter Achttausender; trotz Skiabfahrten von einigen der welthöchsten Gipfel: kaum ein anderer Berg hat von mir so viel Nervenkraft gefordert. Es gehörte schon eine gewaltige Portion Mut dazu, den über 1000 Meter hohen Nordpfeiler im Alpinstil anzugehen. Ohne Unterstützung durch ein großes Team und ohne Fixseile, die uns im Bedarfsfall einen schnellen Rückzug ermöglicht hätten. Nur zu zweit traten wir diese Reise ins Unbekannte an. Für Dich war es die erste Himalaya-Expedition, und mich beeindruckte neben Deinem Können die Leichtigkeit und Unbekümmertheit, mit der Du am Berg unterwegs warst. Der Umgang mit der Höhe bereitete Dir keine Probleme, was gerade beim ersten Mal keineswegs selbstverständlich ist. Als in der Gipfelwand ein Sturm über uns hereinbrach, spürte ich, wie wertvoll es ist, einen Partner wie Dich an meiner Seite zu haben. Einen mit der Entschlossenheit und dem Willen, auch bei solch widrigen Bedingungen weiter vorwärts zu gehen. Ich sah, was in Dir steckte: ein wirklich großer Alpinist.

Das alles ist jetzt 25 Jahre her. Seit damals ist es Dir nicht nur gelungen, anhaltend auf einem bewundernswert hohen Niveau zu klettern. Mit Deinen zahlreichen Erstbegehungen „vor der Haustür" hast Du zudem gezeigt, wie viel Abenteuer und Neuland unsere Berge hier in Südtirol noch immer zu bieten haben.

Wenn ich mir heute Deinen bemerkenswerten Weg so anschaue, dann fehlt Dir eigentlich nur noch eines: einer der ganz großen Gipfel, einer der Achttausender. Und warum nicht? So fit und leistungsfähig wie Du noch immer unterwegs bist, scheint alles möglich zu sein. Es wäre nochmals ein neuer Schritt, eine neue Welt. Alle Türen stehen Dir noch offen!

Ob Du Deiner Bergsteigerkarriere dieses Sahnehäubchen noch aufsetzt oder nicht – ich wünsche Dir für die noch kommenden Jahre alles, alles Gute!

Hans Kammerlander, Ahornach, im Februar 2019

DANK

Zu Beginn dieses Buchs schrieb ich von dem Rahmen, in dem ich mein Leben als Extrembergsteiger lebe: meine Ursprünge, meine Entwicklungen und meine Lebensgrundlagen. Von ihnen zu erzählen, bedeutete einen Rückblick auf eine unglaublich spannende Zeit und einen Weg, der von Beginn an nicht eben war. Viele Menschen haben diesen Rahmen geprägt und mitgestaltet. Ihnen möchte ich an dieser Stelle danken.

Ein besonderer Dank gilt dabei meiner Mutter und meinen Tanten Rosa, Berta, Loise und Anna, die mir in einer „steinigen" Zeit mit ihrer stets herzlichen und positiven Art den bestmöglichen Start in ein erlebnisreiches und erfülltes Leben ermöglicht haben. Von ihnen habe ich gelernt, dass das, was aus deinem Leben wird, nicht von einer optimalen Ausgangslage abhängig ist – sondern vielmehr davon, was du mit deinem Denken und deinem Handeln daraus machst. Ihre positive Art begleitet mich bis heute.

Ich danke allen meinen Kletterpartnern, die mich durch meine wilden Jahre begleitet haben, mich immer wieder anspornten und herausforderten, und mit denen ich wachsen und eine unglaublich intensive Zeit verbringen durfte. Es waren gemeinsame „Fights" in wirklich allen Lebenslagen. Sie haben meinen Werdegang wesentlich mitgeprägt.

Einen aufrichtiges Danke sage ich meiner Ex-Frau Claudia Renzler und unseren gemeinsamen Kindern Jonas und Katharina. Claudia hat mich in meinen Jahren als Extremkletterer stets unterstützt, mit Rat und Tat begleitet und mir den Rücken freigehalten, so dass ich mich ganz meiner Bergleidenschaft widmen und fantastische Projekte realisieren konnte.

Meiner Lebensgefährtin Gerda Schwienbacher möchte ich für unsere gemeinsame Zeit und ihre Mitarbeit an diesem Buch danken. Sie hat mich in den letzten Jahren durch Hochs und Tiefs geführt und alle meine verrückten Ideen mitgetragen. Sie versteht meine Bergsteigerseele und erdet mich.

Immer wieder gab es in meinem Leben Menschen, die an mich geglaubt haben, die hinter meinem Tun standen, mich motiviert und angefeuert haben oder aber mir Kritik entgegengebracht haben. Ihnen allen sei gedankt, denn sie haben meinen Horizont erweitert und mich weitergebracht.

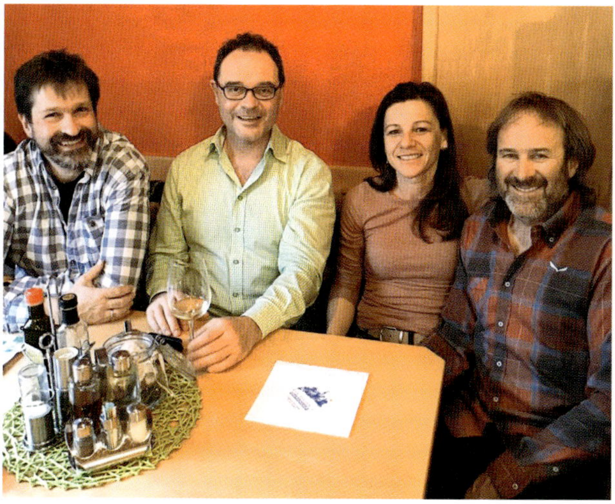

In Bezug auf dieses Buch möchte ich besonders Jochen Hemmleb danken. Nachdem wir uns 2013 auf einem Filmabend über die Drei Zinnen in Brixen kennengelernt und drei Jahre später gemeinsam an dem erfolgreichen Film *Der Ortler – Südtirols König der Berge* gearbeitet hatten, konnte ich ihn glücklicherweise zum Schreiben dieses Buchs gewinnen, das schon seit längerem in meinem Kopf herumgeschwirrt ist. Seine enorme Fachkompetenz als Alpinhistoriker und seine akribische Genauigkeit als Journalist sowie sein Humor und seine Leidenschaft für die Berge spiegeln sich in seinem Schaffen wider und machten uns zu einer besonderen Seilschaft.

Ein weiterer ganz ausdrücklicher Dank gebührt Thomas Engel für seine langjährige enge Freundschaft und Seilpartnerschaft sowie seine tatkräftige Unterstützung bei der Realisierung dieses Buchs. Hans Kammerlander danke ich für die gemeinsam geschlagenen Schlachten am Shivling und sein Nachwort zum Buch, ebenso wie Frank-Walter Steinmeier, einem besonderen Menschen, Südtirol-Liebhaber und Freund an meinem Seil. Schließlich danke ich all jenen, die einen Beitrag zur Verwirklichung dieses Buchs geleistet haben, und allen Sponsoren, ohne die die Umsetzung dieser Idee nicht möglich gewesen wäre.

Christoph Hainz

Christoph Hainz, Nasen (Pustertal),
im Februar 2019

Für dieses Buch kletterte ich wechselweise in drei verschiedenen Seilschaften – und jede war für den „Gipfel" unverzichtbar.

Christoph Hainz, Gerda Schwienbacher und Thomas Engel danke ich für Freundschaft, Vertrauen und Unterstützung in allen Belangen, als sie mir offene Einblicke wie auch wichtige Außensichten eines bemerkenswerten Lebens gaben und mich sicher durch alle Schlüsselpassagen führten. Es war eine beeindruckende und bewegende „Tour". Und gelacht wurde dabei viel …

Für Liebe, Unterstützung und Rückhalt danke ich meiner Familie: Sandra, Jeremy und Emily. Und für Toleranz, wenn die intensive gedankliche Beschäftigung mit dem Buchtext mal wieder für eine „Autoren-Amnesie" sorgte („Ich war gerade mit Christoph Hainz in der Eiger-Nordwand" zog als Entschuldigung für das verspätete Abholen der Tochter vom Kindergarten allerdings nicht wirklich …).

Anette Köhler, unserer Lektorin, danke ich einmal mehr für motivierende, konstruktive Anregungen und Kritik. Mit ihr und dem übrigen Team des Tyrolia-Verlags gelingt es nun schon seit über zehn Jahren, Bücher zu schaffen, die Fenster in andere Welten und Seelen sind.

Drei Seilschaften, mit denen noch vieles möglich scheint …

Jochen Hemmleb, Lana, im Februar 2019

ANHANG

Auszüge aus dem Tourenbuch

Die wichtigsten Erstbegehungen, Rotpunktbegehungen (RP) und Winterbegehungen von Christoph Hainz seit 1986 (farbig hervorgehoben sind Touren an den Drei Zinnen).

2019	„Tornado", Langental, Wolkenstein	WI6+/M7	Erstbegehung mit Konrad Auer
2018	„Sachsenweg", Große Zinne, N-Wand	6a/A2 bis A3	mit Erstbegeher Reiner Kauschke (80 Jahre!)
	„Powerbank", Punta di Soèl, Pordoi (Sella)	7c+	1. Rotpunktbegehung
	„Needles and Pins", Biberwierer Scharte, Coburger Hütte (Mieminger Berge)	7c/8a?	von oben eingebohrt, noch nicht RP geklettert
	„New Look, new Hook", Pragser Tal (Dolomiten)	M9+	Erstbegehung mit Kurt Astner
	„Sogni d'Oro", Monte Monaco, San Vito lo Capo, Sizilien	6b+	Erstbegehung mit Thomas Engel
2017	„Block and Go", Coburger Hütte (Mieminger Berge)	7a	Erstbegehung solo
	„Powerbank" Punta di Soèl, Pordoi (Sella, Dolomiten)	7c+	Erstbegehung mit Simon Kehrer
	„Pilastro Grigio", Coburger Hütte (Mieminger Berge)	6b+	Erstbegehung solo
	„Drachenblut", Coburger Hütte (Mieminger Berge)	6b	Erstbegehung mit Thomas Engel
	„Chili con Carne", Coburger Hütte (Mieminger Berge)	7a	Erstbegehung solo
	„The Boomerang", Coburger Hütte (Mieminger Berge)	7a	Erstbegehung mit Volker Lutz
	„Franzl Pervers", Coburger Hütte (Mieminger Berge)	6b	Erstbegehung solo
	„Sissi Traverse", Coburger Hütte (Mieminger Berge)	5c	Erstbegehung mit Thomas Engel

	„Via delle Capre“, San Vito lo Capo, Sizilien	4	Erstbegehung mit Gerda Schwienbacher
2016	„Comici“, Große Zinne, N-Wand (ohne Gipfel); „Cassin“, Westliche Zinne, N-Wand (ohne Gipfel); „Gelbe Kante“, Kleine Zinne, S-Kante	6b 7a 6a+	Winter-Trilogie mit Simon Kehrer (Kletterzeit für alle drei Routen 7,5 h)
	„November Sun“, San Vito lo Capo, Sizilien	7b	Erstbegehung mit Andrea de Martin Polo
	„Tamersrock“, Sass dai Tamersc, S-Wand (Fanes, Dolomiten)	7b	Erstbegehung mit Simon Kehrer
	„Golden Pillar of Ortler“, Ortler, SW-Wand	6a+	Erstbegehung free solo (700 Hm, 1h55min)
	„The Walk to Paradise“, Drachenkopf, Coburger Hütte (Mieminger Berge)	6a	Erstbegehung solo
	„Pokerface“, Hinterer Tajakopf, Coburger Hütte (Mieminger Berge)	5c	Erstbegehung mit Thomas Engel
	„Love Story“, Hinterer Tajakopf, Coburger Hütte (Mieminger Berge)	4a	Erstbegehung mit Thomas Engel
	„Gefräßiges Murmeltier“, Vorderer Tajakopf, Coburger Hütte (Mieminger Berge)	5b	Erstbegehung mit Ralph Ströhla
2015	„Take it easy“, Coburger Hütte (Mieminger Berge)	4a	Erstbegehung mit Thomas Engel
	„Traverso al Cielo“, Peitlerkofel, SW-Wand (Dolomiten)	7b	Erstbegehung mit Simon Kehrer
	„Fanesexpress“, Banc dal Sè, (Fanes, Dolomiten)	M8/WI5	Erstbegehung mit Simon Kehrer
	„Aranciata“, Wasserfallspitze, Sand in Taufers Rieserfernergruppe)	WI4/3+ (1700 Hm)	Erstbegehung mit Kurt Astner

2014	„Comici", Große Zinne, N-Wand	6b	Free solo (48 min)
	„Rien ne va plus", Sass da Ciampac, S-Wand (Puez, Dolomiten)	7b+	Erstbegehung mit Simon Kehrer
	„Drachentanz", Vorderer Tajakopf, Coburger Hütte (Mieminger Berge)	6b	Erstbegehung mit Wolfgang Tschödrich
2012	„Prima Ballerina", Kleine Zinne, S-Kante	7b	Erstbegehung mit Simon Kehrer
	„Gratta e vinci", Sass dai Tamersc (Fanes, Dolomiten)	7b	Erstbegehung mit Simon Kehrer
2011	„Immer in Bewegung" (Heinz Engel-Gedächtnisweg), Grünstein, N-Wand, Coburger Hütte (Mieminger Berge)	6c	Erstbegehung mit Thomas Engel
2010	„Pressknödl", Westliche Zinne, N-Wand	7c	Erstbegehung mit Kurt Astner
	„Only for VIP", Pfunderer Berge	M8+	Erstbegehung (1. SL mit Simon Gietl, 2. und 3. SL solo)
	„The Nose", El Capitan, Yosemite (USA)	6c/A3	mit Roger Schäli
	„Freerider", El Capitan, Yosemite (USA)	7c+	mit Roger Schäli (jede SL RP, zwei davon im Nachstieg)
2009	„Alea iacta sunt", Coburger Hütte (Mieminger Berge)	6c+	Erstbegehung mit Thomas Engel
	„Moonlight Buttress", Zion National Park (USA)	7b+	RP, mit Roger Schäli
2008	„Der mit dem Bär tanzt", Taku Tower, SO-Wand, Juneau Icefield, Alaska (USA)	6b	Erstbegehung mit Roger Schäli
	SW-Grat, Taku Tower, Juneau Icefield, Alaska (USA)	5c+/M5	Erstbegehung mit Roger Schäli

	„Ice Age 3“, Cimabanche, Höhlensteintal (Dolomiten)	M13	Erstbegehung mit Herbert Klammer
	„Mister Big Ben“, Grotte Höhlensteintal (Dolomiten)	M12	
2007	„Magic Mushroom“, Eiger-Nordwand (Berner Alpen)	7c+	Erstbegehung mit Roger Schäli
	„Via del Vetro“, Bandiarac-Pfeiler (Fanes, Dolomiten)	6c+ (6a/A0)	Erstbegehung mit Renato Uri
2006	„Tartaruga“, Asta Nunaat, Ostgrönland	7b/A2	Erstbegehung mit Roger Schäli und Andi Fichtinger
	„Black Beauty“, Schwarzwand, Zugspitze (Wettersteingebirge)	8a	bis auf 1 SL RP, mit Roger Schäli und Xandi Kreuzeder
	„Carpe diem“, Coburger Hütte (Mieminger Berge)	7a	Erstbegehung mit Thomas Engel und Ralph Ströhla
2005	„Via Camilotto Pellesier“, Große Zinne, N-Wand	8a (ehem. 8b)	Im Zuge der 1. RP-Begehung durch Kurt Astner im Nachstieg frei und onsight
	„Mix isch fix“, Grotte Höhlensteintal (Dolomiten)	M10+	Erstbegehung
	„La Mano del Maroc“, Taghiaschlucht, Marokko	7b+	Erstbegehung mit Roger Schäli
2004	„Donnafugata“, Torre Trieste, Civetta (Dolomiten)	7a/A2	Erstbegehung mit Roger Schäli
2003	„Heckmair“, (mit Einstiegsvariante bis Hinterstoisser-Quergang), Eiger-Nordwand (Berner Alpen)		Free solo (4,5 h)
	NNO-Pfeiler, Dreischusterspitze (Sextener Dolomiten)	6a+	Erstbegehung mit Konrad Renzler
	„Fly in the Wind“, Grotte Höhlensteintal (Dolomiten)	M10	1. Wiederholung

2002	„Moulin Rouge", Rotwand, SW-Wand (Rosengarten, Dolomiten)	7b	Erstbegehung mit Oswald Celva
2001	„Beer drinking", Pragser Tal (Dolomiten)	WI5/M9	Erstbegehung mit Nadia Dimai und Oswald Santin
	„Ei des Kolumbus", Marmolata, S-Wand (Dolomiten)	6b/A3	Erstbegehung mit Toni Obojes und Patrick Antenhofer
	„Rondo Veneziano", Torre Venezia (Civetta, Dolomiten)	7b	Erstbegehung mit Kurt Astner
	„Black Power", Dreischusterhütte (Sextener Dolomiten)	6b	Erstbegehung mit Thomas Engel
	„Via Vertigine", Monte Brento, Sarcatal (Trentino)	6b/A1	mit Xandi Kreuzeder und Matthias Robl
2000	„Ötzi trifft Yeti", Kleine Zinne, S-Wand	7a	Erstbegehung mit Kurt Astner
	„Pustertaler Halbgefrorenes", Rein in Taufers	WI6/M4, 6c	Erstbegehung mit Kurt Astner
	„Zapfenlos", Rein in Taufers	WI6/M6, 6c	Erstbegehung mit Kurt Astner
	„Highlander", Gasteinertal	WI6/M8+	mit Kurt Astner
	„Halbfinale", Dreischusterhütte (Sextener Dolomiten)	6b	Erstbegehung mit Kurt Astner
	„Symphonie de Liberté", Eiger-Nordwand (Berner Alpen)	8a	bis auf 2 SL RP, als Führungstour mit Gast
1999	„Alpenrose"/Claudio Barbier-Gedächtnisweg, Große Zinne, N-Wand	7b	1. Winterbegehung mit Kurt Astner
	Hochtobel-Eisfall, Sand in Taufers	WI7-	damals schwierigster Eisfall in Südtirol

	„Hainz-Route“, Torre Quattro Laghi (Sextener Dolomiten)	6a	Erstbegehung mit Konrad Renzler
1998	„Sachsenweg“, Große Zinne, N-Wand	6a/A2 bis A3	mit Erstbegeher Reiner Kauschke (60 Jahre)
1997	„Sachsenweg“, Große Zinne, N-Wand	6a/ A2 bis A3	1. Winter-Solo-begehung (9h)
1996	„Südtiroler Profil“, Ulamertorsuaq, Südgrönland	7c/7c+	Erstbegehung mit Claus Obrist
1995	„Das Phantom der Zinne“, Große Zinne, N-Wand	7c	Erstbegehung mit Kurt Astner
	„Egger-Sauscheck“, Kleine Zinne, SW-Wand	6b	Free solo
	„Raid mit the Camel“, Jebel Rum, Jordanien	7a	Erstbegehung mit Helmut Gargitter und Claus Obrist
	„Pietra Murata“, Arco (Sarcatal, Trentino)	8b+	Meine schwierigste Sportkletterroute (im 7. Versuch geklettert)
1994	„Via Franco-Argentina“, Fitz Roy, Patagonien	60°, 7a/A2	Solobegehung (9 h vom Basislager Rio Blanco zum Gipfel)
	„Friedl Mutschlechner-Gedächtnisweg“ (auch „Mutschlechner-Großrubatscher“), Heiligkreuzkofel, W-Wand (Dolomiten)	7b	Erstbegehung mit Andrea Oberbacher
	„Auf die Felsen, ihr Affen“, Heiligkreuzkofel, W-Wand (Dolomiten)	7a	Erstbegehung mit Kurt Astner
	„Via Maestri“, Rotwand, SW-Wand (Rosengarten, Dolomiten)	7a+	1. freie Begehung mit Kurt Astner
	„Große Micheluzzi“, Piz Ciavazes (Sella, Dolomiten)	5c/A0	Free solo im Abstieg

1993	Nordpfeiler, Shivling (6543 m), Garhwal Himal (Indien)	6b+. WI4+/M6	Erstbegehung mit Hans Kammerlander
	Matterhorn-Nordwand (Walliser Alpen)		Winterbegehung mit Konrad Auer
	Aufstieg Ahrntal – Großer Löffler (3376 m), 2360 Hm in 2h35min, Überschreitung zum Schwarzenstein (3359 m) und Abstieg		Vom Auto bis zum Auto in 5 h
	„Zombie", Cima del Lago (Fanes, Dolomiten)	6b+	Erstbegehung mit Peter Mair und Rudi Aichner
	„Hasse-Brandler", Große Zinne, N-Wand	7a+	mit Heinrich Clementi
1992	„Weg durch den Fisch", Marmolata, S-Wand (Dolomiten)	7b+	3. Onsight-Begehung, mit Peter Mair in Wechselführung
	„Meyer-Schließler", Peitlerkofel (Dolomiten)	6c+	1. freie Begehung mit Franz Denicolo
	„Molin", Hoher Zwölfer (Sextener Dolomiten)	7a	1. freie Begehung mit Heinrich Clementi
	„Menhir", Mesules (Sella, Dolomiten)	8b	Eröffnet von Christoph Hainz; 1. RP Hanspeter Eisendle 2. RP Christoph Hainz
	Totenkirchl, W-Wand (Westpfeiler, Wilder Kaiser)	7a	Vielleicht 1. RP
	„Zentralfriedhof", Rotwand, SW-Wand (Rosengarten, Dolomiten)	6b	1. Wiederholung
1991	„Salathé Wall", El Capitan, Yosemite (USA)	6c/A2	mit Claudia Renzler und Stefan Winter
	„Kein Rest von Sehnsucht", Civetta (Punta Tissi), NW-Wand (Dolomiten)	6c+	Erstbegehung mit Valentin Pardeller

	„Hexenbeißer“, Hoher Zwölfer (Sextener Dolomiten)	7a/A2	Erstbegehung mit Valentin Pardeller
	„Geierhochzeit“, Geierwand, Höhlensteintal (Dolomiten)	6b+	Erstbegehung mit Valentin Pardeller
	„Variante zu ‚Palfrader‘“, Geierwand, Höhlensteintal (Dolomiten)	6a+	Erstbegehung mit Hans Kammerlander
	Brenva-Sporn, Tour Ronde N-Wand, Mont Blanc		im Rahmen der Hochtourenprüfung zum Bergführer (mit Gipsarm ...)
1990	„Alpenrose“/„Claudio Barbier-Gedächtnisweg“, Große Zinne, N-Wand	7b	1. Wiederholung mit Valentin Pardeller
	„Zauberlehrling“, Cima Scotoni, SW-Wand (Fanes, Dolomiten)	7c	Erstbegehung mit Oswald Celva
	„Haar im Arsch“, Piz Miara-Vorgipfel (Sella, Dolomiten)	7a+	Erstbegehung mit Valentin Pardeller
	„Geierkralle“, Geierwand, Höhlensteintal (Dolomiten)	7a+	Erstbegehung mit Stefan Tiers
	„Elefantenohr“, Murfreidspitze (Sella, Dolomiten)	7a	Erstbegehung mit Valentin Pardeller
	„Spaß muss sein“, Murfreidspitze (Sella, Dolomiten)	6b+	Erstbegehung mit Valentin Pardeller
	„Claudias Albtraum“, Unterebenkofel (Sextener Dolomiten)	6b	Erstbegehung mit Claudia Renzler
	Bumiller-Pfeiler, Piz Palü (Bernina)		mit Alfons Knapp
	Cengalo-Pfeiler, Piz Cengalo (Bergell)		mit Alfons Knapp
1989	Scoiattoli-Kante, Westliche Zinne, NW-Kante	7b	1. freie Begehung mit Engelbert Pallhuber

	„Geierwally“, Geierwand, Höhlensteintal (Dolomiten)	7a	Erstbegehung mit Heinrich Clementi
	„Heckmair“ (mit unfreiwilliger Einstiegsvariante zum Hinterstoisser-Quergang), Eiger-Nordwand (Berner Alpen)		mit Engelbert Pallhuber
	Mittelpfeiler „Messner-Führe“, Heiligkreuzkofel, W-Wand (Dolomiten)	6c+	Winterbegehung mit Anton Peer
1988	Ortler-Nordwand, „Ertl“		mit Alfons Knapp
	Königspitze-Nordwand, „Schaumrolle“ (Ortlergruppe)		mit Wolfgang Grüner
1987	Walde-Pfeiler, Mur des Pisciadu (Sella, Dolomiten)	6b	Erstbegehung mit Kurt Walde
	Baur-Dach, Westliche Zinne, N-Wand	6a/A2	mit Anton Peer
	„Kofler-Mutschlechner“, Gardenacia, Pedraces (Dolomiten)	6b+	1. freie Begehung mit Gerhard Walde
	„Via Italia“, Piz Ciavazes (Sella, Dolomiten)	5c/A2	Winterbegehung mit Anton Peer
1986	„Comici“ mit Constantini-Variante, Große Zinne, N-Wand	5c/A0	mit Anton Peer
	Schweizer Weg, Westliche Zinne, N-Wand	6b+/A2	mit Anton Peer
	Scoiattoli-Kante, Westliche Zinne, NW-Kante	5b/A2	mit Anton Peer

Besondere Leistungen im Sportklettern

1 Route im Schwierigkeitsgrad 8b+ (X+)
3 Routen im Schwierigkeitsgrad 8b (X)
ca. 50 Routen im Schwierigkeitsgrad 8a (IX+/X–)
dazu 3 Routen im Schwierigkeitsgrad 7c+/8a (IX+/X–) onsight

Besondere Leistungen im Wettkampfklettern

2016 **1. Platz** Internationale Bergführermeisterschaften, San Vito
2012 3. Platz Internationale Bergführermeisterschaften, Edinburgh
2009 3. Platz Icefight (Internationales Mixed-Klettern), Rabenstein
3. Platz Icefight Speed-Klettern
2008 3. Platz Internationale Bergführermeisterschaften, Turin
2006 3. Platz Internationale Bergführermeisterschaften, Bad Tölz
2003 **1. Platz** Italienmeisterschaft Mixed-Klettern, Welsberg
1. Platz Italienmeisterschaft Eis- und Mixed-Klettern, Rein in Taufers
2000 **1. Platz** Internationale Bergführermeisterschaften, München
1999 **1. Platz** Internationaler Sportklettercup der Bergführer
1998 **1. Platz** Internationaler Sportklettercup der Bergführer
1997 **1. Platz** Internationaler Sportklettercup der Bergführer
1996 **1. Platz** Internationaler Sportklettercup der Bergführer
1. Platz Österreichische Meisterschaft der Berg- und Skiführer
3. Platz Regionalmeisterschaft Südtirol/Trentino, Bozen
1995 **1. Platz** Internationaler Sportklettercup der Bergführer
1. Platz Südtiroler Sportkletterwettkampf, Bozen
1994 **1. Platz** Nationaler Sportklettercup (Italien) der Bergführer

Auszeichnungen

2012 Premio S.A.T., Categoria Alpinism
2004 Preis der Stiftung „Silla Ghedina Apollonio Menardi“ für die beste Dolomitenroute 2004 („Donnafugata“, Torre Trieste, Civetta)
2000 „Milano Montagna 2000 – 100 grandi della montagna“ als eine von 100 internationalen Persönlichkeiten des Alpinismus
1999 „Grignetta d’Oro“ für den italienischen Bergsteiger des Jahres

SCHWIERIGKEITSGRADE BEIM FELS- UND EISKLETTERN

UIAA	Frankreich	USA
I	1	
II	2	5.3
II	3	5.4
IV	4	5.5
V–	5a	5.6
V		5.7
V+	5b	
VI–		5.8
VI	5c	5.9
VI+	6a	5.10a
VII–	6a+	5.10b
VII	6b	5.10c
VII+	6b+	5.10d
VII+/VIII–	6c	5.11a
VIII–	6c+	5.11b
VIII	7a	5.11c
VIII+	7a+	5.11d
VIII+/IX–	7b	5.12a
IX–	7b+	5.12b
IX	7c	5.12c
IX+	7c+	5.12d
IX+/X–	8a	5.13a
		5.13b
X–	8a+	5.13c
X	8b	5.13d
X+	8b+	5.14a
X+/XI–	8c	5.14b
XI–	8c+	5.14c
XI	9a	5.14d
XI/XI+	9a+	5.15.a
XI+	9a+/9b	5.15.a/b
XI+/XII–	9b	5.15b
	9b+	5.15c
	9c	5.15d

Beim technischen Klettern werden folgende Grade unterschieden:

A0: Ein Sicherungspunkt wird zur Fortbewegung verwendet.

A1: Eine Trittschlinge oder -leiter wird zur Fortbewegung verwendet.

A2: Zwei Trittschlingen oder -leitern werden zur Fortbewegung verwendet.

A3: Zwei Trittleitern – Haken von schlechter Qualität

A4: Wie A3 unter schwierigeren Bedingungen (Sicherungspunkte sind schlecht anzubringen)

A5: Fortbewegung erfolgt ausschließlich an künstlichen Haltepunkten, deren Qualität so schlecht ist, dass ein Sturz erst von der Standsicherung gehalten wird.

	Steilheit [Grad]	Eiszustand	Sicherungsmöglichkeiten	Sonstiges
WI1	40–60		Sicherungen sind leicht anzubringen	
WI2	60–70	Kompaktes Eis	Gute Sicherungsmöglichkeiten	
WI3	70–80			Abwechselnd steilere und flachere Passagen
WI4	80	Kurze Passagen mit Röhreneis möglich		Kurze Abschnitte senkrechtes Eis möglich
WI5	85–90			Längere senkrechte Passagen
WI6	90	Röhreneis und freistehende Eissäulen	Teilweise schlechte Sicherungsmöglichkeiten	
WI7	überhängend	Dünne, freistehende Eissäulen, freihängendes Eis	Sehr schlechte Sicherungsmöglichkeiten	

ANMERKUNGEN, QUELLEN UND LITERATUR

Seite 10: *Ausstieg in die Senkrechte – Bergsteigen extrem,* München (D): BLV, 2005.

Seite 48: Zwei umfassende Werke über die Geschichte der Drei Zinnen sind: Dumler, H.: *Drei Zinnen, Menschen – Berge – Abenteuer,* München (D): Bruckmann, 1986
Huber, A./Schwenkmeier, W.: *Drei Zinnen,* München (D): Bergverlag Rother, 2004
Ausführliche Informationen zu den Zinnen-Routen finden sich im Führer von Renzi, G./Svab, E.: *Drei Zinnen – Klassische und moderne Routen,* Mailand (I): Edizioni Versante Sud, 2014

Seite 63: Über meine Alleinbegehung des Sachsenwegs, siehe das Kapitel „20 Seillängen Einsamkeit" in *Ausstieg in die Senkrechte,* S. 110–117.

Seite 74: Konrad Renzlers Sicht meiner Solo-Begehung der Eiger-Nordwand findet sich im Kapitel „Nordwand-Express" in *Ausstieg in die Senkrechte,* S. 154–157.

Seite 75: Zur Variante links vom Schwierigen Riss, siehe Hiebeler, T.: *Eigerwand – Der Tod klettert mit,* Frankfurt/M. (D): Wilhelm Limpert-Verlag, 1963 S. 7f. Die Variante wurde anscheinend in den 1950er-Jahren als Verhauer begangen. Aus der Verschneidung stürzten 1956 die Bayern Franz Moosmüller und Manfred Söhnel tödlich ab; der bekannte Kletterer und Bergfilmer Lothar Brandler war Augenzeuge.

Seite 102: Zur Neuroute von Gietl und Messini, siehe http://www.mountainblog.it/redazionale/simon-gietl-vittorio-messini-aprono-shivas-ice-sullo-shiviling-6-543-m/#prettyPhoto/2/

Seite 161: Umfassende Informationen über freie Begehungen von Routen am El Capitan finden sich auf https://web.stanford.edu/~clint/yos/longhf.htm. Die Originallinie der „Salathé Wall" führt vom Stand vor der Linksquerung zum „Monster Offwidth" senkrecht nach oben und ist frei geklettert 5.13b (8a/8a+). Die „Huber Pitch" ist seit einem Griffausbruch ebenfalls 5.13b.

Seite 187: Über die Lebensgeschichte von Ed February, siehe Child, G.: „Technicolor Darkness", *Outside,* 6/2004, https://www.outsideonline.com/1822696/technicolor-darkness

Seite 194f.: Die Zitate zu „Wave up“ und den Hilfsprojekten von Roger Schäli stammen von https://rogerschaeli.ch/routes/2012/waveup und https://rogerschaeli.ch/roger/africa

Seite 196ff.: Die Zitate von Oswald Oelz zu Jordanien stammen aus Oelz, O.: *Mit Eispickel und Stethoskop*, Zürich (CH): AS-Verlag, 1999; S. 250ff.

Seite 199: Umfassende Informationen zu Kletterrouten in Jordanien finden sich auf der Webseite von Wilfried Colonna, von der auch das Zitat zu „Raid mit the Camel“ stammt: http://www.desert-guides.com (französisch/englisch)

Seite 214ff.: Dani Arnolds Bericht von der Wiederholung von „Pustertaler Halbgefrorenes“ findet sich auf https://www.daniarnold.ch/news/2014/2/19/wiederholung-der-mixedroute-pustertaler-halbgefrorenes-im-sdtirol

Seite 223: Der Erschließer von „Tomorrow's World“ war der junge Engländer Tom Ballard (*1988), Sohn der Bergsteigerin Alison Hargreaves (1962–1995), die 1995 den Mount Everest ohne Sauerstoff bestieg und wenig später beim Abstieg vom K2 ums Leben kam. Tom Ballard starb Ende Februar 2019 am Nanga Parbat.

S. 229: Das Wandbild wurde dem AV-Führer Ortleralpen von Peter Holl entnommen (Bergverlag Rother, 9. Auflage, München 2003).

Seite 232: Oswald, D.: „Steinschlag zur Begrüßung“, *Alpinismus*, Februar 1977

Seite 243ff.: Fritz Kaspareks Zitate zur Winter-Erstbegehung der „Comici“ stammen aus Kasparek, F.: *Ein Bergsteiger – Fritz Kasparek, einer der Bezwinger der Eiger-Nordwand, erzählt von seinen Bergfahrten*, Salzburg (A): Verlag „Das Bergland-Buch“, 1939; S. 213 u. 216; Walter Bonattis Zitate zur Wintererstbegehung der Cassin aus Bonatti, W.: *Berge – meine Berge*, Zürich-Rüschlikon (CH): Albert Müller Verlag, 1964; S. 44

Seite 250: Simon Kehrer schrieb über unsere Winter-Trilogie auf https://www.planetmountain.com/en/news/alpinism/a-winters-tale-tre-cime-di-lavaredo-trilogy-by-christoph-hainz-and-simon-kehrer.html

AUTONOME PROVINZ BOZEN SÜDTIROL — PROVINCIA AUTONOMA DI BOLZANO ALTO ADIGE

Deutsche Kultur

Die Drucklegung dieses Werkes wurde unterstützt durch die Südtiroler Landesregierung/Abteilung Deutsche Kultur.

Bildnachweis:
Archiv Salewa: S. 271; Astner, Kurt S. 222; Engel, Thomas: S. 141; Göberl, Günther: S. 210/211; Grill, Ulrich S. 46/47; Hemmleb, Jochen: S. 230, 234, 237, 248, 267; Kammerlander, Hans: S. 96, 98, 99, 100; Kehrer, Simon: S. 5, 249; Knapp, Alfons: S. 39; Kreuzeder, Xandi: S. 163, 165, 186, 188, 215; Peer, Anton: S. 51; Renzler, Konrad: S. 62; Schäli, Roger: S. 158, 160, 161, 185, 189; Schwienbacher, Gerda: S. 135, 219; Ulrich, Thomas: S. 68/69, 81, 83, 84/85, 87; Ziegler, Claudia: S. 30/31, 55.
Alle anderen Bilder sowie die Umschlagbilder stammen von Christoph Hainz.

FSC www.fsc.org MIX Papier aus verantwortungsvollen Quellen FSC® C012536

Umschlaggestaltung: Roberto Baldissera, Agentur für Grafik, Innsbruck
Layout und digitale Gestaltung: Tyrolia-Verlag, Innsbruck
Lithografie: Artilitho, Lavis (I)
Druck und Bindung: Theiss, St. Stephan
ISBN 978-3-7022-3753-0
ISBN 978-3-7022-3754-7 (E-Book)
E-Mail: buchverlag@tyrolia.at
Internet: www.tyrolia-verlag.at

ISBN (Tappeiner) 978-88-7073-931-2
buchverlag@athesia.it
www.athesia-tappeiner.com